# 한국
# 수력원자력

한수원 최신기출 + NCS + 전공 + 상식 + 모의고사 4회

**시대에듀**

# 2025 최신판 시대에듀 한국수력원자력

## 최신기출 + NCS + 전공 + 상식 + 모의고사 4회 + 무료NCS특강

## Always **with you**

사람의 인연은 길에서 우연하게 만나거나 함께 살아가는 것만을 의미하지는 않습니다.
책을 펴내는 출판사와 그 책을 읽는 독자의 만남도 소중한 인연입니다.
**시대에듀**는 항상 독자의 마음을 헤아리기 위해 노력하고 있습니다. 늘 독자와 함께하겠습니다.

# 머리말 PREFACE

깨끗한 공기와 자연을 미래세대에게 전해주기 위해 노력하는 한국수력원자력은 2025년에 신입사원을 채용할 예정이다. 한국수력원자력의 채용 절차는 「원서 접수 ➡ 사전평가 ➡ 필기시험 ➡ 인성검사 및 심리건강진단 ➡ 면접전형 ➡ 신체검사 및 신원조사 ➡ 최종 합격자 발표」 순서로 진행된다. 필기시험은 직업기초능력과 직무수행능력(전공, 상식)으로 진행한다. 그중 직업기초능력은 공통으로 의사소통능력, 수리능력, 문제해결능력, 자원관리능력을 평가하고, 분야별로 조직이해능력, 정보능력, 기술능력 중 1개 영역을 평가한다. 2024년 하반기에는 피듈형으로 출제되었으며, 직무수행능력은 공통으로 회사상식, 한국사 등 일반상식을, 분야별로 관련 전공지식을 평가하므로 반드시 확정된 채용공고를 확인해야 한다. 따라서 필기시험에서 고득점을 받기 위해 다양한 유형에 대한 폭넓은 학습과 문제풀이능력을 높이는 등 철저한 준비가 필요하다.

한국수력원자력 필기시험 합격을 위해 시대에듀에서는 기업별 NCS 시리즈 누적 판매량 1위의 출간 경험을 토대로 다음과 같은 특징을 가진 도서를 출간하였다.

## 도서의 특징

❶ **기출복원문제를 통한 출제 유형 확인!**
   - 한국수력원자력 7개년(2024~2018년) 기출복원문제를 수록하여 한수원 출제경향을 파악할 수 있도록 하였다.

❷ **출제 영역 맞춤 문제를 통한 실력 상승!**
   - 직업기초능력 대표기출유형&기출응용문제를 수록하여 유형별로 대비할 수 있도록 하였다.
   - 사무직 직무수행능력(법학 · 행정학 · 경제학 · 경영학) 적중예상문제를 수록하여 전공까지 준비할 수 있도록 하였다.
   - 한국수력원자력 회사상식&한국사 등 일반상식 적중예상문제 및 기출복원문제를 수록하여 학습에 부족함이 없도록 하였다.

❸ **최종점검 모의고사를 통한 완벽한 실전 대비!**
   - 철저한 분석을 통해 실제 유형과 유사한 최종점검 모의고사를 수록하여 자신의 실력을 점검할 수 있도록 하였다.

❹ **다양한 콘텐츠로 최종 합격까지!**
   - 채용 가이드와 한국수력원자력 면접 기출질문을 수록하여 채용 전반에 대비할 수 있도록 하였다.
   - 온라인 모의고사를 무료로 제공하여 필기시험에 대비할 수 있도록 하였다.

끝으로 본 도서를 통해 한국수력원자력 채용을 준비하는 모든 수험생 여러분이 합격의 기쁨을 누리기를 진심으로 기원한다.

SDC(Sidae Data Center) 씀

◇ **미션**

> 친환경 에너지로 삶을 풍요롭게

◇ **비전**

> 탄소중립 청정에너지 리더

◇ **핵심가치**

**안전 최우선** ▶ 우리 모두가 안전의 최종책임자라는 책임의식을 바탕으로, 기본과 원칙을 준수하며 더욱 안전한 환경을 만들기 위해 지속적으로 안전체계를 진화시킨다.

**지속 성장** ▶ 구성원 모두가 각자 맡은 업무에서 탁월함을 추구하며, 끊임없는 개선과 발전적 도전을 통해 글로벌 최고 수준의 경쟁력을 확보한다.

**상호 존중** ▶ 공동의 목표 달성을 위해 서로의 다양성을 인정하고 열린 소통과 자발적 참여와 협업을 바탕으로 시너지를 창출한다.

**사회적 책임** ▶ 국가와 국민에 대한 높은 사명감을 갖고, 우리를 둘러싼 다양한 이해관계자들과 소통하고 협력하여 친환경 에너지 공급을 통해 국가 에너지 안보에 기여한다.

◇ **전략목표**

**低탄소 · 청정e 기반 사업성과 창출**

- 매출액 21.8조 원(해외사업 3.6조 원)
- 해외 원전 신규 수주 10기+α
- 청정수소 생산량 33만 톤
- WANO PI 98점(글로벌 1위)
- 신재생에너지 설비용량 9.8GW

**효율성 기반 공공가치 창출**

- 중대재해 Zero
- 온실가스 감축 1.1억 톤
- 지역수용성 75점

◇ **전략방향**

**안전 기반 원전 경쟁력 확보**
세계 최고 수준 원전 안전성 강화 등 5개 과제

**차별적 해외사업 수주**
원전 수출 역량 강화 등 6개 과제

**그린 융복합 사업 선도**
수력 · 양수 미래 성장동력 창출 등 7개 과제

**지속성장 기반 강화**
자원배분 최적화 등 7개 과제

◇ **인재상**

| 기본에 충실한 인재 | ▶ | 윤리의식 | 주인의식 | 안전의식 |
| --- | --- | --- | --- | --- |
| 배려하는 상생 인재 | ▶ | 소통 | 협력 | 사회적 가치 |
| 글로벌 전문 인재 | ▶ | 열정 | 전문 역량 | 글로벌 최고 |

## ◇ 지원자격(공통)

**❶ 학력 : 제한 없음**

※ 단, 기술 분야의 경우 응시 분야별 관련 학과 전공자 또는 관련 산업기사 이상 국가기술자격증 · 면허 보유자

**❷ 병역 : 병역법 제76조에 따라 병역의무 불이행자에 해당하지 않는 자**

※ 단, 2차 전형 면접 시작일 전일까지 전역이 가능한 자 포함

**❸ 연령 : 제한 없음**

※ 단, 공사 정년은 만 60세임

**❹ 외국어 : TOEIC, TEPS, JPT, HSK, TOEFL(iBT) 또는 TOEIC스피킹, TEPS스피킹, 오픽(영어) 중 1개**

**❺ 한국수력원자력 신규채용자의 결격사유에 해당함이 없는 자**

## ◇ 필기시험

| 구분 | | 평가내용 | 문항 수 |
|---|---|---|---|
| NCS 직무역량검사 | 직업기초능력 | **공통** 의사소통능력, 수리능력, 문제해결능력, 자원관리능력<br>**사무** 조직이해능력　**ICT** 정보능력　**그 외 기술** 기술능력 | 50문항 |
| | 직무수행능력<br>(전공) | **사무** 법학, 행정학, 경제학, 경영학(회계학 포함)<br>**기술** 분야별 해당 전공지식 | 25문항 |
| | 직무수행능력<br>(상식) | 회사상식, 한국사 등 일반상식 | 5문항 |

## ◇ 면접전형

| 구분 | 내용 및 평가요소 |
|---|---|
| 직업기초능력면접<br>(40점) | • 자기소개서 기반 직업기초능력 평가를 위한 질의응답 진행(개인별 약 20분)<br>• 평가요소 : 근로윤리, 공동체윤리, 자기개발능력, 의사소통능력, 대인관계능력 |
| 직무수행능력면접<br>(30점) | • 회사 직무상황 관련 주제에 대해서 문제해결 방안 토의, 개인별 질의응답 및 결과지 작성을 통해 직무수행능력 평가(조별 약 120분)<br>• 평가요소 : 의사소통능력, 문제해결능력, 직무수행능력(직무이해도, 적극성) |
| 관찰면접<br>(30점) | • 조별과제 수행 관찰평가를 통해 지원자의 인재상 부합 여부 검증(조별 약 120분)<br>• 평가요소 : 의사소통능력, 대인관계능력, 문제해결능력 |

❖ 위 채용 안내는 2024년 하반기 채용공고를 기준으로 작성하였으므로 세부사항은 확정된 채용공고를 확인하기 바랍니다.

**총평**

한국수력원자력 필기시험은 피듈형으로 출제되었으며, 난이도는 평이했다는 후기가 많았다. 의사소통능력의 경우 길이가 긴 지문의 문제가 출제되었으므로 주어진 시간에 맞춰 문제를 푸는 연습이 필요해 보인다. 또한, 수리능력이나 문제해결능력, 자원관리능력의 경우 다양한 자료를 확인해야 하는 문제가 출제되었으므로 여러 유형의 문제를 풀어보는 것이 중요해 보인다. 원자력이나 한국수력원자력과 관련된 지문이나 자료가 함께 출제되는 경우가 많았으므로 평소 한국수력원자력에 대한 관심을 가지는 것이 좋겠다.

## ◇ 영역별 출제 비중

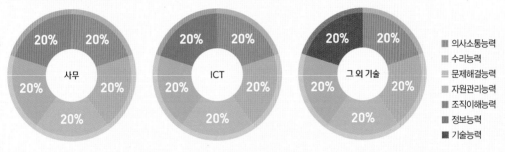

| 구분 | 출제 특징 | 출제 키워드 |
|---|---|---|
| 의사소통능력 | • 공사 관련 지문이 출제됨<br>• 접속어 문제가 출제됨 | • 원자력, 접속어, 기술이전 등 |
| 수리능력 | • 수열 문제가 출제됨<br>• 자료 이해 문제가 출제됨 | • 그래프, 에너지, 방사선 등 |
| 문제해결능력 | • 날짜 관련 문제가 출제됨<br>• 자료 해석 문제가 출제됨 | • 우선순위, 날짜 등 |
| 자원관리능력 | • 비용 계산 문제가 출제됨<br>• 품목 확정 문제가 출제됨 | • 급여, 사무용품, 숙소 등 |

# NCS 문제 유형 소개 NCS TYPES

## PSAT형

| 수리능력

**04** 다음은 신용등급에 따른 아파트 보증률에 대한 사항이다. 자료와 상황에 근거할 때, 갑(甲)과 을(乙)의 보증료의 차이는 얼마인가?(단, 두 명 모두 대지비 보증금액은 5억 원, 건축비 보증금액은 3억 원이며, 보증서 발급일로부터 입주자 모집공고 안에 기재된 입주 예정 월의 다음 달 말일까지의 해당 일수는 365일이다)

- (신용등급별 보증료)=(대지비 부분 보증료)+(건축비 부분 보증료)
- 신용평가 등급별 보증료율

| 구분 | 대지비 부분 | 건축비 부분 | | | | |
|---|---|---|---|---|---|---|
| | | 1등급 | 2등급 | 3등급 | 4등급 | 5등급 |
| AAA, AA | | 0.178% | 0.185% | 0.192% | 0.203% | 0.221% |
| A⁺ | | 0.194% | 0.208% | 0.215% | 0.226% | 0.236% |
| A⁻, BBB⁺ | 0.138% | 0.216% | 0.225% | 0.231% | 0.242% | 0.261% |
| BBB⁻ | | 0.232% | 0.247% | 0.255% | 0.267% | 0.301% |
| BB⁺ ~ CC | | 0.254% | 0.276% | 0.296% | 0.314% | 0.335% |
| C, D | | 0.404% | 0.427% | 0.461% | 0.495% | 0.531% |

※ (대지비 부분 보증료)=(대지비 부분 보증금액)×(대지비 부분 보증료율)×(보증서 발급일로부터 입주자 모집공고 안에 기재된 입주 예정 월의 다음 달 말일까지의 해당 일수)÷365
※ (건축비 부분 보증료)=(건축비 부분 보증금액)×(건축비 부분 보증료율)×(보증서 발급일로부터 입주자 모집공고 안에 기재된 입주 예정 월의 다음 달 말일까지의 해당 일수)÷365
- 기여고객 할인율 : 보증료, 거래기간 등을 기준으로 기여도에 따라 6개 군으로 분류하며, 건축비 부분 요율에서 할인 가능

| 구분 | 1군 | 2군 | 3군 | 4군 | 5군 | 6군 |
|---|---|---|---|---|---|---|
| 차감률 | 0.058% | 0.050% | 0.042% | 0.033% | 0.025% | 0.017% |

〈상황〉

- 갑 : 신용등급은 A⁺이며, 3등급 아파트 보증금을 내야 한다. 기여고객 할인율에서는 2군으로 선정되었다.
- 을 : 신용등급은 C이며, 1등급 아파트 보증금을 내야 한다. 기여고객 할인율은 3군으로 선정되었다.

① 554,000원
② 566,000원
③ 582,000원
④ 591,000원
⑤ 623,000원

---

**특징**
▶ 대부분 의사소통능력, 수리능력, 문제해결능력을 중심으로 출제(일부 기업의 경우 자원관리능력, 조직이해능력을 출제)
▶ 자료에 대한 추론 및 해석 능력을 요구

**대행사**
▶ 엑스퍼트컨설팅, 커리어넷, 태드솔루션, 한국행동과학연구소(행과연), 휴노 등

## 모듈형

> | 문제해결능력

**41** 문제해결절차의 문제 도출 단계는 (가)와 (나)의 절차를 거쳐 수행된다. 다음 중 (가)에 대한 설명으로 적절하지 않은 것은?

| (가) | → | (나) |
|---|---|---|
| 전체 문제를 개별화된 이슈들로 세분화 | | 문제에 영향력이 큰 핵심이슈를 선정 |

① 문제의 내용 및 영향 등을 파악하여 문제의 구조를 도출한다.
② 본래 문제가 발생한 배경이나 문제를 일으키는 메커니즘을 분명히 해야 한다.
③ 현상에 얽매이지 말고 문제의 본질과 실제를 봐야 한다.
④ 눈앞의 결과를 중심으로 문제를 바라봐야 한다.
⑤ 문제 구조 파악을 위해서 Logic Tree 방법이 주로 사용된다.

**특징**
▶ 이론 및 개념을 활용하여 푸는 유형
▶ 채용 기업 및 직무에 따라 NCS 직업기초능력평가 10개 영역 중 선발하여 출제
▶ 기업의 특성을 고려한 직무 관련 문제를 출제
▶ 주어진 상황에 대한 판단 및 이론 적용을 요구

**대행사**
▶ 인트로맨, 휴스테이션, ORP연구소 등

## 피둘형(PSAT형 + 모듈형)

> | 자원관리능력

**07** 다음 자료를 근거로 판단할 때, 연구모임 A ~ E 중 세 번째로 많은 지원금을 받는 모임은?

〈지원계획〉

• 지원을 받기 위해서는 한 모임당 5명 이상 9명 미만으로 구성되어야 한다.
• 기본지원금은 모임당 1,500천 원을 기본으로 지원한다. 단, 상품개발을 위한 모임의 경우는 2,000천 원을 지원한다.
• 추가지원금

| 등급 | 상 | 중 | 하 |
|---|---|---|---|
| 추가지원금(천 원/명) | 120 | 100 | 70 |

※ 추가지원금은 연구 계획 사전평가결과에 따라 달라진다.
• 협업 장려를 위해 협업이 인정되는 모임에는 위의 두 지원금을 합한 금액의 30%를 별도로 지원한다.

〈연구모임 현황 및 평가결과〉

**특징**
▶ 기초 및 응용 모듈을 구분하여 푸는 유형
▶ 기초인지모듈과 응용업무모듈로 구분하여 출제
▶ PSAT형보다 난도가 낮은 편
▶ 유형이 정형화되어 있고, 유사한 유형의 문제를 세트로 출제

**대행사**
▶ 사람인, 스카우트, 인크루트, 커리어케어, 트리피, 한국사회능력개발원 등

# 주요 공기업 적중 문제 TEST CHECK

## 한국수력원자력

※ H공단의 ICT 센터는 정보보안을 위해 직원의 컴퓨터 암호를 다음과 같은 규칙으로 지정해두었다. 이어지는 질문에 답하시오. [36~37]

〈규칙〉

1. 자음과 모음의 배열은 국어사전의 배열 순서에 따른다.
   • 자음
     - 국어사전 배열 순서에 따라 알파벳 소문자(a, b, c, …)로 치환하여 사용한다.
     - 받침으로 사용되는 자음의 경우 대문자로 구분한다.
     - 겹받침일 경우, 먼저 쓰인 순서대로 알파벳을 나열한다.
   • 모음
     - 국어사전 배열 순서에 따라 숫자(1, 2, 3, …)로 치환하여 사용한다.
2. 비밀번호는 임의의 세 글자로 구성하되 마지막 음절 뒤 한 자리 숫자는 다음의 규칙에 따라 지정한다.
   • 음절에 사용된 각 모음의 합으로 구성한다.
   • 모음의 합이 두 자리 이상일 경우엔 각 자릿수를 다시 합하여 한 자리 수가 나올 때까지 더한다.
   • '-'을 사용하여 단어와 구별한다.

**36** 김사원 컴퓨터의 비밀번호는 '자전거'이다. 이를 암호로 바르게 치환한 것은?

① m1m3ca5-9
② m1m5Ca5-2

**02** 다음은 2022년도 신재생에너지 산업통계에 대한 자료이다. 이를 토대로 작성한 그래프로 옳지 않은 것은?

〈신재생에너지원별 산업 현황〉

(단위 : 억 원)

| 구분 | 기업체 수(개) | 고용인원(명) | 매출액 | 내수 | 수출액 | 해외공장매출 | 투자액 |
|---|---|---|---|---|---|---|---|
| 태양광 | 127 | 8,698 | 75,637 | 22,975 | 33,892 | 18,770 | 5,324 |
| 태양열 | 21 | 228 | 290 | 290 | 0 | 0 | 1 |
| 풍력 | 37 | 2,369 | 14,571 | 5,123 | 5,639 | 3,809 | 583 |
| 연료전지 | 15 | 802 | 2,837 | 2,143 | 693 | 0 | 47 |
| 지열 | 26 | 541 | 1,430 | 1,430 | 0 | 0 | 251 |
| 수열 | 3 | 46 | 29 | 29 | 0 | 0 | 0 |
| 수력 | 4 | 83 | 129 | 116 | 13 | 0 | 0 |
| 바이오 | 128 | 1,511 | 12,390 | 11,884 | 506 | 0 | 221 |
| 폐기물 | 132 | 1,899 | 5,763 | 5,763 | 0 | 0 | 1,539 |
| 합계 | 493 | 16,177 | 113,076 | 49,753 | 40,743 | 22,579 | 7,966 |

① 신재생에너지원별 기업체 수(단위 : 개)

## 한국전력공사

**06** 다음 중 빈칸에 들어갈 문장으로 가장 적절한 것은?

> 사회가 변하면 사람들은 새로운 생활에 맞는 새로운 언어를 필요로 하게 된다. 그 언어가 자연스럽게 육성되기를 기다릴 수도 있지만, 사람들은 대개 외국으로부터 그러한 개념의 언어를 빌려오려고 한다. 돈이나 기술을 빌리는 것에 비하면 언어는 대가 없이 빌려 쓸 수 있으므로 대개는 제한 없이 외래어를 빌린다. 특히 _____ 광복 이후 우리 사회에서 외래어가 넘쳐나는 것은 그간 우리나라의 고도성장과 절대 무관하지 않다.

① 외래어의 증가는 사회의 팽창과 함께 진행된다.
② 새로운 언어는 사회의 변화를 선도하기도 한다.
③ 외래어가 증가하면 범람한다는 비판을 받게 된다.
④ 새로운 언어는 인간의 욕망을 적절히 표현해 준다.
⑤ 새로운 언어는 필연적으로 외국의 개념을 빌릴 수밖에 없다.

**09** K공사에 근무하는 A씨는 사정이 생겨 퇴사하게 되었다. A씨의 근무기간 및 기본급 등의 기본정보가 다음과 같다면, A씨가 받게 되는 퇴직금의 세전금액은 얼마인가?(단, A씨의 퇴직일 이전 3개월간 기타수당은 720,000원이며, 퇴직일 이전 3개월간 총일수는 80일이다)

> - 입사일자 : 2021년 9월 1일
> - 퇴사일자 : 2023년 9월 4일
> - 재직일수 : 730일
> - 월기본급 : 2,000,000원
> - 월기타수당 : 월별 상이
> - 퇴직 전 3개월 임금 총액 계산(세전금액)
>
> | 퇴직 이전 3개월간 총일수 | 기본급(3개월분) | 기타수당(3개월분) |
> | --- | --- | --- |
> | 80일 | 6,000,000원 | 720,000원 |
>
> - (1일 평균임금)=[퇴직일 이전 3개월간에 지급 받은 임금총액(기본급)+(기타수당)]/(퇴직일 이전 3개월간 총일수)
> - (퇴직금)=(1일 평균임금)×(30일)×[(재직일수)/365]

① 5,020,000원      ② 5,030,000원
③ 5,040,000원      ④ 5,050,000원
⑤ 5,060,000원

한전KDN

**농도 ▶ 유형**

**05** 농도를 알 수 없는 설탕물 500g에 3%의 설탕물 200g을 온전히 섞었더니 섞은 설탕물의 농도는 7%가 되었다. 이때, 처음 500g의 설탕물에 녹아있던 설탕은 몇 g인가?

① 40g
② 41g
③ 42g
④ 43g
⑤ 44g

**비율 ▶ 키워드**

※ 다음은 외국인 직접투자의 투자건수 비율과 투자금액 비율을 투자규모별로 나타낸 자료이다. 이어지는 질문에 답하시오. **[12~13]**

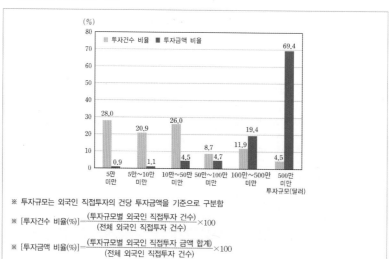

※ 투자규모는 외국인 직접투자의 건당 투자금액을 기준으로 구분함

※ [투자건수 비율(%)] = (투자규모별 외국인 직접투자 건수) / (전체 외국인 직접투자 건수) × 100

※ [투자금액 비율(%)] = (투자규모별 외국인 직접투자 금액 합계) / (전체 외국인 직접투자 건수) × 100

**12** 다음 중 투자규모가 50만 달러 미만인 투자건수 비율은?

① 55.3%
② 62.8%
③ 68.6%
④ 74.9%
⑤ 83.6.3%

한국에너지공단

글의 주제 ▶ 유형

**05** 다음 글의 주제로 가장 적절한 것은?

> 서양에서는 아리스토텔레스가 중용을 강조했다. 하지만 우리의 중용과는 다르다. 아리스토텔레스가 말하는 중용은 균형을 중시하는 서양인의 수학적 의식에 기초했으며 또한 우주와 천체의 운동을 완벽한 원과 원운동으로 이해한 우주관에 기초한 것이다. 그러므로 그것은 명백한 대칭과 균형의 의미를 갖는다. 팔씨름에 비유해 보면 아리스토텔레스는 두 팔이 똑바로 서 있을 때 중용이라고 본 데 비해 우리는 팔이 한 쪽으로 완전히 기울었다 해도 아직 승부가 나지 않았으면 중용이라고 보는 것이다. 그러므로 비대칭도 균형을 이루면 중용을 이룰 수 있다는 생각은 분명 서양의 중용관과는 다르다.
> 이러한 정신은 병을 다스리고 약을 쓰는 방법에도 나타난다. 서양의 의학은 병원체와의 전쟁이고 그 대상을 완전히 제압하는 데 반해, 우리 의학은 각 장기 간의 균형을 중시한다. 만약 어떤 이가 간장이 나쁘다면 서양 의학은 그 간장의 능력을 회생시키는 방향으로만 애를 쓴다. 그런데 우리는 만약 더 이상 간장 기능을 강화할 수 없다고 할 때 간장과 대치되는 심장의 기능을 약하게 만드는 방법을 쓰는 것이다. 한쪽의 기능이 치우치면 병이 심해진다고 보기 때문이다. 우리는 의학 처방에 있어서조차 중용관에 기초해서 서양의 그것과는 다른 가치관과 세계관을 적용하면서 살아온 것이다.

① 아리스토텔레스의 중용의 의미
② 서양 의학과 우리 의학의 차이
③ 서양과 우리 가치관의 공통점
④ 서양 중용관과 우리 중용관의 차이

성과급 ▶ 키워드

**39** 다음은 어느 기업의 팀별 성과급 지급 기준 및 영업팀의 분기별 평가표이다. 영업팀에게 지급되는 성과급의 1년 총액은?(단, 성과평가등급이 A등급이면 직전 분기 차감액의 50%를 가산하여 지급한다)

〈성과급 지급 기준〉

| 성과평가 점수 | 성과평가 등급 | 분기별 성과급 지급액 |
|---|---|---|
| 9.0 이상 | A | 100만 원 |
| 8.0 ~ 8.9 | B | 90만 원(10만 원 차감) |
| 7.0 ~ 7.9 | C | 80만 원(20만 원 차감) |
| 6.9 이하 | D | 40만 원(60만 원 차감) |

〈영업팀 평가표〉

| 구분 | 1/4분기 | 2/4분기 | 3/4분기 | 4/4분기 |
|---|---|---|---|---|
| 유용성 | 8 | 8 | 10 | 8 |
| 안정성 | 8 | 6 | 8 | 8 |
| 서비스 만족도 | 6 | 8 | 10 | 8 |

※ (성과평가 점수)=[(유용성)×0.4]+[(안정성)×0.4]+[(서비스 만족도)×0.2]

① 350만 원
② 360만 원
③ 370만 원
④ 380만 원

# 도서 200% 활용하기 STRUCTURES

## 1 기출복원문제로 출제경향 파악

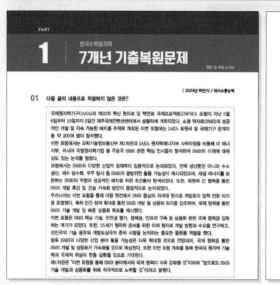

▶ 한국수력원자력 7개년(2024~2018년) 기출복원문제를 수록하여 한수원 출제경향을 파악할 수 있도록 하였다.

## 2 출제 영역 맞춤형 문제로 필기시험 완벽 대비

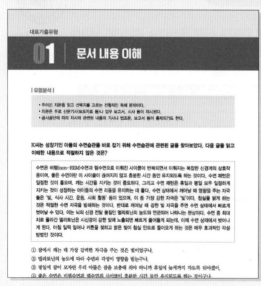
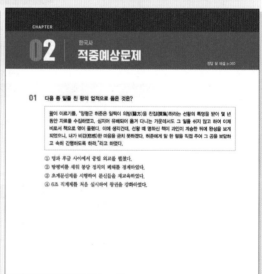

▶ 직업기초능력 대표기출유형&기출응용문제를 수록하여 유형별로 대비할 수 있도록 하였다.
▶ 사무직 직무수행능력(법학 · 행정학 · 경제학 · 경영학) 적중예상문제를 수록하여 전공까지 준비할 수 있도록 하였다.
▶ 회사상식&한국사 등 일반상식 적중예상문제 및 기출복원문제를 수록하여 학습에 부족함이 없도록 하였다.

## 3 최종점검 모의고사 + OMR을 활용한 실전 연습

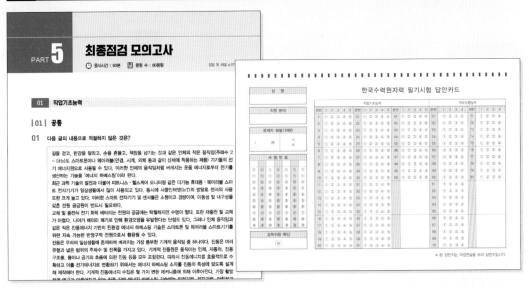

▶ 최종점검 모의고사와 OMR 답안카드를 수록하여 실제로 시험을 보는 것처럼 마무리 연습을 할 수 있도록 하였다.
▶ 모바일 OMR 답안채점/성적분석 서비스를 통해 필기시험에 대비할 수 있도록 하였다.

## 4 인성검사부터 면접까지 한 권으로 최종 마무리

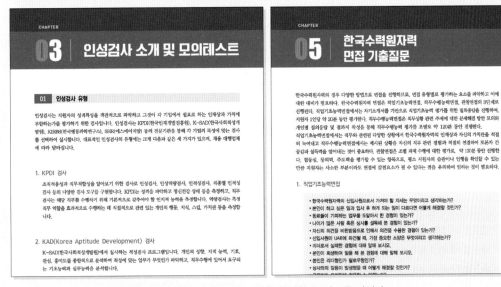

▶ 인성검사 모의테스트를 수록하여 인성검사 유형 및 문항을 확인할 수 있도록 하였다.
▶ 한국수력원자력 면접 기출질문을 통해 실제 면접에서 나오는 질문을 미리 파악하고 연습할 수 있도록 하였다.

# 이 책의 차례 CONTENTS

# PART 1

# 한국수력원자력
# 7개년 기출복원문제

**01** 다음 글의 내용으로 적절하지 않은 것은?

> 국제원자력기구(IAEA)의 제22차 혁신 원자로 및 핵연료 국제프로젝트(INPRO) 포럼이 지난 5월 6일부터 10일까지 5일간 제주국제컨벤션센터에서 성황리에 개최되었다. 소형 원자로(SMR)의 성공적인 개발 및 지속 가능한 배치를 주제로 개최된 이번 포럼에는 IAEA 회원국 및 국제기구 관계자 등 약 200여 명이 참석했다.
>
> 이번 포럼에서는 과학기술정보통신부 제1차관과 IAEA 원자력에너지부 사무차장을 비롯해 미 에너지부, 러시아 국영원자력기업 등 주요국 SMR 관련 핵심 인사들이 참석하여 SMR의 미래에 대해 심도 있는 논의를 펼쳤다.
>
> 포럼에서는 SMR의 다양한 산업적 잠재력이 집중적으로 논의되었다. 전력 생산뿐만 아니라 수소 생산, 해수 담수화, 우주 탐사 등 SMR의 광범위한 활용 가능성이 제시되었으며, 재생 에너지를 보완하는 SMR의 역할과 성공적인 배치를 위한 조건들이 탐색되었다. 또한, 회원국 간 협력을 통한 SMR 개발 촉진 및 건설 가속화 방안이 중점적으로 논의되었다.
>
> 우리나라는 이번 포럼을 통해 대형 원전에서 SMR 중심의 차세대 원자로 개발로의 정책 전환 의지를 표명했다. 특히 민간 참여 확대를 통한 SMR 개발 및 상용화 의지를 강조하며, 국제 협력을 통한 SMR 기술 개발 및 빠른 상용화 목표를 제시했다.
>
> 이번 포럼은 SMR 핵심 기술, 안전성 평가, 경제성, 인프라 구축 등 상용화 관련 국제 협력을 강화하는 계기가 되었다. 또한, 21세기 원자력 준비를 위한 미래 원자로 개발 방향과 수요를 연구하고, 선진국의 기술 공유와 개발도상국의 준비 사항을 논의하는 중요한 플랫폼 역할을 했다.
>
> 향후 SMR의 다양한 산업 분야 활용 가능성은 더욱 확대될 것으로 전망되며, 국제 협력을 통한 SMR 개발 및 상용화가 가속화될 것으로 예상된다. 또한 이번 포럼 개최를 통해 한국의 원자력 기술력과 국제적 위상이 한층 강화될 것으로 기대된다.
>
> 과학기술정보통신부 제1차관은 "이번 포럼을 통해 SMR 분야에서의 국제 협력이 더욱 강화될 것"이라며 "앞으로도 SMR 기술 개발과 상용화를 위해 적극적으로 노력할 것"이라고 밝혔다.

① 제22차 INPRO 포럼은 우리나라에서 개최되었다.

② 포럼을 통해 선진국의 SMR 기술의 공유를 논의하였다.

③ SMR은 전력 생산 이외에도 우주 탐사 등 광범위한 활용이 예상된다.

④ 이번 포럼에서 탐색된 SMR의 역할은 기존 재생 에너지의 완전한 대체이다.

⑤ 포럼의 주요 논의사항은 국제 협력을 통해 SMR 개발 촉진 및 건설을 가속화하는 것이다.

**02** 다음 문단을 논리적 순서대로 바르게 나열한 것은?

> (가) 사고 직후 체르노빌 소방대가 현장에 출동했다. 오전 1시 25분경 소방대원들은 화재 진압을 위해 현장에 도착했으나, 그들이 마주한 상황은 상상을 초월하는 것이었다. 원자로는 이미 완전히 파괴된 상태였고, 방사능에 노출된 잔해들 사이에서 소방대원들은 위험을 무릅쓰고 화재를 진압하려 했다. 그러나 이 과정에서 많은 소방대원들이 방사능에 노출되어 심각한 부상을 입었다.
>
> (나) 5월 9일에는 액체 질소를 주입하는 방식으로 화재를 최종적으로 진압하기 위한 작업이 시작되었다. 이 과정에서 수백 명의 작업자들이 동원되어 원자로 하부를 굴착하고 냉각계통을 가진 콘크리트판을 설치했다. 그러나 이미 방사성 물질은 우크라이나와 벨로루시, 러시아를 포함한 북반구 전역에 퍼져 심각한 오염을 초래했다. 이 사고는 단순한 기술적 문제를 넘어 인류의 안전과 환경에 대한 경각심을 일깨우는 계기가 되었다.
>
> (다) 화재 진압 작업은 10일 동안 계속되었고, 헬리콥터를 이용한 다양한 방법이 동원되었다. 소방대원들은 붕소와 모래 등을 투하하며 화재를 진압하려 했지만, 이러한 조치는 효과적이지 않았다. 오히려 일부 투하물이 원자로 주변의 온도를 높여 추가적인 방사능 누출을 초래하기도 했다. 결국 사고 수습은 점점 더 어려워졌고, 상황은 더욱 악화되었다.
>
> (라) 체르노빌 원자력발전소 사고는 1986년 4월 26일 오전 1시 23분 45초에 발생했다. 이 사고는 원자로 4호기에서 비정상적인 핵 반응으로 인해 열이 과도하게 발생하면서 시작되었다. 냉각수가 열분해되어 수소가 생성되었고, 생성된 수소가 폭발하면서 사고의 서막이 올랐다. 첫 번째 폭발이 일어난 후, 원자로의 구조는 심각하게 손상되었고, 곧이어 두 번째 폭발이 발생하여 콘크리트 천장이 파괴되었다. 이로 인해 방사성 물질이 대기로 방출되기 시작했다.
>
> (마) 체르노빌 사고는 국제 원자력 사고 척도(INES)에서 가장 심각한 7등급으로 분류되었으며, 이는 20세기 최악의 원자력 재앙으로 기록되었다. 이 사건은 전 세계적으로 원자력 안전에 대한 재검토와 규제 강화를 촉발시켰으며, 이후 많은 국가들이 원자력발전소의 안전성을 강화하기 위한 노력을 기울이게 되었다. 체르노빌의 교훈은 오늘날에도 여전히 중요한 경고로 남아 있다.

① (라) – (가) – (다) – (나) – (마)
② (라) – (마) – (다) – (가) – (나)
③ (라) – (마) – (다) – (나) – (가)
④ (마) – (가) – (라) – (다) – (나)
⑤ (마) – (라) – (가) – (나) – (다)

**03** 다음은 H국의 원자력안전평가원이 조사한 원전별 방사선 작업종사자의 연간 평균 피폭선량에 대한 자료이다. 이에 대한 설명으로 옳지 않은 것은?

〈원전별 방사선 작업종사자의 연간 평균 피폭선량〉

(단위 : mSv)

| 구분 | 2016년 | 2017년 | 2018년 | 2019년 | 2020년 | 2021년 | 2022년 | 2023년 |
|------|--------|--------|--------|--------|--------|--------|--------|--------|
| A발전소 | 0.71 | 0.82 | 0.59 | 0.59 | 0.76 | 0.52 | 0.57 | 0.43 |
| B발전소 | 0.86 | 0.84 | 0.82 | 0.79 | 0.75 | 0.72 | 0.51 | 0.49 |
| C발전소 | 0.79 | 0.81 | 0.57 | 0.56 | 0.61 | 0.60 | 0.51 | 0.54 |
| D발전소 | 0.86 | 0.76 | 0.76 | 0.57 | 0.58 | 0.49 | 0.44 | 0.41 |
| E발전소 | 0.84 | 0.82 | 0.71 | 0.65 | 0.68 | 0.69 | 0.51 | 0.44 |

※ 일반인의 연간 피폭선량 한도 : 1mSv
※ 방사선 작업종사자의 연간 피폭선량 한도 : 50mSv(5년 평균 100mSv)

① 조사기간 동안 평균 피폭선량이 지속적으로 감소한 곳은 B발전소뿐이다.
② 조사기간 중 연간 평균 피폭선량이 가장 많이 감소한 곳은 D발전소이다.
③ 모든 발전소의 2023년 평균 피폭선량은 2016년보다 30% 이상 감소하였다.
④ C발전소와 D발전소의 2019 ~ 2023년 피폭선량 증감 추이는 동일한 유형을 보인다.
⑤ 제시된 자료는 모든 발전소의 방호 조치와 관리 시스템이 효과적으로 작동하고 있음을 시사한다.

**04** 다음 글을 읽고 추론한 내용으로 적절하지 않은 것은?

일반적으로 피폭이란 방사선을 쏘이게 되는 것을 말한다. 그러나 방사선은 직접적으로 쏘이는 것뿐만 아니라 다양한 형태로 피폭될 수 있다.

예를 들어 원자력발전소에서의 사고가 발생하면, 먼저 방사성 물질이라 불리는 방사능운이 나오게 되고 이것이 내뿜는 방사선에 의해 우리는 피폭을 받게 된다. 그 다음 그 방사성 물질이 공기 중에 퍼지고 지면에 쌓이면서 우리는 공기 중 호흡을 통해 방사성 물질을 체내에 흡입하기도 하고, 지면으로부터 직접적으로 체외에 방사능을 접촉하기도 한다. 이뿐만 아니라 이 방사성 물질은 공기, 땅, 물 등 환경 속에서 우리가 섭취하는 식품 속에 들어가 우리 인체 내부에 들어와 다시금 체내 피폭을 받게 한다.

이처럼 피폭은 체외피폭과 체내피폭 두 가지로 나눌 수 있는데, 먼저 체외피폭이란 원자폭탄이 타오르면서 나오는 방사선이나 의료시설에서 사용하는 X선 촬영처럼 방사선원으로부터 직접적으로 접촉하여 피폭되는 것을 말한다. 반대로 체내피폭이란 호흡을 하거나 방사능에 오염된 식품을 먹는 등의 행위를 통해 방사선을 흡입 및 섭취하는 것을 말한다. 특히 식품의 섭취를 통한 피폭 같은 경우 토양으로부터 실제 섭취까지 이어진 경로를 통해 방사성 물질이 계속하여 농축되기 때문에 그 피해가 더 클 것으로 보고 있다.

이러한 방사성 피폭은 그 피폭 정도에 따라 그 피해 규모도 상당하다. 특히 고선량의 피폭에 노출될 경우 급성장애 및 급사의 위험이 크며, 대략 $0.1 \sim 0.24$시버트에서는 화상, 탈모, 구토감, 백혈구 감소 등의 급성장애가 나타나기 시작하고 3시버트부터는 급사로 이어진다. 저선량의 피폭에 노출되었다고 위험이 없는 것은 아니다. 피폭당한 방사선량에 따라 그 피해는 천차만별이며, 급성장애가 아니라 수년 혹은 수십 년에 걸쳐 서서히 발생하는 후발성장애인 백혈병 및 암으로 인한 사망부터 생식세포가 변형되어 나타난 유전장애까지 한 세대의 피해를 넘어서 자손 세대까지 심각한 피해가 이어진다.

① 방사성 피폭은 호흡기를 통해서도 가능하다.
② 체외피폭보다 체내피폭의 피해가 더 클 것이다.
③ 피폭지역의 채소의 섭취보다 육류의 섭취가 더 위험하다.
④ 고선량의 피폭으로 인한 신체적 피해는 저선량에 비해 한 세대에서 끝날 것이다.
⑤ 저선량 피폭으로 인한 피해는 고선량 피폭과 비교하여 느리게 진행될 것이다.

**05** 다음 글의 내용으로 가장 적절한 것은?

기술이 발전해 생활이 편리해지는 만큼 이에 따른 여러 문제점들이 발생하고 있다. 이 중 가장 대표적인 것이 원자력발전에 따른 사용후핵연료 처리이다. 사용후핵연료란 연구시설 또는 상업용시설의 원자로에서 연료를 사용한 후 발생한 핵연료로 열과 방사능의 준위가 높은 폐기물을 말한다. 높은 열과 방사능 방출로 인해 안전한 보관이 필수적인 사용후핵연료는 전 세계적으로 '저장', '재처리', '직접처분'의 3가지 방법으로 관리되고 있다.

대부분의 국가들은 저장 방식을 택하고 있는데, 먼저 원전부지 내부 수중저장조에 사용후핵연료를 보관하면서 열과 방사능을 감소시키는 임시저장을 진행한다. 하지만 해당 공간의 용량이 제한적이기 때문에, 일반적으로 열과 방사능이 어느 정도 감소하는 5년 후에는 발전소 내부 또는 외부에 마련된 금속용기나 콘크리트 또는 매립 등의 방법으로 준비된 건식 및 습식저장조에 이를 옮겨 중간저장을 진행한다.

여기서 더 나아가 스웨덴이나 핀란드, 프랑스는 지하 500m 이상 깊이의 보관시설을 만들어 사용후핵연료를 영구 보관하는 시설을 건설 중이라고 한다. 이를 영구처분이라하는데, 이는 인간생활권에서 사용후핵연료를 영구적으로 분리하기 위함으로, 시설이 확보된다면 중간저장 없이 바로 영구처분이 가능해 사용후핵연료 처리과정이 더 쉬워질 것으로 예상된다. 영구처분의 방법으로 심층처분, 해양처분, 우주처분, 빙하처분 등이 방안으로 제시되었으나, 국제원자력기구가 심층처분을 권고하여 2015년부터 핀란드에서는 심층영구처분시설을 건설 중이며 2020년대에 운영 예정이다. 또 스웨덴은 2020년 초에 건설이 개시되어 2030년대에 운영 예정이라고 한다.

이 밖에도 영국, 프랑스 등 몇몇 국가들에서는 임시저장을 거친 사용후핵연료 중 일부에서 분열되지 않은 우라늄이나 플루토늄을 추출하는 재처리과정을 거치는 시설을 운영하기도 하는데, 이는 핵무기 생산 우려, 높은 폭발 위험성, 낮은 경제성 등의 문제로 독일 및 이탈리아에서는 해당 시설을 운영하다 폐쇄하기도 하였다.

우리나라의 경우 저장 방식을 이용하고 있으나 아직 임시저장 수준에 멈춰 있는데다가 한국수력원자력 발표에 따르면 2021년에 이미 저장용량의 98.1%에 도달해 이후 단계 저장 시설 건설이 불가피한 상황이라고 한다.

① 중간저장 시설은 원전 외부에 마련된 습식저장 또는 건식저장 시설을 말한다.
② 중간저장 단계와 달리 임시저장 단계는 필수적인 과정이다.
③ 영구처분시설은 인간생활권에서 분리된 깊은 지하에만 위치할 수 있다.
④ 재처리 방식은 여러 문제점들로 인해 국제원자력기구에서 권고하지 않는 방식이다.
⑤ 우리나라의 사용후핵연료는 영구처분 방식으로 처리하고 있다.

**06** 다음은 2018 ~ 2022년 발전설비별 발전량에 대한 자료이다. 이에 대한 설명으로 옳은 것은?

〈발전설비별 발전량〉

(단위 : GWh)

| 연도 | 수력 | 기력 | 원자력 | 신재생 | 기타 | 합계 |
|---|---|---|---|---|---|---|
| 2018년 | 7,270 | 248,584 | 133,505 | 28,070 | 153,218 | 570,647 |
| 2019년 | 6,247 | 232,128 | 145,910 | 33,500 | 145,255 | 563,040 |
| 2020년 | 7,148 | 200,895 | 160,184 | 38,224 | 145,711 | 552,162 |
| 2021년 | 6,737 | 202,657 | 158,015 | 41,886 | 167,515 | 576,810 |
| 2022년 | 7,256 | 199,031 | 176,054 | 49,285 | 162,774 | 594,400 |

① 2019 ~ 2022년 동안 기력 설비 발전량과 전체 설비 발전량의 증감 추이는 같다.
② 2018 ~ 2022년 동안 수력 설비 발전량은 항상 전체 설비 발전량의 1% 미만이었다.
③ 2018 ~ 2022년 동안 신재생 설비 발전량은 항상 전체 설비 발전량의 5% 이상이었다.
④ 2018 ~ 2022년 동안 원자력 설비 발전량과 신재생 설비의 발전량은 꾸준히 증가하였다.
⑤ 2019 ~ 2022년 동안 전체 설비 발전량이 가장 크게 증가한 해와 신재생 설비 발전량의 증가량이 가장 적은 해는 같다.

**07** 다음은 5년 동안 발전원별 발전량 추이에 대한 자료이다. 이에 대한 설명으로 옳지 않은 것은?

〈2018 ~ 2022년 발전원별 발전량 추이〉

(단위 : GWh)

| 자원 | 2018년 | 2019년 | 2020년 | 2021년 | 2022년 |
|---|---|---|---|---|---|
| 원자력 | 127,004 | 138,795 | 140,806 | 155,360 | 179,216 |
| 석탄 | 247,670 | 226,571 | 221,730 | 200,165 | 198,367 |
| 가스 | 135,072 | 126,789 | 138,387 | 144,976 | 160,787 |
| 신재생 | 36,905 | 38,774 | 44,031 | 47,831 | 50,356 |
| 유류·양수 | 6,605 | 6,371 | 5,872 | 5,568 | 5,232 |
| 합계 | 553,256 | 537,300 | 550,826 | 553,900 | 593,958 |

① 매년 원자력 자원 발전량과 신재생 자원 발전량의 증감 추이는 같다.
② 석탄 자원 발전량의 전년 대비 감소폭이 가장 큰 해는 2021년이다.
③ 신재생 자원 발전량 대비 가스 자원 발전량이 가장 큰 해는 2018년이다.
④ 매년 유류·양수 자원 발전량은 전체 발전량의 1% 이상을 차지한다.
⑤ 전체 발전량의 전년 대비 증가폭이 가장 큰 해는 2022년이다.

**08** 다음은 H시의 학교폭력 상담 및 신고 건수에 대한 자료이다. 이에 대한 설명으로 옳지 않은 것은?

〈학교폭력 상담 및 신고 건수〉

(단위 : 건)

| 구분 | 2022년 7월 | 2022년 8월 | 2022년 9월 | 2022년 10월 | 2022년 11월 | 2022년 12월 |
|------|-----------|-----------|-----------|------------|------------|------------|
| 상담 | 977 | 805 | 3,009 | 2,526 | 1,007 | 871 |
| 상담 누계 | 977 | 1,782 | 4,791 | 7,317 | 8,324 | 9,195 |
| 신고 | 486 | 443 | 1,501 | 804 | 506 | 496 |
| 신고 누계 | 486 | 929 | 2,430 | 3,234 | 3,740 | 4,236 |
| 구분 | 2023년 1월 | 2023년 2월 | 2023년 3월 | 2023년 4월 | 2023년 5월 | 2023년 6월 |
| 상담 | ( ) | ( ) | 4,370 | 3,620 | 1,004 | 905 |
| 상담 누계 | 9,652 | 10,109 | 14,479 | 18,099 | 19,103 | 20,008 |
| 신고 | 305 | 208 | 2,781 | 1,183 | 557 | 601 |
| 신고 누계 | 4,541 | 4,749 | 7,530 | ( ) | ( ) | ( ) |

① 2023년 1월과 2023년 2월의 학교폭력 상담 건수는 같다.

② 학교폭력 상담 건수와 신고 건수 모두 2023년 3월에 가장 많다.

③ 2023년 6월까지의 학교폭력 신고 누계 건수는 10,000건 이상이다.

④ 전월 대비 학교폭력 상담 건수가 증가한 월은 학교폭력 신고 건수도 같이 증가하였다.

⑤ 전월 대비 학교폭력 상담 건수가 가장 크게 감소한 월과 학교폭력 신고 건수가 가장 크게 감소한 월은 다르다.

**09** 다음 〈조건〉에 따라 5층 건물에 A ~ E 5명이 살고 있을 때, 항상 옳지 않은 것은?(단, 지하에는 사람이 살지 않는다)

조건
- 각 층에는 최대 2명이 살 수 있다.
- 어느 한 층에는 사람이 살고 있지 않다.
- 짝수 층에는 1명씩만 살고 있다.
- A는 짝수 층에 살고, B는 홀수 층에 살고 있다.
- D는 C 바로 위층에 살고 있다.
- E는 1층에 살고 있다.
- D는 5층에 살지 않는다.

① A가 2층에 산다면 B와 같은 층에 사는 사람이 있다.
② B가 5층에 산다면 C는 어떤 층에서 혼자 살고 있다.
③ C가 2층에 산다면 B와 E는 같은 층에서 살 수 있다.
④ D가 4층에 산다면 B와 C는 같은 층에서 살 수 있다.
⑤ E가 1층에 혼자 산다면 B와 D는 같은 층에서 살 수 있다.

**10** 다음 〈조건〉에 따라 H공사 발전처의 부장, 과장, 대리, 주임, 사원이 농구, 축구, 야구, 테니스, 자전거, 영화 동호회에 참여할 때, 직급과 성별 및 동호회가 바르게 연결되지 않은 것은?(단, 모든 직원은 반드시 동호회 1곳에 참여한다)

> **조건**
> • 남직원은 3명, 여직원은 2명이다.
> • 모든 동호회의 참여 가능 인원은 팀내 최대 2명이다.
> • 모든 여직원은 자전거 동호회에 참여하지 않았다.
> • 여직원 중 1명은 농구, 축구, 야구, 테니스 동호회 중 하나에 참여하였다.
> • 대리, 주임, 사원은 자전거 동호회 또는 영화 동호회에 참여하지 않았다.
> • 참여 직원이 없는 동호회는 2개이다.
> • 야구, 자전거, 영화 동호회에 참여한 직원은 각각 1명이다
> • 주임은 야구 동호회에 참여하였고 부장은 영화 동호회에 참여하였다.
> • 축구 동호회에 참석한 직원은 남성뿐이다.

|     | 직급 | 성별 | 참여 동호회 |
| --- | --- | --- | --- |
| ① | 부장 | 여자 | 영화 |
| ② | 과장 | 남자 | 자전거 |
| ③ | 대리 | 남자 | 축구 |
| ④ | 주임 | 여자 | 야구 |
| ⑤ | 사원 | 남자 | 테니스 |

※ H사는 A ~ E의 5개 팀으로 나누어 각각 다른 발전소로 견학을 가고자 한다. 5대 발전소별 견학 운영 조건이 다음과 같을 때, 이어지는 질문에 답하시오. [11~12]

〈5대 발전소 견학 운영 조건〉

| 구분 | 견학 시간 | 제한 인원 | 견학 장소 |
|---|---|---|---|
| 고리 발전소 | 90분 | 50명 | 홍보관 |
| 새울 발전소 | 120분 | 40명 | 발전시설, 에너지체험관 |
| 한울 발전소 | 90분 | 50명 | 발전소 전체 |
| 월성 발전소 | 90분 | 40명 | 홍보관, 에너지체험관 |
| 한빛 발전소 | 120분 | 50명 | 발전소 전체 |

※ 발전소 전체는 홍보관, 발전시설, 에너지체험관을 모두 포함한다.

**11** 다음 〈조건〉에 따라 A ~ E팀이 견학할 발전소를 정할 때, 팀과 견학 장소를 바르게 연결한 것은?

조건
• 한 발전소에 두 팀 이상 견학을 갈 수 없다.
• A, C팀의 견학 희망 인원은 각각 45명이고, B, D, E팀의 견학 희망 인원은 각각 35명이다.
• A, D팀의 견학 희망 장소는 발전소 전체이다.
• C팀의 견학 희망 장소는 홍보관이며, B팀은 발전시설 견학을 희망하지 않는다.
• A, E팀의 견학 희망 시간은 최소 100분이다.
• 그 외 희망 사항이 없는 팀은 발전소 견학 운영 조건을 따르는 것으로 한다.

① A – 새울 발전소　　　　　　　② B – 고리 발전소
③ C – 월성 발전소　　　　　　　④ D – 한울 발전소
⑤ E – 한빛 발전소

**12** 다음 〈조건〉에 따라 발전소의 견학 순서를 정할 때, 항상 두 번째로 견학을 가게 되는 발전소는?

조건
• 한빛 발전소보다 고리 발전소와 월성 발전소에 먼저 견학을 간다.
• 한울 발전소는 새울 발전소보다 먼저 견학한다.
• 월성 발전소와 새울 발전소 사이에 발전소 한 곳에 견학을 간다.
• 새울 발전소는 첫 번째로 견학 장소가 될 수 없다.
• 한울 발전소는 반드시 짝수 번째로 견학한다.

① 고리 발전소　　　　　　　② 새울 발전소
③ 월성 발전소　　　　　　　④ 한빛 발전소
⑤ 한울 발전소

**13** 다음은 어느 국가의 2013년부터 2022년까지의 자원별 발전량에 대한 자료이다. 이에 대한 설명으로 옳지 않은 것은?

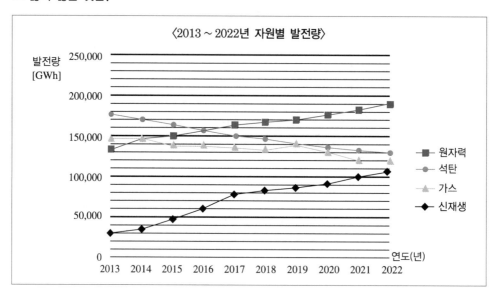

① 석탄 자원 발전량은 매년 감소하고 있지만, 신재생 자원 발전량은 매년 증가하고 있다.

② 2017년 이후로 원자력 자원 발전량이 가장 많다.

③ 2013년 대비 2022년의 발전량의 증감폭이 가장 작은 자원은 가스 자원이다.

④ 원자력 자원 발전량과 석탄 자원 발전량의 차이가 가장 적은 해는 2016년이다.

⑤ 원자력 자원 발전량 대비 신재생 자원 발전량의 비는 감소하고 있다.

**14** 홍보팀, 총무팀, 연구개발팀, 고객지원팀, 법무팀, 디자인팀으로 구성된 H사가 봄에 사내 체육대회를 실시하였다. 여섯 팀이 참가한 경기가 다음 〈조건〉과 같을 때, 항상 참인 것은?

조건
- 체육대회는 모두 4종목이며 모든 팀은 적어도 한 종목에 참가해야 한다.
- 이어달리기 종목에 참가한 팀은 5팀이다.
- 홍보팀은 모든 종목에 참가하였다.
- 연구개발팀은 2종목에 참가하였다.
- 총무팀이 참가한 어떤 종목은 4팀이 참가하였다.
- 연구개발팀과 디자인팀은 같은 종목에 참가하지 않았다.
- 고객지원팀과 법무팀은 모든 종목에 항상 같이 참가하였거나 같이 참가하지 않았다.
- 디자인팀은 족구 종목에 참가하였다.

① 총무팀이 참가한 종목의 수와 법무팀이 참가한 종목의 수는 같다.
② 홍보팀과 고객지원팀이 동시에 참가하지 않는 종목은 없다.
③ 참가율이 가장 낮은 팀은 디자인팀이다.
④ 연구개발팀과 법무팀이 참가한 종목의 수는 같다.
⑤ 연구개발팀과 디자인팀이 동시에 참가하지 않는 종목은 없다.

**15** 다음은 포화 수증기량에 대한 글과 날짜별 기온 및 수증기량에 대한 자료이다. 이에 대한 설명으로 옳은 것을 〈보기〉에서 모두 고르면?(단, 모두 맑은 날이고, 해발 0m에서 수증기량을 측정하였다)

수증기는 온도에 따라 공기에 섞여 있을 수 있는 양이 다르다. 온도에 따라 공기 $1m^3$ 중에 섞여 있는 수증기량의 최댓값을 포화 수증기량이라고 하며, 기온에 따른 포화 수증기량의 변화를 그린 그래프를 포화 수증기량 곡선이라 한다. 공기에 섞여 있는 수증기량이 포화 수증기량보다 적으면 건조공기, 포화 수증기량에 도달하면 습윤공기이다.

아래 그래프에서 수증기가 $1m^3$당 X만큼 섞여 있고 온도가 T인 어떤 공기 P가 있다고 하자. 이 공기가 냉각되면 기온이 하강하더라도 섞여 있는 수증기량은 변하지 않으므로 점 P는 왼쪽으로 이동한다. 이동한 점이 포화 수증기량 곡선과 만나면 수증기는 응결되어 물이 된다. 이때 온도를 이슬점($T_D$)이라고 한다.

〈포화 수증기량 곡선〉

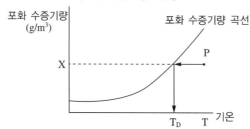

공기가 상승하면 단열팽창되어 건조한 공기는 100m 상승할 때마다 온도는 약 1℃ 하강하고 습윤한 공기는 100m 상승할 때마다 온도는 약 0.5℃ 하강한다. 반대로 건조한 공기가 100m 하강할 때는 단열압축되어 온도는 약 1℃ 상승하고 습윤한 공기는 100m 하강할 때마다 온도는 약 0.5℃씩 상승하게 된다.

기온이 하강하여 이슬점이 되면 수증기는 응결되어 구름이 되고 더 많은 수증기가 응결되면 비가 되어 내리게 된다.

**〈일자별 기온 및 수증기〉**

| 구분 | 4월 5일 | 4월 12일 | 4월 19일 | 4월 26일 | 5월 3일 | 5월 10일 |
|---|---|---|---|---|---|---|
| 기온(℃) | 20 | 16 | 18 | 18 | 22 | 20 |
| 수증기량(g/m³) | 15 | 13 | 10 | 15 | 8 | 16 |

**보기**

ㄱ. 가장 건조한 날은 5월 3일이다.
ㄴ. 4월 5일에 측정한 공기와 4월 26일에 측정한 공기가 응결되는 높이는 같다.
ㄷ. 4월 19일에 측정한 공기는 4월 26일에 측정한 공기보다 더 높은 곳에서 응결된다.
ㄹ. 공기 중에 수증기가 가장 많이 있을 수 있는 날은 4월 12일이다.

① ㄱ, ㄷ
② ㄱ, ㄹ
③ ㄴ, ㄷ
④ ㄴ, ㄹ
⑤ ㄷ, ㄹ

**16** 최대리는 노트북을 사고자 H전자제품 홈페이지에 방문하였다. A~E 5개의 노트북을 최종 후보로 선정한 후 〈조건〉에 따라 점수를 부여하여 점수가 가장 높은 제품을 고를 때, 최대리가 고를 노트북은?

〈노트북 최종 후보〉

| 구분 | A | B | C | D | E |
|---|---|---|---|---|---|
| 저장용량 / 저장매체 | 512GB / HDD | 128GB / SSD | 1,024GB / HDD | 128GB / SSD | 256GB / SSD |
| 배터리 지속시간 | 최장 10시간 | 최장 14시간 | 최장 8시간 | 최장 13시간 | 최장 12시간 |
| 무게 | 2kg | 1.2kg | 2.3kg | 1.5kg | 1.8kg |
| 가격 | 120만 원 | 70만 원 | 135만 원 | 90만 원 | 85만 원 |

> **조건**
> • 항목별로 순위를 정하여 1~5점을 순차적으로 부여한다(단, 동일한 성능일 경우 동일한 점수를 부여한다).
> • 저장용량은 클수록, 배터리 지속시간은 길수록, 무게는 가벼울수록, 가격은 저렴할수록 높은 점수를 부여한다.
> • 저장매체가 SSD일 경우 3점을 추가로 부여한다.

① A
② B
③ C
④ D
⑤ E

※ H사는 워크숍 진행을 위해 대관할 호스텔을 찾고 있다. A ~ E호스텔에 대한 정보가 다음과 같을 때 이어지는 질문에 답하시오. **[17~18]**

| 구분 | A | B | C | D | E |
|---|---|---|---|---|---|
| 거리(W사 기준) | 30km | 20km | 60km | 45km | 20km |
| 수용인원 | 215명 | 180명 | 125명 | 100명 | 130명 |
| 대관료(일 단위) | 200만 원 | 150만 원 | 100만 원 | 120만 원 | 180만 원 |

**17** 다음 대화에서 적절하지 않은 의견을 제시한 사람은?

> H과장 : 워크숍 참여 인원이 143명이니 수용인원이 가장 적은 D호스텔은 후보에서 제외해야겠어요.
> C과장 : 예산이 175만 원으로 넉넉하지 않으니 가장 비싼 A호스텔도 후보에서 제외해야겠어요.
> T과장 : 그렇다면 가장 저렴한 C호스텔은 어떤가요?
> L과장 : C호스텔은 회사에서 가장 멀리 있어 불편해할 거예요. 가까운 B호스텔은 어때요?
> I과장 : 그곳이 좋겠어요. 회사에서 거리도 멀지 않고 수용인원도 충분해요. 그리고 가격도 예산 범위 안이고요.

① H과장
② C과장
③ T과장
④ L과장
⑤ I과장

**18** 17번의 대화에 따라 선정한 호스텔의 이름과 대관료를 바르게 연결한 것은?

① A호스텔, 120만 원
② B호스텔, 120만 원
③ B호스텔, 150만 원
④ C호스텔, 150만 원
⑤ D호스텔, 200만 원

※ PC방에서 아르바이트를 하는 P군은 모니터가 이상하다는 손님의 문의에 대응하기 위해 제조사의 모니 터 설명서를 찾아보았다. 이어지는 질문에 답하시오. [19~20]

〈고장신고 전 확인사항〉

| 고장 내용 | 확인사항 |
|---|---|
| 화면이 나오지 않아요. | • 모니터 전원 코드가 전원과 바르게 연결되어 있는지 확인해 주세요.<br>• 전원 버튼이 꺼져 있는지 확인해 주세요.<br>• [입력] 설정이 바르게 되어 있는지 확인해 주세요.<br>• PC와 모니터가 바르게 연결되어 있는지 확인해 주세요.<br>• 모니터가 절전모드로 전환되어 있는지 확인해 주세요. |
| "UNKNOWN DEVICE" 문구가 뜹니다. | • 자사 홈페이지의 모니터 드라이브를 설치해 주세요.<br>(http://www.******.**.**) |
| 화면이 흐려요. | • 권장 해상도로 설정되어 있는지 확인해 주세요.<br>• 그래픽카드 성능에 따라 권장 해상도 지원이 불가능할 수 있으니 그래픽카드 제조사에 문의해 주세요. |
| 화면에 잔상이 남아 있어요. | • 모니터를 꺼도 잔상이 남으면 고장신고로 접수해 주세요(고정된 특정 화면을 장기간 사용하면 모니터에 손상을 줄 수 있습니다).<br>• 몇 개의 빨간색, 파란색, 초록색, 흰색, 검은색 점이 보이는 것은 정상이므로 안심하고 사용하셔도 됩니다. |
| 소리가 나오지 않아요. | • 모니터가 스피커 단자와 바르게 연결되어 있는지 확인해 주세요.<br>• 볼륨 설정이 낮거나 음소거 모드로 되어 있는지 확인해 주세요. |
| 모니터 기능이 잠겨 있어요. | • [메뉴] – [잠금 해제]를 통해 잠금을 해제해 주세요. |

| 2023년 상반기 / 기술능력

**19** 다음 중 화면이 나오지 않는다는 손님의 문의를 받았을 때의 대응 방안으로 적절하지 않은 것은?

① 모니터 드라이버를 설치한다.

② 모니터 전원이 켜져 있는지 확인한다.

③ 모니터와 PC가 바르게 연결되어 있는지 확인한다.

④ 모니터가 전원에 연결되어 있는지 확인한다.

⑤ 모니터 입력 설정이 바르게 설정되어 있는지 확인한다.

| 2023년 상반기 / 기술능력

**20** 다음 중 고장신고를 접수해야 하는 상황은?

① 화면이 흐리게 보인다.

② 화면에 몇 개의 반점이 보인다.

③ 모니터를 꺼도 잔상이 남아 있다.

④ 모니터 일부 기능을 사용할 수 없다.

⑤ 특정 소프트웨어에서 소리가 나오지 않는다.

**21** H마트에서 500mL 우유 1팩과 슈퍼백 1개를 묶음 판매하고 있다. 묶어서 판매하는 행사가격은 우유와 슈퍼백 정가의 20%를 할인해서 2,000원이다. 슈퍼백 1개의 정가가 800원일 때, 우유 1팩의 정가는 얼마인가?

① 800원

② 1,200원

③ 1,500원

④ 1,700원

⑤ 1,800원

**22** 한국수력원자력은 필리핀의 신재생에너지 시장에 진출하려고 한다. 전략기획팀의 M대리는 3C 분석 방법을 통해 다음과 같은 결과를 도출하였다. 한국수력원자력의 필리핀 시장 진출에 대한 판단으로 가장 적절한 것은?

| 3C | 상황분석 |
|---|---|
| 고객(Customer) | • 아시아국가 중 전기요금이 높은 편에 속함<br>• 태양광, 지열 등 훌륭한 자연환경 조건 기반<br>• 신재생에너지 사업에 대한 정부의 적극적 추진 의지 |
| 경쟁사(Competitor) | • 필리핀 민간 기업의 투자 증가<br>• 중국 등 후발국의 급속한 성장<br>• 체계화된 기술 개발 부족 |
| 자사(Company) | • 필리핀 화력발전사업에 진출한 이력<br>• 필리핀의 태양광 발전소 지분 인수<br>• 현재 미국, 중국 등 4개국에서 풍력과 태양광 발전소 운영 중 |

① 필리핀은 전기요금이 높아 국민들의 전력 사용량이 많지 않을 것으로 예상되며, 열악한 전력 인프라로 신재생에너지 시장의 발전 가능성 또한 낮을 것으로 예상되므로 자사의 필리핀 시장 진출은 바람직하지 않다.

② 필리핀은 정부의 적극적 추진 의지로 신재생에너지 시장이 급성장하고 있으나, 민간 기업의 투자와 다른 아시아국가의 급속한 성장으로 경쟁이 치열하므로 자사는 비교적 경쟁이 덜한 중국 시장으로 진출하는 것이 바람직하다.

③ 풍부한 자연환경 조건을 가진 필리핀 신재생에너지 시장의 성장 가능성은 높지만, 경쟁사에 비해 체계적이지 못한 자사의 기술 개발 역량이 필리핀 시장 진출에 걸림돌이 될 것이다.

④ 훌륭한 자연환경 조건과 사업에 대한 정부의 추진 의지를 바탕으로 한 필리핀의 신재생에너지 시장에서는 필리핀 민간 기업이나 후발국과의 치열한 경쟁이 예상되나, 자사의 진출 이력을 바탕으로 경쟁력을 확보할 수 있을 것이다.

⑤ 필리핀 시장에 대한 정보가 부족한 자사가 성장 가능성이 높은 신재생에너지 시장에 진출하기 위해서는 현재 급속한 성장을 보이고 있는 중국 등과 협력하여 함께 진출하는 것이 바람직하다.

**23** A사원은 바르셀로나 해외 법인을 방문하기 위해 5박 6일간 B차장과 출장을 가게 되었다. 출장 일정표와 해외 출장비 규정을 참고할 때, 회사에서 지원받을 수 있는 출장비는 얼마인가?(단, 실비는 제외하고 계산한다)

〈출장 일정표〉

| 날짜 | 장소 | 교통편 | 시간 | 일정 |
|---|---|---|---|---|
| 11월 3일(화) | 회사 | 공항 리무진 | 11:00 | 출장 보고 |
| | 인천 | AF 261 | 13:40 | 인천국제공항 출발 |
| | 파리 | AF 2348 | 18:25 / 20:10 | 파리 도착 / 파리 출발 |
| | 바르셀로나 | | 21:55 | 바르셀로나 공항 도착 |
| | | 호텔 리무진(무료) | 23:00 | 플라자 호텔 체크인 |
| 11월 4일(수) | 현지 법인 | 현지 직원 픽업 | 9:00 | 구매팀 미팅 |
| | 바르셀로나 | | 20:00 | 자유시간(야경 투어) |
| 11월 5일(목) | 현지 공장 | 현지 직원 픽업 | 11:00 | 생산팀 미팅 |
| | 바르셀로나 | - | 19:00 | 자유시간(광장 분수쇼) |
| 11월 6일(금) | 현지 법인 | 현지 직원 픽업 | 9:00 | 구매·생산팀 합동 미팅 |
| | 바르셀로나 | - | 18:00 | 자유시간(플라멩코 공연) |
| 11월 7일(토) | 플라자 호텔 | 호텔 리무진(무료) | 6:00 | 플라자 호텔 체크아웃 |
| | 바르셀로나 | AF 1049 | 9:30 | 바르셀로나 공항 출발 |
| | 파리 | AF 264 | 11:25 / 13:15 | 파리 도착 / 파리 출발 |
| 11월 8일(일) | 인천 | - | 6:55 | 인천국제공항 도착 |
| | 집 | 공항 리무진 | 9:00 | 출장 정리 |

〈해외 출장비 규정〉

| 구분 | 항공 (원) | 호텔 (USD) | 교통비 (USD, 원) | 일비(USD), 1일 | | 식비(USD), 한끼 | | 비고 |
|---|---|---|---|---|---|---|---|---|
| | | | | 갑지 | 을지 | 갑지 | 을지 | |
| 사장 이상 | 실비 | 실비 | 실비 | 100 | 90 | 80 | 70 | • 갑지 : 유럽, 미국 등 |
| 임원 | | | | 80 | 70 | 60 | 50 | • 을지 : 일본, 대양주, 중동, 중국, 홍콩, 대만, 싱가포르 |
| 차장 ~ 부장 | | | | 60 | 50 | 50 | 40 | |
| 대리 ~ 과장 | | | | 50 | 40 | 40 | 30 | |
| 사원 | | | | 40 | 30 | 35 | 25 | |

※ 2인 이상 출장 시에는 가장 높은 등급을 적용받는 자의 식비를 지급한다.
※ 출국일부터 입국일까지를 출장일로 규정한다.
※ 식비는 항공 시간을 제외하고 현지에 있는 시간(am 7:00 ~ pm 21:00)만 인정한다.
※ 조식은 7시에 먹으며, 하루에 3끼를 먹는다.

| | A사원 | B차장 | | A사원 | B차장 |
|---|---|---|---|---|---|
| ① | 450USD | 660USD | ② | 450USD | 450USD |
| ③ | 740USD | 660USD | ④ | 740USD | 860USD |
| ⑤ | 760USD | 860USD | | | |

**24** H회사에 근무하는 A씨는 사정이 생겨 다니던 회사를 그만두게 되었다. A씨의 근무기간 및 기본급 등의 기본정보가 다음과 같다면, A씨가 퇴직 시 받게 되는 퇴직금의 세전금액은 얼마인가?(단, A씨의 퇴직일 이전 3개월간 기타수당은 720,000원이며, 퇴직일 이전 3개월간 총 일수는 80일이다)

- 입사일자 : 2020년 9월 1일
- 퇴사일자 : 2022년 9월 4일
- 재직일수 : 730일
- 월기본급 : 2,000,000원
- 월기타수당 : 월별 상이
- 퇴직 전 3개월 임금 총액 계산(세전금액)

| 퇴직 이전 3개월간 총일수 | 기본급(3개월분) | 기타수당(3개월분) |
|---|---|---|
| 80일 | 6,000,000원 | 720,000원 |

- (1일 평균임금)=[퇴직일 이전 3개월간에 지급받은 임금총액(기본급＋기타수당)]÷(퇴직일 이전 3개월간 총일수)
- (퇴직금)=(1일 평균임금)×(30일)×[(재직일수)÷365]

① 5,020,000원
② 5,030,000원
③ 5,040,000원
④ 5,050,000원
⑤ 5,060,000원

**25** H공사의 A사원은 지사방문 일정으로 여수와 순천으로 출장을 다녀와야 한다. 다음은 용산역 – 여수EXPO역, 여수EXPO역 – 순천역 및 순천역 – 용산역 KTX의 운행시간 및 요금에 대한 자료이다. A사원이 용산역에서 07:30에 출발해서 일정을 마친 뒤 최대한 일찍 용산역에 도착하려고 할 때, A사원이 가장 일찍 용산역에 도착할 수 있는 시각과 총요금을 바르게 나열한 것은?(단, A사원은 여수를 처음으로 방문하고, 점심식사 시간은 12:00 ～ 13:00이며, 열차 운행의 지연은 없다고 가정한다)

〈용산역 – 여수EXPO역 KTX 운행시간 및 요금〉

| 열차 | 출발 – 도착 시각 | 요금(원) |
| --- | --- | --- |
| KTX 703 | 07:15 – 10:18 | 47,200 |
| KTX 781 | 07:45 – 11:19 | 46,000 |
| KTX 705 | 08:40 – 11:40 | 47,200 |

※ 여수 지사방문 일정에는 40분이 소요된다(이동시간 포함).

〈여수EXPO역 – 순천역 KTX 운행시간 및 요금〉

| 열차 | 출발 – 도착 시각 | 요금(원) |
| --- | --- | --- |
| KTX 710 | 12:00 – 12:20 | 8,400 |
| KTX 782 | 12:10 – 12:27 | 8,400 |
| KTX 712 | 13:05 – 13:22 | 8,400 |
| KTX 714 | 14:05 – 14:25 | 8,400 |
| KTX 716 | 15:00 – 15:18 | 8,400 |

※ 순천 지사방문 일정에는 2시간이 소요된다(이동시간 포함).

〈순천역 – 용산역 KTX 운행시간 및 요금〉

| 열차 | 출발 – 도착 시각 | 요금(원) |
| --- | --- | --- |
| KTX 716 | 15:20 – 17:59 | 44,000 |
| KTX 718 | 16:57 – 19:31 | 44,000 |
| KTX 720 | 18:21 – 21:03 | 44,000 |
| KTX 784 | 19:10 – 22:29 | 43,000 |
| KTX 724 | 22:10 – 00:38 | 44,000 |

|  | 용산역 도착 시각 | 총요금 |
| --- | --- | --- |
| ① | 17:59 | 99,600원 |
| ② | 19:31 | 98,400원 |
| ③ | 21:03 | 98,600원 |
| ④ | 22:29 | 97,400원 |
| ⑤ | 00:38 | 98,400원 |

**26** 다음 글의 내용으로 적절하지 않은 것은?

> 스마트미터는 소비자가 사용한 전력량만을 일방적으로 보고하는 게 아니라, 발전사로부터 전력 공급 현황을 받을 수 있는 양방향 통신, AMI로 나아간다. 때문에 부가적인 설비를 더하지 않고 소프트웨어 설치만으로 통신이 가능한 집안의 각종 전자기기를 제어하는 기능까지 더할 수 있어 에너지를 더욱 효율적으로 관리하게 해주는 전력 시스템이기도 하다.
>
> 스마트미터는 신재생에너지가 보급되기 위해 필요한 스마트그리드의 기초가 되는 부분으로, 그 시작은 자원 고갈에 대한 걱정과 환경 보호 협약 때문이었다. 하지만 스마트미터가 촉구되었던 더 큰 이유는 안정적으로 전기를 이용할 수 있느냐 하는 두려움 때문이었다.
>
> 21세기가 되었어도 천재지변으로 인한 시설 훼손이나 전력 과부하로 인한 블랙아웃 등은 선진국에서도 어쩔 도리가 없었다. 태풍과 홍수, 산사태 등으로 막대한 피해를 보았던 2000년대 초반 미국을 기점으로, 전력 정보의 신뢰도를 위해 스마트미터 산업이 크게 주목받기 시작했다. 대중은 비상시 전력 보급 현황을 알기 원했고, 미 정부는 전력 사용 현황을 파악함은 물론 소비자의 전력 사용량을 제공해서 스스로 전력 사용을 줄이길 바랐다.
>
> 스마트미터는 기존의 전력 계량기를 교체해야 하는 수고와 비용이 들지만, 실시간으로 에너지 사용량을 알 수 있기 때문에 이용하는 순간부터 공급자인 발전사와 소비자 모두가 전력 정보를 편이하게 접할 수 있는 데에서 그치지 않고, 효율적으로 관리가 가능해진다.
>
> 앞으로는 소비처로부터 멀리 떨어진 대규모 발전 시설에서 생산하는 전기뿐만 아니라, 스마트 그린시티에 설치된 발전설비를 통한 소량의 전기들까지의 전기 가격을 하나의 정보로 규합하여 소비자는 필요에 맞게 전기를 소비할 수 있게 된다. 또한 소형 설비로 생산하거나, 에너지 저장 시스템에 사용하다 남은 소량의 전기는 전력 시장에 역으로 제공해 보상을 받을 수도 있게 된다.
>
> 미래 에너지는 신재생에너지로의 완전한 전환이 중요하지만, 산업체는 물론 개개인이 에너지를 절약하는 것 또한 중요하다. 앞서 미국이 의도했던 것처럼 스마트미터를 보급하면 일상에서 쉽게 에너지 운용을 파악할 수 있게 되고, 에너지 절약을 습관화하는 데 도움이 될 것이다.

① 소비자가 사용한 전력량뿐만 아니라 발전사로부터 공급 현황도 받을 수 있다.
② 에너지 공급자와 사용자를 양방향 통신으로 연결해 정보제공 역할을 한다.
③ 스마트미터는 자원 고갈과 환경보호를 대체할 수 있는 발전효율이 높은 신재생에너지 자원이다.
④ 소비자 개개인의 에너지 절약도 중요하며, 스마트미터는 에너지 절약의 습관화에 도움을 준다.
⑤ 공급자로부터 받은 전력 사용량을 바탕으로 소비자 스스로 전력 사용을 제어할 수 있다.

**27** 다음은 한국수력원자력의 홍보관 견학에 대한 안내 자료이다. 이를 이해한 내용으로 가장 적절한 것은?

---

- 관람 전 안내사항
  - 자유관람은 별도의 예약신청 없이 자유롭게 이용 가능합니다.
  - 10명 이상 단체견학은 온라인으로 견학신청을 해주시기 바랍니다.
  - 안전한 관람을 위하여 바퀴 달린 신발, 인라인 스케이트, 킥보드 등의 착용 및 휴대를 삼가주시기 바랍니다.
  - 홍보관 내에서는 시각장애 안내견 이외의 반려동물의 출입은 금지되어 있습니다.
- 관람정보
  - 관람운영일 : 매일 오전 9시 ~ 오후 6시(오후 5시 입장 마감)
    ※ 휴관일 : 1월 1일, 설·추석연휴
  - 홍보관 해설 시간 매주 화요일 ~ 일요일 오전 11시 / 오후 2시 / 오후 4시(총 3회), 회당 40명 이내
  - 해설코스 : 홍보관 1층 로비(회사소개 영상 관람) → 홍보관 → 특별전시
  - 해설소요시간 : 40분(회사소개 영상 10분, 해설 30분)
  - 해설참여방법 : 홍보관 1층 데스크에서 선착순으로 접수, 방문기념품 제공
    ※ 해당 시간에 단체견학이 있을 경우 동반 해설 진행
    ※ 외국인 대상의 영어 해설을 원하실 경우 관람 4일 전까지 유선 신청해 주시기 바랍니다.
  - 자체제작 애니메이션 상영 : 네버랜드를 구하라(20분), 트러스트(8분) 총 2편(매일 오전 10시 30분 / 오후 1시 30분 / 오후 3시 30분, 홍보관 로비 멀티비전)
- 단체견학 신청
  - 10명 이상 단체견학 신청 가능(최대 300명)
  - 단체관람코스
    공사소개 브리핑(30분) → 홍보동영상 관람(15분) → 홍보관 투어(30분) → 특별전시관람(15분) → 원자로, 터빈 등 원자력설비 모형 소개(15분 / 별도 요청 시)

---

① 홍보관 관람을 위해서는 반드시 온라인으로 예약 신청을 해야 한다.

② 단체견학의 경우 1시간 30분 이상이 소요될 수도 있다.

③ 반려견과 동행하기 위해서는 애견용 가방을 사용해야 한다.

④ 외국인과 관람하는 경우 영어 해설을 들으려면 관람 4일 전까지 인터넷으로 신청해야 한다.

⑤ 해설을 듣기 위해서는 반드시 단체견학을 신청해야 한다.

**28** H공사에서는 보고서를 통과시키기 위해서 총 6명(a ~ f)에게 결재를 받아야 한다. 다음 〈조건〉을 토대로 최종 결재를 받아야 하는 사람이 c일 때, 세 번째로 결재를 받아야 할 사람은?

조건
- c 바로 앞 순서인 사람은 f이다.
- b는 f와 c보다는 앞 순서이다.
- e는 b보다는 앞 순서이다.
- e와 c는 d보다 뒤의 순서다.
- a는 e보다 앞 순서이다.
- 한 사람당 한 번만 거친다.

① a                ② b

③ d                ④ e

⑤ f

**29** 신입사원인 윤지, 순영, 재철, 영민이는 영국, 프랑스, 미국, 일본으로 출장을 간다. 출장은 나라별로 한 명씩 가야 하며, 출장 기간은 서로 중복되지 않아야 한다. 다음 〈조건〉을 토대로 참인 것은?

조건
- 윤지는 가장 먼저 출장을 가지 않는다.
- 재철은 영국 또는 프랑스로 출장을 가야 한다.
- 영민은 순영보다는 먼저 출장을 가야 하고, 윤지보다는 늦게 가야 한다.
- 가장 마지막 출장지는 미국이다.
- 영국 출장과 프랑스 출장은 일정이 연달아 잡히지 않는다.

① 윤지는 프랑스로 출장을 간다.

② 재철은 영국으로 출장을 간다.

③ 영민은 세 번째로 출장을 간다.

④ 순영은 두 번째로 출장을 간다.

⑤ 윤지와 순영은 연이어 출장을 간다.

**30** 현수, 정훈, 승규, 태경, 형욱 다섯 명이 마라톤 경기에서 뛰고 있다. 한 시간이 지난 후 현재 다섯 명 사이의 거리가 다음 〈조건〉과 같다면 참인 것은?

> **조건**
> • 태경이는 승규보다 3km 앞에서 뛰고 있다.
> • 형욱이는 태경이보다 5km 뒤에서 뛰고 있다.
> • 현수는 승규보다 5km 앞에서 뛰고 있다.
> • 정훈이는 태경이보다 뒤에서 뛰고 있다.
> • 1등과 5등의 거리는 10km 이하이다.

① 정훈이와 승규의 거리는 최소 0km, 최대 4km이다.
② 정훈이는 형욱이보다 최대 2km 뒤까지 위치할 수 있다.
③ 현수와 태경이의 거리와 승규와 형욱이의 거리는 같다.
④ 현재 마라톤 경기의 1등은 태경이다.
⑤ 현수 – 태경 – 승규 – 형욱 – 정훈 순서대로 달리고 있다.

**31** 다음 글의 핵심 내용으로 가장 적절한 것은?

BMO 금속 및 광업 관련 리서치 보고서에 따르면 최근 가격 강세를 지속해 온 알루미늄, 구리, 니켈 등 산업금속들에 4분기 중 공급부족 심화와 가격 상승세가 전망된다. 산업금속이란, 산업에 필수적으로 사용되는 금속들을 말하는데, 앞서 제시한 알루미늄, 구리, 니켈뿐만 아니라 비교적 단단한 금속에 속하는 은이나 금 등도 모두 산업에 많이 사용될 수 있는 금속이므로 산업금속의 카테고리에 속한다고 할 수 있다. 이러한 산업금속은 물품을 생산하는 기계의 부품으로서 필요하기도 하고, 전자제품 등의 소재로 쓰이기도 하기 때문에 특정 분야의 산업이 활성화되면 특정 금속의 가격이 뛰거나 심각한 공급난을 겪기도 한다.

지난 4일 금융투자업계에 따르면 최근 전세계적인 경제 회복 조짐과 함께 탈탄소 트렌드, 즉 '그린 열풍'에 따른 수요 증가로 산업금속 가격이 초강세이다. 런던금속거래소에서 발표한 자료에 따르면 올해 들어 지난달까지 알루미늄은 20.7%, 구리가 47.8%, 니켈은 15.9% 각각 가격이 상승했다. 자료에서도 알 수 있듯이 구리 수요를 필두로 알루미늄, 니켈 등 전반적인 산업금속 섹터의 수요량이 증가하였다. 이는 전기자동차 산업의 확충과 관련이 있다. 전기자동차의 핵심적인 부품인 배터리를 만드는 데에 구리와 니켈이 사용되기 때문이다. 이때, 배터리 소재 중 니켈의 비중을 높이면 배터리의 용량을 키울 수 있으나 배터리의 안정성이 저하된다. 기존의 전기자동차 배터리는 니켈의 사용량이 높았기 때문에 안정성 문제가 꾸준히 제기되어 왔다. 그래서 연구 끝에 적정량의 구리를 배합하는 것이 배터리 성능과 안정성을 모두 향상시키기 위해서 중요하다는 것을 밝혀냈다. 즉, 구리가 전기자동차 산업의 핵심 금속인 셈이다.

이처럼 전기자동차와 배터리 등 친환경 산업에 필수적인 금속들의 수요가 증가하는 반면, 세계 각국의 환경 규제 강화로 인해 금속의 생산은 오히려 감소하고 있기 때문에 산업금속에 대한 공급난과 가격 인상이 우려되고 있다.

① 전기자동차의 배터리 성능을 향상하는 기술
② 세계적인 '그린 열풍' 현상 발생의 원인
③ 필수적인 산업금속 공급난으로 인한 문제
④ 전기자동차 확충에 따른 구리 수요 증가 상황
⑤ 탈탄소 산업의 대표 주자인 전기자동차산업

※ H공사는 농가소득 향상을 위해 농산물 직거래장터를 개최하려고 한다. 이어지는 질문에 답하시오.
[32~33]

〈후보 지역 평가 현황〉

(단위 : 점)

| 지역 | 접근성 | 편의성 | 활용도 | 인지도 |
|---|---|---|---|---|
| 갑 | 5 | 7 | 6 | 3 |
| 을 | 3 | 7 | 8 | 4 |
| 병 | 5 | 8 | 2 | 6 |
| 정 | 8 | 7 | 5 | 2 |
| 무 | 7 | 7 | 1 | 4 |

※ 평가항목당 가중치는 접근성이 0.4, 편의성이 0.2, 활용도가 0.1, 인지도가 0.3이다.

| 2021년 / 문제해결능력

**32** 다음 중 평가항목당 가중치를 적용한 총점으로 개최지를 선정할 때 가장 적절한 지역은?

① 갑                                ② 을
③ 병                                ④ 정
⑤ 무

| 2021년 / 문제해결능력

**33** 다음 중 접근성과 편의성의 평가항목당 가중치를 서로 바꾸었을 때 개최지로 선정되는 지역은?

① 갑                                ② 을
③ 병                                ④ 정
⑤ 무

※ 동호회의 회장인 B씨는 상반기 결산을 맞아 모임을 주최하려고 한다. 동호회 회원은 B씨를 포함하여 30명이며, 제비뽑기를 통해 상품을 증정하기로 하였다. 상품의 선호도와 할인 혜택에 대한 다음 자료를 참고하여 이어지는 질문에 답하시오. [34~35]

### 〈등수별 상품 품목 선호도〉

(단위 : 명)

| 등수 | 품목 | 선호도 |
|---|---|---|
| 1등 | 노트북 | 5 |
| | 무선 청소기 | 14 |
| | 호텔 숙박권 | 11 |
| 2등 | 에어프라이어 | 12 |
| | 백화점 상품권 4매 | 6 |
| | 전기 그릴 | 12 |
| 3등 | 백화점 상품권 2매 | 17 |
| | 외식 상품권 | 2 |
| | 커피 쿠폰 | 11 |

※ 30명의 회원들은 등수별로 품목 하나씩을 선택했다.

### 〈상품별 할인 혜택〉

| 상품 | 금액 | 할인 혜택 |
|---|---|---|
| 노트북 | 1,200,000원 | 세일 기간으로 20% 할인 |
| 무선 청소기 | 800,000원 | – |
| 호텔 숙박권 | 600,000원 | 온라인 구매로 7% 할인 |
| 에어프라이어 | 300,000원 | 특가 상품으로 15% 할인 |
| 백화점 상품권 1매 | 50,000원 | – |
| 전기 그릴 | 250,000원 | 온라인 구매로 8% 할인 |
| 외식 상품권 | 100,000원 | – |
| 커피 쿠폰 | 50,000원 | – |

**34** B씨가 다음 〈조건〉에 따라 등수별 상품을 구매한다고 할 때, 모든 상품의 구매비용으로 옳은 것은?(단, 금액은 할인 혜택 적용 후 총구매금액으로 계산한다)

> 조건
> • 구성원의 선호도를 우선으로 등수별 상품을 선택한다.
> • 1등 상품의 선호도가 동일할 경우 가격이 저렴한 상품을 선택한다.
> • 2 · 3등 상품의 선호도가 동일한 경우 각각 1등과 2등에 선택된 상품의 총금액보다 가격이 저렴한 상품을 선택한다(단, 모든 상품의 가격이 저렴할 시 가장 비싼 상품을 택한다).
> • 당첨자는 1등 1명, 2등 2명, 3등 3명이다.

① 1,610,000원  ② 1,600,000원
③ 1,560,000원  ④ 1,530,000원
⑤ 1,500,000원

**35** B씨는 상품의 총구매비용을 150만 원 이하로 정하였다. 등수별 선호도가 가장 낮은 상품은 제외하고 예산에 맞게 상품 목록을 정리했을 때, 다음 중 예산에 가장 가까운 상품 목록은?(단, 금액은 할인 혜택 적용 후 금액으로 계산한다)

|   | 1등 | 2등 | 3등 |
|---|---|---|---|
| ① | 호텔 숙박권 | 에어프라이어 | 커피 쿠폰 |
| ② | 호텔 숙박권 | 전기 그릴 | 커피 쿠폰 |
| ③ | 무선 청소기 | 전기 그릴 | 백화점 상품권 2매 |
| ④ | 무선 청소기 | 에어프라이어 | 백화점 상품권 2매 |
| ⑤ | 무선 청소기 | 에어프라이어 | 커피 쿠폰 |

**36** 다음은 한국수력원자력의 원전용 리튬이온전지 개발 승인 관련 자료이다. 이에 대한 설명으로 적절하지 않은 것은?

> 한국수력원자력은 대한전기협회로부터 원자력발전소 비상 리튬이온전지 사용을 위한 기술기준 승인을 받았다고 밝혔다. 원자력발전소는 전기가 끊어졌을 때를 대비해 비상용으로 납축전지를 사용해 왔는데, 전원 차단으로 발생한 후쿠시마 원전 사고 이후 비상용 전지의 용량 확대 필요성이 꾸준히 제기돼 왔다. 이번에 기술기준 승인을 받은 리튬이온전지 용량은 납축전지의 2 ~ 3배에 달해 원전 안전성에 크게 기여할 것으로 평가받고 있다.
>
> 한수원 중앙연구원은 자체 R&D로 2013년부터 2016년까지 원전에 사용할 리튬이온전지의 성능과 안전성에 대한 시험을 수행해 왔다. 그 결과 세계 최초로 4개의 기술기준을 개발했고, 2017년 대한전기협회로부터 이 기술기준들을 전력산업기술기준으로 채택하는 최종 승인을 받았다.
>
> 전력산업기술기준(KEPIC)이란 안전한 전력생산을 위해 ASME, IEEE 같은 국제 전기표준에 맞춰 1995년 제정한 국내기술기준으로, 원자력발전소의 경우 신고리 1, 2호기 건설부터 적용 중이다.

① 리튬이온전지 사용을 위해서는 승인이 필요하다.
② 전원 차단이 없었다면, 후쿠시마 원전 사고는 일어나지 않았을 수도 있다.
③ 리튬이온전지 용량이 클수록 안전성도 커진다.
④ 한국수력원자력은 리튬이온전지를 세계 최초로 개발하였다.
⑤ 국내기술기준은 국제표준에 맞춰 제정되었다.

**37** L사원은 A지역으로, K사원은 B지역으로 각각 출장을 간다. 이후 업무상 미팅을 위해 A지역과 200km거리에 있는 C지역에서 만나기로 했을 때, K사원의 속력으로 옳은 것은?

> • A지역, B지역, C지역은 직선상의 거리에 위치하고 있다.
> • A지역과 B지역의 거리는 500km이다.
> • L사원은 100km/h의 속력으로 갔다.
> • K사원은 L사원보다 3시간 늦게 도착했다.
> • K사원의 차량 속력은 80km/h 이하이다.

① 40km/h
② 50km/h
③ 60km/h
④ 70km/h
⑤ 80km/h

**38** 작년 A제품과 B제품의 총판매량은 800개였다. 올해 A제품의 판매량은 50%가 증가하였고, B제품의 판매량은 작년 A제품 판매량의 3배에서 70을 뺀 것과 같았다. 올해 총판매량이 전년 대비 60% 증가하였다면, 올해 B제품의 판매량은 전년 대비 몇 %가 증가하였는가?

① 33%  ② 44%

③ 55%  ④ 66%

⑤ 77%

**39** 한국수력원자력에 근무하는 A대리는 국내 신재생에너지 산업에 대한 SWOT 분석 결과 자료를 토대로 경영 전략에 대해 판단하였다. 다음 〈보기〉 중 SWOT 전략과 내용이 잘못 연결된 것을 모두 고르면?

〈국내 신재생에너지 산업에 대한 SWOT 분석 결과〉

| 구분 | 분석 결과 |
|---|---|
| 강점(Strength) | • 해외 기관과의 협업을 통한 풍부한 신재생에너지 개발 경험<br>• 에너지 분야의 우수한 연구개발 인재 확보 |
| 약점(Weakness) | • 아직까지 화석연료 대비 낮은 전력효율성<br>• 도입 필요성에 대한 국민적 인식 저조 |
| 기회(Opportunity) | • 신재생에너지에 대한 연구가 세계적으로 활발히 추진<br>• 관련 정부부처로부터 충분한 예산 확보 |
| 위협(Threat) | • 신재생에너지 특성상 설비 도입 시의 높은 초기 비용 |

보기

ㄱ. SO전략 : 충분한 예산과 개발 경험을 통해 쌓은 기술력을 바탕으로 향후 효과적인 신재생에너지 산업 개발 가능
ㄴ. ST전략 : 우수한 연구개발 인재들을 활용하여 초기 비용 감축방안 연구 추진
ㄷ. WO전략 : 확보한 예산을 토대로 우수한 연구원 채용
ㄹ. WT전략 : 세계의 신재생에너지 연구를 활용한 전력효율성 개선

① ㄱ, ㄴ  ② ㄱ, ㄷ

③ ㄴ, ㄷ  ④ ㄴ, ㄹ

⑤ ㄷ, ㄹ

※ 다음 자료를 보고 이어지는 질문에 답하시오. [40~41]

〈상황〉

- 서울 지부에서 근무하는 박대리는 대구 지부에서 열리는 세미나에 3박 4일간 참석하고자 한다.
- 세미나는 10월 20일 오후 1시에 시작하여, 10월 23일 오후 5시까지 진행된다.
- 박대리는 서울 지부에서 대구 지부까지 이동 시 김포공항에서 대구공항으로 향하는 항공편을 이용한다. 박대리는 세미나 시작 1시간 전에는 대구공항에 도착하고자 하며, 세미나 종료 후 2시간 이내에는 김포행 항공편에 탑승하고자 한다.
- 식비는 출장 시작일과 마지막일을 포함하여 하루당 3만 원이 지급된다.
- 대구공항부터 세미나 장소인 대구 지부까지의 이동수단 중 항공료를 제외한 교통비는 하루당 1만 원이 지급된다.
- 숙박비는 1박당 8만 원이 지급된다.

〈항공편 정보〉

박대리는 다음 항공편 중에서 선택하여 이용한다.

| 항공편 | 출발 | 도착 | 출발시각 | 도착시각 | 편도요금 |
|---|---|---|---|---|---|
| IA910 | 김포공항 | 대구공항 | 10:00 | 10:50 | 34,500원 |
| JI831 | 김포공항 | 대구공항 | 12:10 | 13:20 | 41,000원 |
| BQ381 | 김포공항 | 대구공항 | 14:00 | 14:50 | 40,500원 |
| GO904 | 대구공항 | 김포공항 | 16:40 | 17:30 | 56,000원 |
| TK280 | 대구공항 | 김포공항 | 19:00 | 19:50 | 58,000원 |
| BV411 | 대구공항 | 김포공항 | 19:40 | 20:30 | 61,000원 |

| 2020년 / 자원관리능력

**40** 다음 중 박대리의 3박 4일간 출장비 총액으로 옳은 것은?

① 408,000원

② 423,500원

③ 458,000원

④ 492,500원

⑤ 521,000원

**41** 박대리가 이용한 항공사의 마일리지 적립 규정이 다음과 같다고 할 때, 이번 출장으로 인해 적립하게 되는 마일리지는?

| 항공편 가격 | 적립률(편도요금 기준) | 비고 |
|---|---|---|
| 3만 원 미만 | 2% | 10월 한 달 동안은 |
| 3만 원 이상 5만 원 미만 | 3% | 1.0%p 추가 적립 제공 |
| 5만 원 이상 10만 원 미만 | 5% | – |
| 10만 원 이상 | 7% | – |

① 3,935점      ② 4,280점
③ 4,310점      ④ 4,550점
⑤ 4,810점

**42** H공사에 근무하고 있는 L씨는 다음달 개인 지출 계획을 세우기 위해 이달 급여를 미리 계산해 보고자 한다. 다음 〈조건〉을 토대로 할 때 L씨의 초과근무수당으로 옳은 것은?

**조건**
- 한 달 급여는 250만 원이다.
- (초과수당)=(한 달 급여)÷209×1.5×(초과시간)
- 초과수당은 1시간 단위로 지급하며, 분 단위의 근무는 지급되지 않는다.

| 월 | 화 | 수 | 목 | 금 |
|---|---|---|---|---|
| 6 | 7 | 8 | 9 | 10 |
| 2시간 초과 | 1시간 초과 | | 2시간 초과 | |
| 13 | 14 | 15 | 16 | 17 |
| 3시간 초과 | | 1시간 초과 | | 20분 초과 |

① 81,230원      ② 122,230원
③ 161,460원      ④ 223,970원
⑤ 258,360원

**43** S팀장은 팀원들에게 1층 카페에서 음료를 사려고 한다. 다음 자료와 〈조건〉을 토대로 할 때 총적립금은 얼마인가?

〈주문한 메뉴〉

- 초콜릿 시럽을 추가한 카페모카(대) 1잔
- 바닐라 시럽과 시나몬 가루를 추가한 카페라테(중) 1잔
- 사과주스(중) 1잔
- 쿠키 가루를 추가한 아인슈페너(소) 1잔
- 헤이즐넛 시럽을 추가한 아메리카노(중) 1잔

〈메뉴판〉

| 종류 | 음료 | 음료 크기(원/개) | | |
|---|---|---|---|---|
| | | 소 | 중 | 대 |
| 커피 | 아메리카노 | 1,800 | 2,100 | 2,400 |
| | 카페라테 | 2,200 | 2,500 | 2,800 |
| | 카페모카 | 2,500 | 2,800 | 3,100 |
| | 아인슈페너 | 2,800 | 3,100 | 3,400 |
| 주스 | 포도주스 | - | 2,800 | 3,200 |
| | 오렌지주스 | - | 2,900 | 3,300 |
| | 사과주스 | - | 2,900 | 3,300 |

〈추가 메뉴〉

| 종류 | 내용 | 가격(원/개) |
|---|---|---|
| 시럽 | 바닐라 | 300 |
| | 헤이즐넛 | 300 |
| | 초콜릿 | 400 |
| 가루 | 시나몬 | 200 |
| | 쿠키 | 300 |

**조건**

- 총결제금액의 5%를 적립금으로 한다.
- 기존 적립금에서 1,900원을 사용하였다.

① 650원  
② 710원  
③ 770원  
④ 800원  
⑤ 820원

**44** 어느 한 사람이 5지선다형 문제 2개를 풀고자 한다. 첫 번째 문제의 정답은 선택지 중 1개이지만, 두 번째 문제의 정답은 선택지 중 2개이며, 모두 맞혀야 정답으로 인정된다. 두 문제 중 하나만 맞힐 확률은?

① 18%

② 20%

③ 26%

④ 30%

⑤ 44%

**45** 다음과 같이 일정한 규칙으로 수를 나열할 때 빈칸에 들어갈 수로 옳은 것은?

| 6　4　7　3　9　1　(　　) |
| --- |

① 6

② 7

③ 8

④ 9

⑤ 10

※ 다음 〈조건〉을 바탕으로 추론한 〈보기〉에 대한 판단으로 옳은 것을 고르시오. [46~47]

**46**

조건

- A ~ D가 탄 기차의 좌석은 통로를 사이에 두고 양옆으로 2인석과 3인석이 있다.
- A와 C는 통로를 사이에 두고 서로 옆자리에 앉아 있다.
- D는 맨 끝자리가 아니다.
- B는 C의 왼쪽 옆 자리에 앉아 있다.

보기

㉠ A는 3인석 좌석에 앉아 있다.
㉡ 창가석에 앉아 있는 사람은 B뿐이다.

① ㉠만 옳다.
② ㉡만 옳다.
③ ㉠, ㉡ 모두 옳다.
④ ㉠, ㉡ 모두 틀리다.
⑤ ㉠, ㉡ 모두 옳은지 틀린지 판단할 수 없다.

**47**

조건

- 사각 테이블에 사장과 A, B, C부서의 임원이 2명씩 앉아 있다.
- 사장은 사각 테이블의 어느 한 면에 혼자 앉아 있다.
- A부서의 임원들은 나란히 앉아 있다.
- C부서의 임원은 서로 마주보고 있으며, 그중 한 임원은 B부서의 임원 사이에 있다.
- 사각 테이블의 한 면에는 최대 4명이 앉을 수 있다.

보기

㉠ C부서의 한 임원은 어느 한 면에 혼자 앉아 있다.
㉡ 테이블의 어느 한 면은 항상 비어있다.

① ㉠만 옳다.
② ㉡만 옳다.
③ ㉠, ㉡ 모두 옳다.
④ ㉠, ㉡ 모두 틀리다.
⑤ ㉠, ㉡ 모두 옳은지 틀린지 판단할 수 없다.

**48** H기업의 본사는 대전에 있다. C부장은 목포에 있는 물류창고 정기점검을 위하여 내일 오전 10시에 출장을 갈 예정이다. 출장 당일 오후 1시에 물류창고 관리담당자와 미팅이 예정되어 있어 늦지 않게 도착하고자 한다. 다음 교통편을 고려하였을 때, C부장이 선택할 가장 적절한 경로는?(단, 1인당 출장지원 교통비 한도는 5만 원이며, 도보이동에 따른 소요 시간은 고려하지 않는다)

• 본사에서 대전역까지의 비용

| 구분 | 소요 시간 | 비용 | 비고 |
|------|-----------|------|------|
| 버스 | 30분 | 2,000원 | – |
| 택시 | 15분 | 6,000원 | – |

• 교통수단별 이용정보

| 구분 | 열차 | 출발시각 | 소요 시간 | 비용 | 비고 |
|------|------|----------|-----------|------|------|
| 직통 | 새마을호 | 10:00 / 10:50 | 2시간 10분 | 28,000원 | – |
| 직통 | 무궁화 | 10:20 / 10:40 10:50 / 11:00 | 2시간 40분 | 16,000원 | – |
| 환승 | KTX | 10:10 / 10:50 | 20분 | 6,000원 | 환승 10분 소요 |
| | KTX | – | 1시간 20분 | 34,000원 | |
| 환승 | KTX | 10:00 / 10:30 | 1시간 | 20,000원 | 환승 10분 소요 |
| | 새마을호 | – | 1시간 | 14,000원 | |

• 목포역에서 물류창고까지의 비용

| 구분 | 소요 시간 | 비용 | 비고 |
|------|-----------|------|------|
| 버스 | 40분 | 2,000원 | – |
| 택시 | 20분 | 9,000원 | – |

① 버스 – 새마을호(직통) – 버스
② 택시 – 무궁화(직통) – 택시
③ 버스 – KTX / KTX(환승) – 택시
④ 택시 – KTX / 새마을호(환승) – 택시
⑤ 택시 – 새마을호(직통) – 택시

※ 다음은 본부장 승진 대상자의 평가항목별 점수에 대한 자료이다. 이어지는 질문에 답하시오. [49~50]

### 〈본부장 승진 대상자 평가결과〉
(단위 : 점)

| 대상자 | 외국어능력 | 필기 | 면접 | 해외 및 격오지 근무경력 |
|---|---|---|---|---|
| A | 8 | 9 | 10 | 2년 |
| B | 9 | 8 | 8 | 1년 |
| C | 9 | 9 | 7 | 4년 |
| D | 10 | 8.5 | 8.5 | 5년 |
| E | 7 | 9 | 8.5 | 5년 |
| F | 8 | 7 | 10 | 4년 |
| G | 9 | 7 | 9 | 7년 |
| H | 9 | 10 | 8 | 3년 |
| I | 10 | 7.5 | 10 | 6년 |

| 2018년 / 문제해결능력

**49** 다음 〈조건〉에 따라 승진 대상자 2명을 선발한다고 할 때, 선발된 직원으로 옳은 것은?

> **조건**
> • 외국어능력, 필기, 면접 점수를 합산해 총점이 가장 높은 대상자 2명을 선발한다.
> • 총점이 동일한 경우 해외 및 격오지 근무경력이 많은 자를 우선 선발한다.
> • 해외 및 격오지 근무경력 또한 동일한 경우 면접 점수가 높은 자를 우선 선발한다.

① A, H          ② A, I
③ D, I          ④ E, F
⑤ H, I

| 2018년 / 문제해결능력

**50** 해외 및 격오지 근무자들을 우대하기 위해 〈조건〉을 다음과 같이 변경하였다면, 선발된 직원으로 옳은 것은?

> **조건**
> • 해외 및 격오지 근무경력이 4년 이상인 지원자만 선발한다.
> • 해외 및 격오지 근무경력 1년당 1점으로 환산한다.
> • 4개 항목의 총점이 높은 순서대로 선발하되, 총점이 동일한 경우 해외 및 격오지 근무경력이 높은 자를 선발한다.
> • 해외 및 격오지 근무경력 또한 동일한 경우 면접 점수가 높은 자를 우선 선발한다.

① C, F          ② D, G
③ D, I          ④ E, I
⑤ G, I

# PART **2**

# 직업기초능력

# CHAPTER 01

# 의사소통능력

## 합격 Cheat Key

의사소통능력은 평가하지 않는 공사·공단이 없을 만큼 필기시험에서 중요도가 높은 영역으로, 세부 유형은 문서 이해, 문서 작성, 의사 표현, 경청, 기초 외국어로 나눌 수 있다. 문서 이해·문서 작성과 같은 지문에 대한 주제 찾기, 내용 일치 문제의 출제 비중이 높으며, 문서의 특성을 파악하는 문제도 출제되고 있다.

### 1  문제에서 요구하는 바를 먼저 파악하라!

의사소통능력에서 가장 중요한 것은 제한된 시간 안에 빠르고 정확하게 답을 찾아내는 것이다. 의사소통능력에서는 지문이 아니라 문제가 주인공이므로 지문을 보기 전에 문제를 먼저 파악해야 하며, 문제에 따라 전략적으로 빠르게 풀어내는 연습을 해야 한다.

### 2  잠재되어 있는 언어 능력을 발휘하라!

세상에 글은 많고 우리가 학습할 수 있는 시간은 한정적이다. 이를 극복할 수 있는 방법은 다양한 글을 접하는 것이다. 실제 시험장에서 어떤 내용의 지문이 나올지 아무도 예측할 수 없으므로 평소에 신문, 소설, 보고서 등 여러 글을 접하는 것이 필요하다.

**3** 상황을 가정하라!

업무 수행에 있어 상황에 따른 언어 표현은 중요하다. 같은 말이라도 상황에 따라 다르게 해석될 수 있기 때문이다. 그런 의미에서 자신의 의견을 효과적으로 전달할 수 있는 능력을 평가하는 것이다. 업무를 수행하면서 발생할 수 있는 여러 상황을 가정하고 그에 따른 올바른 언어표현을 정리하는 것이 필요하다.

**4** 말하는 이의 입장에서 생각하라!

잘 듣는 것 또한 하나의 능력이다. 상대방의 이야기에 귀 기울이고 공감하는 태도는 업무를 수행하는 관계 속에서 필요한 요소이다. 그런 의미에서 다양한 상황에서 듣는 능력을 평가하는 것이다. 말하는 이가 요구하는 듣는 이의 태도를 파악하고, 이에 따른 판단을 할 수 있도록 언제나 말하는 사람의 입장이 되는 연습이 필요하다.

# 01 | 문서 내용 이해

## | 유형분석 |

- 주어진 지문을 읽고 선택지를 고르는 전형적인 독해 문제이다.
- 지문은 주로 신문기사(보도자료 등)나 업무 보고서, 시사 등이 제시된다.
- 공사공단에 따라 자사와 관련된 내용의 기사나 법조문, 보고서 등이 출제되기도 한다.

K씨는 성장기인 아들의 수면습관을 바로 잡기 위해 수면습관에 관련된 글을 찾아보았다. 다음 글을 읽고 이해한 내용으로 적절하지 않은 것은?

수면은 비렘(non-REM)수면과 렘수면으로 이뤄진 사이클이 반복되면서 이뤄지는 복잡한 신경계의 상호작용이며, 좋은 수면이란 이 사이클이 끊어지지 않고 충분한 시간 동안 유지되도록 하는 것이다. 수면 패턴은 일정한 것이 좋으며, 깨는 시간을 지키는 것이 중요하다. 그리고 수면 패턴은 휴일과 평일 모두 일정하게 지키는 것이 성장하는 아이들의 수면 리듬을 유지하는 데 좋다. 수면 상태에서 깨어날 때 영향을 주는 자극들은 '빛, 식사 시간, 운동, 사회 활동' 등이 있으며, 이 중 가장 강한 자극은 '빛'이다. 침실을 밝게 하는 것은 적절한 수면 자극을 방해하는 것이다. 반대로 깨어날 때 강한 빛 자극을 주면 수면 상태에서 빠르게 벗어날 수 있다. 이는 뇌의 신경 전달 물질인 멜라토닌의 농도와 연관되어 나타나는 현상이다. 수면 중 최대치로 올라간 멜라토닌은 시신경이 강한 빛에 노출되면 빠르게 줄어들게 되는데, 이때 수면 상태에서 벗어나게 된다. 아침 일찍 일어나 커튼을 젖히고 밝은 빛이 침실 안으로 들어오게 하는 것은 매우 효과적인 각성 방법인 것이다.

① 잠에서 깨는 데 가장 강력한 자극을 주는 것은 빛이었구나.
② 멜라토닌의 농도에 따라 수면과 각성이 영향을 받는구나.
③ 평일에 잠이 모자란 우리 아들은 잠을 보충해 줘야 하니까 휴일에 늦게까지 자도록 둬야겠어.
④ 좋은 수면은 비렘수면과 렘수면의 사이클이 충분한 시간 동안 유지되도록 하는 것이구나.
⑤ 우리 아들 침실이 좀 밝은 편이니 충분한 수면을 위해 암막커튼을 달아줘야겠어.

**정답** ③

수면 패턴은 휴일과 평일 모두 일정하게 지키는 것이 성장하는 아이들의 수면 리듬을 유지하는 데 좋다. 따라서 휴일에 늦잠을 자는 것은 적절하지 않다.

**풀이 전략!**

주어진 선택지에서 키워드를 체크한 후, 지문의 내용과 비교해 가면서 내용의 일치 유무를 빠르게 판단한다.

**01**    다음 글의 내용으로 적절하지 않은 것은?

> 경제질서는 국가 간의 교역과 상호투자 등을 원활히 하기 위해 각 국가가 준수할 규범들을 제정하고 이를 이행시키면서 이루어진 질서이다. 경제질서는 교역 당사국 모두에 직접적인 이익을 가져다주기 때문에 비교적 잘 지켜지고 있다. 특히 1995년 WTO가 발족되어 안보질서보다도 더 정교한 질서로 자리를 잡고 있다. 경제질서를 준수하게 하는 힘은 준수하지 않았을 때 가해지는 불이익으로, 다른 나라들의 집단적 경제제재가 그에 해당된다. 자연보호질서는 경제질서의 한 종류로, 자원보호질서와 환경보호질서로 나뉜다. 이 두 가지 질서는 다음과 같은 생각에서 제안된 범세계적 운동이다. 자원보호질서는 유한한 자원을 모두 소비하면 후세 사람들이 살아갈 수 없으므로 재생 가능한 자원을 많이 사용하고 가능한 한 자원을 재활용하자는 생각이다. 환경보호질서는 하나밖에 없는 지구의 원 모습을 지켜 후손에게 물려주어야 한다는 생각이다. 자원보호질서는 부존자원의 낭비를 막기 위해 사용 물질의 양에 대한 규제를 주도하는 질서이고, 환경보호질서는 글자 그대로 환경을 쾌적한 상태로 유지하려는 질서이다. 이 두 가지 질서는 서로 연관되어 있으나 지키려는 내용에서 다르다. 자원보호질서는 사람이 사용하는 물자의 양을 통제하기 위한 질서이고, 환경보호질서는 환경의 원형보존을 위한 질서이다.
>
> 경제질서와는 달리 공공질서는 일부가 아닌 모든 구성국들에 이익을 가져다주는 국제질서이다. 국가 간의 교류 및 협력을 위해서는 서로 간의 의사소통, 인적·물적 교류 등이 원활히 이루어져야 한다. 이러한 거래, 교류, 접촉 등을 원활하게 하는 공동규범들이 공공질서를 이룬다. 공공질서는 모든 구성국에 편익을 주는 공공재를 창출하고 유지하려는 구성국들의 공동노력으로 이루어진다. 가장 새롭게 등장한 국제질서가 인권보호질서이다. 웨스트팔리아체제라 부르는 주권국가 중심의 현 국제정치질서에서는 주권존중, 내정불간섭 원칙이 엄격히 지켜진다. 그래서 자국 정부에 의한 자국민 학살, 탄압, 인권유린 등이 국외에서는 외면되어 왔다. 그러나 정부에 의한 인민학살의 피해나, 다민족국가에서의 자국 내 소수민족 탄압이 용인될 수 없는 상태에까지 이르게 됨에 따라 점차로 인권보호를 위한 인도주의적 개입의 당위가 논의되기 시작하고 있다.

① 교역 당사국에 직접 이익을 주기 때문에 WTO에 의한 경제질서는 비교적 잘 유지되고 있다.

② 세계시민의식의 확산과 더불어 등장한 인권보호질서는 내정불간섭 원칙의 엄격한 준수를 요구한다.

③ 세계적 차원에서 유한한 자원의 낭비를 규제하고 자원을 재활용하기 위해 자원보호질서가 제안되었다.

④ 인적·물적 교류를 원활하게 하는 공동규범으로 이루어진 공공질서는 그 구성국들에 이익을 가져다 준다.

⑤ 자연보호질서의 하위질서인 환경보호질서는 지구를 쾌적한 상태로 유지하고 후세에 원형대로 물려 주려는 것이다.

**02** 다음 글의 내용으로 가장 적절한 것은?

일반적으로 종자를 발아시킨 후 약 1주일 정도 된 채소의 어린 싹을 새싹 채소라고 말한다. 씨앗에서 싹을 틔우고 뿌리를 단단히 뻗은 성체가 되기까지 열악한 환경을 극복하고 성장하기 위하여, 종자 안에는 각종 영양소가 많이 포함되어 있다.

이러한 종자의 에너지를 이용하여 틔운 새싹은 성숙한 채소에 비해 영양성분이 약 3 ~ 4배 더 많이 함유되어 있으며 종류에 따라서는 수십 배 이상의 차이를 보이기도 하는 것으로 보고된다.

식물의 성장과정 중 씨에서 싹이 터 어린잎이 두세 개 달릴 즈음이 생명유지와 성장에 필요한 생리활성 물질을 가장 많이 만들어 내는 때라고 한다. 그렇기 때문에 그 모든 영양이 새싹 안에 그대로 모일뿐더러 단백질과 비타민, 미네랄 등의 영양적 요소도 결집하게 된다. 고로 새싹 채소는 영양면에 있어서도 다 자란 채소나 씨앗 자체보다도 월등히 나은 데다가 신선함과 맛까지 덤으로 얻을 수 있으니 더없이 매력적인 채소라 하겠다. 따라서 성체의 채소류들이 가지는 각종 비타민, 미네랄 및 생리활성 물질들을 소량의 새싹 채소 섭취로 충분히 공급받을 수 있다. 채소류에 포함되어 있는 각종 생리활성 물질이 암의 발생을 억제하고 치료에 도움을 준다는 것은 많은 연구에서 입증되고 있으며, 이에 따라 새싹 채소는 식이요법 등에도 활용되고 있다.

예를 들어 브로콜리에 다량 함유되어 있는 황 화합물인 설포라펜의 항암활성 및 면역활성작용은 널리 알려져 있는데, 성숙한 브로콜리보다 어린 새싹에 설포라펜의 함량이 약 40배 이상 많이 들어 있는 것으로 보고되기도 한다. 메밀 싹에는 항산화 활성이 높은 플라보노이드 화합물인 루틴이 다량 함유되어 있어 체내 유해산소의 제거를 통하여 암의 발생과 성장의 억제에 도움을 줄 수 있다. 새싹 채소는 기존에 널리 쓰여온 무 싹 정도 이외에는 많이 알려져 있지 않았으나, 최근 관심이 고조되면서 다양한 새싹 채소나 이를 재배할 수 있는 종자 등을 쉽게 구할 수 있게 되었다.

새싹 채소는 종자를 뿌린 후 1주일 정도면 식용이 가능하므로 재배기간이 짧고 키우기가 쉬워 근래에는 가정에서도 직접 재배하여 섭취하기도 한다. 새싹으로 섭취할 수 있는 채소로는 순무 싹, 밀싹, 메밀 싹, 브로콜리 싹, 청경채 싹, 보리 싹, 케일 싹, 녹두 싹 등이 있는데 다양한 종류를 섭취하는 것이 좋다.

① 종자 상태에서는 아직 영양분을 갖고 있지 않다.
② 다 자란 식물은 새싹 상태에 비해 3 ~ 4배 많은 영양분을 갖게 된다.
③ 씨에서 싹이 바로 나왔을 때 비타민, 미네랄과 같은 물질을 가장 많이 생성한다.
④ 새싹 채소 역시 성체와 마찬가지로 항암 효과를 보이는 물질을 가지고 있다.
⑤ 무 싹은 새싹 채소 중 하나이며 아직 많은 사람들에게 알려지지 않았다.

**03** 다음 글의 내용으로 적절하지 않은 것은?

경제학에서는 가격이 '한계 비용'과 일치할 때를 가장 이상적인 상태라고 본다. 한계 비용이란 재화의 생산량을 한 단위 증가시킬 때 추가되는 비용을 말한다. 한계 비용 곡선과 수요 곡선이 만나는 점에서 가격이 정해지면 재화의 생산 과정에 들어가는 자원이 낭비 없이 효율적으로 배분되며, 이때 사회 전체의 만족도가 가장 커진다. 가격이 한계 비용보다 높아지면 상대적으로 높은 가격으로 인해 수요량이 줄면서 거래량이 따라 줄고, 결과적으로 생산량도 감소한다. 이는 사회 전체의 관점에서 볼 때 자원이 효율적으로 배분되지 못하는 상황이므로 사회 전체의 만족도가 떨어지는 결과를 낳는다.

위에서 설명한 일반 재화와 마찬가지로 수도, 전기, 철도와 같은 공익 서비스도 자원배분의 효율성을 생각하면 한계 비용 수준으로 가격(공공요금)을 결정하는 것이 바람직하다. 대부분의 공익 서비스는 초기 시설 투자비용은 막대한 반면 한계 비용은 매우 적다. 이러한 경우, 한계 비용으로 공공요금을 결정하면 공익 서비스를 제공하는 기업은 손실을 볼 수 있다.

예컨대 초기 시설 투자비용이 6억 달러이고, 톤당 1달러의 한계 비용으로 수돗물을 생산하는 상수도 서비스를 가정해 보자. 이때 수돗물 생산량을 '1톤, 2톤, 3톤, …'으로 늘리면 총비용은 '6억 1달러, 6억 2달러, 6억 3달러, …'로 늘어나고, 톤당 평균 비용은 '6억 1달러, 3억 1달러, 2억 1달러, …'로 지속적으로 줄어든다. 그렇지만 평균 비용이 계속 줄어들더라도 한계 비용 아래로는 결코 내려가지 않는다. 따라서 한계 비용으로 수도 요금을 결정하면 총비용보다 총수입이 적으므로 수도 사업자는 손실을 보게 된다.

이를 해결하는 방법에는 크게 두 가지가 있다. 하나는 정부가 공익 서비스 제공 기업에 손실분만큼 보조금을 주는 것이고, 다른 하나는 공공요금을 평균 비용 수준으로 정하는 것이다. 전자의 경우 보조금을 세금으로 충당한다면 다른 부문에 들어갈 재원이 줄어드는 문제가 있다. 평균 비용 곡선과 수요 곡선이 교차하는 점에서 요금을 정하는 후자의 경우에는 총수입과 총비용이 같아져 기업이 손실을 보지는 않는다. 그러나 요금이 한계 비용보다 높기 때문에 사회 전체의 관점에서 자원의 효율적 배분에 문제가 생긴다.

① 자원이 효율적으로 배분될 때 사회 전체의 만족도가 극대화된다.
② 정부는 공공요금을 한계 비용 수준으로 유지하기 위하여 보조금 정책을 펼 수 있다.
③ 공익 서비스와 일반 재화의 생산 과정에서 자원을 효율적으로 배분하기 위한 조건은 서로 같다.
④ 가격이 한계 비용보다 높은 경우에는 한계 비용과 같은 경우에 비해 결국 그 재화의 생산량이 줄어든다.
⑤ 평균 비용이 한계 비용보다 큰 경우, 공공요금을 평균 비용 수준에서 결정하면 자원의 낭비를 방지할 수 있다.

# 02 | 글의 주제 · 제목

## | 유형분석 |

- 주어진 지문을 파악하여 전달하고자 하는 핵심 주제를 고르는 문제이다.
- 정보를 종합하고 중요한 내용을 구별하는 능력이 필요하다.
- 설명문부터 주장, 반박문까지 다양한 성격의 지문이 제시되므로 글의 성격별 특징을 알아두는 것이 좋다.

## 다음 글의 주제로 가장 적절한 것은?

표준화된 언어는 의사소통을 효과적으로 하기 위하여 의도적으로 선택해야 할 공용어로서의 가치가 있다. 반면에 방언은 지역이나 계층의 언어와 문화를 보존하고 드러냄으로써 국가 전체의 언어와 문화를 다양하게 발전시키는 토대로서의 가치가 있다. 이러한 의미에서 표준화된 언어와 방언은 상호 보완적인 관계에 있다. 표준화된 언어가 있기에 정확한 의사소통이 가능하며, 방언이 있기에 개인의 언어생활에서나 언어 예술 활동에서 자유롭고 창의적인 표현이 가능하다. 결국 우리는 표준화된 언어와 방언 둘 다의 가치를 인정해야 하며, 발화(發話) 상황(狀況)을 잘 고려해서 표준화된 언어와 방언을 잘 가려서 사용할 줄 아는 능력을 길러야 한다.

① 창의적인 예술 활동에서는 방언의 기능이 중요하다.
② 표준화된 언어와 방언에는 각각 독자적인 가치와 역할이 있다.
③ 정확한 의사소통을 위해서는 표준화된 언어가 꼭 필요하다.
④ 표준화된 언어와 방언을 구분할 줄 아는 능력을 길러야 한다.
⑤ 표준화된 언어는 방언보다 효용가치가 있다.

정답 ②

마지막 문장의 '표준화된 언어와 방언 둘 다의 가치를 인정'하고, '잘 가려서 사용할 줄 아는 능력을 길러야 한다.'는 내용을 바탕으로 ②와 같은 주제를 이끌어 낼 수 있다.

### 풀이 전략!

'결국', '즉', '그런데', '그러나', '그러므로' 등의 접속어 뒤에 주제가 드러나는 경우가 많다는 것에 주의하면서 지문을 읽는다.

**01**  다음 글의 중심 내용으로 가장 적절한 것은?

> 통계는 다양한 분야에서 사용되며 막강한 위력을 발휘하고 있다. 그러나 모든 도구나 방법이 그렇듯이, 통계 수치에도 함정이 있다. 함정에 빠지지 않으려면 통계 수치의 의미를 정확히 이해하고, 도구와 방법을 올바르게 사용해야 한다. 친구 5명이 만나서 이야기를 나누다가 연봉이 화제가 되었다. 2천만 원이 4명, 7천만 원이 1명이었는데, 평균을 내면 3천만 원이다. 이 숫자에 대해 4명은 "나는 봉급이 왜 이렇게 적을까?"라며 한숨을 내쉬었다. 그러나 이 평균값 3천만 원이 5명의 집단을 대표하는 데에 아무 문제가 없을까? 물론 계산 과정에는 하자가 없지만 평균을 집단의 대푯값으로 사용하는 데에 어떤 한계가 있을 수 있는지 깊이 생각해 보지 않는다면, 우리는 잘못된 생각에 빠질 수도 있다. 평균은 극단적으로 아웃라이어(비정상적인 수치)에 민감하다. 집단 내에 아웃라이어가 하나만 있어도 평균이 크게 바뀐다는 것이다. 위의 예에서 1명의 연봉이 7천만 원이 아니라 100억 원이었다고 하자. 그러면 평균은 20억 원이 넘게 된다.
> 나머지 4명은 자신의 연봉이 평균치의 100분의 1밖에 안 된다며 슬퍼해야 할까? 연봉 100억 원인 사람이 아웃라이어이듯이 처음의 예에서 연봉 7천만 원인 사람도 아웃라이어인 것이다. 두드러진 아웃라이어가 있는 경우에는 평균보다는 최빈값이나 중앙값이 대푯값으로서 더 나을 수 있다.

① 평균은 집단을 대표하는 수치로서는 매우 부적절하다.
② 통계는 숫자 놀음에 불과하므로 통계 수치에 일희일비할 필요가 없다.
③ 평균보다는 최빈값이나 중앙값이 대푯값으로서 더 적당하다.
④ 통계 수치의 의미와 한계를 정확히 인식하고 사용할 필요가 있다.
⑤ 통계는 올바르게 활용하면 다양한 분야에서 사용할 수 있는 도구이다.

**02** 다음 글의 제목으로 가장 적절한 것은?

물은 너무 넘쳐도 문제고, 부족해도 문제다. 무엇보다 충분한 양을 안전하게 저장하면서 효율적으로 관리하는 것이 중요하다. 하지만 예기치 못한 자연재해가 불러오는 또 다른 물의 재해도 우리를 위협한다. 지진의 여파로 쓰나미(지진해일)가 몰려오고 댐이 붕괴되면서 상상도 못 한 피해를 불러올 수 있다. 이는 역사 속에서 실제로 반복되어 온 일이다.

1755년 11월 1일 아침, 15·16세기 대항해 시대를 거치며 해양 강국으로 자리매김한 포르투갈의 수도 리스본에 대지진이 발생했다. 도시 건물 중 85%가 파괴될 정도로 강력한 지진이었다. 하지만 지진은 재해의 전주곡에 불과했다.

지진이 덮치고 약 40분 후 쓰나미(지진해일)가 항구와 도심지로 쇄도했다. 해일은 리스본뿐 아니라 인근 알가르브 지역의 해안 요새 중 일부를 박살냈고, 숱한 가옥을 무너뜨렸다. 6만 ~ 9만 명이 귀한 목숨을 잃었다. 이 대지진과 이후의 쓰나미는 포르투갈 문명의 역사를 바꿔버렸다. 포르투갈은 이후 강대국 대열에서 밀려나 옛 영화를 찾지 못한 채 지금에 이르고 있다.

또한, 1985년 7월 19일 지진에 의해 이탈리아의 스타바댐이 붕괴하면서 그 여파로 발생한 약 20만 톤의 진흙과 모래, 물이 태세로 마을을 덮쳐 268명이 사망하고 63개의 건물과 8개의 다리가 파괴되는 사고가 일어났다.

① 우리나라는 '물 스트레스 국가'  ② 도를 지나치는 '물 부족'
③ 강력한 물의 재해 '지진'  ④ 누구도 피해갈 수 없는 '자연 재해'
⑤ 자연의 경고 '댐 붕괴'

**03** 다음 글의 주제로 가장 적절한 것은?

멸균이란 곰팡이, 세균, 박테리아, 바이러스 등 모든 미생물을 사멸시켜 무균 상태로 만드는 것을 의미한다. 멸균 방법에는 물리적, 화학적 방법이 있으며, 멸균 대상의 특성에 따라 적절한 멸균 방법을 선택하여 실시할 수 있다. 먼저 물리적 멸균법에는 열이나 화학약품을 사용하지 않고 여과기를 이용하여 세균을 제거하는 여과법, 병원체를 불에 태워 없애는 소각법, 100℃에서 10 ~ 20분간 물품을 끓이는 자비소독법, 미생물을 자외선에 직접 노출시키는 자외선 소독법, 160 ~ 170℃의 열에서 1 ~ 2시간 동안 건열 멸균기를 사용하는 건열법, 포화된 고압증기 형태의 습열로 미생물을 파괴시키는 고압증기 멸균법 등이 있다. 다음으로 화학적 멸균법은 화학약품이나 가스를 사용하여 미생물을 파괴하거나 성장을 억제하는 방법을 말한다. 여기에는 E.O 가스, 알코올, 염소 등 여러 가지 화학약품이 사용된다.

① 멸균의 중요성  ② 뛰어난 멸균 효과
③ 다양한 멸균 방법  ④ 멸균 시 발생할 수 있는 부작용
⑤ 멸균 시 사용하는 약품의 종류

**04** 다음 (가) ~ (마) 문단의 주제로 적절하지 않은 것은?

> (가) 우리는 최근 '사회가 많이 깨끗해졌다.'라는 말을 많이 듣는다. 실제 우리의 일상생활은 정말 많이 깨끗해졌다. 과거에 비하면 일상생활에서 뇌물이 오가는 경우가 거의 없어진 것이다. 그런데 왜 부패인식지수가 나아지기는커녕 도리어 나빠지고 있을까? 일상생활과 부패인식지수가 전혀 다른 모습을 보이는 이유는 어디에 있을까?
>
> (나) 부패인식지수가 산출되는 과정에서 그 물음의 답을 찾을 수 있다. 부패인식지수는 국제투명성기구에서 매년 조사하여 발표하고 있는 세계적으로 가장 권위 있는 부패 지표로, 지수는 국제적인 조사 및 평가를 실시하고 있는 여러 기관의 조사 결과를 바탕으로 산출된다. 각 기관의 조사 항목과 조사 대상은 서로 다르지만, 주요 항목은 공무원의 직권 남용 억제 기능, 공무원의 공적 권력의 사적 이용, 공공서비스와 관련한 뇌물 등으로 공무원의 뇌물과 부패에 초점이 맞추어져 있다.
>
> (다) 부패인식지수를 이해하는 데에 주목하여야 할 또 하나의 중요한 점은 부패인식지수 계산에 사용된 각 지수의 조사 대상이다. 조사에 따라 약간의 차이가 있기는 하지만 조사는 주로 해당 국가나 해당 국가와 거래하고 있는 고위 기업인과 전문가들을 대상으로 이루어진다. 일반 시민이 아닌 기업 활동에서 공직자들과 깊숙한 관계를 맺고 있어 공직자들의 행태를 누구보다 잘 알고 있을 것으로 추정되는 사람들의 의견을 대상으로 하는 것이다. 결국 부패인식지수는 고위 기업경영인과 전문가들의 공직 사회의 뇌물과 부패에 대한 평가라 할 수 있다.
>
> (라) 그렇다면 부패인식지수를 개선하는 방법은 무엇일까? 그간 정부는 공무원행동강령, 청탁금지법, 부패방지기구 설치 등 많은 제도적인 노력을 기울여왔다. 이러한 정부의 노력에도 불구하고 정부 반부패정책은 대부분 효과가 없는 것으로 보인다. 정부 노력에 대한 일반 시민들의 시선도 차갑기만 하다. 결국 법과 제도적 장치는 우리 사회에 만연한 연줄 문화 앞에서 힘을 쓰지 못하고 있는 것으로 해석할 수 있다.
>
> (마) 천문학적인 뇌물을 받아도 마스크를 낀 채 휠체어를 타고 교도소를 나오는 기업경영인과 공직자들의 모습을 우리는 자주 보아왔다. 이처럼 솜방망이 처벌이 반복되는 상황에서 부패는 계속될 수밖에 없다. 예상되는 비용에 비해 기대 수익이 큰 상황에서 부패는 끊어질 수 없는 것이다. 이러한 상황이 인간의 욕망을 도리어 자극하여 사람들은 연줄을 찾아 더 많은 부당이득을 노리려 할지 모른다. 연줄로 맺어지든 다른 방식으로 이루어지든 부패로 인하여 지불해야 할 비용이 크다면 부패에 대한 유인이 크게 줄어들 수 있을 것이다.

① (가) : 일상부패에 대한 인식과 부패인식지수의 상반되는 경향에 대한 의문
② (나) : 공공분야에 맞추어진 부패인식지수의 산출과정
③ (다) : 특정 계층으로 집중된 부패인식지수의 조사 대상
④ (라) : 부패인식지수의 효과적인 개선방안
⑤ (마) : 부패가 계속되는 원인과 부패 해결 방향

# 03 | 문단 나열

## | 유형분석 |

- 각 문단의 내용을 파악하고 논리적 순서에 맞게 배열하는 복합적인 문제이다.
- 전체적인 글의 흐름을 이해하는 것이 중요하며, 각 문장의 지시어나 접속어에 주의한다.

### 다음 문단을 논리적 순서대로 바르게 나열한 것은?

(가) 상품의 가격은 기본적으로 수요와 공급의 힘으로 결정된다. 시장에 참여하고 있는 경제 주체들은 자신이 가진 정보를 기초로 하여 수요와 공급을 결정한다.

(나) 이런 경우에는 상품의 가격이 우리의 상식으로는 도저히 이해하기 힘든 수준까지 일시적으로 뛰어오르는 현상이 나타날 가능성이 있다. 이런 현상은 특히 투기의 대상이 되는 자산의 경우 자주 나타나는데, 우리는 이를 '거품 현상'이라고 부른다.

(다) 그러나 현실에서는 사람들이 서로 다른 정보를 갖고 시장에 참여하는 경우가 많다. 어떤 사람은 특정한 정보를 갖고 있는데 거래 상대방은 그 정보를 갖고 있지 못한 경우도 있다.

(라) 일반적으로 거품 현상이란 것은 어떤 상품, 자산의 가격이 지속해서 급격히 상승하는 현상을 가리킨다. 이와 같은 지속적인 가격 상승이 일어나는 이유는 애초에 발생한 가격 상승이 추가적인 가격 상승의 기대로 이어져 투기 바람이 형성되기 때문이다.

(마) 이들이 똑같은 정보를 함께 갖고 있으며 이 정보가 아주 틀린 것이 아닌 한, 상품의 가격은 어떤 기본적인 수준에서 크게 벗어나지 않을 것이라고 예상할 수 있다.

① (가) - (다) - (나) - (라) - (마)
② (가) - (마) - (다) - (나) - (라)
③ (라) - (가) - (다) - (나) - (마)
④ (라) - (다) - (가) - (나) - (마)
⑤ (마) - (가) - (다) - (라) - (나)

**정답** ②

제시문은 가격을 결정하는 요인과 이를 통해 일반적으로 할 수 있는 예상을 언급하고, 현실적인 여러 요인으로 인해 '거품 현상'이 나타나기도 하며 '거품 현상'이란 구체적으로 무엇인지를 설명하는 글이다. 따라서 (가) 수요와 공급에 의해 결정되는 가격 - (마) 상품의 가격에 대한 일반적인 예상 - (다) 현실적인 가격 결정 요인 - (나) 이로 인해 예상치 못하게 나타나는 '거품 현상' - (라) '거품 현상'에 대한 구체적인 설명의 순서로 나열해야 한다.

**풀이 전략!**

상대적으로 시간이 부족하다고 느낄 때는 선택지를 참고하여 문장의 순서를 생각해 본다.

※ 다음 문단을 논리적 순서대로 바르게 나열한 것을 고르시오. **[1~2]**

**01**

> (가) 동아시아의 문명 형성에 가장 큰 영향력을 끼친 책을 꼽을 때, 그중에 『논어』가 빠질 수 없다. 『논어』는 공자(B.C 551 ~ 479)가 제자와 정치인 등을 만나서 나눈 이야기를 담고 있다. 공자의 활동기간으로 따져보면 『논어』는 지금으로부터 대략 2,500년 전에 쓰인 것이다. 지금의 우리는 한나절에 지구 반대편으로 날아다니고, 여름에 겨울 과일을 먹는 그야말로 공자는 상상할 수도 없는 세상에 살고 있다.
>
> (나) 2,500년 전의 공자와 그가 대화한 사람 역시 우리와 마찬가지로 '호모 사피엔스'이기 때문이다. 2,500년 전의 사람도 배고프면 먹고, 졸리면 자고, 좋은 일이 있으면 기뻐하고, 나쁜 일이 있으면 화를 내는 오늘날의 사람과 다름없었다. 불의를 보면 공분하고, 전쟁보다 평화가 지속되기를 바라고, 예술을 보고 들으며 즐거워했는데, 오늘날의 사람도 마찬가지이다.
>
> (다) 물론 2,500년의 시간으로 인해 달라진 점도 많고 시대와 문화에 따라 '사람다움이 무엇인가?'에 대한 답은 다를 수 있지만, 사람은 돌도 아니고 개도 아니고 사자도 아니라 여전히 사람일 뿐인 것이다. 즉, 현재의 인간이 과거보다 자연의 힘에 두려워하지 않고 자연을 합리적으로 설명할 수는 있지만, 인간적 약점을 극복하고 신적인 존재가 될 수는 없는 그저 인간일 뿐인 것이다.
>
> (라) 『논어』의 일부는 여성과 아동, 이민족에 대한 당시의 편견을 드러내고 있어 이처럼 달라진 시대의 흐름에 따라 폐기될 수밖에 없지만, 이를 제외한 부분은 '오래된 미래'로서 읽을 가치가 있는 것이다.
>
> (마) 이론의 생명 주기가 짧은 학문의 경우, 2,500년 전의 책은 역사적 가치가 있을지언정 이론으로서는 폐기 처분이 당연시된다. 그런데 왜 21세기의 우리가 2,500년 전의 『논어』를 지금까지도 읽고, 읽어야 할 책으로 간주하고 있는 것일까?

① (가) – (마) – (나) – (다) – (라)

② (가) – (마) – (다) – (나) – (라)

③ (나) – (다) – (가) – (라) – (다)

④ (나) – (다) – (마) – (가) – (라)

⑤ (마) – (가) – (나) – (다) – (라)

**02**

(가) 매년 수백만 톤의 황산이 애팔래치아 산맥에서 오하이오 강으로 흘러들어 간다. 이 황산은 강을 붉게 물들이고 산성으로 변화시킨다. 이렇듯 강이 붉게 물드는 것은 티오바실러스라는 세균으로 인해 생성된 침전물 때문이다. 철2가 이온($Fe^{2+}$)과 철3가 이온($Fe^{3+}$)의 용해도가 이러한 침전물의 생성에 중요한 역할을 한다.

(나) 애팔래치아 산맥의 석탄 광산에 있는 황철광에는 이황화철($FeS_2$)이 함유되어 있다. 티오바실러스는 이 황철광에 포함된 이황화철($FeS_2$)을 산화시켜 철2가 이온($Fe^{2+}$)과 강한 산인 황산을 만든다. 이 과정에서 티오바실러스는 일차적으로 에너지를 얻는다. 일단 만들어진 철2가 이온($Fe^{2+}$)은 티오바실러스에 의해 다시 철3가 이온($Fe^{3+}$)으로 산화되는데, 이 과정에서 또 다시 티오바실러스는 에너지를 이차적으로 얻는다.

(다) 이황화철($FeS_2$)의 산화는 다음과 같이 가속된다. 티오바실러스에 의해 생성된 황산은 황철광을 녹이게 된다. 황철광이 녹으면 황철광 안에 들어 있던 이황화철($FeS_2$)은 티오바실러스와 공기 중의 산소에 더 노출되어 화학반응이 폭발적으로 증가하게 된다. 티오바실러스의 생장과 번식에는 이와 같이 에너지의 원료가 되는 이황화철($FeS_2$)과 산소 그리고 세포 구성에 필요한 무기질이 꼭 필요하다. 이러한 환경조건이 자연적으로 완비된 광산 지역에서는 일반적인 방법으로 티오바실러스의 생장을 억제하기가 힘들다. 이황화철($FeS_2$)과 무기질이 다량으로 광산에 있으므로 이 경우 오하이오 강의 오염을 막기 위한 방법은 광산을 밀폐시켜 산소의 공급을 차단하는 것뿐이다.

(라) 철2가 이온($Fe^{2+}$)은 강한 산(pH 3.0 이하)에서 물에 녹은 상태를 유지한다. 그러한 철2가 이온($Fe^{2+}$)은 자연 상태에서 pH 4.0 ~ 5.0 사이가 되어야 철3가 이온($Fe^{3+}$)으로 산화된다. 놀랍게도 티오바실러스는 강한 산에서 잘 자라고 강한 산에 있는 철2가 이온($Fe^{2+}$)을 적극적으로 산화시켜 철3가 이온($Fe^{3+}$)을 만든다. 그리고 물에 녹지 않는 철3가 이온($Fe^{3+}$)은 다른 무기 이온과 결합하여 붉은 침전물을 만든다. 환경에 영향을 미칠 정도로 다량의 붉은 침전물을 만들기 위해서는 엄청난 양의 철2가 이온($Fe^{2+}$)과 강한 산이 있어야 한다. 이것들은 어떻게 만들어지는 것일까?

① (가) – (나) – (라) – (다)
② (가) – (라) – (나) – (다)
③ (라) – (가) – (다) – (나)
④ (라) – (나) – (가) – (다)
⑤ (라) – (나) – (다) – (가)

**03** 다음 제시된 문단을 읽고, 이어질 문단을 논리적 순서대로 바르게 나열한 것은?

'휘슬블로어'란 호루라기를 뜻하는 '휘슬(Whistle)'과 부는 사람을 뜻하는 '블로어(Blower)'가 합쳐진 말이다. 즉, 호루라기를 부는 사람이라는 뜻으로, 자신이 속해 있거나 속해 있었던 집단의 부정부패를 고발하는 사람을 가리키며, 흔히 '내부고발자'라고도 불린다. 부정부패는 고발당해야 마땅한 것인데 이렇게 '휘슬블로어'라는 용어가 따로 있는 것은 그만큼 자신이 속한 집단의 부정부패를 고발하는 것이 쉽지 않다는 뜻일 것이다.

PART 2

(가) 또한 법의 울타리 밖에서 행해지는 것에 대해서도 휘슬블로어는 보호받지 못한다. 일단 기업이나 조직 속에서 배신자가 되었다는 낙인과 상급자들로부터 괘씸죄로 인해 받게 되는 업무 스트레스, 집단 따돌림 등으로 인해 고립되게 되기 때문이다. 뿐만 아니라 익명성이 철저히 보장되어야 하지만 조직에서는 휘슬블로어를 찾기 위해 혈안이 된 상급자의 집요한 색출로 인해 밝혀지는 경우가 많다. 그렇게 될 경우 휘슬블로어들은 권고사직을 통해 해고를 당하거나 괴롭힘을 당한 채 일할 수밖에 없다.

(나) 실제로 휘슬블로어의 절반은 제보 후 1년간 자살충동 등 정신 및 신체적 질환으로 고통을 받는다고 한다. 또한 73%에 해당되는 상당수의 휘슬블로어들은 동료로부터 집단적으로 따돌림을 당하거나 가정에서도 불화를 겪는다고 한다. 우리는 이들이 공정한 사회와 개인의 양심에 손을 얹고 중대한 결정을 한 사람이라는 것을 외면해서는 안 되며, 이러한 휘슬블로어들을 법적으로 보호할 필요가 있다.

(다) 내부고발이 어려운 큰 이유는 내부고발을 한 후에 맞게 되는 후폭풍 때문이다. 내부고발은 곧 기업의 이미지가 떨어지는 것부터 시작해 영업 정지와 같은 실질적 징벌로 이어지는 경우가 많기 때문에 내부고발자들은 배신자로 취급되는 경우가 많다. 실제 양심에 따라 내부고발을 한 이후 닥쳐오는 후폭풍에 못 이겨 자신의 발로 회사를 나오는 경우도 많으며, 또한 기업과 동료로부터 배신자로 취급되거나 보복성 업무, 인사이동 등으로 불이익을 받는 경우도 많다.

(라) 현재 이러한 휘슬블로어를 보호하기 위한 법으로는 2011년 9월부터 시행되어 오고 있는 공익신고자 보호법이 있다. 하지만 이러한 법 제도만으로는 휘슬블로어들을 보호하는 데에 무리가 있다. 공익신고자 보호법은 181개 법률 위반행위에 대해서만 공익신고로 보호하고 있는데, 만일 공익신고자 보호법에서 규정하고 있는 법률 위반행위가 아닌 경우에는 보호를 받지 못하고 있는 것이다.

① (다) – (가) – (라) – (나)  
② (다) – (나) – (가) – (라)  
③ (다) – (나) – (라) – (가)  
④ (라) – (가) – (다) – (나)  
⑤ (라) – (다) – (가) – (나)

# 04 | 내용 추론

## | 유형분석 |

- 주어진 지문을 바탕으로 도출할 수 있는 내용을 찾는 문제이다.
- 선택지의 내용을 정확하게 확인하고 지문의 정보와 비교하여 추론하는 능력이 필요하다.

**다음 글을 읽고 추론한 내용으로 적절하지 않은 것은?**

1977년 개관한 퐁피두 센터의 정식명칭은 국립 조르주 퐁피두 예술문화 센터로, 공공정보기관(BPI), 공업창작센터(CCI), 음악·음향의 탐구와 조정연구소(IRCAM), 파리 국립 근현대 미술관(MNAM) 등이 있는 종합 문화예술 공간이다. 퐁피두라는 이름은 이 센터의 창설에 힘을 기울인 조르주 퐁피두 대통령의 이름을 딴 것이다.

1969년 당시 대통령이었던 퐁피두는 파리의 중심지에 미술관이면서 동시에 조형예술과 음악, 영화, 서적 그리고 모든 창조적 활동의 중심이 될 수 있는 문화 복합센터를 지어 프랑스 미술을 더욱 발전시키고자 했다. 요즘 미술관들은 미술관의 이러한 복합적인 기능과 역할을 인식하고 변화를 시도하는 곳이 많다. 미술관은 더 이상 전시만 보는 곳이 아니라 식사도 하고 영화도 보고 강연도 들을 수 있는 곳으로, 대중과의 거리 좁히기를 시도하고 있는 것도 그리 특별한 일은 아니다. 그러나 이미 40년 전에 21세기 미술관의 기능과 역할을 미리 내다볼 줄 아는 혜안을 가지고 설립된 퐁피두 미술관은 프랑스가 왜 문화강국이라 불리는지를 알 수 있게 해준다.

① 퐁피두 미술관의 모습은 기존 미술관의 모습과 다를 것이다.
② 퐁피두 미술관을 찾는 사람들의 목적은 다양할 것이다.
③ 퐁피두 미술관은 전통적인 예술작품들을 선호할 것이다.
④ 퐁피두 미술관은 파격적인 예술작품들을 배척하지 않을 것이다.
⑤ 퐁피두 미술관은 현대 미술관의 선구자라는 자긍심을 가지고 있을 것이다.

**정답** ③

제시문에 따르면 퐁피두 미술관은 모든 창조적 활동을 위한 공간이므로, 퐁피두가 전통적인 예술작품을 선호할 것이라는 내용은 추론할 수 없다.

### 풀이 전략!

주어진 지문이 어떠한 내용을 다루고 있는지 파악한 후 선택지의 키워드를 확실하게 체크하고, 지문의 정보에서 도출할 수 있는 내용을 찾는다.

**01** 다음 글을 읽고 추론할 수 있는 내용으로 적절하지 않은 것은?

> 인류는 미래의 에너지로 청정하고 고갈될 염려가 없는 풍부한 에너지를 기대하며, 신재생에너지인 태양광과 풍력에너지에 많은 기대를 걸고 있다. 그러나 태양광이나 풍력으로는 화력발전을 통해 생산되는 전력 공급량을 대체하기 어렵고, 기상 환경에 많은 영향을 받는다는 점에서 한계가 있다. 이에 대한 대안으로 많은 전문가들은 '핵융합 에너지'에 기대를 걸고 있다.
>
> 핵융합발전은 핵융합 현상을 이용하는 발전 방식으로, 핵융합은 말 그대로 원자의 핵이 융합하는 것을 말한다. 우라늄의 원자핵이 분열하면서 방출되는 에너지를 이용하는 원자력발전과 달리, 핵융합발전은 수소 원자핵이 융합해 헬륨 원자핵으로 바뀌는 과정에서 방출되는 에너지를 이용해 물을 가열하고 수증기로 터빈을 돌려 전기를 생산한다.
>
> 핵융합발전이 다음 세대를 이끌어갈 전력 생산 방식이 될 수 있는 이유는 인류가 원하는 에너지원의 조건을 모두 갖고 있기 때문이다. 우선 연료가 거의 무한대라고 할 수 있을 정도로 풍부하다. 핵융합발전에 사용되는 수소는 일반적인 수소가 아닌 수소의 동위원소로, 지구의 70%를 덮고 있는 바닷물을 이용해서 얼마든지 생산할 수 있다. 게다가 적은 연료로 원자력발전에 비해 훨씬 많은 에너지를 얻을 수 있다. 1g으로 석유 8t을 태워서 얻을 수 있는 전기를 생산할 수 있고, 원자력발전에 비하면 같은 양의 연료로 3~4배의 전기를 생산할 수 있다.
>
> 무엇보다 오염물질을 거의 배출하지 않는 점이 큰 장점이다. 미세먼지와 대기오염을 일으키는 오염물질은 전혀 나오지 않고 오직 헬륨만 배출된다. 약간의 방사선이 방출되지만, 원자력발전에서 배출되는 방사성 폐기물에 비하면 거의 없다고 볼 수 있을 정도다.
>
> 핵융합발전은 안전 문제에서도 자유롭다. 원자력발전은 수개월 혹은 1년 치 연료를 원자로에 넣고 연쇄적으로 핵분열 반응을 일으키는 방식이라 문제가 생겨도 당장 가동을 멈춰 사태가 악화되는 것을 막을 수 없다. 하지만 핵융합발전은 연료가 아주 조금 들어가기 때문에 문제가 생겨도 원자로가 녹아내리는 것과 같은 대형 재난으로 이어지지 않는다. 문제가 생기면 즉시 핵융합 반응이 중단되고 발전장치가 꺼져버린다. 핵융합 반응을 제어하는 일이 극도로 까다롭기 때문에 오히려 발전장치가 꺼지지 않도록 정밀하게 제어하는 것이 중요하다.
>
> 현재 세계 각국은 각자 개별적으로 핵융합발전 기술을 개발하는 한편, 프랑스 남부 카다라슈 지역에 '국제핵융합실험로(ITER)'를 건설해 공동으로 실증 실험을 할 준비를 진행하고 있다. 한국과 유럽연합(EU), 미국, 일본, 러시아, 중국, 인도 등 7개국이 참여해 구축하고 있는 ITER는 2025년 12월 완공될 예정이며, 2025년 이후에는 그동안 각국이 갈고 닦은 기술을 적용해 핵융합 반응을 일으켜 상용화 가능성을 검증하게 된다. 불과 10년 내로 세계 전력산업의 패러다임을 바꾸는 역사적인 핵융합 실험이 지구상에서 이뤄지게 되는 것이다.

① 핵융합발전이 태양열발전보다 더 많은 양의 전기를 생산할 수 있을 것이다.
② 핵융합발전과 원자력발전은 원자의 핵을 다르게 이용한다는 점에서 차이가 있다.
③ 같은 양의 전력 생산을 목표로 한다면 원자력발전의 연료비는 핵융합발전의 3배 이상이다.
④ 헬륨은 대기오염을 일으키는 오염물질에 해당하지 않는다.
⑤ 핵융합발전에는 발전장치를 제어하는 사람의 역할이 중요하다.

**02** 다음 글을 읽고 ㉠과 같은 현상이 나타나게 된 이유를 추론한 내용으로 적절하지 않은 것은?

고려와 조선은 국가적으로 금속화폐의 통용을 추진한 적이 있다. 화폐 주조권을 장악하여 세금을 효과적으로 징수하고 효율적으로 저장하려는 것이 그 목적이었다. 그러나 물품화폐에 익숙한 농민들은 금속화폐를 불편하게 여겼으며 금속화폐의 유통 범위는 한정되고 끝내는 삼베를 비롯한 물품화폐에 압도당하고 말았다. ㉠ 조선 태종 때와 세종 때에도 동전의 유통을 시도하였지만 실패하였다. 조선 전기 은화(銀貨)는 서울을 중심으로 유통되었고, 주로 왕실과 관청, 지배층과 상인, 역관(譯官) 등이 이용한 '돈'이었다. 그러나 은화(銀貨)는 고액 화폐였다. 그 때문에 서민의 경제생활에서는 여전히 무명 옷감이 화폐의 기능을 담당하였다.

그러한 가운데서도 농업생산력의 발전과 인구의 증가, 17세기 이후 지방시장의 성장은 금속화폐 통용을 위한 여건이 마련되었음을 뜻하였다. 17세기 전반 이미 개성에서는 모든 거래가 동전으로 이루어지고 있었다. 이러한 여건 아래에서 1678년(숙종 4년)부터 강력한 통용책이 추진되면서 금속화폐가 널리 보급될 수 있었다. 동전인 상평통보 1개는 1푼(分)이었다. 10푼이 1전(錢), 10전이 1냥(兩), 10냥이 1관(貫)이다. 대원군이 집권할 때 주조된 당백전(當百錢)과 1883년 주조된 당오전(當五錢)은 1개가 각각 100푼과 5푼의 가치를 가지는 동전이었다. 동전 주조가 늘면서 그 유통 범위가 경기, 충청지방으로부터 점차 확산되었고, 18세기 초에는 전국에 미칠 정도였다. 동전을 시전(市廛)에 무이자로 대출하고, 관리의 녹봉을 동전으로 지급하고, 일부 세금을 동전으로 거두어들이는 등의 국가 정책도 동전의 통용을 촉진하였다. 화폐경제의 성장은 상업적 동기를 촉진시키고 경제생활, 나아가 사회생활에 변화를 주었다.

이러한 가운데 일부 위정자들은 화폐경제로 인한 부작용을 우려했는데, 특히 농촌 고리대금업(高利貸金業)의 성행을 가장 심각한 문제로 생각했다. 그래서 동전의 폐지를 주장하는 이도 있었다. 1724년 등극한 영조는 이 주장을 받아들여 동전 주조를 정지하였다. 그런데 당시에 동전은 이미 일상생활로 퍼졌기 때문에 동전의 수요에 비해 공급이 부족한 현상이 일어나 동전주조의 정지는 화폐 유통질서와 상품경제에 타격을 가하였다. 돈이 매우 귀하여 농민과 상인의 교역에 불편을 가져다 준 것이다. 또한 소수의 부유한 상인이 동전을 집중적으로 소유하여 고리대금업(高利貸金業) 활동을 강화함에 따라서 오히려 농민 몰락이 조장되었다. 결국 영조 7년 이후 동전은 다시 주조되기 시작했다.

① 화폐가 통용될 시장이 발달하지 않았다.
② 화폐가 주로 일부 계층 위주로 통용되었다.
③ 백성들이 화폐보다 물품화폐를 선호하였다.
④ 국가가 화폐수요량에 맞추어 원활하게 공급하지 못했다.
⑤ 화폐가 필요할 만큼 농업생산력이 발전하지 못했다.

**03** 다음 글을 바탕으로 할 때 〈보기〉의 밑줄 친 정책의 방향에 대한 추론으로 가장 적절한 것은?

동일한 환경에서 야구공과 고무공을 튕겨 보면, 고무공이 훨씬 민감하게 튀어 오르는 것을 볼 수 있다. 즉, 고무공은 야구공보다 탄력이 좋다. 일정한 가격에서 사람들이 사고자 하는 물건의 양인 수요량에도 탄력성의 개념이 적용될 수 있다. 재화의 가격이 변화할 때 수요량도 변화하게 되는 것이다. 이때 경제학에서는 가격 변화에 대한 수요량 변화의 민감도를 측정하는 표준화된 방법을 수요 탄력성이라고 한다.

수요 탄력성은 수요량의 변화 비율을 가격의 변화 비율로 나눈 값이다. 일반적으로 가격과 수요량은 반비례하므로 수요 탄력성은 음(−)의 값을 가진다. 그러나 통상적으로 음의 부호를 생략하고 절댓값만 표시한다.

가격에 따른 수요량 변화율에 따라 상품의 수요는 '단위 탄력적', '탄력적', '완전 탄력적', '비탄력적', '완전 비탄력적'으로 나눌 수 있다. 수요 탄력성이 1인 경우 수요는 '단위 탄력적'이라고 불린다. 또한, 수요 탄력성이 1보다 큰 경우 수요는 '탄력적'이라고 불린다. 한편 영(0)에 가까운 아주 작은 가격 변화에도 수요량이 매우 크게 변화하면 수요 탄력성은 무한대가 된다. 이 경우의 수요는 '완전 탄력적'이라고 불린다. 소비하지 않아도 생활에 지장이 없는 사치품이 이에 해당한다. 반면, 수요 탄력성이 1보다 작다면 수요는 '비탄력적'이라고 불린다. 만일 가격이 아무리 변해도 수요량에 어떠한 변화도 나타나지 않는다면 수요 탄력성은 영(0)이 된다. 이 경우 수요는 '완전 비탄력적'이라고 불린다. 생필품이 이에 해당한다.

수요 탄력성의 크기는 상품의 가격이 변할 때 이 상품에 대한 소비자의 지출이 어떻게 변하는지를 알려 준다. 상품에 대한 소비자의 지출액은 가격에 수요량을 곱한 것이다. 먼저 상품의 수요가 탄력적인 경우를 따져 보자. 이 경우에는 수요 탄력성이 1보다 크기 때문에, 가격이 오른 정도에 비해 수요량이 많이 감소한다. 이에 따라, 가격이 상승하면 소비자의 지출액은 가격이 오르기 전보다 감소한다. 반면에 가격이 내릴 때는 가격이 내린 정도에 비해 수요량이 많아지므로 소비자의 지출액은 증가한다. 물론 수요가 비탄력적이면 위와 반대되는 현상이 일어난다. 즉, 가격이 상승하면 소비자의 지출액은 증가하며, 가격이 하락하면 소비자의 지출액은 감소하게 된다.

> **보기**
>
> H국가의 정부는 경제 안정화를 위해 개별 소비자들이 지출액을 줄이도록 유도하는 <u>정책</u>을 시행하기로 하였다.

① 생필품의 가격은 높이고 사치품의 가격은 유지하려고 할 것이다.
② 생필품의 가격은 낮추고 사치품의 가격은 높이려고 할 것이다.
③ 생필품의 가격은 유지하고 사치품의 가격은 낮추려고 할 것이다.
④ 생필품과 사치품의 가격을 모두 유지하려고 할 것이다.
⑤ 생필품과 사치품의 가격을 모두 낮추려고 할 것이다.

# 05 | 빈칸 삽입

## | 유형분석 |

- 주어진 지문을 바탕으로 빈칸에 들어갈 내용을 찾는 문제이다.
- 선택지의 내용을 정확하게 확인하고 빈칸 앞뒤 문맥을 파악하는 능력이 필요하다.

**다음 글의 빈칸에 들어갈 내용으로 가장 적절한 것은?**

미세먼지와 황사는 여러모로 비슷하면서도 뚜렷한 차이점을 지니고 있다. 삼국사기에도 기록되어 있는 황사는 중국 내륙 내몽골 사막에 강풍이 불면서 날아오는 모래와 흙먼지를 일컫는데, 장단점이 존재했던 과거와 달리 중국 공업지대를 지난 황사에 미세먼지와 중금속 물질이 더해지며 심각한 환경문제로 대두되었다. 이와 달리 미세먼지는 일반적으로는 대기오염물질이 공기 중에 반응하여 형성된 황산염이나 질산염 등 이온성분, 석탄·석유 등에서 발생한 탄소화합물과 검댕, 흙먼지 등 금속화합물의 유해성분으로 구성된다.

미세먼지의 경우 통념적으로는 먼지를 미세먼지와 초미세먼지로 구분하고 있지만, 대기환경과 환경 보전을 목적으로 하는 환경정책기본법에서는 미세먼지를 PM(Particulate Matter)이라는 단위로 구분한다. 즉, 미세먼지($PM_{10}$)의 경우 입자의 크기가 $10\mu m$ 이하인 먼지이고, 미세먼지($PM_{2.5}$)는 입자의 크기가 $2.5\mu m$ 이하인 먼지로 정의하고 있다. 이에 비해 황사는 통념적으로는 입자 크기로 구분하지 않으나 주로 지름 $20\mu m$ 이하의 모래로 구분하고 있다. 때문에 _____

① 황사 문제를 해결하기 위해서는 근본적으로 황사의 발생 자체를 억제할 필요가 있다.
② 황사와 미세먼지의 차이를 입자의 크기만으로 구분 짓긴 어렵다.
③ 미세먼지의 역할 또한 분명히 존재함을 기억해야 할 것이다.
④ 황사와 미세먼지의 근본적인 구별법은 그 역할에서 찾아야 할 것이다.
⑤ 초미세먼지를 차단할 수 있는 마스크라 해도 황사와 초미세먼지를 동시에 차단하긴 어렵다.

**정답** ②

미세먼지의 경우 최소 $10\mu m$ 이하의 먼지로 정의되고 있지만, 황사의 경우 주로 지름 $20\mu m$ 이하의 모래로 구분하되 통념적으로는 입자 크기로 구분하지 않는다. 따라서 $10\mu m$ 이하의 황사의 입자의 크기만으로 미세먼지와 구분 짓기는 어렵다.

**오답분석**
①·⑤ 제시문을 통해서 알 수 없는 내용이다.
③ 미세먼지의 역할에 대한 설명을 찾을 수 없다.
④ 제시문에서 설명하는 황사와 미세먼지의 근본적인 구별법은 구성성분의 차이다.

**풀이 전략!**

빈칸 앞뒤의 문맥을 파악한 후 선택지에서 가장 어울리는 내용을 찾는다. 빈칸 앞에 접속어가 있다면 이를 활용한다.

PART 2

※ 다음 글의 빈칸에 들어갈 내용으로 가장 적절한 것을 고르시오. [1~3]

**01**

오존 구멍을 비롯해 성층권의 오존이 파괴되면 어떤 문제가 생길까. 지표면에서 오존은 강력한 산화물질로 호흡기를 자극하는 대기 오염물질로 분류되지만, 성층권에서는 자외선을 막아주기 때문에 두 얼굴을 가진 물질로 불리기도 한다. 오존층은 강렬한 태양 자외선을 막아주는 역할을 하는데, 오존층이 얇아지면 자외선이 지구 표면까지 도달하게 된다.

사람의 경우 자외선에 노출되면 백내장과 피부암 등에 걸릴 위험이 커진다. 강한 자외선이 각막을 손상시키고 세포 DNA에 이상을 일으키기 때문이다. DNA 염기 중 티민(Thymine, T) 두 개가 나란히 있는 경우 자외선에 의해 티민 두 개가 한데 붙어버리는 이상이 발생하고, 세포 분열 때 DNA가 복제되면서 다른 염기가 들어가고, 이것이 암으로 이어질 수 있다.

지난 2월 '사이언스'는 극지방 성층권의 오존 구멍은 줄었지만, 많은 인구가 거주하는 중위도 지방에서는 오히려 오존층이 얇아졌다고 지적했다. 중위도 성층권에서도 상층부는 오존층이 회복되고 있지만, 저층부는 얇아졌다는 것이다. 오존층이 얇아지면 더 많은 자외선이 지구 표면에 도달하여 사람들 사이에서 피부암이나 백내장 발생 위험이 커지게 된다. 즉, ＿＿＿＿＿＿＿＿＿＿＿＿＿＿

① 극지방 성층권의 오존 구멍을 줄이는 데 정부는 더 많은 노력을 기울여야 한다.

② 인구가 많이 거주하는 지역일수록 오존층의 파괴가 더욱 심하게 나타난다는 것이다.

③ 극지방의 파괴된 오존층으로 인해 사람들이 더 많은 자외선에 노출되고, 세포 DNA에 이상이 발생한다.

④ 극지방의 오존 구멍보다 중위도 저층부에서 얇아진 오존층이 더 큰 피해를 가져올 수도 있는 셈이다.

⑤ 대기 오염물질로 분류되는 오존이라도 지표면에 적절하게 존재해야 사람들의 피해를 막을 수 있다.

포논(Phonon)이라는 용어는 소리(Pho – )라는 접두어에 입자( – non)라는 접미어를 붙여 만든 단어로, 실제로 포논이 고체 안에서 소리를 전달하기 때문에 이런 이름이 붙었다. 어떤 고체의 한쪽을 두드리면 포논이 전파한 소리를 반대쪽에서 들을 수 있다.

아인슈타인이 새롭게 만든 고체의 비열 공식(아인슈타인 모형)은 실험결과와 상당히 잘 맞았다. 그런데 그의 성공은 고체 내부의 진동을 포논으로 해석한 데에만 있지 않다. 그는 포논이 보존(Boson) 입자라는 사실을 간파하고, 고체 내부의 세상에 보존의 물리학(보즈 – 아인슈타인 통계)을 적용했으며, 비로소 고체의 비열이 온도에 따라 달라진다는 결론을 얻을 수 있었다.

양자역학의 세계에서 입자는 스핀 상태에 따라 분류된다. 스핀이 1/2의 홀수배(1/2, 3/2, …)인 입자들은 원자로를 개발한 유명한 물리학자 엔리코 페르미의 이름을 따 '페르미온'이라고 부른다. 오스트리아의 이론물리학자 볼프강 파울리는 페르미온들은 같은 에너지 상태를 가질 수 없고 서로 배척한다는 사실을 알아냈다. 즉, 같은 에너지 상태에서는 ＋/－ 반대의 스핀을 갖는 페르미온끼리만 같이 존재할 수 있다. 이를 '파울리의 배타원리'라고 한다. 페르미온은 대개 양성자, 중성자, 전자 같은 물질을 구성하며, 파울리의 배타원리에 따라 페르미온 입자로 이뤄진 물질은 우리가 손으로 만질 수 있다.

스핀이 0, 1, 2, … 등 정수 값인 입자도 있다. 바로 보존이다. 인도의 무명 물리학자였던 사티엔드라 나트 보즈의 이름을 본떴다. 보즈는 페르미가 개발한 페르미 통계를 공부하고 보존의 물리학을 만들었다. 당시 그는 박사학위도 없는 무명의 물리학자여서 논문을 작성한 뒤 아인슈타인에게 편지로 보냈다. 다행히 아인슈타인은 그 논문을 쓰레기통에 넣지 않고 꼼꼼히 읽어 본 뒤 자신의 생각을 첨가하고 독일어로 번역해 학술지에 제출했다. 바로 보존 입자의 물리학(보즈 – 아인슈타인 통계)이다. 이에 따르면, 보존 입자는 페르미온과 달리 파울리의 배타원리를 따르지 않는다. 따라서 같은 에너지 상태를 지닌 입자라도 서로 겹쳐서 존재할 수 있다. 만져지지 않는 에너지 덩어리인 셈이다. 이들 보존 입자는 대개 힘을 매개한다.

빛 알갱이, 즉, _____ 빛은 실험을 해 보면 입자의 특성을 보이지만, 질량이 없고 물질을 투과하며 만져지지 않는다. 포논은 어떨까? 원자 사이의 용수철 진동을 양자화 한 것이므로 물질이 아니라 단순한 에너지의 진동으로서 파울리의 배타원리를 따르지 않는다. 즉, 포논은 광자와 마찬가지로 스핀이 0인 보존 입자다.

① 광자는 파울리의 배타원리를 따른다.

② 광자는 스핀 상태에 따라 분류할 수 없다.

③ 광자는 스핀이 1/2의 홀수배인 입자의 대표적인 예다.

④ 광자는 보존의 대표적인 예다.

⑤ 광자는 페르미온의 대표적인 예다.

**03**

스마트팩토리는 인공지능(AI), 사물인터넷(IoT) 등 다양한 기술이 융합된 자율화 공장으로, 제품 설계와 제조, 유통, 물류 등의 산업 현장에서 생산성 향상에 초점을 맞췄다. 이곳에서는 기계, 로봇, 부품 등의 상호 간 정보 교환을 통해 제조 활동을 하고, 모든 공정 이력이 기록되며, 빅데이터 분석으로 사고나 불량을 예측할 수 있다. 스마트팩토리에서는 컨베이어 생산 활동으로 대표되는 산업 현장의 모듈형 생산이 컨베이어를 대체하고 IoT가 신경망 역할을 한다. 센서와 기기 간 다양한 데이터를 수집하고, 이를 서버에 전송하면 서버는 데이터를 분석해 결과를 도출한다. 서버는 AI 기계학습 기술이 적용돼 빅데이터를 분석하고 생산성 향상을 위한 최적의 방법을 제시한다.

스마트팩토리의 대표 사례로는 고도화된 시뮬레이션 '디지털 트윈'을 들 수 있다. 디지털 트윈은 데이터를 기반으로 가상공간에서 미리 시뮬레이션하는 기술이다. 시뮬레이션을 위해 빅데이터를 수집하고 분석과 예측을 위한 통신·분석 기술에 가상현실(VR), 증강현실(AR)과 같은 기술을 더한다. 이를 통해 산업 현장에서 작업 프로세스를 미리 시뮬레이션하고, VR·AR로 검증함으로써 실제 시행에 따른 손실을 줄이고, 작업 효율성을 높일 수 있다.

한편 '에지 컴퓨팅'도 스마트팩토리의 주요 기술 중 하나이다. 에지 컴퓨팅은 산업 현장에서 발생하는 방대한 데이터를 클라우드로 한 번에 전송하지 않고, 에지에서 사전 처리한 후 데이터를 선별해서 전송한다. 서버와 에지가 연동해 데이터 분석 및 실시간 제어를 수행하여 산업 현장에서 생산되는 데이터가 기하급수로 늘어도 서버에 부하를 주지 않는다. 현재 클라우드 컴퓨팅이 중앙 데이터센터와 직접 소통하는 방식이라면 에지 컴퓨팅은 기기 가까이에 위치한 일명 '에지 데이터 센터'와 소통하며, 저장을 중앙 클라우드에 맡기는 형식이다. 이를 통해 데이터 처리 지연 시간을 줄이고 즉각적인 현장 대처를 가능하게 한다.

이러한 스마트팩토리의 발전은 _____ 최근 선진국에서 나타나는 주요 현상 중의 하나는 바로 '리쇼어링'의 가속화이다. 리쇼어링이란 인건비 등 각종 비용 절감을 이유로 해외에 나간 자국 기업들이 다시 본국으로 돌아오는 현상을 의미하는 용어이다. 2000년대 초반까지는 국가적 차원에서 세제 혜택 등의 회유책을 통해 추진되어 왔지만, 스마트팩토리의 등장으로 인해 자국 내 스마트팩토리에서의 제조 비용과 중국이나 멕시코와 같은 제3국에서 제조 후 수출 비용에 큰 차이가 없어 리쇼어링 현상은 더욱 가속화되고 있다.

① 공장의 제조 비용을 절감시키고 있다.
② 공장의 세제 혜택을 사라지게 하고 있다.
③ 공장의 위치를 변화시키고 있다.
④ 수출 비용을 줄이는 데 도움이 된다.
⑤ 공장의 생산성을 높이고 있다.

# 06 | 맞춤법 · 어휘

## | 유형분석 |

- 맞춤법에 맞는 단어를 찾거나 주어진 지문의 내용에 어울리는 단어를 찾는 문제가 주로 출제된다.
- 단어 사이의 관계에 대한 문제가 출제되므로 뜻이 비슷하거나 반대되는 단어를 함께 학습하는 것이 좋다.
- 자주 출제되는 단어나 헷갈리는 단어에 대한 학습을 꾸준히 하는 것이 좋다.

## 다음 중 밑줄 친 부분의 맞춤법이 옳은 것은?

① 그는 손가락으로 북쪽을 <u>가르켰다</u>.
② <u>뚝배기</u>에 담겨 나와서 시간이 지나도 식지 않았다.
③ 열심히 하는 것은 좋은데 <u>촛점</u>이 틀렸다.
④ 세영이는 몸이 너무 약해서 보약을 <u>다려</u> 먹어야겠다.
⑤ 벽을 가득 덮고 있는 <u>덩쿨</u> 덕에 여름 분위기가 난다.

---

**정답** ②

'찌개 따위를 끓이거나 설렁탕 따위를 담을 때 쓰는 그릇'을 뜻하는 어휘는 '뚝배기'이다.

**오답분석**

① '손가락 따위로 어떤 방향이나 대상을 집어서 보이거나 말하거나 알리다.'의 의미를 가진 어휘는 '가리키다'이다.
③ '사람들의 관심이나 주의가 집중되는 사물의 중심 부분'의 의미를 가진 어휘는 '초점'이다.
④ '액체 따위를 끓여서 진하게 만들거나 약재 따위에 물을 부어 우러나도록 끓이다.'의 의미를 가진 어휘는 '달이다'이다(다려 → 달여).
⑤ '길게 뻗어 나가면서 다른 물건을 감기도 하고 땅바닥에 퍼지기도 하는 식물의 줄기'의 의미를 가진 어휘는 '넝쿨' 또는 '덩굴'이다.

---

**풀이 전략!**

문제에서 물어보는 단어를 정확히 확인해야 하고, 문제에서 다루고 있는 단어의 앞뒤 내용을 읽고 글의 전체적 흐름을 생각하며 문제에 접근해야 한다.

**01** 다음 중 밑줄 친 부분의 맞춤법이 옳은 것은?

① 언니는 상냥한데 동생은 너무 <u>냉냉하다</u>.

② 추석에는 <u>햅쌀</u>로 송편을 빚는다.

③ <u>요컨데</u>, 행복은 마음 먹기에 달렸다는 것이다.

④ 올해는 모두 건강하리라는 작은 <u>바램</u>을 가져본다.

⑤ 회의에서 나온 의견을 <u>뭉뚱거려</u> 말하지 않도록 해야 한다.

**02** 다음 중 빈칸 ㉠ ~ ㉣에 들어갈 말을 순서대로 바르게 나열한 것은?

> 오늘날의 민주주의는 자본주의가 성숙함에 따라 함께 성장한 것이라고 볼 수 있다. ___㉠___ 자본주의가 발달함에 따라 민주주의가 함께 발달한 것이다. ___㉡___ 이러한 자본주의의 성숙을 긍정적으로만 해석할 수는 없다. ___㉢___ 자본주의의 성숙이 민주주의와 그 성장에 부정적 영향을 끼칠 수도 있기 때문이다. 자본주의가 발달하면 돈 많은 사람이 그렇지 않은 사람보다 더 많은 권리 내지는 권력을 갖게 된다. ___㉣___ 시장에서의 권리나 권력뿐만 아니라 정치 영역에서도 그럴 수 있다는 것이 문제이다.

| | ㉠ | ㉡ | ㉢ | ㉣ |
|---|---|---|---|---|
| ① | 즉 | 그러나 | 왜냐하면 | 비단 |
| ② | 그러나 | 즉 | 비단 | 왜냐하면 |
| ③ | 비단 | 즉 | 그러나 | 왜냐하면 |
| ④ | 즉 | 그러나 | 비단 | 왜냐하면 |
| ⑤ | 왜냐하면 | 즉 | 그러나 | 비단 |

**03** 다음 빈칸에 들어갈 단어로 가장 적절한 것은?

> 정부는 선거와 관련하여 신고자에 대한 _____을/를 대폭 강화하기로 하였다.

① 보훈(報勳)　　　　　　　　② 공훈(功勳)

③ 공로(功勞)　　　　　　　　④ 포상(褒賞)

⑤ 공적(功績)

# 수리능력

## 합격 Cheat Key

수리능력은 사칙 연산·통계·확률의 의미를 정확하게 이해하고 이를 업무에 적용하는 능력으로, 기초 연산과 기초 통계, 도표 분석 및 작성의 문제 유형으로 출제된다. 수리능력 역시 채택하지 않는 공사·공단이 거의 없을 만큼 필기시험에서 중요도가 높은 영역이다.

특히, 난이도가 높은 공사·공단의 시험에서는 도표 분석, 즉 자료 해석 유형의 문제가 많이 출제되고 있고, 응용 수리 역시 꾸준히 출제하는 공사·공단이 많기 때문에 기초 연산과 기초 통계에 대한 공식의 암기와 자료 해석 능력을 기를 수 있는 꾸준한 연습이 필요하다.

### 1 응용 수리의 공식은 반드시 암기하라!

응용 수리는 공사·공단마다 출제되는 문제는 다르지만, 사용되는 공식은 비슷한 경우가 많으므로 자주 출제되는 공식을 반드시 암기하여야 한다. 문제에서 묻는 것을 정확하게 파악하여 그에 맞는 공식을 적절하게 적용하는 꾸준한 노력과 공식을 암기하는 연습이 필요하다.

**2** 자료의 해석은 자료에서 즉시 확인할 수 있는 지문부터 확인하라!

수리능력 중 도표 분석, 즉 자료 해석 능력은 많은 시간을 필요로 하는 문제가 출제되므로, 증가·감소 추이와 같이 눈으로 확인이 가능한 지문을 먼저 확인한 후 복잡한 계산이 필요한 지문을 확인하는 방법으로 문제를 풀이한다면 시간을 조금이라도 아낄 수 있다. 또한, 여러 가지 보기가 주어진 문제 역시 지문을 잘 확인하고 문제를 풀이한다면 불필요한 계산을 생략할 수 있으므로 항상 지문부터 확인하는 습관을 들여야 한다.

**3** 도표 작성에서 지문에 작성된 도표의 제목을 반드시 확인하라!

도표 작성은 하나의 자료 혹은 보고서와 같은 수치가 표현된 자료를 도표로 작성하는 형식으로 출제되는데, 대체로 표보다는 그래프를 작성하는 형태로 많이 출제된다. 지문을 살펴보면 각 지문에서 주어진 도표에도 소제목이 있는 경우가 대부분이다. 이때, 자료의 수치와 도표의 제목이 일치하지 않는 경우 함정이 존재하는 문제일 가능성이 높으므로 도표의 제목을 반드시 확인하는 것이 중요하다.

# 01 | 응용 수리

## | 유형분석 |

- 문제에서 제공하는 정보를 파악한 뒤, 사칙연산을 활용하여 계산하는 전형적인 수리문제이다.
- 문제를 풀기 위한 정보가 산재되어 있는 경우가 많으므로 주어진 조건 등을 꼼꼼히 확인해야 한다.

세희네 가족의 올해 휴가비용은 작년 대비 교통비는 15%, 숙박비는 24% 증가하였고, 전체 휴가비용은 20% 증가하였다. 작년 전체 휴가비용이 36만 원일 때, 올해 숙박비는?(단, 전체 휴가비는 교통비와 숙박비의 합이다)

① 160,000원
② 184,000원
③ 200,000원
④ 248,000원
⑤ 268,000원

**정답** ④

작년 교통비를 $x$원, 숙박비를 $y$원이라 하자.
$1.15x + 1.24y = 1.2(x+y) \cdots ㉠$
$x+y=36 \cdots ㉡$
㉠과 ㉡을 연립하면 $x=16$, $y=20$이다.
따라서 올해 숙박비는 $20 \times 1.24 = 24.8$만 원이다.

**풀이 전략!**

문제에서 묻는 바를 정확하게 확인한 후, 필요한 조건 또는 정보를 구분하여 신속하게 풀어 나간다. 단, 계산에 착오가 생기지 않도록 유의한다.

**01** H사는 직원 휴게실의 앞문과 뒷문에 화분을 각각 한 개씩 배치하려고 한다. 가지고 있는 화분을 배치하는 방법이 총 30가지일 때, 전체 화분의 개수는?(단, 화분의 종류는 모두 다르다)

① 6개                                    ② 7개

③ 8개                                    ④ 9개

⑤ 10개

**02** A비커에는 농도가 $x\%$인 설탕물 300g이 들어 있고 B비커에는 농도가 $y\%$인 설탕물 600g이 들어 있다. B비커에서 A비커로 100g를 부어 골고루 섞은 후 다시 B비커로 100g을 옮기고 골고루 섞어 농도를 측정해 보니 A비커의 설탕물과 B비커의 설탕물의 농도는 각각 5%, 9.5%였다. 이때 $10x + 10y$의 값은?

① 106                                    ② 116

③ 126                                    ④ 136

⑤ 146

**03** 영희는 회사에서 150km 떨어져 있는 지역에 운전하여 출장을 가게 되었다. 회사에서 출발하여 일정한 속력으로 가던 중 회사로부터 60km 떨어진 곳에서 차에 이상이 생겨 원래 속력에서 50%만큼 느리게 운전했다. 목적지에 도착하는 데 총 1시간 30분이 걸렸다면 고장이 나기 전 처음 속력은 얼마인가?

① 180km/h                              ② 160km/h

③ 140km/h                              ④ 120km/h

⑤ 100km/h

**04** H회사의 사우회에서 참석자들에게 과자를 1인당 8개씩 나누어 주려고 한다. 10개씩 들어 있는 과자를 17상자 준비하였더니 과자가 남았고, 남은 과자를 1인당 1개씩 더 나누어 주려고 하니 부족했다. 만약 지금보다 9명이 더 참석한다면 과자 6상자를 추가해야 참석자 모두에게 1인당 8개 이상씩 나누어 줄 수 있다. 이때 사우회의 처음 참석자 수는 몇 명인가?

① 18명                                    ② 19명

③ 20명                                    ④ 21명

⑤ 22명

# 02 | 수열 규칙

## | 유형분석 |

- 나열된 수의 규칙을 찾아 해결하는 문제이다.
- 등차·등비수열 등 다양한 수열 규칙에 대한 사전 학습이 요구된다.

**다음과 같이 일정한 규칙으로 수를 나열할 때, 빈칸에 들어갈 수는 무엇인가?**

| | 24 | 60 | 120 | ( ) | 336 | 504 | 720 |
|---|---|---|---|---|---|---|---|

① 190
② 210
③ 240
④ 260
⑤ 280

**정답** ②

제시된 수열은 $n$을 자연수라고 할 때, $n$항의 값이 $(n+1) \times (n+2) \times (n+3)$인 수열이다.
따라서 ( )$=(4+1) \times (4+2) \times (4+3) = 5 \times 6 \times 7 = 210$이다.

### 풀이 전략!

- 수열을 풀이할 때는 다음과 같은 규칙이 적용되는지를 순차적으로 판단한다.
  1) 각 항에 일정한 수를 사칙연산$(+, -, \times, \div)$하는 규칙
  2) 홀수 항, 짝수 항 규칙
  3) 피보나치 수열과 같은 계차를 이용한 규칙
  4) 군수열을 활용한 규칙
  5) 항끼리 사칙연산을 하는 규칙

주요 수열 규칙

| 구분 | 내용 |
|---|---|
| 등차수열 | 앞의 항에 일정한 수를 더해 이루어지는 수열 |
| 등비수열 | 앞의 항에 일정한 수를 곱해 이루어지는 수열 |
| 피보나치 수열 | 앞의 두 항의 합이 그 다음 항의 수가 되는 수열 |
| 건너뛰기 수열 | 두 개 이상의 수열 또는 규칙이 일정한 간격을 두고 번갈아가며 적용되는 수열 |
| 계차수열 | 앞의 항과 차가 일정하게 증가하는 수열 |
| 군수열 | 일정한 규칙성으로 몇 항씩 묶어 나눈 수열 |

※ 다음과 같이 일정한 규칙으로 수를 나열할 때, 빈칸에 들어갈 수를 고르시오. **[1~3]**

**01**

| 26 | ( ) | 37 | 62 | 48 | 91 | 59 | 120 |

① 21 ② 26
③ 28 ④ 30
⑤ 33

**02**

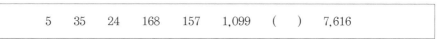

| 5 | 35 | 24 | 168 | 157 | 1,099 | ( ) | 7,616 |

① 1,088 ② 1,110
③ 1,190 ④ 2,148
⑤ 2,450

**03**

| 5 | 9 | 21 | 57 | 165 | 489 | ( ) |

① 1,355 ② 1,402
③ 1,438 ④ 1,461
⑤ 1,488

PART 2

# 03 | 자료 이해

## | 유형분석 |

- 제시된 자료를 분석하여 선택지의 정답 유무를 판단하는 문제이다.
- 표의 수치 등을 통해 변화량이나 증감률, 비중 등을 비교하여 판단하는 문제가 자주 출제된다.
- 지원하고자 하는 기업이나 산업과 관련된 자료 등이 문제의 자료로 많이 다뤄진다.

다음은 A ~ E 5개국의 경제 및 사회 지표 자료이다. 이에 대한 설명으로 옳지 않은 것은?

〈주요 5개국의 경제 및 사회 지표〉

| 구분 | 1인당 GDP(달러) | 경제성장률(%) | 수출(백만 달러) | 수입(백만 달러) | 총인구(백만 명) |
|------|------------|-----------|-------------|-------------|-------------|
| A | 27,214 | 2.6 | 526,757 | 436,499 | 50.6 |
| B | 32,477 | 0.5 | 624,787 | 648,315 | 126.6 |
| C | 55,837 | 2.4 | 1,504,580 | 2,315,300 | 321.8 |
| D | 25,832 | 3.2 | 277,423 | 304,315 | 46.1 |
| E | 56,328 | 2.3 | 188,445 | 208,414 | 24.0 |

※ (총 GDP)=(1인당 GDP)×(총인구)

① 경제성장률이 가장 큰 나라가 총 GDP는 가장 작다.
② 총 GDP가 가장 큰 나라의 GDP는 가장 작은 나라의 GDP보다 10배 이상 더 크다.
③ 5개국 중 수출과 수입에 있어서 규모에 따라 나열한 순위는 서로 일치한다.
④ A국이 E국보다 총 GDP가 더 크다.
⑤ 1인당 GDP에 따른 순위와 총 GDP에 따른 순위는 서로 일치한다.

**정답** ⑤

1인당 GDP 순위는 E>C>B>A>D이다. 그런데 1인당 GDP가 가장 큰 E국은 1인당 GDP가 2위인 C국보다 1% 정도밖에 높지 않은 반면, 인구는 C국의 $\frac{1}{10}$ 이하이므로 총 GDP 역시 C국보다 작다. 따라서 1인당 GDP 순위와 총 GDP 순위는 일치하지 않는다.

**풀이 전략!**

평소 변화량이나 증감률, 비중 등을 구하는 공식을 알아두고 있어야 하며, 지원하는 기업이나 산업에 관한 자료 등을 확인하여 비교하는 연습 등을 한다.

01    다음은 항목별 상위 7개 동의 자산규모를 나타낸 자료이다. 이에 대한 설명으로 옳은 것은?

〈항목별 상위 7개 동의 자산규모〉

| 순위 \ 구분 | 총자산(조 원) | | 부동산자산(조 원) | | 예금자산(조 원) | | 가구당 총자산(억 원) | |
|---|---|---|---|---|---|---|---|---|
| | 동명 | 규모 | 동명 | 규모 | 동명 | 규모 | 동명 | 규모 |
| 1 | 여의도동 | 24.9 | 대치동 | 17.7 | 여의도동 | 9.6 | 을지로동 | 51.2 |
| 2 | 대치동 | 23.0 | 서초동 | 16.8 | 태평로동 | 7.0 | 여의도동 | 26.7 |
| 3 | 서초동 | 22.6 | 압구정동 | 14.3 | 을지로동 | 4.5 | 압구정동 | 12.8 |
| 4 | 반포동 | 15.6 | 목동 | 13.7 | 서초동 | 4.3 | 도곡동 | 9.2 |
| 5 | 목동 | 15.5 | 신정동 | 13.6 | 역삼동 | 3.9 | 잠원동 | 8.7 |
| 6 | 도곡동 | 15.0 | 반포동 | 12.5 | 대치동 | 3.1 | 이촌동 | 7.4 |
| 7 | 압구정동 | 14.4 | 도곡동 | 12.3 | 반포동 | 2.5 | 서초동 | 6.4 |

※ (총자산)=(부동산자산)+(예금자산)+(증권자산)
※ (가구 수)=(총자산)÷(가구당 총자산)

① 압구정동의 가구 수는 여의도동의 가구 수보다 적다.
② 이촌동의 가구 수는 2만 가구 이상이다.
③ 대치동의 증권자산은 서초동의 증권자산보다 많다.
④ 여의도동의 증권자산은 최소 4조 원 이상이다.
⑤ 총자산 대비 부동산자산의 비율은 도곡동이 목동보다 높다.

PART 2

**02** 다음은 H공항의 에너지 소비량 및 온실가스 배출량을 나타낸 자료이다. 이에 대한 설명으로 옳은 것을 〈보기〉에서 모두 고르면?

〈H공항 에너지 소비량〉

(단위 : TOE)

| 구분 | 에너지 소비량 | | | | | | | | | |
| --- | --- | --- | --- | --- | --- | --- | --- | --- | --- | --- |
| | 합계 | 건설 부문 | | | | 이동 부문 | | | | |
| | | 소계 | 경유 | 도시가스 | 수전전력 | 소계 | 휘발유 | 경유 | 도시가스 | 천연가스 |
| 2023년 | 11,658 | 11,234 | 17 | 1,808 | 9,409 | 424 | 25 | 196 | 13 | 190 |
| 2024년 | 17,298 | 16,885 | 58 | 2,796 | 14,031 | 413 | 28 | 179 | 15 | 191 |

〈H공항 온실가스 배출량〉

(단위 : 톤$CO_2$eq)

| 구분 | 온실가스 배출량 | | | | |
| --- | --- | --- | --- | --- | --- |
| | 합계 | 고정 연소 | 이동 연소 | 공정 배출 | 간접 배출 |
| 2023년 | 30,823 | 4,052 | 897 | 122 | 25,752 |
| 2024년 | 35,638 | 6,121 | 965 | 109 | 28,443 |

보기

ㄱ. 에너지 소비량 중 이동 부문에서 경유가 차지하는 비중은 2024년에 전년 대비 10%p 이상 감소하였다.

ㄴ. 건설 부문의 도시가스 소비량은 2024년에 전년 대비 30% 이상 증가하였다.

ㄷ. 2024년 온실가스 배출량 중 간접 배출이 차지하는 비중은 2023년 온실가스 배출량 중 고정 연소가 차지하는 비중의 5배 이상이다.

① ㄱ                    ② ㄴ

③ ㄱ, ㄴ              ④ ㄴ, ㄷ

⑤ ㄱ, ㄴ, ㄷ

**03** 다음은 H신도시 쓰레기 처리 관련 통계 자료이다. 이에 대한 설명으로 옳지 않은 것은?

〈H신도시 쓰레기 처리 관련 통계〉

| 구분 | 2021년 | 2022년 | 2023년 | 2024년 |
|---|---|---|---|---|
| 1kg 쓰레기 종량제 봉투 가격 | 100원 | 200원 | 300원 | 400원 |
| 쓰레기 1kg당 처리비용 | 400원 | 400원 | 400원 | 400원 |
| H신도시 쓰레기 발생량 | 5,013톤 | 4,521톤 | 4,209톤 | 4,007톤 |
| H신도시 쓰레기 관련 예산 적자 | 15억 원 | 9억 원 | 4억 원 | 0원 |

① 쓰레기 종량제 봉투 가격과 H신도시의 쓰레기 발생량은 반비례한다.

② 연간 쓰레기 발생량 감소곡선보다 쓰레기 종량제 봉투 가격의 인상곡선이 더 가파르다.

③ 봉투 가격이 인상됨으로써 주민들은 비용에 부담을 느끼고 쓰레기 배출을 줄였을 것이다.

④ 쓰레기 1kg당 처리비용이 인상될수록 H신도시의 쓰레기 발생량과 쓰레기 관련 예산 적자가 급격히 감소하는 것을 볼 수 있다.

⑤ 쓰레기 종량제 봉투 가격이 100원이었던 2021년에 비해 400원이 된 2024년에는 쓰레기 발생량이 약 20%p나 감소하였고 쓰레기 관련 예산 적자는 0원이 되었다.

**04** 다음은 H국의 부패인식지수(CPI) 연도별 변동 추이에 대한 자료이다. 이에 대한 설명으로 옳지 않은 것은?

〈H국 부패인식지수(CPI) 연도별 변동 추이〉

| 구분 | | 2018년 | 2019년 | 2020년 | 2021년 | 2022년 | 2023년 | 2024년 |
|---|---|---|---|---|---|---|---|---|
| CPI | 점수(점) | 4.5 | 5.0 | 5.1 | 5.1 | 5.6 | 5.5 | 5.4 |
| | 조사대상국(개) | 146 | 159 | 163 | 180 | 180 | 180 | 178 |
| | 순위(위) | 47 | 40 | 42 | 43 | 40 | 39 | 39 |
| | 백분율(%) | 32.2 | 25.2 | 25.8 | 23.9 | 22.2 | 21.6 | 21.9 |
| OECD | 회원국(개) | 30 | 30 | 30 | 30 | 30 | 30 | 30 |
| | 순위(위) | 24 | 22 | 23 | 25 | 22 | 22 | 22 |

※ 점수가 높을수록 청렴함을 의미한다.

① CPI 점수를 확인해 볼 때 H국은 다른 해에 비해 2022년에 가장 청렴했다고 볼 수 있다.

② CPI 순위는 2023년에 처음으로 30위권에 진입했다.

③ 청렴도가 가장 낮은 해와 2024년의 청렴도 점수 차이는 0.9점이다.

④ H국의 OECD 순위는 2018년부터 현재까지 상위권이라 볼 수 있다.

⑤ CPI 조사대상국은 2021년까지 증가하고 이후 2023년까지 유지되었다.

**05**  다음은 지역별 마약류 단속에 대한 자료이다. 이에 대한 설명으로 옳은 것은?

〈지역별 마약류 단속 건수〉

(단위 : 건, %)

| 구분 | 대마 | 마약 | 향정신성의약품 | 합계 | 비중 |
|---|---|---|---|---|---|
| 서울 | 49 | 18 | 323 | 390 | 22.1 |
| 인천·경기 | 55 | 24 | 552 | 631 | 35.8 |
| 부산 | 6 | 6 | 166 | 178 | 10.1 |
| 울산·경남 | 13 | 4 | 129 | 146 | 8.3 |
| 대구·경북 | 8 | 1 | 138 | 147 | 8.3 |
| 대전·충남 | 20 | 4 | 101 | 125 | 7.1 |
| 강원 | 13 | 0 | 35 | 48 | 2.7 |
| 전북 | 1 | 4 | 25 | 30 | 1.7 |
| 광주·전남 | 2 | 4 | 38 | 44 | 2.5 |
| 충북 | 0 | 0 | 21 | 21 | 1.2 |
| 제주 | 0 | 0 | 4 | 4 | 0.2 |
| 전체 | 167 | 65 | 1,532 | 1,764 | 100.0 |

※ 수도권은 서울과 인천·경기를 합한 지역이다.
※ 마약류는 대마, 마약, 향정신성의약품으로만 구성된다.

① 대마 단속 전체 건수는 마약 단속 전체 건수의 3배 이상이다.
② 수도권의 마약류 단속 건수는 마약류 단속 전체 건수의 50% 이상이다.
③ 마약 단속 건수가 없는 지역은 5곳이다.
④ 향정신성의약품 단속 건수는 대구·경북 지역이 광주·전남 지역의 4배 이상이다.
⑤ 강원 지역은 향정신성의약품 단속 건수가 대마 단속 건수의 3배 이상이다.

※ 다음은 H국의 교통사고 사상자 2,500명에 대해 조사한 자료이다. 이어지는 질문에 답하시오. [6~7]

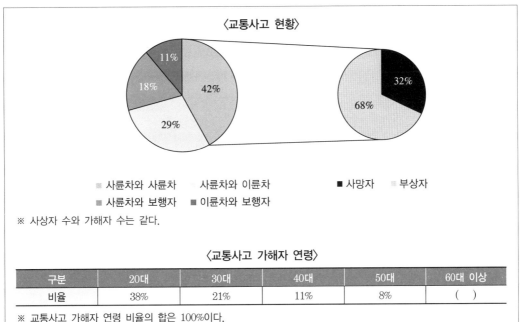

〈교통사고 현황〉

■ 사륜차와 사륜차    사륜차와 이륜차    ■ 사망자    부상자
■ 사륜차와 보행자  ■ 이륜차와 보행자

※ 사상자 수와 가해자 수는 같다.

〈교통사고 가해자 연령〉

| 구분 | 20대 | 30대 | 40대 | 50대 | 60대 이상 |
|------|------|------|------|------|-----------|
| 비율 | 38% | 21% | 11% | 8% | (   ) |

※ 교통사고 가해자 연령 비율의 합은 100%이다.

**06**  다음 중 자료에 대한 설명으로 옳지 않은 것은?

① 교통사고 가해자 연령에서 60대 이상의 비율은 30대보다 높다.

② 사륜차와 사륜차 교통사고 사망사건의 가해자가 모두 20대라고 할 때, 20대 가해건수의 35% 이상을 차지한다.

③ 이륜차와 관련된 교통사고의 가해자 연령대가 모두 30대 이하라고 할 때, 30대 이하 가해건수의 70% 이상을 차지한다.

④ 보행자와 관련된 교통사고의 40%는 사망사건이라고 할 때, 보행자 관련 사망건수는 사륜차와 사륜차의 교통사고 건수보다 적다.

⑤ 사륜차와 이륜차 교통사고 사망자와 부상자의 비율이 사륜차와 사륜차 교통사고 사망자와 부상자 비율의 반대라고 할 때, 사륜차와 이륜차 교통사고 사망자 수가 사륜차와 사륜차 교통사고 사망자 수보다 많다.

**07**  이륜차 또는 보행자와 관련된 교통사고 중 가해자 20%가 20대라고 할 때, 이 인원이 20대 가해자에서 차지하는 비율은 얼마인가?(단, 비율은 소수점 첫째 자리에서 버림한다)

① 10%                          ② 15%

③ 20%                          ④ 25%

⑤ 30%

# 04 | 자료 변환

## | 유형분석 |

- 문제에 주어진 자료를 도표로 변환하는 문제이다.
- 주로 자료에 있는 수치와 그래프 또는 표에 있는 수치가 서로 일치하는지의 여부를 판단한다.

갑 ~ 무 5명의 직원을 대상으로 신년회를 위한 A ~ E장소에 대한 만족도 조사를 하였다. 5점 만점을 기준으로 장소별 직원들의 점수를 바르게 시각화한 것은?

〈장소별 만족도〉

(단위 : 점)

| 구분 | 갑 | 을 | 병 | 정 | 무 | 평균 |
|---|---|---|---|---|---|---|
| A | 2.5 | 5.0 | 4.5 | 2.5 | 3.5 | 3.6 |
| B | 3.0 | 4.0 | 5.0 | 3.5 | 4.0 | 3.9 |
| C | 4.0 | 4.0 | 3.5 | 3.0 | 5.0 | 3.9 |
| D | 3.5 | 3.5 | 3.5 | 4.0 | 3.0 | 3.5 |
| E | 5.0 | 3.0 | 1.0 | 1.5 | 4.5 | 3.0 |

①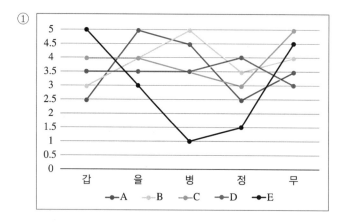

②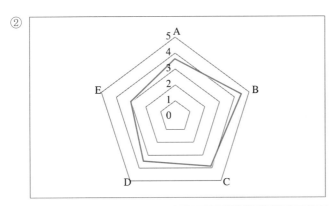

③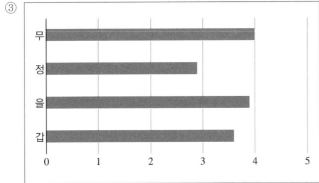

④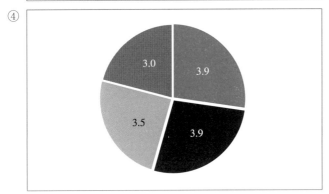

정답 ①

갑, 을, 병, 정, 무 5명의 직원들의 A ~ E장소에 대한 만족도 점수가 그래프에 바르게 나타나 있다.

오답분석

② B장소의 평균 만족도가 3.9점이지만 4.0점 이상으로 나타나 있다.
③ 병의 A ~ E장소에 대한 평균 만족도가 없고, 직원별 A ~ E장소 평균 만족도는 자료의 목적과는 거리가 멀다.
④ A ~ E장소에 대한 평균 만족도에서 표와의 수치를 비교해 보면 3.6점인 A장소가 없고, 수치가 각각 어느 장소의 평균 만족도를 나타내는지 알 수 없다.

**풀이 전략!**

각 선택지에 도표의 제목이 제시된 경우 제목을 먼저 확인한다. 그다음 어떠한 정보가 필요한지 확인한 후, 문제에서 주어진 자료를 빠르게 확인하여 일치 여부를 판단한다.

**01** 다음은 성별 및 연령대별 농가인구에 대한 자료이다. 2023년 대비 2024년 증감률을 바르게 나타낸 그래프는?

〈성별 및 연령대별 농가인구〉

(단위 : 천 명, %)

| 구분 | | 농가 인구 | 10세 미만 | 10 ~ 19세 | 20 ~ 29세 | 30 ~ 39세 | 40 ~ 49세 | 50 ~ 59세 | 60 ~ 69세 | 70세 이상 |
|---|---|---|---|---|---|---|---|---|---|---|
| 2023년 | | 3,187 (100.0) | 154 (4.8) | 267 (8.4) | 220 (6.9) | 209 (6.6) | 368 (11.5) | 584 (18.3) | 699 (21.9) | 686 (21.5) |
| 2024년 | | 3,116 (100.0) | 142 (4.6) | 256 (8.2) | 209 (6.7) | 201 (6.5) | 338 (10.9) | 577 (18.5) | 682 (21.9) | 711 (22.8) |
| | 남자 | 1,509 (100.0) | 75 (5.0) | 138 (9.1) | 109 (7.2) | 115 (7.6) | 165 (10.9) | 263 (17.4) | 324 (21.5) | 320 (21.2) |
| | 여자 | 1,607 (100.0) | 67 (4.2) | 118 (7.4) | 100 (6.2) | 86 (5.4) | 174 (10.8) | 314 (19.5) | 357 (22.2) | 391 (24.3) |

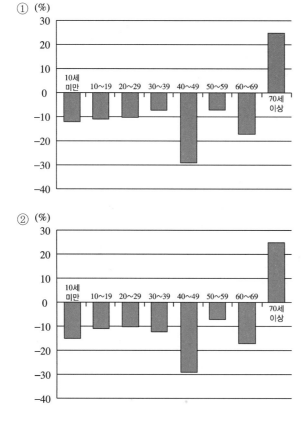

③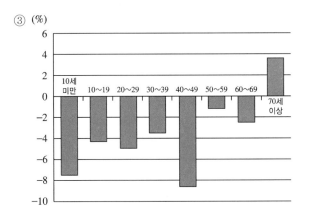

④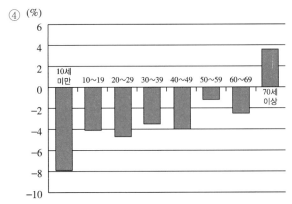

⑤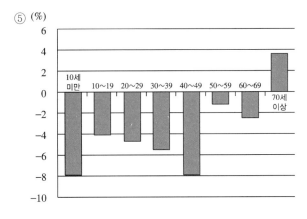

**02** 다음은 우리나라 강수량에 대한 자료이다. 이를 그래프로 바르게 나타낸 것은?

〈우리나라 강수량〉

(단위 : mm, 위)

| 구분 | 1월 | 2월 | 3월 | 4월 | 5월 | 6월 | 7월 | 8월 | 9월 | 10월 | 11월 | 12월 |
|---|---|---|---|---|---|---|---|---|---|---|---|---|
| 강수량 | 15.3 | 29.8 | 24.1 | 65.0 | 29.5 | 60.7 | 308.0 | 241.0 | 92.1 | 67.6 | 12.7 | 21.9 |
| 역대순위 | 32 | 23 | 39 | 30 | 44 | 43 | 14 | 24 | 26 | 13 | 44 | 27 |

①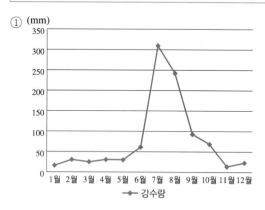

②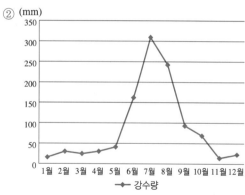

③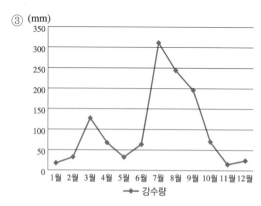

④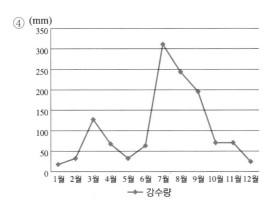

⑤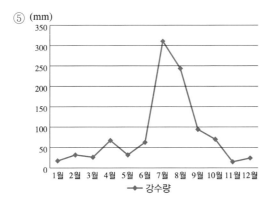

**03** 다음은 2024년도 신재생에너지 산업통계에 대한 자료이다. 이를 토대로 작성한 그래프로 옳지 않은 것은?

〈신재생에너지원별 산업 현황〉

(단위 : 억 원)

| 구분 | 기업체 수(개) | 고용인원(명) | 매출액 | 내수 | 수출액 | 해외공장매출 | 투자액 |
|---|---|---|---|---|---|---|---|
| 태양광 | 127 | 8,698 | 75,637 | 22,975 | 33,892 | 18,770 | 5,324 |
| 태양열 | 21 | 228 | 290 | 290 | 0 | 0 | 1 |
| 풍력 | 37 | 2,369 | 14,571 | 5,123 | 5,639 | 3,809 | 583 |
| 연료전지 | 15 | 802 | 2,837 | 2,143 | 693 | 0 | 47 |
| 지열 | 26 | 541 | 1,430 | 1,430 | 0 | 0 | 251 |
| 수열 | 3 | 46 | 29 | 29 | 0 | 0 | 0 |
| 수력 | 4 | 83 | 129 | 116 | 13 | 0 | 0 |
| 바이오 | 128 | 1,511 | 12,390 | 11,884 | 506 | 0 | 221 |
| 폐기물 | 132 | 1,899 | 5,763 | 5,763 | 0 | 0 | 1,539 |
| 합계 | 493 | 16,177 | 113,076 | 49,753 | 40,743 | 22,579 | 7,966 |

① 신재생에너지원별 기업체 수(단위 : 개)

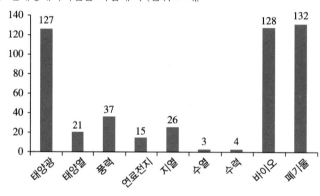

② 신재생에너지원별 고용인원(단위 : 명)

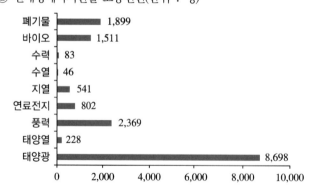

③ 신재생에너지원별 고용인원 비율

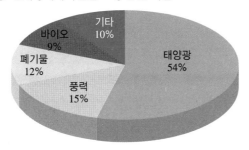

④ 신재생에너지원별 내수 현황(단위 : 억 원)

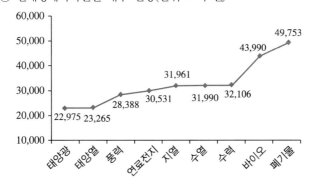

⑤ 신재생에너지원별 해외공장매출 비율

# 문제해결능력

## 합격 Cheat Key

문제해결능력은 업무를 수행하면서 여러 가지 문제 상황이 발생하였을 때, 창의적이고 논리적인 사고를 통하여 이를 올바르게 인식하고 적절히 해결하는 능력으로, 하위 능력에는 사고력과 문제처리능력이 있다.

문제해결능력은 NCS 기반 채용을 진행하는 대다수의 공사·공단에서 채택하고 있으며, 다양한 자료와 함께 출제되는 경우가 많아 어렵게 느껴질 수 있다. 특히, 난이도가 높은 문제로 자주 출제되기 때문에 다른 영역보다 더 많은 노력이 필요할 수는 있지만 그렇기에 차별화를 할 수 있는 득점 영역이므로 포기하지 말고 꾸준하게 노력해야 한다.

### 1 질문의 의도를 정확하게 파악하라!

문제해결능력은 문제에서 무엇을 묻고 있는지 정확하게 파악하여 먼저 풀이 방향을 설정하는 것이 가장 효율적인 방법이다. 특히, 조건이 주어지고 답을 찾는 창의적·분석적인 문제가 주로 출제되고 있기 때문에 처음에 정확한 풀이 방향이 설정되지 않는다면 문제를 제대로 풀지 못하게 되므로 첫 번째로 출제 의도 파악에 집중해야 한다.

**2** 중요한 정보는 반드시 표시하라!

출제 의도를 정확히 파악하기 위해서는 문제의 중요한 정보를 반드시 표시하거나 메모하여 하나의 조건, 단서도 잊고 넘어가는 일이 없도록 해야 한다. 실제 시험에서는 시간의 압박과 긴장감으로 정보를 잘못 적용하거나 잊어버리는 실수가 많이 발생하므로 사전에 충분한 연습이 필요하다.


**3** 반복 풀이를 통해 취약 유형을 파악하라!

문제해결능력은 특히 시간관리가 중요한 영역이다. 따라서 정해진 시간 안에 고득점을 할 수 있는 효율적인 문제 풀이 방법을 찾아야 한다. 이때, 반복적인 문제 풀이를 통해 자신이 취약한 유형을 파악하는 것이 중요하다. 정확하게 풀 수 있는 문제부터 빠르게 풀고 취약한 유형은 나중에 푸는 효율적인 문제 풀이를 통해 최대한 고득점을 맞는 것이 중요하다.

# 01 | 명제 추론

## | 유형분석 |

- 주어진 문장을 토대로 논리적으로 추론하여 참 또는 거짓을 구분하는 문제이다.
- 대체로 연역추론을 활용한 명제 문제가 출제된다.
- 자료를 제시하고 새로운 결과나 자료에 주어지지 않은 내용을 추론해 가는 형식의 문제가 출제된다.

H공사는 공휴일 세미나 진행을 위해 인근의 사무용품점 A ~ F에서 필요한 물품을 구매하고자 한다. 다음 〈조건〉을 참고할 때, 공휴일에 영업하는 사무용품점의 수는?

### 조건

- C는 공휴일에 영업하지 않는다.
- B가 공휴일에 영업하지 않으면, C와 E는 공휴일에 영업한다.
- E 또는 F가 영업하지 않는 날이면, D는 영업한다.
- B가 공휴일에 영업하면, A와 E는 공휴일에 영업하지 않는다.
- B와 F 중 한 곳만 공휴일에 영업한다.

① 2곳       ② 3곳
③ 4곳       ④ 5곳
⑤ 6곳

### 정답 ①

주어진 조건을 순서대로 논리 기호화하면 다음과 같다.
- 첫 번째 조건 : $\sim C$
- 두 번째 조건 : $\sim B \to (C \wedge E)$
- 세 번째 조건 : $(\sim E \vee \sim F) \to D$
- 네 번째 조건 : $B \to (\sim A \wedge \sim E)$

첫 번째 조건이 참이므로 두 번째 조건의 대우[$(\sim C \vee \sim E) \to B$]에 따라 B는 공휴일에 영업한다. 이때 네 번째 조건에 따라 A와 E는 영업하지 않고, 다섯 번째 조건에 따라 F도 영업하지 않는다. 마지막으로 세 번째 조건에 따라 D는 영업한다. 따라서 공휴일에 영업하는 사무용품점은 B와 D 2곳이다.

### 풀이 전략!

명제와 관련한 기본적인 논법에 대해서는 미리 학습해 두며, 이를 바탕으로 각 문장에 있는 핵심단어 또는 문구를 기호화하여 정리한 후, 선택지와 비교하여 참 또는 거짓을 판단한다.

**01** 9층 건물의 지하에서 출발한 엘리베이터에 타고 있던 A~I 9명은 1층부터 9층까지 각각 다른 층에 내렸다. 다음 〈조건〉을 근거로 할 때, 짝수 층에서 내리지 않은 사람은?

> **조건**
> • D는 F보다는 빨리 내렸고, A보다는 늦게 내렸다.
> • H는 홀수 층에 내렸다.
> • C는 3층에 내렸다.
> • G는 C보다 늦게 내렸고, B보다 빨리 내렸다.
> • B는 C보다 3층 후에 내렸고, F보다는 1층 전에 내렸다.
> • I는 D보다 늦게 내렸고, G보다는 일찍 내렸다.

① B            ② D
③ E            ④ G
⑤ I

**02** H공사의 A~C는 이번 신입사원 교육에서 각각 인사, 사업, 영업 교육을 맡게 되었다. 다음 〈조건〉을 참고할 때, 교육과 관련된 내용이 바르게 연결된 것은?

> **조건**
> • 교육은 각각 2시간, 1시간 30분, 1시간 동안 진행된다.
> • A, B, C 중 2명은 과장이며, 나머지 한 명은 부장이다.
> • 부장은 B보다 짧게 교육을 진행한다.
> • A가 가장 오랜 시간 동안 사업 교육을 진행한다.
> • 교육 시간은 인사 교육이 가장 짧다.

| | 직원 | 담당 교육 | 교육 시간 |
|---|---|---|---|
| ① | B과장 | 인사 교육 | 1시간 |
| ② | B부장 | 영업 교육 | 1시간 |
| ③ | C부장 | 인사 교육 | 1시간 |
| ④ | C부장 | 인사 교육 | 1시간 30분 |
| ⑤ | C과장 | 영업 교육 | 1시간 30분 |

**03** 아마추어 야구 리그에서 활동하는 A ~ D팀은 빨간색, 노란색, 파란색, 보라색 중에서 매년 상징하는 색을 바꾸고 있다. 다음 〈조건〉을 참고할 때, 항상 참인 것은?

- 하나의 팀은 하나의 상징색을 갖는다.
- 이전에 사용했던 상징색을 다시 사용할 수는 없다.
- A팀과 B팀은 빨간색을 사용한 적이 있다.
- B팀과 C팀은 보라색을 사용한 적이 있다.
- D팀은 노란색을 사용한 적이 있고, 파란색을 선택하였다.

① A팀은 파란색을 사용한 적이 있어 다른 색을 골라야 한다.
② A팀의 상징색은 노란색이 될 것이다.
③ C팀은 파란색을 사용한 적이 있을 것이다.
④ C팀의 상징색은 빨간색이 될 것이다.
⑤ D팀은 보라색을 사용한 적이 있다.

**04** A ~ G 7명이 원형테이블에 〈조건〉과 같이 앉아 있을 때, 다음 중 직급이 사원인 사람과 대리인 사람을 순서대로 바르게 나열한 것은?

A, B, C, D, E, F, G는 모두 사원, 대리, 과장, 차장, 팀장, 부부장, 부장 중 하나의 직급에 해당하며, 이 중 동일한 직급인 직원은 없다.
- A의 왼쪽에는 부장이, 오른쪽에는 차장이 앉아 있다.
- E는 사원과 이웃하여 앉지 않았다.
- B는 부장과 이웃하여 앉아 있다.
- C의 직급은 차장이다.
- G는 차장과 과장 사이에 앉아 있다.
- D는 A와 이웃하여 앉아 있다.
- 사원은 부장, 대리와 이웃하여 앉아 있다.

|   | 사원 | 대리 |
|---|------|------|
| ① | A | F |
| ② | B | E |
| ③ | B | F |
| ④ | D | E |
| ⑤ | D | G |

**05** 다음 명제가 모두 참일 때, 반드시 참인 명제는?

> • 물을 녹색으로 만드는 조류는 냄새 물질을 배출한다.
> • 독소 물질을 배출하는 조류는 냄새 물질을 배출하지 않는다.
> • 물을 황색으로 만드는 조류는 물을 녹색으로 만들지 않는다.

① 독소 물질을 배출하지 않는 조류는 물을 녹색으로 만든다.
② 물을 녹색으로 만들지 않는 조류는 냄새 물질을 배출하지 않는다.
③ 독소 물질을 배출하는 조류는 물을 녹색으로 만들지 않는다.
④ 냄새 물질을 배출하지 않는 조류는 물을 황색으로 만들지 않는다.
⑤ 냄새 물질을 배출하는 조류는 독소 물질을 배출한다.

**06** 이번 학기에 새로 개설되는 4개의 강좌 A ~ D를 강사 갑 ~ 무 중 4명이 한 강좌씩 맡으려 한다. 배정 결과를 궁금해 하는 5명은 다음과 같이 예측했다. 배정 결과를 보니 갑 ~ 무의 진술 중 한 명의 진술만이 거짓이고 나머지는 참임이 드러났을 때, 바르게 추론한 것은?

> 갑 : 을이 A강좌를 담당하고 병은 강좌를 담당하지 않을 것이다.
> 을 : 병이 B강좌를 담당할 것이다.
> 병 : 정은 D강좌가 아닌 다른 강좌를 담당할 것이다.
> 정 : 무가 D강좌를 담당할 것이다.
> 무 : 을의 말은 거짓일 것이다.

① 갑은 A강좌를 담당한다.
② 을은 C강좌를 담당한다.
③ 병은 강좌를 담당하지 않는다.
④ 정은 D강좌를 담당한다.
⑤ 무는 B강좌를 담당한다.

# 02 | 규칙 적용

## | 유형분석 |

- 주어진 상황과 규칙을 종합적으로 활용하여 풀어가는 문제이다.
- 일정, 비용, 순서 등 다양한 내용을 다루고 있어 유형을 한 가지로 단일화하기 어려우므로 여러 문제를 접해 보는 것이 좋다.

A팀과 B팀은 보안등급 상에 해당하는 문서를 나누어 보관하고 있다. 이에 따라 두 팀은 보안을 위해 아래와 같은 규칙에 따라 각 팀의 비밀번호를 지정하였다. 다음 중 A팀과 B팀에 들어갈 수 있는 암호배열은?

〈규칙〉

- 1 ~ 9까지의 숫자로 (한 자릿수)×(두 자릿수)=(세 자릿수)=(두 자릿수)×(한 자릿수) 형식의 비밀번호로 구성한다.
- 가운데에 들어갈 세 자릿수의 숫자는 156이며 숫자는 중복 사용할 수 없다. 즉, 각 팀의 비밀번호에 1, 5, 6이란 숫자가 들어가지 않는다.

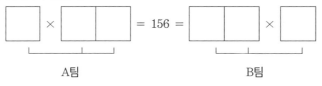

① 23
② 27
③ 29
④ 35
⑤ 39

**정답** ⑤

규칙에 따라 사용할 수 있는 숫자는 1, 5, 6을 제외한 나머지 2, 3, 4, 7, 8, 9의 총 6개이다. (한 자릿수)×(두 자릿수)=156이 되는 수를 알기 위해서는 156의 소인수를 구해보면 된다. 156의 소인수는 3, $2^2$, 13으로 여기서 156이 되는 수의 곱 중에 조건을 만족하는 것은 2×78과 4×39이다. 따라서 선택지 중에 A팀 또는 B팀에 들어갈 수 있는 암호배열은 39이다.

**풀이 전략!**

문제에 제시된 조건이나 규칙을 정확히 파악한 후, 선택지나 상황에 적용하여 문제를 풀어나간다.

**01** H사는 신제품의 품번을 다음과 같은 규칙에 따라 정한다고 한다. 제품에 설정된 임의의 영단어가 'INTELLECTUAL'이라면, 이 제품의 품번으로 옳은 것은?

---

〈규칙〉

• 1단계 : 알파벳 A ~ Z를 숫자 1, 2, 3, …으로 변환하여 계산한다.
• 2단계 : 제품에 설정된 임의의 영단어를 숫자로 변환한 값의 합을 구한다.
• 3단계 : 임의의 영단어 속 자음의 합에서 모음의 합을 뺀 값의 절댓값을 구한다.
• 4단계 : 2단계와 3단계의 값을 더한 다음 4로 나누어 2단계의 값에 더한다.
• 5단계 : 4단계의 값이 정수가 아닐 경우에는 소수점 첫째 자리에서 버림한다.

---

① 120　　　　　　　　　　　　② 140
③ 160　　　　　　　　　　　　④ 180
⑤ 200

PART 2

**02** 다음 〈조건〉을 근거로 〈보기〉를 계산한 값은?

---

**조건**

연산자 A, B, C, D는 다음과 같이 정의한다.
• A : 좌우에 있는 두 수를 더한다. 단, 더한 값이 10 미만이면 좌우에 있는 두 수를 곱한다.
• B : 좌우에 있는 두 수 가운데 큰 수에서 작은 수를 뺀다. 단, 두 수가 같거나 뺀 값이 10 미만이면 두 수를 곱한다.
• C : 좌우에 있는 두 수를 곱한다. 단, 곱한 값이 10 미만이면 좌우에 있는 두 수를 더한다.
• D : 좌우에 있는 두 수 가운데 큰 수를 작은 수로 나눈다. 단, 두 수가 같거나 나눈 값이 10 미만이면 두 수를 곱한다.
※ 연산은 '( )', '[ ]'의 순으로 한다.

---

**보기**

$$[ ( 1 A 5 ) B ( 3 C 4 ) ] D 6$$

---

① 10　　　　　　　　　　　　② 12
③ 90　　　　　　　　　　　　④ 210
⑤ 360

# 03 | 자료 해석

## | 유형분석 |

- 주어진 자료를 해석하고 활용하여 풀어가는 문제이다.
- 꼼꼼하고 분석적인 접근이 필요한 다양한 자료들이 출제된다.

다음 중 정수장 수질검사 현황에 대해 바르게 설명한 사람은?

### 〈정수장 수질검사 현황〉

| 급수 지역 | 항목 | | | | | | 검사결과 | |
|---|---|---|---|---|---|---|---|---|
| | 일반세균 100 이하 (CFU/mL) | 대장균 불검출 (수/100mL) | NH3-N 0.5 이하 (mg/L) | 잔류염소 4.0 이하 (mg/L) | 구리 1 이하 (mg/L) | 망간 0.05 이하 (mg/L) | 적합 여부 | 기준 초과 |
| 함평읍 | 0 | 불검출 | 불검출 | 0.14 | 0.045 | 불검출 | 적합 | 없음 |
| 이삼읍 | 0 | 불검출 | 불검출 | 0.27 | 불검출 | 불검출 | 적합 | 없음 |
| 학교면 | 0 | 불검출 | 불검출 | 0.13 | 0.028 | 불검출 | 적합 | 없음 |
| 엄다면 | 0 | 불검출 | 불검출 | 0.16 | 0.011 | 불검출 | 적합 | 없음 |
| 나산면 | 0 | 불검출 | 불검출 | 0.12 | 불검출 | 불검출 | 적합 | 없음 |

① A사원 : 함평읍의 잔류염소는 가장 낮은 수치를 보였고, 기준치에 적합하네.

② B사원 : 모든 급수지역에서 일반세균이 나오지 않았어.

③ C사원 : 기준치를 초과한 곳은 없었지만 적합하지 않은 지역은 있어.

④ D사원 : 대장균과 구리가 검출되면 부적합 판정을 받는구나.

⑤ E사원 : 구리가 검출되지 않은 지역은 세 곳이야.

**정답** ②

**오답분석**

① 잔류염소에서 가장 낮은 수치를 보인 지역은 나산면(0.12mg/L)이고, 함평읍(0.14mg/L)은 세 번째로 낮다.

③ 기준치를 초과한 곳도 없고, 모두 적합 판정을 받았다.

④ 함평읍과 학교면, 엄다면은 구리가 검출되었지만 적합 판정을 받았다.

⑤ 구리가 검출되지 않은 지역은 이삼읍과 나산면으로 두 곳이다.

**풀이 전략!**

문제 해결을 위해 필요한 정보가 무엇인지 먼저 파악한 후, 제시된 자료를 분석적으로 읽고 해석한다.

**01** 다음 자료를 근거로 판단할 때, 연구모임 A ~ E 중 두 번째로 많은 지원금을 받는 모임은?

〈지원계획〉

- 지원을 받기 위해서는 모임당 6명 이상 9명 미만으로 구성되어야 한다.
- 기본지원금은 모임당 1,500천 원이다. 단, 상품개발을 위한 모임의 경우는 2,000천 원을 지원한다.
- 추가지원금

| 등급 | 상 | 중 | 하 |
|---|---|---|---|
| 추가지원금(천 원/명) | 120 | 100 | 70 |

※ 추가지원금은 연구 계획 사전평가결과에 따라 달라진다.

- 협업 장려를 위해 협업이 인정되는 모임에는 위의 두 지원금을 합한 금액의 30%를 별도로 지원한다.

〈연구모임 현황 및 평가 결과〉

| 모임 | 상품개발 여부 | 구성원 수 | 연구 계획 사전평가 결과 | 협업 인정 여부 |
|---|---|---|---|---|
| A | ○ | 5 | 상 | ○ |
| B | × | 6 | 중 | × |
| C | × | 8 | 상 | ○ |
| D | ○ | 7 | 중 | × |
| E | × | 9 | 하 | × |

① A모임

② B모임

③ C모임

④ D모임

⑤ E모임

**02** 면접 시험에서 A ~ L 순서대로 면접을 진행한 응시자들 중 다음 〈조건〉에 따라 평가 점수가 높은 6명이 합격한다고 할 때, 총점이 높은 합격자를 순서대로 바르게 나열한 것은?(단, 동점인 경우 먼저 면접을 진행한 응시자를 우선으로 한다)

〈지원자 면접 점수〉

(단위 : 점)

| 구분 | 면접관 1 | 면접관 2 | 면접관 3 | 면접관 4 | 면접관 5 | 보훈 가점 |
|------|---------|---------|---------|---------|---------|----------|
| A | 80 | 85 | 70 | 75 | 90 | − |
| B | 75 | 90 | 85 | 75 | 100 | 5 |
| C | 70 | 95 | 85 | 85 | 85 | − |
| D | 75 | 80 | 90 | 85 | 80 | − |
| E | 80 | 90 | 95 | 100 | 85 | 5 |
| F | 85 | 75 | 95 | 90 | 80 | − |
| G | 80 | 75 | 95 | 90 | 95 | 10 |
| H | 90 | 80 | 80 | 85 | 100 | − |
| I | 70 | 80 | 80 | 75 | 85 | 5 |
| J | 85 | 80 | 100 | 75 | 85 | − |
| K | 85 | 100 | 70 | 75 | 75 | 5 |
| L | 75 | 90 | 70 | 100 | 70 | − |

**조건**

• 면접관 5명이 부여한 점수 중 최고점과 최저점을 제외한 나머지 면접관 3명이 부여한 점수의 평균과 보훈 가점의 합으로 평가한다.
• 최고점과 최저점이 1개 이상일 때는 1명의 점수만 제외한다.
• 소수점 셋째 자리에서 반올림한다.

① D − A − F − L − H − I
② E − G − B − C − F − H
③ G − A − B − F − E − L
④ G − A − C − F − E − L
⑤ G − E − B − C − F − H

**03**  H공사 홍보실에 근무하는 A사원은 12일부터 15일까지 워크숍을 가게 되었다. 워크숍을 떠나기 직전 A사원은 스마트폰의 날씨예보 어플을 통해 워크숍 장소인 춘천의 날씨를 확인해 보았다. 다음 중 A사원이 확인한 날씨예보의 내용으로 가장 적절한 것은?

① 워크숍 기간 중 오늘이 일교차가 가장 크므로 감기에 유의해야 한다.

② 내일 춘천지역의 미세먼지가 심하므로 주의해야 한다.

③ 워크숍 기간 중 비를 동반한 낙뢰가 예보된 날이 있다.

④ 내일모레 춘천지역의 최고·최저기온이 모두 영하이므로 야외활동 시 옷을 잘 챙겨 입어야 한다.

⑤ 글피엔 비가 내리지 않지만 최저기온이 영하이다.

※ B씨는 다음 자료를 참고하여 휴가를 다녀오려고 한다. 이어지는 질문에 답하시오. [4~5]

**〈여행경로 선정 조건〉**

- 항공편 왕복 예산은 80만 원이다.
- 휴가지 후보는 태국, 싱가포르, 베트남이다.
- 중국을 경유하면 총 비행금액의 20%가 할인된다.
- 제시된 항공편만 이용가능하다.

**〈항공편 정보〉**

| | 비행편 | 출발 시각 | 도착 시각 | 금액(원) |
|---|---|---|---|---|
| 출국 시 | 인천 – 베트남 | 09:10 | 14:30 | 341,000 |
| | 인천 – 싱가포르 | 10:20 | 15:10 | 580,000 |
| | 인천 – 중국 | 10:30 | 14:10 | 210,000 |
| | 중국 – 베트남 | 13:40 | 16:40 | 310,000 |
| | 인천 – 태국 | 10:20 | 15:20 | 298,000 |
| | 중국 – 싱가포르 | 14:10 | 17:50 | 405,000 |
| 입국 시 | 태국 – 인천 | 18:10 | 21:20 | 203,000 |
| | 중국 – 인천 | 18:50 | 22:10 | 222,000 |
| | 베트남 – 인천 | 19:00 | 21:50 | 195,000 |
| | 싱가포르 – 인천 | 19:30 | 22:30 | 304,000 |
| | 베트남 – 중국 | 19:10 | 21:40 | 211,000 |
| | 싱가포르 – 중국 | 20:10 | 23:20 | 174,000 |

※ 항공편은 한국 시간 기준이다.

**04** 다음 〈보기〉에서 옳은 것을 모두 고르면?

> **보기**
>
> ㄱ. 인천에서 중국을 경유해서 베트남으로 갈 경우 싱가포르로 직항해서 가는 것보다 편도 비용이 15만 원 이상 저렴하다.
> ㄴ. 직항 항공편만을 선택할 때, 왕복 항공편 비용이 가장 적게 드는 여행지로 여행을 간다면 베트남으로 여행을 갈 것이다.
> ㄷ. 베트남으로 여행을 다녀오는 경우 왕복 항공편 최소 비용은 60만 원 미만이다.

① ㄱ
② ㄱ, ㄴ
③ ㄱ, ㄷ
④ ㄴ, ㄷ
⑤ ㄱ, ㄴ, ㄷ

**05** B씨는 여행지 선정 기준을 바꾸어 태국, 싱가포르, 베트남 중 왕복 소요 시간이 가장 짧은 곳을 여행지로 선정하고자 한다. 다음 중 B씨가 여행지로 선정할 국가와 그 국가에 대한 왕복 소요 시간이 바르게 연결된 것은?

|  | 여행지 | 왕복 소요 시간 |
| --- | --- | --- |
| ① | 태국 | 8시간 20분 |
| ② | 싱가포르 | 7시간 50분 |
| ③ | 싱가포르 | 8시간 10분 |
| ④ | 베트남 | 7시간 50분 |
| ⑤ | 베트남 | 9시간 40분 |

PART 2

**06** 올해 리모델링하는 H호텔에서 근무하는 귀하는 호텔 비품 구매를 담당하게 되었다. 제조사별 소파 특징을 알아본 귀하는 이탈리아제의 천, 쿠션재에 패더를 사용한 소파를 구매하기로 하였다. 쿠션 재는 패더와 우레탄뿐이며, 구매하려는 소파는 침대 겸용은 아니지만 리클라이닝이 가능하고 '조립'이라고 표시되어 있었으며, 커버는 교환할 수 없다. 귀하가 구매하려는 소파의 제조사는?

〈제조사별 소파 특징〉

| 구분 | 특징 |
| --- | --- |
| A사 | • 쿠션재에 스프링을 사용하지 않는 경우에는 이탈리아제의 천을 사용하지 않는다.<br>• 국내산 천을 사용하는 경우에는 커버를 교환 가능하게 하지 않는다. |
| B사 | • 쿠션재에 우레탄을 사용하는 경우에는 국내산 천을 사용한다.<br>• 리클라이닝이 가능하지 않으면 이탈리아제 천을 사용하지 않는다. |
| C사 | • 쿠션재에 패더를 사용하지 않는 경우에는 국내산 천을 사용한다.<br>• 침대 겸용 소파의 경우에는 쿠션재에 패더를 사용하지 않는다. |
| D사 | • 쿠션재에 패더를 사용하는 경우에는 이탈리아제의 천을 사용한다.<br>• 조립이라고 표시된 소파의 경우에는 쿠션재에 우레탄을 사용한다. |

① A사 또는 B사  　　　　　② A사 또는 C사

③ B사 또는 C사  　　　　　④ B사 또는 D사

⑤ C사 또는 D사

# 04

# 자원관리능력

## 합격 Cheat Key

자원관리능력은 현재 NCS 기반 채용을 진행하는 많은 공사·공단에서 핵심영역으로 자리 잡아, 일부를 제외한 대부분의 시험에서 출제되고 있다.

세부 유형은 비용 계산, 해외파견 지원금 계산, 주문 제작 단가 계산, 일정 조율, 일정 선정, 행사 대여 장소 선정, 최단거리 구하기, 시차 계산, 소요시간 구하기, 해외파견 근무 기준에 부합하는 또는 부합하지 않는 직원 고르기 등으로 나눌 수 있다.

### 1  시차를 먼저 계산하라!

시간 자원 관리의 대표유형 중 시차를 계산하여 일정에 맞는 항공권을 구입하거나 회의시간을 구하는 문제에서는 각각의 나라 시간을 한국 시간으로 전부 바꾸어 계산하는 것이 편리하다. 조건에 맞는 나라들의 시간을 전부 한국 시간으로 바꾸고 한국 시간과의 시차만 더하거나 빼면 시간을 단축하여 풀 수 있다.

### 2  선택지를 잘 활용하라!

계산을 해서 값을 요구하는 문제 유형에서는 선택지를 먼저 본 후 자리 수가 몇 단위로 끝나는지 확인해야 한다. 예를 들어 412,300원, 426,700원, 434,100원인 선택지가 있다고 할 때, 제시된 조건에서 100원 단위로 나올 수 있는 항목을 찾아 그 항목만 계산하는 방법이 있다. 또한, 일일이 계산하는 문제가 많다. 예를 들어 640,000원, 720,000원, 810,000원 등의 수를 이용해 푸는 문제가 있다고 할 때, 만 원 단위를 절사하고 계산하여 64, 72, 81처럼 요약하는 방법이 있다.

**3** 최적의 값을 구하는 문제인지 파악하라!

물적 자원 관리의 대표유형에서는 제한된 자원 내에서 최대의 만족 또는 이익을 얻을 수 있는 방법을 강구하는 문제가 출제된다. 이때, 구하고자 하는 값을 $x$, $y$로 정하고 연립방정식을 이용해 $x$, $y$ 값을 구한다. 최소 비용으로 목표생산량을 달성하기 위한 업무 및 인력 할당, 정해진 시간 내에 최대 이윤을 낼 수 있는 업체 선정, 정해진 인력으로 효율적 업무 배치 등을 구하는 문제에서 사용되는 방법이다.

**4** 각 평가항목을 비교하라!

인적 자원 관리의 대표유형에서는 각 평가항목을 비교하여 기준에 적합한 인물을 고르거나, 저렴한 업체를 선정하거나, 총점이 높은 업체를 선정하는 문제가 출제된다. 이런 유형은 평가항목에서 가격이나 점수 차이에 영향을 많이 미치는 항목을 찾아 1 ~ 2개의 선택지를 삭제하고, 남은 3 ~ 4개의 선택지만 계산하여 시간을 단축할 수 있다.

# 01 | 시간 계획

## | 유형분석 |

- 시간 자원과 관련된 다양한 정보를 활용하여 풀어가는 문제이다.
- 대체로 교통편 정보나 국가별 시차 정보가 제공되며, 이를 근거로 '현지 도착시간 또는 약속된 시간 내에 도착하기 위한 방안'을 고르는 문제가 출제된다.

해외영업부 A대리는 B부장과 함께 샌프란시스코에 출장을 가게 되었다. 샌프란시스코의 시각은 한국보다 16시간 느리고, 비행시간은 10시간 25분일 때 샌프란시스코 현지 시각으로 11월 17일 오전 10시 35분에 도착하는 비행기를 타려면 한국 시각으로 인천공항에 몇 시까지 도착해야 하는가?

| 구분 | 날짜 | 출발 시각 | 비행 시간 | 날짜 | 도착 시각 |
|---|---|---|---|---|---|
| 인천 → 샌프란시스코 | 11월 17일 | | 10시간 25분 | 11월 17일 | 10:35 |
| 샌프란시스코 → 인천 | 11월 21일 | 17:30 | 12시간 55분 | 11월 22일 | 22:25 |

※ 단, 비행기 출발 한 시간 전에 공항에 도착해 티켓팅을 해야 한다.

① 12:10
② 13:10
③ 14:10
④ 15:10
⑤ 16:10

**정답** ④

인천에서 샌프란시스코까지 비행 시간은 10시간 25분이므로, 샌프란시스코 도착 시각에서 거슬러 올라가면 샌프란시스코 시각으로 00시 10분에 출발한 것이 된다. 이때 한국은 샌프란시스코보다 16시간 빠르기 때문에 한국 시각으로는 16시 10분에 출발한 것이다. 하지만 비행기 티켓팅을 위해 출발 한 시간 전에 인천공항에 도착해야 하므로 15시 10분까지 공항에 가야 한다.

**풀이 전략!**

문제에서 묻는 것을 정확히 파악한다. 특히 제한사항에 대해서는 빠짐없이 확인해 두어야 한다. 이후 제시된 정보(시차 등)에서 필요한 것을 선별하여 문제를 풀어간다.

**01** H공사에서 근무하고 있는 김인턴은 경기본부로 파견 근무를 나가고자 한다. 〈조건〉에 따라 파견일을 결정할 때, 다음 중 김인턴이 경기본부 파견 근무를 갈 수 있는 기간으로 옳은 것은?

| 〈10월 달력〉 | | | | | | |
|---|---|---|---|---|---|---|
| 일요일 | 월요일 | 화요일 | 수요일 | 목요일 | 금요일 | 토요일 |
| | | | | 1 | 2 | 3 |
| 4 | 5 | 6 | 7 | 8 | 9 | 10 |
| 11 | 12 | 13 | 14 | 15 | 16 | 17 |
| 18 | 19 | 20 | 21 | 22 | 23 | 24 |
| 25 | 26 | 27 | 28 | 29 | 30 | 31 |

조건
• 김인턴은 10월 중에 경기본부로 파견 근무를 나간다.
• 파견 근무는 2일 동안 진행되며, 이틀 동안 연이어 진행하여야 한다.
• 파견 근무는 주중에만 진행된다.
• 김인턴은 10월 1일부터 10월 7일까지 연수에 참석하므로 해당 기간에는 근무를 진행할 수 없다.
• 김인턴은 10월 27일부터는 부서이동을 하므로, 27일부터는 파견 근무를 포함한 모든 담당 업무를 후임자에게 인계하여야 한다.
• 김인턴은 목요일마다 K본부로 출장을 가며, 출장일에는 파견 근무를 수행할 수 없다.

① 6 ~ 7일
② 11 ~ 12일
③ 14 ~ 15일
④ 20 ~ 21일
⑤ 27 ~ 28일

**02** K사원의 팀은 출장근무를 마치고 서울로 복귀하고자 한다. 다음 자료를 참고할 때, 서울에 가장 일찍 도착할 수 있는 예정시각은 언제인가?

〈상황〉

• K사원이 소속된 팀원은 총 4명이다.
• 대전에서 출장을 마치고 서울로 돌아가려고 한다.
• 고속버스터미널에는 은행, 편의점, 화장실, 패스트푸드점 등이 있다.
※ 시설별 소요 시간 : 은행 30분, 편의점 10분, 화장실 20분, 패스트푸드점 25분

〈대화 내용〉

A과장 : 긴장이 풀려서 그런가? 배가 출출하네. 햄버거라도 사서 먹어야겠어.
B대리 : 저도 출출하긴 한데 그것보다 화장실이 더 급하네요. 금방 다녀오겠습니다.
C주임 : 그럼 그 사이에 버스표를 사야 하니 은행에 들러 현금을 찾아오겠습니다.
K사원 : 저는 그동안 편의점에 가서 버스 안에서 먹을 과자를 사 오겠습니다.
A과장 : 지금이 16시 50분이니까 다들 각자 볼일 보고 빨리 돌아와. 다 같이 타고 가야 하니까.

〈시외버스 배차정보〉

| 대전 출발 | 서울 도착 | 잔여 좌석수 |
| --- | --- | --- |
| 17:00 | 19:00 | 6 |
| 17:15 | 19:15 | 8 |
| 17:30 | 19:30 | 3 |
| 17:45 | 19:45 | 4 |
| 18:00 | 20:00 | 8 |
| 18:15 | 20:15 | 5 |
| 18:30 | 20:30 | 6 |
| 18:45 | 20:45 | 10 |
| 19:00 | 21:00 | 16 |

① 17:45
② 19:15
③ 19:45
④ 20:15
⑤ 20:45

**03** 자동차 부품을 생산하는 H기업은 반자동과 자동 생산라인을 하나씩 보유하고 있다. 최근 일본의 자동차 회사와 수출계약을 체결하여 자동차 부품 34,500개를 납품하였다. 다음 H기업의 생산조건을 고려할 때, 일본에 납품할 부품을 생산하는 데 소요된 시간은 얼마인가?

〈자동차 부품 생산조건〉
• 반자동라인은 4시간에 300개의 부품을 생산하며, 그중 20%는 불량품이다.
• 자동라인은 3시간에 400개의 부품을 생산하며, 그중 10%는 불량품이다.
• 반자동라인은 8시간마다 2시간씩 생산을 중단한다.
• 자동라인은 9시간마다 3시간씩 생산을 중단한다.
• 불량 부품은 생산 후 폐기하고 정상인 부품만 납품한다.

① 230시간
② 240시간
③ 250시간
④ 260시간
⑤ 280시간

**04** 다음은 K제품의 생산계획을 나타낸 자료이다. 〈조건〉에 따라 공정이 진행될 때, 첫 번째 완제품이 생산되기 위해서는 최소 몇 시간이 소요되는가?

〈K제품 생산계획〉

| 공정 | 선행공정 | 소요 시간 |
|------|----------|-----------|
| A | 없음 | 3 |
| B | A | 1 |
| C | B, E | 3 |
| D | 없음 | 2 |
| E | D | 1 |
| F | C | 2 |

조건
• 공정별로 1명의 작업 담당자가 공정을 수행한다.
• A공정과 D공정의 작업 시점은 같다.
• 공정 간 제품의 이동 시간은 무시한다.

① 6시간
② 7시간
③ 8시간
④ 9시간
⑤ 10시간

# 02 | 비용 계산

## | 유형분석 |

- 예산 자원과 관련된 다양한 정보를 활용하여 풀어가는 문제이다.
- 대체로 한정된 예산 내에서 수행할 수 있는 업무 및 예산 가격을 묻는 문제가 출제된다.

연봉 실수령액을 구하는 식이 〈보기〉와 같을 때, 연봉이 3,480만 원인 A씨의 연간 실수령액은?(단, 원 단위는 절사한다)

### 보기

- (연봉 실수령액)=(월 실수령액)×12
- (월 실수령액)=(월 급여)-[(국민연금)+(건강보험료)+(고용보험료)+(장기요양보험료)+(소득세)+(지방세)]
- (국민연금)=(월 급여)×4.5%
- (건강보험료)=(월 급여)×3.12%
- (고용보험료)=(월 급여)×0.65%
- (장기요양보험료)=(건강보험료)×7.38%
- (소득세)=68,000원
- (지방세)=(소득세)×10%

① 30,944,400원
② 31,078,000원
③ 31,203,200원
④ 32,150,800원
⑤ 32,497,600원

### 정답 ①

A씨의 월 급여는 3,480÷12=290만 원이다.
국민연금, 건강보험료, 고용보험료를 제외한 금액을 계산하면 다음과 같다.
290만 원-[290만 원×(0.045+0.0312+0.0065)]
→ 290만 원-(290만 원×0.0827)
→ 290만 원-239,830=2,660,170원
- 장기요양보험료 : (290만 원×0.0312)×0.0738≒6,670원(∵ 원 단위 이하 절사)
- 지방세 : 68,000×0.1=6,800원
따라서 A씨의 월 실수령액은 2,660,170-(6,670+68,000+6,800)=2,578,700원이고,
연 실수령액은 2,578,700×12=30,944,400원이다.

### 풀이 전략!

제한사항인 예산을 고려하여 문제에서 묻는 것을 정확히 파악한 후, 제시된 정보에서 필요한 것을 선별하여 문제를 풀어간다.

**01** 다음은 임직원 출장여비 지급규정과 T차장의 출장비 지출 내역이다. T차장이 받을 수 있는 여비는?

〈임직원 출장여비 지급규정〉

- 출장여비는 일비, 숙박비, 식비, 교통비로 구성된다.
- 일비는 출장일수에 따라 매일 10만 원씩 지급한다.
- 숙박비는 숙박일수에 따라 실비 지급한다. 다만, 항공 또는 선박 여행 시 항공기 내 또는 선박 내에서의 숙박은 숙박비를 지급하지 아니한다.
- 식비는 일수에 따라 식사 여부에 상관없이 1일 3식으로 지급하며, 1끼니당 1만 원씩 지급한다. 단, 항공 또는 선박 여행 시에는 기내식이 포함되지 않을 경우만 지급하며, 출장 마지막 날 저녁은 지급하지 않는다.
- 교통비는 교통편의 운임 혹은 유류비 산출액을 실비 지급한다.

〈T차장의 2박 3일 출장비 지출 내역〉

| 8월 8일 | 8월 9일 | 8월 10일 |
|---|---|---|
| • 인천 – 일본 항공편 84,000원 (아침 기내식 포함 ×)<br>• 점심 식사 7,500원<br>• 일본 J공항 – B호텔 택시비 10,000원<br>• 저녁 식사 12,000원<br>• B호텔 숙박비 250,000원 | • 아침 식사 8,300원<br>• 호텔 – 거래처 택시비 16,300원<br>• 점심 식사 10,000원<br>• 거래처 – 호텔 택시비 17,000원<br>• B호텔 숙박비 250,000원 | • 아침 식사 5,000원<br>• 일본 – 인천 항공편 89,000원 (점심 기내식 포함) |

① 880,000원

② 1,053,000원

③ 1,059,100원

④ 1,086,300원

⑤ 1,106,300원

A씨는 H마트에서 온라인으로 주문을 하려고 한다. 다음과 같이 장바구니에 담아놓은 상품 중 선택한 상품을 구매하려고 할 때, 할인쿠폰을 적용한 최소 주문 금액은 얼마인가?

■ 장바구니

| 선택 | 상품 | 수량 | 단가 |
|---|---|---|---|
| ☑ | 완도김 | ⊟ 2 ⊞ | 2,300원 |
| ☑ | 냉동 블루베리 | ⊟ 1 ⊞ | 6,900원 |
| ☐ | 김치 250g | ⊟ 3 ⊞ | 2,500원 |
| ☑ | 느타리 버섯 | ⊟ 1 ⊞ | 5,000원 |
| ☐ | 냉동 만두 | ⊟ 2 ⊞ | 7,000원 |
| ☑ | 토마토 | ⊟ 2 ⊞ | 8,500원 |

■ 할인쿠폰

| 적용 | 쿠폰 | 중복 할인 |
|---|---|---|
| ☐ | 상품 총액의 10% 할인 쿠폰 | 불가 |
| ☐ | 배송비 무료 쿠폰 | 가능 |
| ☐ | H카드 사용 시 2% 할인 쿠폰 | 가능 |

■ 결제 방법

선택

☐ H페이

☑ 신용카드

   ↳ 선택

     ☐ K카드

     ☑ H카드

     ☐ L카드

■ 총주문금액

(주문 상품 금액)+3,000원(배송비)

① 31,830원
② 32,830원
③ 33,150원
④ 34,150원
⑤ 35,830원

**03** 수인이는 베트남 여행을 위해 K국제공항에서 환전하기로 하였다. 다음은 H환전소의 당일 환율 및 수수료를 나타낸 자료이다. 수인이가 한국 돈으로 베트남 현금 1,670만 동을 환전한다고 할 때, 수수료까지 포함하여 필요한 돈은 얼마인가?(단, 모든 계산과정에서 구한 값은 일의 자리에서 버림한다)

〈H환전소 환율 및 수수료〉

- 베트남 환율 : 483원/만 동
- 수수료 : 0.5%
- 우대사항 : 50만 원 이상 환전 시 70만 원까지 수수료 0.4%로 인하 적용
  100만 원 이상 환전 시 총금액 수수료 0.4%로 인하 적용

① 808,840원      ② 808,940원
③ 809,840원      ④ 809,940원
⑤ 810,040원

**04** K씨는 개인사유로 인해 5년간 재직했던 회사를 그만두게 되었다. K씨에게 지급된 퇴직금이 1,900만 원일 때, K씨의 평균 연봉은 얼마인가?[단, 평균 연봉은 (1일 평균임금)×365이고, 천의 자리에서 올림한다]

〈퇴직금 산정 방법〉

▶ 고용주는 퇴직하는 근로자에게 계속근로기간 1년에 대해 30일분 이상의 평균임금을 퇴직금으로 지급해야 합니다.
  - "평균임금"이란 이를 산정해야 할 사유가 발생한 날 이전 3개월 동안에 해당 근로자에게 지급된 임금의 총액을 그 기간의 총일수로 나눈 금액을 말합니다.
  - 평균임금이 근로자의 통상임금보다 적으면 그 통상임금을 평균임금으로 합니다.
▶ 퇴직금 산정공식
  (퇴직금)=[(1일 평균임금)×30일×(총계속근로기간)]÷365

① 4,110만 원      ② 4,452만 원
③ 4,650만 원      ④ 4,745만 원
⑤ 4,800만 원

# 03 | 품목 확정

## | 유형분석 |

- 물적 자원과 관련된 다양한 정보를 활용하여 풀어가는 문제이다.
- 주로 공정도·제품·시설 등에 대한 가격·특징·시간 정보가 제시되며, 이를 종합적으로 고려하는 문제가 출제된다.

H공사에 근무하는 김대리는 사내시험에서 2점짜리 문제를 8개, 3점짜리 문제를 10개, 5점짜리 문제를 6개를 맞혀 총 76점을 맞았다. 다음 〈조건〉을 토대로 최대리가 맞힌 문제의 총개수는 몇 개인가?

<br>

### 〈사내시험 규정〉

문제 수 : 43문제

만점 : 141점

- 2점짜리 문제 수는 3점짜리 문제 수보다 12문제 적다.
- 5점짜리 문제 수는 3점짜리 문제 수의 절반이다.

<br>

### 조건

- 최대리가 맞힌 2점짜리 문제의 개수는 김대리와 동일하다.
- 최대리의 점수는 총 38점이다.

① 14개        ② 15개
③ 16개        ④ 17개
⑤ 18개

**정답** ①

최대리는 2점짜리 문제를 김대리가 맞힌 개수만큼 맞혔으므로 8개, 즉 16점을 획득했다. 최대리가 맞힌 3점짜리와 5점짜리 문제를 합하면 38−16=22점이 나와야 한다. 3점과 5점의 합으로 22가 나오기 위해서는 3점짜리는 4문제, 5점짜리는 2문제를 맞혀야 한다.

따라서 최대리가 맞힌 문제의 총개수는 8개(2점)+4개(3점)+2개(5점)=14개이다.

**풀이 전략!**

문제에서 묻고자 하는 바를 정확히 파악하는 것이 중요하다. 문제에서 제시한 물적 자원의 정보를 문제의 의도에 맞게 선별하면서 풀어간다.

**01** 김팀장은 H사에서 사무용품을 구입하려고 한다. H사의 사무용품 할인행사를 고려하여 10,000원의 예산 내에서 구입하려고 할 때, 다음 중 효용의 합이 가장 높은 조합은?

〈품목별 가격 및 효용〉

| 품목 | 결재판 | 서류봉투(중)<br>(50매) | 서류봉투(대)<br>(50매) | 스테이플러 | A4 파일<br>(20매) |
|---|---|---|---|---|---|
| 가격(원/개) | 2,500 | 1,300 | 1,800 | 2,200 | 3,200 |
| 효용 | 80 | 20 | 25 | 35 | 55 |

〈H사 사무용품 할인행사〉

1. 결재판 2개 구매 시 A4 파일 1묶음 무료제공
2. 서류봉투(중) 3묶음 구매 시 서류봉투(대) 2묶음 무료제공
3. 스테이플러 3개 구매 시 결재판 1개 무료제공
4. A4 파일 2묶음 구매 시 스테이플러 1개 무료제공

① 결재판 2개, 서류봉투(대) 2묶음
② 서류봉투(중) 4묶음, A4 파일 1묶음
③ 서류봉투(대) 2묶음, 스테이플러 3개
④ 스테이플러 2개, 결재판 1개, 서류봉투(대) 1묶음
⑤ A4파일 2묶음, 서류봉투(중) 2묶음

PART 2

**02** K씨는 밤도깨비 야시장에서 푸드 트럭을 운영하기로 계획하고 있다. 다음 자료를 참고하여 순이익이 가장 높은 메인 메뉴 한 가지를 선정하려고 할 때, K씨가 선정할 메뉴로 옳은 것은?

〈메뉴별 판매 정보〉

| 메뉴 | 예상 월간 판매량(개) | 생산 단가(원) | 판매 가격(원) |
|---|---|---|---|
| A | 500 | 3,500 | 4,000 |
| B | 300 | 5,500 | 6,000 |
| C | 400 | 4,000 | 5,000 |
| D | 200 | 6,000 | 7,000 |
| E | 150 | 3,000 | 5,000 |

① A
② B
③ C
④ D
⑤ E

**03** H공사는 직원용 컴퓨터를 교체하려고 한다. 다음 〈조건〉을 만족하는 컴퓨터로 옳은 것은?

〈컴퓨터별 가격 현황〉

| 구분 | A컴퓨터 | B컴퓨터 | C컴퓨터 | D컴퓨터 | E컴퓨터 |
|---|---|---|---|---|---|
| 모니터 | 20만 원 | 23만 원 | 20만 원 | 19만 원 | 18만 원 |
| 본체 | 70만 원 | 64만 원 | 60만 원 | 54만 원 | 52만 원 |
| (모니터＋본체) 세트 | 80만 원 | 75만 원 | 70만 원 | 66만 원 | 65만 원 |
| 성능평가 | 중 | 상 | 중 | 중 | 하 |
| 할인혜택 | – | 세트로 15대 이상 구매 시 총금액에서 100만 원 할인 | 모니터 10대 초과 구매 시 초과 대수 15% 할인 | – | – |

조건
• 예산은 1,000만 원이다.
• 교체할 직원용 컴퓨터는 모니터와 본체 각각 15대이다.
• 성능평가에서 '중' 이상을 받은 컴퓨터로 교체한다.
• 컴퓨터 구매는 세트 또는 모니터와 본체 따로 구매할 수 있다.

① A컴퓨터
② B컴퓨터
③ C컴퓨터
④ D컴퓨터
⑤ E컴퓨터

**04** H회사 마케팅 팀장은 팀원 50명에게 연말 선물을 하기 위해 물품을 구매하려고 한다. 다음은 업체별 품목 가격과 팀원들의 품목 선호도를 나타낸 자료이다. 〈조건〉에 따라 팀장이 구매할 물품과 업체를 순서대로 바르게 나열한 것은?

### 〈업체별 품목 가격〉

| 구분 | | 한 벌당 가격(원) |
|---|---|---|
| A업체 | 티셔츠 | 6,000 |
| | 카라 티셔츠 | 8,000 |
| B업체 | 티셔츠 | 7,000 |
| | 후드 집업 | 10,000 |
| | 맨투맨 | 9,000 |

### 〈팀원 품목 선호도〉

| 순위 | 품목 |
|---|---|
| 1 | 카라 티셔츠 |
| 2 | 티셔츠 |
| 3 | 후드 집업 |
| 4 | 맨투맨 |

**조건**

• 팀원의 선호도를 우선으로 품목을 선택한다.
• 총구매금액이 30만 원 이상이면 총금액에서 5%를 할인해 준다.
• 차순위 품목이 1순위 품목보다 총금액이 20% 이상 저렴하면 차순위를 선택한다.

① 티셔츠, A업체
② 카라 티셔츠, A업체
③ 티셔츠, B업체
④ 후드 집업, B업체
⑤ 맨투맨, B업체

# 04 | 인원 선발

## | 유형분석 |

- 인적 자원과 관련된 다양한 정보를 활용하여 풀어가는 문제이다.
- 주로 근무명단, 휴무일, 업무할당 등의 주제로 다양한 정보를 활용하여 종합적으로 풀어가는 문제가 출제된다.

어느 버스회사에서 A시에서 B시를 연결하는 버스 노선을 개통하기 위해 새로운 버스를 구매하려고 한다. 다음 〈조건〉과 같이 노선을 운행하려고 할 때, 최소 몇 대의 버스를 구매해야 하며 이때 필요한 운전사는 최소 몇 명인가?

### 조건

1) 새 노선의 왕복 시간 평균은 2시간이다(승하차 시간을 포함).
2) 배차시간은 15분 간격이다.
3) 운전사의 휴식시간은 매 왕복 후 30분씩이다.
4) 첫차는 05시 정각에, 막차는 23시에 A시를 출발한다.
5) 모든 차는 A시에 도착하자마자 B시로 곧바로 출발하는 것을 원칙으로 한다.
    즉, A시에 도착하는 시간이 바로 B시로 출발하는 시간이다.
6) 모든 차는 A시에서 출발해서 A시로 복귀한다.

|     | 버스 | 운전사 |
| --- | --- | --- |
| ① | 6대 | 8명 |
| ② | 8대 | 10명 |
| ③ | 10대 | 12명 |
| ④ | 12대 | 14명 |
| ⑤ | 14대 | 16명 |

### 정답 ②

왕복 시간이 2시간, 배차 간격이 15분이라면 첫차가 재투입되는 데 필요한 앞차의 수는 첫차를 포함해서 8대이다(∵ 15분×8대=2시간이므로 8대 버스가 운행된 이후 9번째에 첫차 재투입 가능).

운전사는 왕복 후 30분의 휴식을 취해야 하므로 첫차를 운전했던 운전사는 2시간 30분 뒤에 운전을 시작할 수 있다. 따라서 8대의 버스로 운행하더라도 운전자는 150분 동안 운행되는 버스 150÷15=10대를 운전하기 위해서는 10명의 운전사가 필요하다.

### 풀이 전략!

문제에서 신입사원 채용이나 인력배치 등의 주제가 출제될 경우에는 주어진 규정 혹은 규칙을 꼼꼼히 확인하여야 한다. 이를 근거로 각 선택지가 어긋나지 않는지 검토하여 문제를 풀어간다.

**01** H동에서는 임신한 주민에게 출산장려금을 지원하고자 한다. 출산장려금 지급 기준 및 H동에 거주하는 임산부에 대한 정보가 다음과 같을 때, 출산장려금을 가장 먼저 받을 수 있는 사람은?

〈H동 출산장려금 지급 기준〉

• 출산장려금 지급액은 모두 같으나, 지급 시기는 모두 다르다.
• 지급 순서 기준은 임신일, 자녀 수, 소득 수준 순서이다.
• 임신일이 길수록, 자녀가 많을수록, 소득 수준이 낮을수록 먼저 받는다(단, 자녀는 만 19세 미만의 아동 및 청소년으로 제한한다).
• 임신일, 자녀 수, 소득 수준이 모두 같으면 같은 날에 지급한다.

〈H동 거주 임산부 정보〉

| 임산부 | 임신일 | 자녀 | 소득 수준 |
|---|---|---|---|
| A | 150일 | 만 1세 | 하 |
| B | 200일 | 만 3세 | 상 |
| C | 100일 | 만 10세, 만 6세, 만 5세, 만 4세 | 상 |
| D | 200일 | 만 7세, 만 5세, 만 3세 | 중 |
| E | 200일 | 만 20세, 만 16세, 만 14세, 만 10세 | 상 |

① A임산부
② B임산부
③ C임산부
④ D임산부
⑤ E임산부

**02** H회사에서는 신입사원 2명을 채용하기 위하여 서류와 필기 전형을 통과한 갑 ~ 정 4명의 최종 면접을 실시하려고 한다. 네 개 부서의 팀장이 각각 4명을 모두 면접하여 채용 우선순위를 결정하였다. 다음 〈보기〉 중 옳은 것을 모두 고르면?

〈면접 결과〉

| 순위 \ 면접관 | 인사팀장 | 경영관리팀장 | 영업팀장 | 회계팀장 |
|---|---|---|---|---|
| 1순위 | 을 | 갑 | 을 | 병 |
| 2순위 | 정 | 을 | 병 | 정 |
| 3순위 | 갑 | 정 | 정 | 갑 |
| 4순위 | 병 | 병 | 갑 | 을 |

※ 우선순위가 높은 순서대로 2명을 채용한다.
※ 동점자는 인사, 경영관리, 영업, 회계팀장 순서의 고순위자로 결정한다.
※ 각 팀장이 매긴 순위에 대한 가중치는 모두 동일하다.

보기

㉠ 을 또는 정 중 한 명이 입사를 포기하면 갑이 채용된다.
㉡ 인사팀장이 을과 정의 순위를 바꿨다면 갑이 채용된다.
㉢ 경영관리팀장이 갑과 병의 순위를 바꿨다면 정은 채용되지 못한다.

① ㉠
② ㉠, ㉡
③ ㉠, ㉢
④ ㉡, ㉢
⑤ ㉠, ㉡, ㉢

**03** 다음은 H학교의 성과급 기준표이다. 이를 토대로 H학교 교사들의 성과급 배점을 계산하고자 할 때, 〈보기〉의 A∼E교사 중 가장 높은 배점을 받을 교사는?

〈성과급 기준표〉

| 구분 | 평가사항 | 배점기준 | |
|---|---|---|---|
| 수업 지도 | 주당 수업시간 | 24시간 이하 | 14점 |
| | | 25시간 | 16점 |
| | | 26시간 | 18점 |
| | | 27시간 이상 | 20점 |
| | 수업 공개 유무 | 교사 수업 공개 | 10점 |
| | | 학부모 수업 공개 | 5점 |
| 생활 지도 | 담임 유무 | 담임교사 | 10점 |
| | | 비담임교사 | 5점 |
| 담당 업무 | 업무 곤란도 | 보직교사 | 30점 |
| | | 비보직교사 | 20점 |
| 경력 | 호봉 | 10호봉 이하 | 5점 |
| | | 11 ∼ 15호봉 | 10점 |
| | | 16 ∼ 20호봉 | 15점 |
| | | 21 ∼ 25호봉 | 20점 |
| | | 26 ∼ 30호봉 | 25점 |
| | | 31호봉 이상 | 30점 |

※ 수업지도 항목에서 교사 수업 공개, 학부모 수업 공개를 모두 진행했을 경우 10점으로 배점하며, 수업 공개를 하지 않았을 경우 배점은 없다.

보기

| 구분 | 주당 수업시간 | 수업 공개 유무 | 담임 유무 | 업무 곤란도 | 호봉 |
|---|---|---|---|---|---|
| A교사 | 20시간 | − | 담임교사 | 비보직교사 | 32호봉 |
| B교사 | 29시간 | − | 비담임교사 | 비보직교사 | 35호봉 |
| C교사 | 26시간 | 학부모 수업 공개 | 비담임교사 | 보직교사 | 22호봉 |
| D교사 | 22시간 | 교사 수업 공개 | 담임교사 | 보직교사 | 17호봉 |
| E교사 | 25시간 | 교사 수업 공개, 학부모 수업 공개 | 비담임교사 | 비보직교사 | 30호봉 |

① A교사
② B교사
③ C교사
④ D교사
⑤ E교사

# 조직이해능력

## 합격 Cheat Key

조직이해능력은 업무를 원활하게 수행하기 위해 조직의 체제와 경영을 이해하고 국제적인 추세를 이해하는 능력이다. 현재 많은 공사·공단에서 출제 비중을 높이고 있는 영역이기 때문에 미리 대비하는 것이 중요하다. 실제 업무 능력에서 조직이해능력을 요구하기 때문에 중요도는 점점 높아질 것이다.

세부 유형은 조직 체제 이해, 경영 이해, 업무 이해, 국제 감각으로 나눌 수 있다. 조직도를 제시하는 문제가 출제되거나 조직의 체계를 파악해 경영의 방향성을 예측하고, 업무의 우선순위를 파악하는 문제가 출제된다.

### 1 문제 속에 정답이 있다!

경력이 없는 경우 조직에 대한 이해가 낮을 수밖에 없다. 그러나 문제 자체가 실무적인 내용을 담고 있어도 문제 안에는 해결의 단서가 주어진다. 부담을 갖지 않고 접근하는 것이 중요하다.

### 2 경영·경제학원론 정도의 수준은 갖추도록 하라!

지원한 직군마다 차이는 있을 수 있으나, 경영·경제이론을 접목시킨 문제가 꾸준히 출제되고 있다. 따라서 기본적인 경영·경제이론은 익혀 둘 필요가 있다.

**3** 지원하는 공사·공단의 조직도를 파악하라!

출제되는 문제는 각 공사·공단의 세부내용일 경우가 많기 때문에 지원하는 공사·공단의 조직도를 파악해 두어야 한다. 조직이 운영되는 방법과 전략을 이해하고, 조직을 구성하는 체제를 파악하고 간다면 조직이해능력에서 조직도가 나올 때 단기간에 문제를 풀수 있을 것이다.

**4** 실제 업무에서도 요구되므로 이론을 익혀라!

각 공사·공단의 직무 특성상 일부 영역에 중요도가 가중되는 경우가 있어서 많은 취업준비생들이 일부 영역에만 집중하지만, 실제 업무 능력에서 직업기초능력 10개 영역이 골고루 요구되는 경우가 많고, 현재는 필기시험에서도 조직이해능력을 출제하는 기관의 비중이 늘어나고 있기 때문에 미리 이론을 익혀 둔다면 모듈형 문제에서 고득점을 노릴수 있다.

# 01 | 경영 전략

## | 유형분석 |

- 경영 전략에서 대표적으로 출제되는 문제는 마이클 포터(Michael Porter)의 본원적 경쟁 전략이다.
- 경영 전략의 기본적인 이해와 구조를 물어보는 문제가 자주 출제되므로 전략별 특징 및 개념에 대한 이론 학습이 요구된다.

경영이 어떻게 이루어지냐에 따라 조직의 생사가 결정된다고 할 만큼 경영은 조직에 있어서 핵심이다. 다음 중 경영 전략을 추진하는 과정에 대한 설명으로 옳지 않은 것은?

① 경영 전략은 조직 전략, 사업 전략, 부문 전략으로 분류된다.
② 환경 분석을 할 때는 조직의 내부환경뿐만 아니라 외부환경에 대한 분석도 필수이다.
③ 전략 목표는 비전과 미션으로 구분되는데, 둘 다 있어야 한다.
④ 경영 전략이 실행됨으로써 세웠던 목표에 대한 결과가 나오는데, 그것에 대한 평가 및 피드백 과정도 생략되어서는 안 된다.
⑤ '환경 분석 → 전략 목표 설정 → 경영 전략 도출 → 경영 전략 실행 → 평가 및 피드백'의 과정을 거쳐 이루어진다.

정답 ⑤

전략 목표를 먼저 설정하고 환경을 분석해야 한다.

### 풀이 전략!

대부분의 기업들은 마이클 포터의 본원적 경쟁 전략을 사용하고 있다. 각 전략에 해당하는 대표적인 기업을 연결하고, 그들의 경영 전략을 상기하며 문제를 풀어보도록 한다.

**01** 다음은 경영 전략 추진과정에 대한 자료이다. (가)에 대한 사례 중 그 성격이 다른 것은?

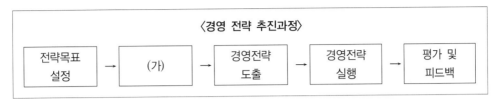

〈경영 전략 추진과정〉

| 전략목표<br>설정 | → | (가) | → | 경영전략<br>도출 | → | 경영전략<br>실행 | → | 평가 및<br>피드백 |
|---|---|---|---|---|---|---|---|---|

① 제품 개발을 위해 우리가 가진 예산의 현황을 파악해야 해.
② 우리 제품의 시장 개척을 위해 법적으로 문제가 없는지 확인해 봐야겠군.
③ 우리가 공급받고 있는 원재료들의 원가를 확인해 보자.
④ 신제품 출시를 위해 경쟁사들의 동향을 파악해 봐야겠어.
⑤ 이번에 발표된 정부의 정책으로 우리 제품이 어떠한 영향을 받을 수 있는지 확인해 볼 필요가 있어.

**02** A씨는 취업스터디에서 마이클 포터의 본원적 경쟁 전략을 토대로 기업의 경영 전략을 정리하고자 한다. 다음 중 〈보기〉의 내용이 바르게 분류된 것은?

• 차별화 전략 : 가격 이상의 가치로 브랜드 충성심을 이끌어 내는 전략
• 원가우위 전략 : 업계에서 가장 낮은 원가로 우위를 확보하는 전략
• 집중화 전략 : 특정 세분시장만 집중공략하는 전략

**보기**

㉠ H기업은 S/W에 집중하기 위해 H/W의 한글전용 PC분야를 한국계기업과 전략적으로 제휴하고 회사를 설립해 조직체에 위양하였으며 이후 고유분야였던 S/W에 자원을 집중하였다.
㉡ B마트는 재고 네트워크를 전산화하여 원가를 절감하고 양질의 제품을 최저가격에 판매하고 있다.
㉢ A호텔은 5성급 호텔로 하루 숙박비용이 상당히 비싸지만, 환상적인 풍경과 더불어 친절한 서비스를 제공하고 객실 내 제품이 모두 최고급으로 비치되어 있어 이용객들에게 높은 만족도를 준다.

| | 차별화 전략 | 원가우위 전략 | 집중화 전략 |
|---|---|---|---|
| ① | ㉠ | ㉡ | ㉢ |
| ② | ㉠ | ㉢ | ㉡ |
| ③ | ㉡ | ㉠ | ㉢ |
| ④ | ㉢ | ㉡ | ㉠ |
| ⑤ | ㉢ | ㉠ | ㉡ |

PART 2

# 02 | 조직 구조

## | 유형분석 |

- 조직 구조 유형에 대한 특징을 물어보는 문제가 자주 출제된다.
- 기계적 조직과 유기적 조직의 차이점과 사례 등을 숙지하고 있어야 한다.
- 조직 구조 형태에 따라 기능적 조직, 사업별 조직으로 구분하여 출제되기도 한다.

**다음 중 기계적 조직의 특징으로 옳은 것을 〈보기〉에서 모두 고르면?**

> **보기**
> ㉠ 변화에 맞춰 쉽게 변할 수 있다.
> ㉡ 상하 간 의사소통이 공식적인 경로를 통해 이루어진다.
> ㉢ 대표적으로 사내 벤처팀, 프로젝트팀이 있다.
> ㉣ 구성원의 업무가 분명하게 규정되어 있다.
> ㉤ 다양한 규칙과 규제가 있다.

① ㉠, ㉡, ㉢
② ㉠, ㉣, ㉤
③ ㉡, ㉢, ㉣
④ ㉡, ㉣, ㉤
⑤ ㉢, ㉣, ㉤

**정답** ④

**오답분석**

㉠·㉢ 유기적 조직에 대한 설명이다.

- 기계적 조직
  - 구성원의 업무가 분명하게 규정되어 있고, 많은 규칙과 규제가 있다.
  - 상하 간 의사소통이 공식적인 경로를 통해 이루어진다.
  - 대표적으로 군대, 정부, 공공기관 등이 있다.
- 유기적 조직
  - 업무가 고정되지 않아 업무 공유가 가능하다.
  - 규제나 통제의 정도가 낮아 변화에 맞춰 쉽게 변할 수 있다.
  - 대표적으로 권한위임을 받아 독자적으로 활동하는 사내 벤처팀, 특정한 과제 수행을 위해 조직된 프로젝트팀이 있다.

**풀이 전략!**

조직 구조는 유형에 따라 기계적 조직과 유기적 조직으로 나눌 수 있다. 기계적 조직과 유기적 조직은 서로 상반된 특징을 가지고 있으며, 기계적 조직이 관료제의 특징과 비슷함을 파악하고 있다면, 이와 상반된 유기적 조직의 특징도 수월하게 파악할 수 있다.

**01** 다음 〈보기〉 중 비영리조직으로 적절한 것을 모두 고르면?

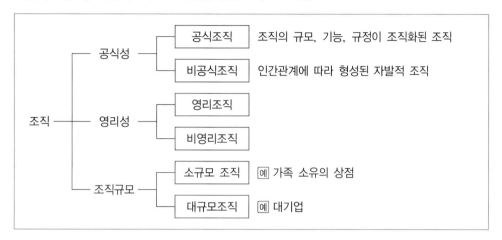

> **보기**
>
> ㉠ 사기업　　　　　　　　　　　　㉡ 정부조직
> ㉢ 병원　　　　　　　　　　　　　㉣ 대학
> ㉤ 시민단체

① ㉠, ㉢　　　　　　　　　　　　② ㉡, ㉤

③ ㉠, ㉢, ㉣　　　　　　　　　　④ ㉡, ㉣, ㉤

⑤ ㉡, ㉢, ㉣, ㉤

**02** 다음 조직도에 대한 A ~ D의 대화 중 옳은 것을 〈보기〉에서 모두 고르면?

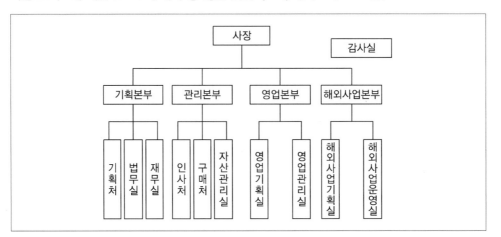

> **보기**
>
> A : 조직도를 보면 4개 본부, 3개의 처, 8개의 실로 구성되어 있어.
>
> B : 사장 직속으로 4개의 본부가 있고, 그 중 한 본부에서는 인사업무만을 전담하고 있네.
>
> C : 감사실은 사장 직속이지만 별도로 분리되어 있구나.
>
> D : 해외사업기획실과 해외사업운영실은 둘 다 해외사업과 관련이 있으니까 해외사업본부에 소속되어 있는 것이 맞아.

① A, B
② A, C
③ A, D
④ B, C
⑤ B, D

**03** 조직 구조의 형태 중 사업별 조직 구조는 제품이나 고객별로 부서를 구분하는 것이다. 다음 중 사업별 조직 구조의 형태로 적절하지 않은 것은?

**04** 다음 중 조직 구조의 결정요인에 대한 설명으로 옳지 않은 것은?

① 급변하는 환경에서는 유기적 조직보다 원칙이 확립된 기계적 조직이 더 적합하다.

② 대규모 조직은 소규모 조직에 비해 업무의 전문화 정도가 높다.

③ 조직 구조의 주요 결정요인은 전략, 규모, 기술, 환경으로 4가지이다.

④ 조직 활동의 결과에 대한 만족은 조직의 문화적 특성에 따라 상이하다.

⑤ 일반적으로 소량생산기술을 가진 조직은 유기적 조직 구조를, 대량생산기술을 가진 조직은 기계적 조직 구조를 가진다.

# 03 | 업무 종류

## | 유형분석 |

- 부서별 주요 업무에 대해 묻는 문제이다.
- 부서별 특징과 담당 업무에 대한 이해가 필요하다.

---

**다음 상황에서 팀장의 지시를 적절히 수행하기 위하여 오대리가 거쳐야 할 부서명을 바르게 나열한 것은?**

> 오대리, 내가 내일 출장 준비 때문에 무척 바빠서 그러는데 자네가 좀 도와줘야 할 것 같군. 우선 박비서한테 가서 오후 사장님 회의 자료를 좀 가져다 주게나. 오는 길에 지난주 기자단 간담회 자료 정리가 되었는지 확인해 보고 완료됐으면 한 부 챙겨 오고. 다음 주에 승진자 발표가 있을 것 같은데 우리 팀 승진 대상자 서류가 잘 전달되었는지 그것도 확인 좀 해 줘야겠어. 참, 오후에 바이어가 내방하기로 되어 있는데 공항 픽업 준비는 잘 해 두었지? 배차 예약 상황도 다시 한 번 점검해 봐야 할 거야. 그럼 수고 좀 해 주게.

① 기획팀 – 홍보팀 – 총무팀 – 경영관리팀
② 비서실 – 홍보팀 – 인사팀 – 총무팀
③ 인사팀 – 법무팀 – 총무팀 – 기획팀
④ 경영관리팀 – 법무팀 – 총무팀 – 인사팀
⑤ 회계팀 – 경영관리팀 – 인사팀 – 총무팀

---

**정답** ②

우선 박비서에게 회의 자료를 받아 와야 하므로 비서실을 들려야 한다. 다음으로 기자단 간담회는 대회 홍보 및 기자단 상대 업무를 맡은 홍보팀에서 자료를 정리할 것이므로 홍보팀을 거쳐야 한다. 또한, 승진자 인사 발표 소관 업무는 인사팀이 담당한다고 볼 수 있으며, 회사의 차량 배차에 대한 업무는 총무팀과 같은 지원부서의 업무로 보는 것이 적절하다.

**풀이 전략!**

조직은 목적의 달성을 위해 업무를 효과적으로 분배하고 처리할 수 있는 구조를 확립해야 한다. 조직의 목적이나 규모에 따라 업무의 종류는 다양하지만, 대부분의 조직에서는 총무, 인사, 기획, 회계, 영업으로 부서를 나누어 업무를 담당하고 있다. 따라서 5가지 업무 종류에 대해서는 미리 숙지해야 한다.

**01**   다음 상황에서 K주임이 처리해야 할 업무 순서로 가장 적절한 것은?

> 안녕하세요, K주임님. 언론홍보팀 L대리입니다. 다름이 아니라 이번에 공사에서 진행하는 '소셜벤처 성장지원사업'에 관한 보도 자료를 작성하려고 하는데, 디지털소통팀의 업무 협조가 필요하여 연락드렸습니다. 디지털소통팀 P팀장님께 K주임님이 협조해 주신다는 이야기를 전해 들었습니다. 자세한 요청 사항은 회의를 통해서 말씀드리도록 하겠습니다. 혹시 내일 오전 10시에 회의를 진행해도 괜찮을까요? 일정 확인하시고 오늘 내로 답변 주시면 감사하겠습니다. 일단 회의 전에 알아두시면 좋을 것 같은 자료는 메일로 발송하였습니다. 회의 전에 미리 확인하셔서 관련 사항 숙지하시고 회의에 참석해 주시면 좋을 것 같습니다. 아! 그리고 오늘 오후 2시에 홍보실 각 팀 팀장회의가 있다고 하니, P팀장님께 꼭 전해 주세요.

① 팀장회의 참석 – 익일 업무 일정 확인 – 메일 확인 – 회의 일정 답변 전달
② 팀장회의 참석 – 메일 확인 – 익일 업무 일정 확인 – 회의 일정 답변 전달
③ 팀장회의 일정 전달 – 메일 확인 – 회의 일정 답변 전달 – 익일 업무 일정 확인
④ 팀장회의 일정 전달 – 익일 업무 일정 확인 – 회의 일정 답변 전달 – 메일 확인
⑤ 팀장회의 일정 전달 – 익일 업무 일정 확인 – 메일 확인 – 회의 일정 답변 전달

**02**   직무 전결 규정상 전무이사가 전결인 '과장의 국내출장 건'의 결재를 시행하고자 한다. 박기수 전무이사가 해외출장으로 인해 부재중이어서 직무대행자인 최수영 상무이사가 결재하였다. 다음 〈보기〉 중 이에 대한 설명으로 적절하지 않은 것을 모두 고르면?

> **보기**
> ㄱ. 최수영 상무이사가 결재한 것은 전결이다.
> ㄴ. 공문의 결재표 상에는 '과장 최경옥, 부장 김석호, 상무이사 전결, 전무이사 최수영'이라고 표시되어 있다.
> ㄷ. 박기수 전무이사가 출장에서 돌아와서 해당 공문을 검토하는 것은 후결이다.
> ㄹ. 위임 전결받은 사항에 대해서는 원결재자인 대표이사에게 후결을 받는 것이 원칙이다.

① ㄱ, ㄴ                 ② ㄱ, ㄹ
③ ㄱ, ㄴ, ㄹ         ④ ㄴ, ㄷ, ㄹ
⑤ ㄱ, ㄴ, ㄷ, ㄹ

# CHAPTER 06

# 정보능력

## 합격 Cheat Key

정보능력은 업무를 수행함에 있어 기본적인 컴퓨터를 활용하여 필요한 정보를 수집·분석·활용하는 능력으로, 업무와 관련된 정보를 수집하고, 이를 분석하여 의미 있는 정보를 얻는 능력을 의미한다. 세부 유형은 컴퓨터 활용, 정보 처리로 나눌 수 있다.

**1** 평소에 컴퓨터 활용 스킬을 틈틈이 익혀라!

윈도우(OS)에서 어떠한 설정을 할 수 있는지, 응용프로그램(엑셀 등)에서 어떠한 기능을 활용할 수 있는지를 평소에 직접 사용해 본다면 문제를 보다 수월하게 해결할 수 있다. 여건이 된다면 컴퓨터 활용 능력에 관련된 자격증 공부를 하는 것도 이론과 실무를 익히는 데 도움이 될 것이다.

**2** 문제의 규칙을 찾는 연습을 하라!

일반적으로 코드체계나 시스템 논리체계를 제공하고 이를 분석하여 문제를 해결하는 유형이 출제된다. 이러한 문제는 문제해결능력과 같은 맥락으로 규칙을 파악하여 접근하는 방식으로 연습이 필요하다.

**3** 현재 보고 있는 그 문제에 집중하라!

정보능력의 모든 것을 공부하려고 한다면 양이 너무나 방대하다. 그렇기 때문에 수험서에서 본인이 현재 보고 있는 문제들을 집중적으로 공부하고 기억하려고 해야 한다. 그러나 엑셀의 함수 수식, 연산자 등 암기를 필요로 하는 부분들은 필수적으로 암기를 해서 출제가 되었을 때 오답률을 낮출 수 있도록 한다.

**4** 사진·그림을 기억하라!

컴퓨터 활용 능력을 파악하는 영역이다 보니 컴퓨터 속 옵션, 기능, 설정 등의 사진·그림이 문제에 같이 나오는 경우들이 있다. 그런 부분들은 직접 컴퓨터를 통해서 하나하나 확인을 하면서 공부한다면 더 기억에 잘 남게 된다. 조금 귀찮더라도 한 번씩 클릭하면서 확인해 보도록 한다.

# 01 | 정보 이해

## | 유형분석 |

- 정보능력 전반에 대한 이해를 확인하는 문제이다.
- 정보능력 이론이나 새로운 정보 기술에 대한 문제가 자주 출제된다.

### 다음 중 정보의 가공 및 활용에 대한 설명으로 옳지 않은 것은?

① 정보는 원형태 그대로 혹은 가공하여 활용할 수 있다.
② 수집된 정보를 가공하여 다른 형태로 재표현하는 방법도 가능하다.
③ 정적정보의 경우 이용한 이후에도 장래활용을 위해 정리하여 보존한다.
④ 비디오테이프에 저장된 영상정보는 동적정보에 해당한다.
⑤ 동적정보는 입수하여 처리 후에는 해당 정보를 즉시 폐기해도 된다.

정답 ④

저장매체에 저장된 자료는 시간이 지나도 언제든지 동일한 형태로 재생이 가능하므로 정적정보에 해당한다.

오답분석

① 정보는 원래 형태 그대로 활용하거나 분석 및 정리 등 가공하여 활용할 수 있다.
② 정보를 가공하는 것뿐 아니라 일정한 형태로 재표현하는 것도 가능하다.
③ 시의성이 사라지면 정보의 가치가 떨어지는 동적정보와 달리, 정적정보의 경우 이용 후에도 장래에 활용을 하기 위해 정리하여 보존하는 것이 좋다.
⑤ 동적정보의 특징은 입수 후 처리한 경우에는 폐기하여도 된다는 것이다. 오히려 시간의 경과에 따라 시의성이 점점 떨어지는 동적정보를 축적하는 것은 비효율적이다.

**풀이 전략!**

자주 출제되는 정보능력 이론을 확인하고, 확실하게 암기해야 한다. 특히 새로운 정보 기술이나 컴퓨터 전반에 대해 관심을 가지는 것이 좋다.

**01**  다음은 기획안을 제출하기 위한 정보수집 전에 어떠한 정보를 어떻게 수집할지에 대한 '정보의 전략적 기획'의 사례이다. S사원이 필요한 정보로 적절하지 않은 것은?

> H전자의 S사원은 상사로부터 세탁기 신상품에 대한 기획안을 제출하라는 업무를 받았다. 먼저 S사원은 기획안을 작성하기 위해 자신에게 어떠한 정보가 필요한지를 생각해 보았다. 개발하려는 세탁기 신상품의 컨셉은 중년층을 대상으로 한 실용적이고 경제적이며 조작하기 쉬운 것을 대표적인 특징으로 삼고 있다.

① 기존에 세탁기를 구매한 고객들의 데이터베이스로부터 정보가 필요할 수도 있다.
② 현재 세탁기를 사용하면서 불편한 점은 무엇인지에 대한 정보가 필요하다.
③ 데이터베이스로부터 성별로 세탁기 선호 디자인에 대한 정보가 필요하다.
④ 고객들의 세탁기에 대한 부담 가능한 금액은 얼마인지에 대한 정보도 필요할 것이다.
⑤ 데이터베이스를 통해 중년층이 선호하는 디자인이나 색은 무엇인지에 대한 정보도 있으면 좋을 것이다.

**02**  다음은 데이터베이스에 대한 설명이다. 데이터베이스의 특징으로 적절하지 않은 것은?

> 데이터베이스란 대량의 자료를 관리하고 내용을 구조화하여 검색이나 자료 관리 작업을 효과적으로 실행하는 프로그램으로, 삽입, 삭제, 수정, 갱신 등을 통하여 항상 최신의 데이터를 유동적으로 유지할 수 있으며, 이와 같은 다량의 데이터는 사용자의 질의에 대한 신속한 응답 처리를 가능하게 한다. 또한 이러한 데이터를 여러 명의 사용자가 동시에 공유할 수 있고, 각 데이터를 참조할 때는 사용자가 요구하는 내용에 따라 참조가 가능함은 물론 응용프로그램과 데이터베이스를 독립시킴으로써 데이터를 변경시키더라도 응용프로그램은 변경되지 않는다.

① 실시간 접근성                           ② 계속적인 진화
③ 동시 공유                               ④ 내용에 의한 참조
⑤ 데이터의 논리적 의존성

# 02 | 엑셀 함수

## | 유형분석 |

- 컴퓨터 활용과 관련된 상황에서 문제를 해결하기 위한 행동이 무엇인지 묻는 문제이다.
- 주로 업무수행 중에 많이 활용되는 대표적인 엑셀 함수(COUNTIF, ROUND, MAX, SUM, COUNT, AVERAGE, …)가 출제된다.
- 종종 엑셀시트를 제시하여 각 셀에 들어갈 함수식이 무엇인지 고르는 문제가 출제되기도 한다.

다음 시트에서 판매수량과 추가판매의 합계를 구하기 위해서 [B6] 셀에 들어갈 수식으로 옳은 것은?

| | A | B | C |
|---|---|---|---|
| 1 | 일자 | 판매수량 | 추가판매 |
| 2 | 06월19일 | 30 | 8 |
| 3 | 06월20일 | 48 | |
| 4 | 06월21일 | 44 | |
| 5 | 06월22일 | 42 | 12 |
| 6 | 합계 | 184 | |

① =SUM(B2,C2,C5)
② =LEN(B2:B5,3)
③ =COUNTIF(B2:B5,">=12")
④ =SUM(B2:B5)
⑤ =SUM(B2:B5,C2,C5)

**정답** ⑤

「=SUM(합계를 구할 처음 셀:합계를 구할 마지막 셀)」으로 표시해야 한다. 판매수량과 추가판매를 더하는 것은 비연속적인 셀을 더하는 것이므로 연속하는 영역을 입력하고 ','로 구분한 다음 영역을 다시 지정해야 한다. 따라서 [B6] 셀에 작성해야 할 수식으로는 「=SUM(B2:B5,C2,C5)」이 옳다.

**풀이 전략!**

제시된 상황에서 사용할 엑셀 함수가 무엇인지 파악한 후, 선택지에서 적절한 함수식을 골라 식을 만들어야 한다. 평소 대표적으로 문제에 자주 출제되는 몇몇 엑셀 함수를 익혀두면 풀이시간을 단축할 수 있다.

**01** H사 인사팀에 근무하는 L주임은 다음과 같이 상반기 공채 지원자들의 PT면접 점수를 입력한 후 면접 결과를 정리하고자 한다. 이를 위해 [F3] 셀에 〈보기〉와 같은 함수를 입력하고, 채우기 핸들을 이용하여 [F6] 셀까지 드래그했을 때, [F3] ~ [F6] 셀에 나타나는 결괏값이 바르게 연결된 것은?

| | A | B | C | D | E | F |
|---|---|---|---|---|---|---|
| 1 | | | | | | (단위 : 점) |
| 2 | 이름 | 발표내용 | 발표시간 | 억양 | 자료준비 | 결과 |
| 3 | 조재영 | 85 | 92 | 75 | 80 | |
| 4 | 박슬기 | 93 | 83 | 82 | 90 | |
| 5 | 김현진 | 92 | 95 | 86 | 91 | |
| 6 | 최승호 | 95 | 93 | 92 | 90 | |

보기

$$=IF(AVERAGE(B3:E3)>=90,“합격”,“불합격”)$$

| | [F3] | [F4] | [F5] | [F6] |
|---|---|---|---|---|
| ① | 불합격 | 불합격 | 합격 | 합격 |
| ② | 합격 | 합격 | 불합격 | 불합격 |
| ③ | 합격 | 불합격 | 합격 | 불합격 |
| ④ | 불합격 | 합격 | 불합격 | 합격 |
| ⑤ | 불합격 | 불합격 | 불합격 | 합격 |

**02** 다음 시트에서 [E10] 셀에 수식 「=INDEX(E2:E9,MATCH(0,D2:D9,0))」를 입력했을 때, [E10] 셀에 표시되는 결괏값으로 옳은 것은?

|  | A | B | C | D | E |
|---|---|---|---|---|---|
| 1 | 부서 | 직위 | 사원명 | 근무연수 | 근무월수 |
| 2 | 재무팀 | 사원 | 이수연 | 2 | 11 |
| 3 | 교육사업팀 | 과장 | 조민정 | 3 | 5 |
| 4 | 신사업팀 | 사원 | 최지혁 | 1 | 3 |
| 5 | 교육컨텐츠팀 | 사원 | 김다연 | 0 | 2 |
| 6 | 교육사업팀 | 부장 | 민경희 | 8 | 10 |
| 7 | 기구설계팀 | 대리 | 김형준 | 2 | 1 |
| 8 | 교육사업팀 | 부장 | 문윤식 | 7 | 3 |
| 9 | 재무팀 | 대리 | 한영혜 | 3 | 0 |
| 10 |  |  |  |  |  |

① 0

② 1

③ 2

④ 3

⑤ 4

**03** 다음 시트와 같이 월 ~ 금요일까지는 '업무'로, 토요일과 일요일에는 '휴무'로 표시하고자 할 때 [B2] 셀에 입력해야 할 함수식으로 옳지 않은 것은?

|  | A | B |
|---|---|---|
| 1 | 일자 | 휴무, 업무 |
| 2 | 2025-01-04 | 휴무 |
| 3 | 2025-01-05 | 휴무 |
| 4 | 2025-01-06 | 업무 |
| 5 | 2025-01-07 | 업무 |
| 6 | 2025-01-08 | 업무 |
| 7 | 2025-01-09 | 업무 |
| 8 | 2025-01-10 | 업무 |

① =IF(OR(WEEKDAY(A2,0)=0,WEEKDAY(A2,0)=6),"휴무","업무")

② =IF(OR(WEEKDAY(A2,1)=1,WEEKDAY(A2,1)=7),"휴무","업무")

③ =IF(OR(WEEKDAY(A2,2)=6, WEEKDAY(A2,2)=7),"휴무","업무")

④ =IF(WEEKDAY(A2,2)>=6,"휴무","업무")

⑤ =IF(WEEKDAY(A2,3)>=5,"휴무","업무")

※ A씨는 지점별 매출 및 매입 현황을 정리하고 있다. 이어지는 질문에 답하시오. [4~5]

| | A | B | C | D | E | F |
|---|---|---|---|---|---|---|
| 1 | 지점명 | 매출 | 매입 | | | |
| 2 | 주안점 | 2,500,000 | 1,700,000 | | | |
| 3 | 동암점 | 3,500,000 | 2,500,000 | | 최대 매출액 | |
| 4 | 간석점 | 7,500,000 | 5,700,000 | | 최소 매출액 | |
| 5 | 구로점 | 3,000,000 | 1,900,000 | | | |
| 6 | 강남점 | 4,700,000 | 3,100,000 | | | |
| 7 | 압구정점 | 3,000,000 | 1,500,000 | | | |
| 8 | 선학점 | 2,500,000 | 1,200,000 | | | |
| 9 | 선릉점 | 2,700,000 | 2,100,000 | | | |
| 10 | 교대점 | 5,000,000 | 3,900,000 | | | |
| 11 | 서초점 | 3,000,000 | 1,900,000 | | | |
| 12 | 합계 | | | | | |

**04** 다음 중 매출과 매입의 합계를 구할 때 사용해야 하는 함수로 옳은 것은?

① REPT
② CHOOSE
③ SUM
④ AVERAGE
⑤ DSUM

**05** 다음 중 [F3] 셀을 구하는 함수식으로 옳은 것은?

① =MIN(B2:B11)
② =MAX(B2:C11)
③ =MIN(C2:C11)
④ =MAX(C2:C11)
⑤ =MAX(B2:B11)

# 03 | 프로그램 언어(코딩)

## | 유형분석 |

- 프로그램의 실행 결과를 코딩을 통해 파악하여 이를 풀이하는 문제이다.
- 대체로 문제에서 규칙을 제공하고 있으며, 해당 규칙을 적용하여 새로운 코드번호를 만들거나 혹은 만들어진 코드번호를 해석하는 등의 문제가 출제된다.

다음 C 프로그램의 실행 결과에서 p의 값으로 옳은 것은?

```
#include <stdio.h>
int main()
{
    int x, y, p;
    x = 3;
    y = x++;
    printf("x = %d y = %d\n", x, y);
    x = 10;
    y = ++x;
    printf("x = %d y = %d\n", x, y);
    y++;
    p = x+y;
    printf("x = %d y = %d\n", x, y);
    printf("p = %d\n", p);
    return 0;
}
```

① p=22
② p=23
③ p=24
④ p=25

**정답** ②

x값을 1 증가하여 x에 저장하고, 변경된 x값을 y값에 저장한 후 y값을 1 증가하여 y값에 저장한다. 이후 x값과 y값을 더하여 p에 저장한다.

따라서 x=10+1=11, y=x+1=12 → p=x+y=23이다.

**풀이 전략!**

문제에서 실행 프로그램 내용이 주어지면 핵심 키워드를 확인한다. 코딩 프로그램을 통해 요구되는 내용을 알아맞혀 정답 유무를 판단한다.

※ 다음 프로그램의 실행 결과로 옳은 것을 고르시오. **[1~2]**

**01**

```
#include <stdio.h>
void main() {
  int array[10] = { 1, 2, 3, 4, 5, 6, 7, 8, 9, 10 };
  int i;
  int num = 0;

  for (i = 0; i < 10; i += 2) {
    num += array[i];
  }
  printf("%d", num);
}
```

① 55                          ② 45

③ 35                          ④ 25

⑤ 0

**02**

```
#include <stdio.h>
int main()
{
    int sum = 0;
    int x;
    for(x=1;x < = 100;x++)
        sum + = x;
    printf("1 + 2 + … + 100 = %d\n", sum);
        return 0;
}
```

① 5010                        ② 5020

③ 5040                        ④ 5050

⑤ 6000

# 기술능력

## 합격 Cheat Key

기술능력은 업무를 수행함에 있어 도구, 장치 등을 포함하여 필요한 기술에 어떠한 것들이 있는지 이해하고, 실제 업무를 수행함에 있어 적절한 기술을 선택하여 적용하는 능력이다.

세부 유형은 기술 이해·기술 선택·기술 적용으로 나눌 수 있다. 제품설명서나 상황별 매뉴얼을 제시하는 문제 또는 명령어를 제시하고 규칙을 대입할 수 있는지 묻는 문제가 출제되기 때문에 이런 유형들을 공략할 수 있는 전략을 세워야 한다.

---

**1** 긴 지문이 출제될 때는 보기의 내용을 미리 보라!

기술능력에서 자주 출제되는 제품설명서나 상황별 매뉴얼을 제시하는 문제에서는 기술을 이해하고, 상황에 알맞은 원인 및 해결방안을 고르는 문제가 출제된다. 실제 시험장에서 문제를 풀 때는 시간적 여유가 없기 때문에 보기를 먼저 읽고, 그 다음 긴 지문을 보면서 동시에 보기와 일치하는 내용이 나오면 확인해 가면서 푸는 것이 좋다.

---

**2** 모듈형에도 대비하라!

모듈형 문제의 비중이 늘어나는 추세이므로 공기업을 준비하는 취업준비생이라면 모듈형 문제에 대비해야 한다. 기술능력의 모듈형 이론 부분을 학습하고 모듈형 문제를 풀어보고 여러 번 읽으며 이론을 확실히 익혀두면 실제 시험장에서 이론을 묻는 문제가 나왔을 때 단번에 답을 고를 수 있다.

### 3 전공 이론도 익혀 두어라!

지원하는 직렬의 전공 이론이 기술능력으로 출제되는 경우가 많기 때문에 전공 이론을
익혀두는 것이 좋다. 깊이 있는 지식을 묻는 문제가 아니더라도 출제되는 문제의 소재가
전공과 관련된 내용일 가능성이 크기 때문에 최소한 지원하는 직렬의 전공 용어는 확실히
익혀 두어야 한다.

### 4 쉽게 포기하지 말라!

직업기초능력에서 주요 영역이 아니면 소홀한 경우가 많다. 시험장에서 기술능력을 읽어
보지도 않고 포기하는 경우가 많은데 차근차근 읽어보면 지문만 잘 읽어도 풀 수 있는
문제들이 출제되는 경우가 있다. 이론을 모르더라도 풀 수 있는 문제인지 파악해보자.

# 01 | 기술 이해

## | 유형분석 |

- 업무수행에 필요한 기술의 개념 및 원리, 관련 용어에 대한 문제가 자주 출제된다.
- 기술 시스템의 개념과 발전 단계에 대한 문제가 출제되므로 각 단계의 순서와 그에 따른 특징을 숙지하여야 하며, 단계별로 요구되는 핵심 역할이 다름에 유의한다.

## 다음 글에서 설명하고 있는 것은?

농부는 농기계와 화학비료를 써서 밀을 재배하고 수확한다. 이렇게 생산된 밀은 보관업자, 운송업자, 제분회사, 제빵 공장을 거쳐 시장으로 판매된다. 보다 높은 생산성을 위해 화학비료를 연구하고, 공장을 가동하기 위해 공작기계와 전기를 생산한다. 보다 빠른 운송을 위해서 트럭이나 기차, 배가 개발되었고, 보다 효과적인 운송수단과 농기계를 운용하기 위해 증기기관에서 석유에너지로 발전하였다. 이렇듯 우리의 식탁에 올라오는 빵은 여러 기술이 네트워크로 결합하여 시너지를 내고 있다.

① 기술시스템
② 기술혁신
③ 기술경영
④ 기술이전
⑤ 기술경쟁

**정답** ①

기술시스템(Technological System)은 개별 기술이 네트워크로 결합하는 것을 말한다. 인공물의 집합체만이 아니라 투자회사, 법적 제도, 정치, 과학, 자연자원을 모두 포함하는 것으로, 사회기술시스템이라고도 한다.

### 풀이 전략!

문제에 제시된 내용만으로는 풀이가 어려울 수 있으므로, 사전에 관련 기술 이론을 숙지하고 있어야 한다. 자주 출제되는 개념을 확실하게 암기하여 빠르게 문제를 풀 수 있도록 하는 것이 좋다.

**01** 다음은 기술선택을 위한 절차를 나타낸 자료이다. 빈칸 ㉠ ~ ㉣에 들어갈 내용을 순서대로 바르게 나열한 것은?

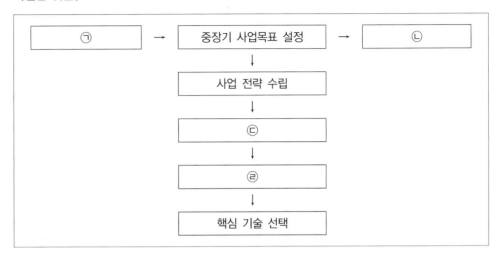

|  | ㉠ | ㉡ | ㉢ | ㉣ |
|---|---|---|---|---|
| ① | 내부 역량 분석 | 외부 환경 분석 | 요구 기술 분석 | 기술 전략 수립 |
| ② | 내부 역량 분석 | 외부 환경 분석 | 기술 전략 수립 | 요구 기술 분석 |
| ③ | 외부 환경 분석 | 내부 역량 분석 | 요구 기술 분석 | 기술 전략 수립 |
| ④ | 외부 환경 분석 | 내부 역량 분석 | 기술 전략 수립 | 요구 기술 분석 |
| ⑤ | 외부 환경 분석 | 기술 전략 수립 | 내부 역량 분석 | 요구 기술 분석 |

**02** 다음 빈칸에 들어갈 용어로 가장 적절한 것은?

_____(이)란 공통의 문제 또는 과제를 해결하기 위해 성격이 다른 2종 이상의 기술을 결합하여 다학제 간 연구를 통해 도출된 기술을 뜻한다. 스마트폰이 대표적인 사례이며, 최근 자동차 등에 컴퓨터의 기능을 넣는 등 그 범위가 점차 확장되고 있다.

① 빅데이터　　　　　　　　　② 블록체인
③ 융합기술　　　　　　　　　④ 알고리즘
⑤ 로봇공학

# 02 | 기술 적용

## | 유형분석 |

- 주어진 자료를 해석하고 기술을 적용하여 풀어가는 문제이다.
- 자료 등을 읽고 제시된 문제 상황에 적절한 해결 방법을 찾는 문제가 자주 출제된다.
- 지문의 길이가 길고 복잡하므로, 문제에서 요구하는 정보를 놓치지 않도록 주의해야 한다.

H사는 생산팀 직원들을 위해 작업장에 의류 건조기를 설치했다. 이에 비품 담당자인 B사원은 다음 제품 설명서를 토대로 '건조기 사용 전 필독 유의사항'을 작성하려고 한다. 이때 유의사항에 들어갈 내용으로 적절하지 않은 것은?

[사용 전 알아두어야 할 사항]
1. 물통 또는 제품 내부에 절대 의류 외에 다른 물건을 넣지 마십시오.
2. 제품을 작동시키기 전 문이 제대로 닫혔는지 확인하십시오.
3. 필터는 제품 사용 전후로 반드시 청소해 주십시오.
4. 제품의 성능유지를 위해서 물통을 자주 비워 주십시오.
5. 겨울철이거나 건조기가 설치된 곳의 기온이 낮을 경우 건조시간이 길어질 수 있습니다.
6. 과도한 건조물을 넣고 기계를 작동시키면 완벽하게 건조되지 않거나 의류에 구김이 생길 수 있습니다. 최대용량 5kg 이내로 의류를 넣어 주십시오.
7. 가죽, 슬립, 전기담요, 마이크로 화이바 소재 의류, 이불, 동·식물성 충전재 사용 제품은 사용을 피해 주십시오.

[동결 시 조치방법]
1. 온도가 낮아지게 되면 물통이나 호스가 얼 수 있습니다.
2. 동결 시 작동 화면에 'ER' 표시가 나타납니다. 이 경우 일시정지 버튼을 눌러 작동을 멈춰 주세요.
3. 물통이 얼었다면 물통을 꺼내 따뜻한 물에 20분 이상 담가 주세요.
4. 호스가 얼었다면 호스 안의 이물질을 모두 꺼내고, 호스를 따뜻한 물 또는 따뜻한 수건으로 20분 이상 녹여 주세요.

① 사용 전후로 필터는 꼭 청소해 주세요.
② 건조기에 넣는 의류는 5kg 이내로 해 주세요.
③ 사용이 불가한 의류 제품 목록을 꼭 확인해 주세요.
④ 화면에 ER 표시가 떴을 때는 전원을 끄고 작동을 멈춰 주세요.
⑤ 호스가 얼었다면 호스를 따뜻한 물 또는 따뜻한 수건으로 20분 이상 녹여 주세요.

제시문의 동결 시 조치방법에서는 화면에 'ER' 표시가 나타나면 전원 버튼이 아닌 일시정지 버튼을 눌러 작동을 멈추라고 설명하고 있다.

오답분석

① 필터는 제품 사용 전후로 반드시 청소해 주라고 설명하고 있다.
② 과도한 건조물을 넣고 기계를 작동시키면 완벽하게 건조되지 않거나 의류에 구김이 생길 수 있으니 최대용량 5kg 이내로 의류를 넣어 주라고 설명하고 있다.
③ 건조기 사용이 불가한 제품 목록이 설명되어 있다.
⑤ 호스가 얼었다면 호스 안의 이물질을 모두 꺼내고, 호스를 따뜻한 물 또는 따뜻한 수건으로 20분 이상 녹여 주라고 설명하고 있다.

### 풀이 전략!

문제에 제시된 자료 중 필요한 정보를 빠르게 파악하는 것이 중요하다. 질문을 먼저 읽고 문제 상황을 파악한 뒤 제시된 선택지를 하나씩 소거하며 문제를 푸는 것이 좋다.

PART 2

※ 다음은 사내 전화기 사용방법을 알려주기 위한 매뉴얼이다. 이어지는 질문에 답하시오. [1~2]

---

〈사내 전화기 사용방법〉

■ 전화걸기
- 수화기를 들고 전화번호를 입력한 후 2초간 기다리거나 [#] 버튼을 누른다.
- 이전 통화자와 다시 통화하기를 원하면 수화기를 들고 [재다이얼] 버튼을 누른다.
- 통화 중인 상태에서 다른 곳으로 전화를 걸기 원하면 [메뉴 / 보류] 버튼을 누른 뒤 새로운 번호를 입력한 후 2초간 기다리거나 [#] 버튼을 누른다. 다시 이전 통화자와 연결을 원하면 [메뉴 / 보류] 버튼을 누른다.

■ 전화받기
- 벨이 울릴 때 수화기를 들어 올린다.
- 통화 중에 다른 전화를 받기를 원하면 [메뉴 / 보류] 버튼을 누른다. 다시 이전 통화자와 연결을 원하면 [메뉴 / 보류] 버튼을 누른다.

■ 통화내역 확인
- [통화내역] 버튼을 누르면 LCD 창에 '발신', '수신', '부재중' 3가지 메뉴가 뜨며, [볼륨조절] 버튼으로 원하는 메뉴에 위치한 후 [통화내역] 버튼을 눌러 내용을 확인한다.

■ 당겨받기
- 다른 전화가 울릴 때 자신의 전화로 받을 수 있는 기능이며, 동일 그룹 안에 있는 경우만 가능하다.
- 수화기를 들고 [당겨받기] 버튼을 누른다.

■ 돌려주기
- 걸려 온 전화를 다른 전화기로 돌려주는 기능이다.
- 통화 중일 때 [돌려주기] 버튼을 누른 뒤 돌려줄 번호를 입력하고 [#] 버튼을 누르면 새 통화가 연결되며, 그 후에 수화기를 내려놓는다.
- 즉시 돌려주기를 할 경우에는 위 통화 중일 때 [돌려주기] 버튼을 누른 후 돌려줄 번호를 입력하고 수화기를 내려놓는다.

■ 3자통화
- 동시에 3인과 통화할 수 있는 기능이다.
- 통화 중일 때 [메뉴 / 보류] 버튼을 누르고 통화할 번호를 입력한 후, [#] 버튼을 눌러 새 통화가 연결되면 [3자통화] 버튼을 누른다.
- 통화 중일 때 다른 전화가 걸려 왔다면, [메뉴 / 보류] 버튼을 누른 후 새 통화가 연결되면 [3자통화] 버튼을 누른다.

■ 수신전환
- 전화가 오면 다른 전화기로 받을 수 있도록 하는 기능으로, 무조건 · 통화중 · 무응답 세 가지 방법으로 설정할 수 있다.
- 전화기 내 [수신전환] 버튼을 누른 뒤 [볼륨조절] 버튼으로 전환방법을 선택한 후 [통화내역] 버튼을 누르고, 다른 전화기 번호를 입력한 후 다시 [통화내역] 버튼을 누른다.
- 해제할 경우에는 [수신전환] 버튼을 누르고 [볼륨조절] 버튼으로 '사용 안 함' 메뉴에 위치한 후 [통화내역] 버튼을 누른다.

---

**01** 오늘 첫 출근한 귀하에게 선배 사원은 별다른 설명 없이 사내 전화기 사용 매뉴얼을 건네주었다. 마침 매뉴얼을 한 번 다 읽어본 후, 옆 테이블에 있는 전화기가 울렸다. 그러나 주변에는 아무도 없었다. 이때, 전화기의 어떤 기능을 사용해야 하는가?

① 전화걸기                    ② 3자통화
③ 돌려주기                    ④ 당겨받기
⑤ 수신전환

**02** 귀하가 근무한 지 벌써 두 달이 지나 새로운 인턴사원이 입사하게 되었다. 귀하는 새로운 인턴에게 사내 전화기 사용 매뉴얼을 전달하고자 한다. 그러나 글로만 되어 있던 매뉴얼이 불편했던 생각이 들어 더욱 쉽게 이해할 수 있도록 그림을 추가하고자 한다. 다음 중 전화걸기 항목에 들어갈 그림으로 옳은 것은?

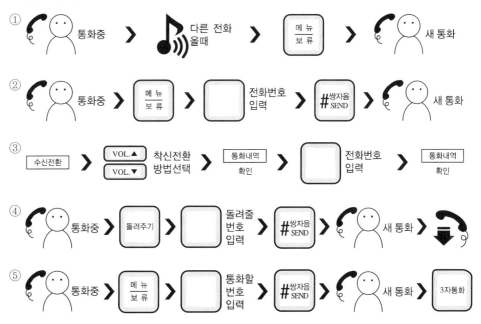

※ K씨는 이번 달 내로 모든 사무실의 복합기를 ★★복합기로 교체하라는 지시를 받았다. 모든 사무실의 복합기를 교체하였지만, 추후 문제가 생길 것을 대비해 신형 복합기의 문제 해결법을 인트라넷에 게시하였다. 이어지는 질문에 답하시오. **[3~4]**

---

〈문제 해결법〉

Q. 복합기가 비정상적으로 종료됩니다.

A. 제품의 전원 어댑터가 전원 콘센트에 정상적으로 연결되었는지 확인하십시오.


Q. 제품에서 예기치 못한 소음이 발생합니다.

A. 복합기의 자동 서비스 기능으로 프린트 헤드의 수명을 관리할 때에 제품에서 예기치 못한 소음이 발생할 수 있습니다.
  ▲ 참고
   • 프린트 헤드의 손상을 방지하려면, 복합기에서 인쇄하는 동안에는 복합기를 끄지 마십시오.
   • 복합기의 전원을 끌 때에는 반드시 전원 버튼을 사용하고, 복합기가 정지할 때까지 기다린 후 전원을 끄십시오.
   • 잉크 카트리지를 모두 바르게 장착했는지 확인합니다.
   • 잉크 카트리지가 하나라도 없을 경우, 복합기는 프린트 헤드를 보호하기 위해 자동으로 서비스 기능을 수행할 수 있습니다.


Q. 복합기가 응답하지 않습니다(인쇄되지 않음).

A. 1. 인쇄 대기열에 걸려 있는 인쇄 작업이 있는지 확인하십시오.
   • 인쇄 대기열을 열어 모든 문서 작업을 취소한 다음 PC를 재부팅합니다.
   • PC를 재부팅한 후 인쇄를 다시 시작합니다.
  2. ★★소프트웨어 설치를 확인하십시오.
   • 인쇄 도중 복합기가 꺼지면 PC 화면에 경고 메시지가 나타납니다.
   • 메시지가 나타나지 않을 경우 ★★소프트웨어가 제대로 설치되지 않았을 수 있습니다.
   • ★★소프트웨어를 완전히 제거한 다음 다시 설치합니다. 자세한 내용은 [프린터 소프트웨어 삭제하기]를 참고하십시오.
  3. 케이블 및 연결 상태를 확인하십시오.
   ① USB 케이블이 복합기와 PC에 제대로 연결되었는지 확인합니다.
   ② 복합기가 무선 네트워크에 연결되어 있을 경우 복합기와 PC의 네트워크 연결 상태를 확인합니다.
   ③ PC에 개인 방화벽 소프트웨어가 설치되어 있는지 확인합니다.
   ④ 개인 소프트웨어 방화벽은 외부 침입으로부터 PC를 보호하는 보안 프로그램입니다.
   ⑤ 방화벽으로 인해 PC와 복합기의 통신이 차단될 수 있습니다.
   ⑥ 복합기와 통신이 문제가 될 경우에는 방화벽을 일시적으로 해제하십시오. 해제 후에도 문제가 발생하면 방화벽에 의한 문제가 아니므로 방화벽을 다시 실행하십시오.

Q. 인쇄 속도가 느립니다.

A. 1. 인쇄 품질 설정을 확인하십시오.
　• 인쇄 품질(해상도)이 최상 및 최대 DPI로 설정되었을 경우 인쇄 품질이 향상되나 인쇄 속도가 느려질 수 있습니다.
　2. 잉크 카트리지의 잉크 잔량을 확인하십시오.
　• 잉크 카트리지에 남아 있는 예상 잉크량을 확인합니다.
　• 잉크 카트리지가 소모된 상태에서 인쇄를 할 경우 인쇄 속도가 느려질 수 있습니다.
　• 위와 같은 방법으로 해결되지 않을 경우 복합기에 문제가 있을 수 있으므로, ★★서비스 센터에 서비스를 요청하십시오.

**03** A사원은 ★★복합기에서 소음이 발생하자 문제 해결법을 통해 복합기의 자동 서비스 기능으로 프린트 헤드의 수명을 관리할 때 소음이 발생할 수 있다는 것을 알았다. 다음 중 A사원이 숙지할 수 있는 참고 사항으로 옳지 않은 것은?

① 프린트 헤드의 손상을 방지하려면, 복합기에서 인쇄하는 동안에는 복합기를 끄지 않는다.
② 복합기의 전원을 끌 때에는 반드시 전원 버튼을 사용하고, 복합기가 정지할 때까지 기다린 후 전원을 끈다.
③ 잉크 카트리지를 모두 올바르게 장착했는지 확인한다.
④ 프린트 헤드 정렬 및 청소를 불필요하게 실시하면 많은 양의 잉크가 소모된다.
⑤ 잉크 카트리지가 하나라도 없을 경우, 복합기는 프린트 헤드를 보호하기 위해 자동으로 서비스 기능을 수행하게 된다.

**04** 팀장에게 보고서를 제출하기 위해 인쇄를 하려던 Z사원은 보고서가 인쇄되지 않는다는 것을 알았다. 다음 중 Z사원이 복합기 문제를 해결할 수 있는 방안으로 옳지 않은 것은?

① 인쇄 작업이 대기 중인 문서가 있는지 확인한다.
② 복합기 소프트웨어를 완전히 제거한 다음 다시 설치한다.
③ USB 케이블이 복합기와 PC에 연결이 되어 있는지 확인한다.
④ 잉크 카트리지에 남아 있는 예상 잉크량을 확인한다.
⑤ 대기 문서를 취소한 후 PC를 재부팅한다.

**05** H정보통신회사에 입사한 A씨는 시스템 모니터링 및 관리 업무를 담당하게 되었다. 다음 자료를 참고할 때, 〈보기〉의 빈칸에 들어갈 코드로 옳은 것은?

다음 모니터에 나타나는 정보를 이해하고 시스템 상태를 판독하여 적절한 코드를 입력하는 방식을 파악하시오.

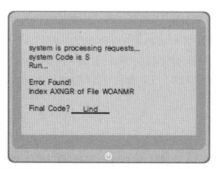

```
system is processing requests...
system Code is S
Run...

Error Found!
Index AXNGR of File WOANMR

Final Code?  Lind
```

| 항목 | 세부사항 |
|---|---|
| Index ◇◇◇ of File ◇◇◇ | • 오류 문자 : Index 뒤에 나타나는 문자<br>• 오류 발생 위치 : File 뒤에 나타나는 문자 |
| Error Value | • 오류 문자와 오류 발생 위치를 의미하는 문자에 사용된 알파벳을 비교하여 일치하는 알파벳의 개수를 확인 |
| Final Code | • Error Value를 통하여 시스템 상태 판단 |

| 판단 기준 | Final Code |
|---|---|
| 일치하는 알파벳의 개수=0 | Svem |
| 0<일치하는 알파벳의 개수≤1 | Atur |
| 1<일치하는 알파벳의 개수≤3 | Lind |
| 3<일치하는 알파벳의 개수≤5 | Nugre |
| 일치하는 알파벳의 개수>5 | Qutom |

보기

```
system is processing requests...
system Code is S
Run...

Error Found!
Index SOPENTY of File ATONEMP

Final Code?_____
```

① Svem  
② Atur  
③ Lind  
④ Nugre  
⑤ Qutom

# PART 3

합격의 공식 시대에듀 www.sdedu.co.kr

# 직무수행능력(전공)

# 01 | 법학
# 적중예상문제

**01** 다음 중 법의 적용 및 해석에 대한 설명으로 옳은 것은?

① 추정이란 나중에 반증이 나타나도 이미 발생된 효과를 뒤집을 수 없는 것을 말한다.

② 법률용어로 사용되는 선의·악의는 일정한 사항에 대해 아는 것과 모르는 것을 의미한다.

③ 유사한 두 가지 사항 중 하나에 대해 규정이 있으면 명문규정이 없는 다른 쪽에 대해서도 같은 취지의 규정이 있는 것으로 해석하는 것을 준용이라 한다.

④ 간주란 법이 사실의 존재·부존재를 법정책적으로 확정하되, 반대사실의 입증이 있으면 번복되는 것이다.

**02** 다음 중 준법률행위적 행정행위에 해당하는 것은?

① 하명                          ② 특허

③ 인가                          ④ 공증

**03** 다음 중 행정기관이 그 소관 사무의 범위에서 일정한 행정목적을 실현하기 위하여 특정인에게 일정한 행위를 하거나 하지 아니하도록 지도, 권고, 조언 등을 하는 행정작용은?

① 행정예고                      ② 행정계획

③ 행정지도                      ④ 의견제출

**04** 다음 중 형법상 형벌로 옳지 않은 것은?

① 징역                          ② 자격정지

③ 과태료                        ④ 과료

**05** 다음 중 행정법상 행정작용에 대한 설명으로 옳지 않은 것은?

① 개인에게 일정한 작위의무를 부과하는 하명은 형성적 행정행위이다.

② 특정인에게 새로운 권리나 포괄적 법률관계를 설정해 주는 특허는 형성적 행정행위이다.

③ 의사표시 이외의 정신작용 등의 표시를 요소로 하는 행위는 준법률행위적 행정행위이다.

④ 기속행위는 행정주체에 대하여 재량의 여지를 주지 않고 그 법규를 집행하도록 하는 행정행위를 말한다.

**06** 다음 중 근대 사법이 공법화 경향을 나타내고 있는 이유로 옳지 않은 것은?

① 계약자유의 범위 확대

② 공공복리의 실현

③ 사회보장제도의 확충

④ 사권(私權)의 의무화

**07** 다음 중 우리나라의 민법상 주소, 거소, 가주소에 대한 설명으로 옳지 않은 것은?

① 민법에서는 객관주의와 복수주의를 택한다.

② 국내에 주소가 없거나 주소를 알 수 없을 때에는 거소를 주소로 본다.

③ 법인의 주소효력은 주된 사무소의 소재지로부터 생긴다.

④ 현재지가 주소로서의 효력을 가지는 경우 등의 예외는 있다.

**08** 다음 중 죄형법정주의의 내용으로 옳지 않은 것은?

① 소급효 금지의 원칙

② 관습형법 금지의 원칙

③ 유추해석 금지의 원칙

④ 상대적 부정기형 금지의 원칙

**09** 다음 중 주식회사 합병의 효력발생 시기는?

① 이사회 의결 시
② 주주총회 승인결의 시
③ 합병등기 시
④ 채권자보호절차 종료 시

**10** 다음 중 형법의 효력에 대한 설명으로 옳은 것은?(단, 다툼이 있는 경우 판례에 따른다)

① 행위시법은 결과범에서는 결과발생 후에 의한다.
② 포괄일죄가 신법과 구법에 걸친 경우 구법에 의한다.
③ 행위시법, 재판시법, 중간시법이 있을 때 행위시법과 재판시법 중 가장 경한 형을 적용한다.
④ 가장 경한 형이라 할 때는 부가형, 벌금형까지 비교한다.

**11** 다음 중 행정행위에 대한 설명으로 옳지 않은 것은?

① 내용이 명확하고 실현가능하여야 한다.
② 법률상 절차와 형식을 갖출 필요는 없다.
③ 법률의 규정에 위배되지 않아야 한다.
④ 정당한 권한을 가진 자의 행위여야 한다.

**12** 다음 중 법의 체계에 대한 설명으로 옳은 것은?

① 강행법과 임의법은 실정성 여부에 따른 구분이다.
② 고유법과 계수법은 적용대상에 따른 구분이다.
③ 실체법과 절차법은 법의 제정주체에 따른 구분이다.
④ 일반법과 특별법은 적용되는 효력 범위에 따른 구분이다.

**13** 다음 중 물권적 청구권에 대한 설명으로 옳지 않은 것은?(단, 다툼이 있는 경우 판례에 따른다)

① 소유권에 기한 물권적 청구권은 소멸시효에 걸리지 않는다.

② 부동산에 대한 점유취득시효 완성을 원인으로 하는 소유권이전등기 청구권은 물권적 청구권이다.

③ 임차인이 임차권에 기하여 토지를 점유하고 있는 경우, 임대인인 토지소유자는 임차인에게 물권적 청구권을 행사할 수 없다.

④ 소유권을 상실한 전(前)소유자는 제3자의 불법점유에 대하여 소유권에 기한 물권적 청구권을 행사할 수 없다.

**14** 다음 중 민법에서 규정하는 법률행위의 취소권자로 옳지 않은 것은?

① 미성년자

② 피특정후견인

③ 피성년후견인

④ 사기·강박에 의하여 의사표시를 한 자

**15** 다음 중 자유민주적 기본질서의 원리와 거리가 먼 것은?

① 법치주의　　　　　　　　　② 권력분립주의

③ 의회민주주의　　　　　　　④ 포괄위임입법주의

**01** 다음 중 공공기관의 운영에 관한 법률에 따른 기관유형과 그 사례가 바르게 나열된 것은?

① 시장형 공기업 : 한국조폐공사
② 준시장형 공기업 : 한국마사회
③ 기금관리형 준정부기관 : 한국농어촌공사
④ 위탁집행형 준정부기관 : 국민연금공단

**02** 다음 중 균형성과표(BSC; Balanced Score Card)에 대한 설명으로 옳지 않은 것은?

① 재무적 관점의 성과지표로는 매출, 자본수익률, 예산 대비 차이 등이 있다.
② 고객 관점은 BSC의 4가지 관점 중에서 행동지향적 관점에 해당한다.
③ 학습과 성장의 관점은 민간부문과 정부부문이 큰 차이를 둘 필요가 없는 부분이다.
④ 정부는 성과평가에 있어서 재무적 관점보다는 국민이 원하는 정책을 개발하고 재화와 서비스를 제공하는지에 대한 고객의 관점을 중요한 위치에 놓는다.

**03** 다음 중 행정책임과 행정통제에 대한 설명으로 옳지 않은 것은?

① 행정통제의 중심과제는 궁극적으로 민주주의와 관료제 간의 조화 문제로 귀결된다.
② 행정통제란 어떤 측면에서는 관료로부터 재량권을 빼앗는 것이다.
③ 행정책임은 행정관료가 도덕적·법률적 규범에 따라 행동해야 하는 국민에 대한 의무이다.
④ 행정통제는 설정된 행정목표와 기준에 따라 성과를 측정하는 데 초점을 맞추면 별도의 시정노력은 요구되지 않는 특징이 있다.

**04** 다음 중 신공공관리론에 대한 설명으로 옳은 것은?

① 경제적 생산활동의 결과는 경제활동과 사회를 지배하는 정치적·사회적 제도인 일단의 규칙에 달려 있다.

② 행정가가 책임져야 하는 것은 행정업무 수행에서 효율성이 아니라 모든 사람에게 더 나은 생활을 보장하는 것이다.

③ 정부의 정체성을 무시하고 정부와 기업을 동일시함으로써 기업경영 원리와 기법을 그대로 정부에 이식하려 한다는 비판이 있다.

④ 정부 주도의 공공서비스 전달 또는 공공문제 해결을 넘어 협력적 네트워크 구축 및 관리라는 대안을 제시한다.

**05** 다음 중 예산분류 방식의 특징에 대한 설명으로 옳은 것은?

① 기능별 분류는 시민을 위한 분류라고도 하며, 행정수반의 사업계획 수립에 도움이 되지 않는다.

② 조직별 분류는 부처 예산의 전모를 파악할 수 있어 지출의 목적이나 예산의 성과 파악이 용이하다.

③ 품목별 분류는 사업의 지출 성과와 결과에 대한 측정이 곤란하다.

④ 경제 성질별 분류는 국민소득, 자본형성 등에 관한 정부활동의 효과를 파악하는 데 한계가 있다.

**06** 다음 중 공공부문 성과연봉제 보수체계 설계 시 성과급 비중을 설정하는 데 적용할 수 있는 동기부여 이론은?

① 애덤스(Adams)의 형평성 이론

② 허즈버그(Herzberg)의 욕구충족 이원론

③ 앨더퍼(Alderfer)의 ERG 이론

④ 매슬로(Maslow)의 욕구 5단계론

**07** 다음 중 루터 귤릭(Luther Halsey Gulick)의 행정기능 7요소(POSDCORB)에 포함되지 않는 것은?

① 계획(Planning)  ② 조직(Organizing)
③ 지휘(Direction)  ④ 의견(Opinion)

**08** 다음 중 대표관료제에 대한 설명으로 옳지 않은 것은?

① 대표관료제는 정부관료제가 그 사회의 인적 구성을 반영하도록 구성함으로써 관료제 내에 민주적 가치를 반영시키려는 의도에서 발달하였다.
② 크랜츠(Kranz)는 대표관료제의 개념을 비례대표로까지 확대하여 관료제 내의 출신 집단별 구성 비율이 총인구 구성 비율과 일치해야 할 뿐만 아니라 나아가 관료제 내의 모든 직무 분야와 계급의 구성 비율까지도 총인구 비율에 상응하게 분포되어 있어야 한다고 주장한다.
③ 대표관료제의 장점은 사회의 인구 구성적 특징을 반영하는 소극적 측면의 확보를 통해서 관료들이 출신 집단의 이익을 위해 적극적으로 행동하는 적극적 측면을 자동적으로 확보하는 데 있다.
④ 대표관료제는 할당제를 강요하는 결과를 초래해 현대 인사행정의 기본 원칙인 실적주의를 훼손하고 행정능률을 저해할 수 있다는 비판을 받는다.

**09** 다음 중 윌슨(Willson)의 규제정치모형에 대한 설명으로 옳지 않은 것은?

① 정치적 위험과 논란의 여지가 적은 것은 대중적 정치(Majoritarian Politics)의 특징이다.
② 이익집단 정치(Interest Group Politics)는 비용과 편익이 모두 다수의 이질적 집단에 국한되는 정치상황이다.
③ 수입규제완화 정책과 환경규제완화 정책은 윌슨의 규제정치모형에 따르면 서로 다른 규제정치 영역에 해당한다.
④ 환경오염규제, 위해물품규제 등과 같은 사례는 기업가 정치(Entrepreneurial Politics)의 사례로 볼 수 있다.

**10** 다음 중 정책의제 설정에 대한 설명으로 옳지 않은 것은?

① 일반적으로 정책의제는 정치성, 주관성, 동태성 등의 성격을 가진다.

② 정책대안이 아무리 훌륭하더라도 정책문제를 잘못 인지하고 채택하여 정책문제가 여전히 해결되지 않은 상태로 남아 있는 현상을 2종 오류라 한다.

③ 킹던(Kingdon)의 정책의 창 모형은 정책문제의 흐름, 정책대안의 흐름, 정치의 흐름이 어떤 계기로 서로 결합함으로써 새로운 정책의제로 형성되는 것을 말한다.

④ 콥(R. W. Cobb)과 엘더(C. D. Elder)의 이론에 의하면 정책의제 설정과정은 사회문제 – 사회적 이슈 – 체제의제 – 제도의제의 순서로 정책의제가 선택됨을 설명하고 있다.

**11** 다음 중 사회적 자본(Social Capital)에 대한 설명으로 옳지 않은 것은?

① 사회 내 신뢰 강화를 통해 거래비용을 감소시킨다.

② 경제적 자본에 비해 형성 과정이 불투명하고 불확실하다.

③ 사회적 규범 또는 효과적인 사회적 제재력을 제공한다.

④ 동조성(Conformity)을 요구하면서 개인의 행동이나 사적 선택을 적극적으로 촉진시킨다.

**12** 다음 중 (A)에 대한 설명으로 옳지 않은 것은?

> 일반적으로 규제의 주체는 당연히 정부이다. 그러나 예외적으로 규제의 주체가 정부가 아니라 피규제산업 또는 업계가 되는 경우가 있는데, 이를 ___(A)___ (이)라 한다.

① 규제기관이 행정력 부족으로 인하여 실질적으로 기업들의 규제순응여부를 추적 · 점검하기 어려운 경우에 (A)의 방법을 취할 수 있다.

② (A)는 피규제집단의 고도의 전문성을 기반으로 하기 때문에 소비자단체의 참여를 보장하는 직접규제이다.

③ 규제기관의 기술적 전문성이 피규제집단에 비해 현저히 낮을 경우 불가피하게 (A)에 의존하게 되는 경우도 존재한다.

④ 피규제집단은 여론 등이 자신들에게 불리하게 형성되어 자신들에 대한 규제의 요구가 거세질 경우 규제이슈를 선점하기 위하여 자발적으로 (A)를 시도하기도 한다.

**13** 다음 중 우리나라 지방자치단체의 자치권에 대한 설명으로 옳지 않은 것은?

① 지방자치단체는 자치재정권이 인정되어 조례를 통해서 독립적인 지방 세목을 설치할 수 있다.

② 행정기구의 설치는 대통령령이 정하는 범위 안에서 지방자치단체의 조례로 정한다.

③ 자치사법권이 부여되어 있지 않다.

④ 중앙정부가 분권화시킨 결과가 지방정부의 자치권 확보라고 할 수 있다.

**14** 다음 중 예산제도에 대한 설명으로 옳은 것을 〈보기〉에서 모두 고르면?

> 보기
>
> ㄱ. 품목별 예산제도(LIBS) : 지출의 세부적인 사항에만 중점을 두므로 정부활동의 전체적인 상황을 알 수 없다.
> ㄴ. 성과주의 예산제도(PBS) : 예산배정 과정에서 필요사업량이 제시되지 않아서 사업계획과 예산을 연계할 수 없다.
> ㄷ. 기획예산제도(PPBS) : 모든 사업이 목표달성을 위해 유기적으로 연계되어 있어 부처 간의 경계를 뛰어넘는 자원배분의 합리화를 가져올 수 있다.
> ㄹ. 영기준예산제도(ZBB) : 모든 사업이나 대안을 총체적으로 분석하므로 시간이 많이 걸리고 노력이 과중할 뿐만 아니라 과도한 문서자료가 요구된다.
> ㅁ. 목표관리제도(MBO) : 예산결정 과정에 관리자의 참여가 어렵다는 점에서 집권적인 경향이 있다.

① ㄱ, ㄷ, ㄹ

② ㄱ, ㄷ, ㅁ

③ ㄴ, ㄷ, ㄹ

④ ㄱ, ㄴ, ㄹ, ㅁ

**15** 다음 글에서 설명하는 시장실패의 원인 중 빈칸에 공통으로 들어갈 내용으로 옳은 것은?

> 규모의 경제 등으로 인한 _____ 발생 시 _____ 생산자는 가격 설정자가 되어 이윤극대화를 위한 과소생산의 문제를 발생시킨다.

① 공공재

② 독점

③ 외부경제

④ 외부불경제

# 03 | 경제학 적중예상문제

정답 및 해설 p.052

**01** 다음 중 물가지수에 대한 설명으로 옳지 않은 것은?

① 물가지수를 구할 때 모든 상품의 가중치를 동일하게 반영한다.

② 소비자물가지수는 상품가격 변화에 대한 소비자의 반응을 고려하지 않는다.

③ 물가수준 그 자체가 높다는 것과 물가상승률이 높다는 것은 다른 의미를 가진다.

④ GDP디플레이터는 국내에서 생산된 상품만을 조사 대상으로 하기 때문에 수입상품의 가격동향을 반영하지 못한다.

**02** 다음 중 가치의 역설(Paradox of Value)에 대한 설명으로 옳은 것은?

① 다이아몬드의 한계효용은 물의 한계효용보다 크다.

② 다이아몬드는 필수재이고, 물은 사치재이다.

③ 물은 항상 다이아몬드보다 가격이 낮다.

④ 상품의 가격은 총효용에 의해 결정된다.

**03** 다음 중 전통적인 케인스 소비함수의 특징이 아닌 것은?

① 한계소비성향이 0과 1 사이에 존재한다.

② 평균소비성향은 소득이 증가함에 따라 감소한다.

③ 현재의 소비는 현재의 소득에 의존한다.

④ 이자율은 소비를 결정할 때 중요한 역할을 한다.

**04** 완전경쟁시장에서 개별기업의 평균총비용곡선 및 평균가변비용곡선은 U자형이며, 현재 생산량은 50이다. 이 생산량 수준에서 한계비용은 300, 평균총비용은 400, 평균가변비용은 200일 때, 〈보기〉에서 옳은 것을 모두 고르면?(단, 시장가격은 300으로 주어져 있다)

> **보기**
>
> ㄱ. 현재의 생산량 수준에서 평균총비용곡선 및 평균가변비용곡선은 우하향한다.
> ㄴ. 현재의 생산량 수준에서 평균총비용곡선은 우하향하고, 평균가변비용곡선은 우상향한다.
> ㄷ. 개별기업은 현재 양의 이윤을 얻고 있다.
> ㄹ. 개별기업은 현재 음의 이윤을 얻고 있다.
> ㅁ. 개별기업은 단기에 조업을 중단하는 것이 낫다.

① ㄱ, ㄷ            ② ㄱ, ㅁ
③ ㄴ, ㄷ            ④ ㄴ, ㄹ

**05** 다음 중 독점적 경쟁시장의 장기균형에 대한 설명으로 옳지 않은 것은?(단, $P$는 가격, $SAC$는 단기평균비용, $LAC$는 장기평균비용, $SMC$는 단기한계비용을 의미한다)

① $P = SAC$가 성립한다.
② $P = LAC$가 성립한다.
③ $P = SMC$가 성립한다.
④ 균형생산량은 $SAC$가 최소화되는 수준보다 작다.

**06** 다음 중 게임이론에서 사용되는 전략에 대한 설명으로 옳은 것은?

① 순수전략이란 경기자가 여러 가지 전략 중에서 특정한 두 가지 전략을 선택하는 것을 말한다.
② 내쉬균형은 항상 파레토 효율적인 자원배분을 보장한다.
③ 혼합전략이란 각 경기자가 둘 이상의 전략을 일정한 비율로 혼합해서 사용하는 경우를 말한다.
④ 내쉬균형은 모두 우월전략이다.

**07** 다음 중 탄력성에 대한 설명으로 옳은 것은?

① 가격이 1% 상승할 때 수요량이 2% 감소했다면 수요의 가격탄력성은 0.5이다.

② 소득이 5% 상승할 때 수요량이 1%밖에 증가하지 않았다면 이 상품은 기펜재(Giffen Goods)이다.

③ 잉크젯프린터와 잉크카트리지 간의 수요의 교차탄력성은 0보다 크다.

④ 수요의 가격탄력성이 0보다 크고 1보다 작으면 가격이 상승함에 따라 소비자의 총지출은 증가한다.

**08** 중국과 인도 근로자 한 사람의 시간당 의복과 자동차 생산량은 다음과 같다. 리카도(D. Ricardo)의 비교우위이론에 따르면 양국은 어떤 제품을 수출하는가?

| 구분 | 의복(벌) | 자동차(대) |
| --- | --- | --- |
| 중국 | 40 | 30 |
| 인도 | 20 | 10 |

|  | 중국 | 인도 |
| --- | --- | --- |
| ① | 의복 | 자동차 |
| ② | 자동차 | 의복 |
| ③ | 의복과 자동차 | 수출하지 않음 |
| ④ | 수출하지 않음 | 자동차와 의복 |

**09** 기업의 생산함수가 $Y = 200N - N^2$이고, 근로자의 여가 1시간당 가치가 40이다. 상품시장과 생산요소시장이 완전경쟁시장이고, 생산물의 가격이 1일 때, 균형노동시간은?(단, $Y$는 생산량, $N$은 노동시간이다)

① 25시간                        ② 75시간

③ 80시간                        ④ 95시간

**10** 다음 글에 대한 설명으로 옳지 않은 것은?

> 주식시장에서 특정 종목의 주가가 하락할 것으로 예상되면 해당 주식을 보유하고 있지 않은 상태에서 주식을 빌려 매도하는 '공매도'를 하기도 하는데, 이는 이후 주가가 하락하면 싼 가격에 사서 돌려줌으로써 시세차익을 챙기기 위함이다. 이때 주식을 다시 사는 환매수를 '숏 커버링(Short Covering)'이라고 한다. 하지만 예상과 달리 주가가 상승하면 더 이상의 손실을 줄이기 위한 매수를 하기도 한다. 이렇게 주가가 계속 상승할 때는 손실폭을 줄이기 위해 상승한 가격에 주식을 사들이기도 하는데, 이 경우도 숏 커버링이라고 한다.

① 공매도는 매도량의 증가로 인해 주가 하락을 유발한다.
② 숏 커버링은 주식 매수량의 증가로 단기간에 주가가 상승하는 효과가 있다.
③ 공매도와 숏 커버링은 시세 조정을 유발할 수 있다.
④ 공매도와 숏 커버링은 채무 불이행을 감소시킬 수 있다.

**11** A국과 B국의 상황이 다음과 같을 경우 나타날 수 있는 경제현상이 아닌 것은?(단, 미 달러화로 결제하며, 각국의 환율은 달러 대비 자국 화폐의 가격으로 표시한다)

| | |
|---|---|
| A국 | • A국의 해외 유학생 수가 증가하고 있다.<br>• 외국인 관광객이 증가하고 있다. |
| B국 | • B국 기업의 해외 투자가 증가하고 있다.<br>• 외국이 투자자들이 투자자금을 회수하고 있다. |

① A국의 환율은 하락할 것이다.
② A국의 경상수지는 악화될 것이다.
③ B국이 생산하는 수출상품의 가격경쟁력이 높아질 것이다.
④ A국 국민이 B국으로 여행갈 경우 경비 부담이 증가할 것이다.

**12** 다음 중 공공재의 특성에 대한 설명으로 옳은 것은?

① 한 사람의 소비가 다른 사람의 소비를 감소시킨다.
② 소비에 있어서 경합성 및 배제성의 원리가 작용한다.
③ 무임승차의 문제로 과소 생산의 가능성이 있다.
④ 공공재는 민간이 생산·공급할 수 없다.

**13** 다음 중 정부지출 증가의 효과가 가장 크게 나타나게 되는 상황은 언제인가?

① 한계저축성향이 낮은 경우

② 한계소비성향이 낮은 경우

③ 정부지출의 증가로 물가가 상승한 경우

④ 정부지출의 증가로 이자율이 상승한 경우

PART 3

**14** 다음 〈보기〉 중 애덤 스미스(Adam Smith)의 보상적 임금격차의 요인으로 옳은 것을 모두 고르면?

> **보기**
>
> ㄱ. 노동의 난이도            ㄴ. 작업의 쾌적성
> ㄷ. 임금의 불안정성          ㄹ. 요구되는 교육훈련의 차이

① ㄱ, ㄴ                           ② ㄱ, ㄷ

③ ㄴ, ㄷ, ㄹ                      ④ ㄱ, ㄴ, ㄷ, ㄹ

**15** X재의 가격이 5% 상승할 때 X재의 소비지출액은 전혀 변화하지 않은 반면, Y재의 가격이 10% 상승할 때 Y재의 소비지출액은 10% 증가하였다. 이때 두 재화에 대한 수요의 가격탄력성은?

|   | X재 | Y재 |
|---|---|---|
| ① | 완전탄력적 | 단위탄력적 |
| ② | 단위탄력적 | 완전탄력적 |
| ③ | 단위탄력적 | 완전비탄력적 |
| ④ | 완전비탄력적 | 비탄력적 |

# 04 | 경영학 적중예상문제

정답 및 해설 p.055

**01** 다음 중 토빈의 $Q$ 비율에 대한 설명으로 옳지 않은 것은?(단, 다른 조건은 동일하다)

① 특정 기업이 주식 시장에서 어떤 평가를 받고 있는지 판단할 때 종종 토빈의 $Q$ 비율을 활용한다.

② 한 기업의 $Q$ 비율이 1보다 높을 경우 투자를 증가하는 것이 바람직하다.

③ 한 기업의 $Q$ 비율이 1보다 낮을 경우 투자를 감소하는 것이 바람직하다.

④ 토빈의 $Q$ 비율은 실물자본의 대체비용을 주식시장에서 평가된 기업의 시장가치로 나눠서 구한다.

**02** 다음 중 BCG 매트릭스에 대한 설명으로 옳은 것은?

① 횡축은 시장성장률, 종축은 상대적 시장점유율이다.

② 물음표 영역은 시장성장률이 높고, 상대적 시장점유율은 낮아 계속적인 투자가 필요하다.

③ 별 영역은 시장성장률이 낮고, 상대적 시장점유율은 높아 현상유지를 해야 한다.

④ 자금젖소 영역은 현금창출이 많지만, 상대적 시장점유율이 낮아 많은 투자가 필요하다.

**03** 다음 중 신제품을 출시할 때 고가로 책정한 후 대체품이 출시되기 전 가격을 내려 소비층을 확대하는 전략은?

① 침투가격전략　　　　　　　　　② 적응가격전략

③ 시가전략　　　　　　　　　　　④ 스키밍 가격전략

**04** 다음 중 투사효과에 대한 설명으로 옳은 것은?

① 평가자의 특성을 피평가자의 특성이라고 생각하여 잘못 판단하는 것이다.

② 하나의 영역에서 좋은 점수를 보이면 다른 영역도 잘할 것이라고 판단하는 것이다.

③ 최근에 좋은 업적을 냈더라도 과거의 실적이 좋지 않으면 나쁘게 평가하는 것이다.

④ 지원자의 한 특질을 보고 현혹되어 지원자를 제대로 평가하지 못하는 것이다.

**05** 다음 빈칸에 들어갈 용어가 바르게 연결된 것은?

> - ____(가)____ 은/는 기업이 개별 고객의 선호에 맞춘 제품 혹은 서비스를 통해 타사와의 차별성과 경쟁력을 확보하는 마케팅 기법으로, ____(나)____, ____(다)____, ____(라)____ 세 단계로 이루어진다.
> - ____(나)____ : 특정 시장을 공략하기 위한 선행 작업으로, 고객의 성별, 지역, 연령 등 다양한 기준으로 시장을 나눈다.
> - ____(다)____ : 제품의 이미지나 특징에 가장 적합한 시장을 선정한다.
> - ____(라)____ : 고객에게 타사와 다른 자사 제품의 차별성을 각인시킬 수 있도록 광고 등 커뮤니케이션을 한다.

|   | (가) | (나) | (다) | (라) |
|---|------|------|------|------|
| ① | 시장세분화 | STP 전략 | 목표시장 설정 | 포지셔닝 |
| ② | STP 전략 | 시장세분화 | 포지셔닝 | 목표시장 설정 |
| ③ | STP 전략 | 시장세분화 | 목표시장 설정 | 포지셔닝 |
| ④ | 포지셔닝 | 목표시장 설정 | 시장세분화 | STP 전략 |

**06** 다음 중 추종자들에게 장기적 비전을 제시하고, 비전 달성을 위해서 함께 매진할 것을 호소하며, 비전 성취에 대한 자신감을 고취시킴으로써 조직에 대한 몰입을 강조하여 부하를 성장시키는 리더십은?

① 거래적 리더십       ② 성취지향적 리더십
③ 변혁적 리더십       ④ 서번트 리더십

**07** 다음 설명에 해당하는 조직 구조는?

> - 수평적 분화에 중점을 두고 있다.
> - 각자의 전문분야에서 작업능률을 증대시킬 수 있다.
> - 생산, 회계, 인사, 영업, 총무 등의 기능을 나누고 각 기능을 담당할 부서단위로 조직된 구조이다.

① 기능 조직       ② 사업부 조직
③ 매트릭스 조직       ④ 수평적 조직

**08** 다음 중 소비자가 특정상품을 소비하면 자신이 그것을 소비하는 계층과 같은 부류라는 생각을 가지게 되는 효과를 일컫는 용어는?

① 전시 효과
② 플라시보 효과
③ 파노플리 효과
④ 베블런 효과

**09** 다음 중 기업의 경쟁력 강화와 비전 달성을 목표로 미래사업구조를 근본적으로 구체화하는 기업혁신방안을 의미하는 것은?

① 벤치마킹(Benchmarking)
② 학습조직(Learning Organization)
③ 리엔지니어링(Re – Engineering)
④ 리스트럭처링(Restructuring)

**10** 다음 중 규모·생산량·경험 등의 증대로 인한 단위원가의 하락을 나타내는 효과를 의미하며, 포터의 원가우위 전략을 현실적으로 실행하기 위한 규모의 경제를 누릴 수 있도록 하고, 원가의 최소화를 가능케 하는 효과는?

① 승수효과
② 가격효과
③ 시너지효과
④ 경험곡선효과

**11** 다음 중 가격관리에 대한 설명으로 옳지 않은 것은?

① 명성가격결정법은 가격이 높으면 품질이 좋을 것이라고 느끼는 효과를 이용하여 수요가 많은 수준에서 고급상품의 가격결정에 이용된다.
② 침투가격정책은 신제품을 도입하는 초기에 저가격을 설정하여 신속하게 시장에 침투하는 전략으로, 수요가 가격에 민감하지 않은 제품에 많이 사용된다.
③ 상층흡수가격정책은 신제품을 시장에 도입하는 초기에는 고소득층을 대상으로 높은 가격을 받고 그 뒤 차차 가격을 인하하여 저소득층에 침투하는 것이다.
④ 탄력가격정책은 한 기업의 제품이 여러 제품계열을 포함하는 경우 품질, 성능, 스타일에 따라 서로 다른 가격을 결정하는 것이다.

**12** 다음 중 해외시장으로의 진출 전략에 대한 설명으로 옳지 않은 것은?

① 국제합작투자의 장점은 기술의 공유, 위험의 분산, 마케팅 및 경영 노하우의 공유 등이 있다.
② 해외자회사의 장점은 해외시장에서 많은 자금과 기술을 운영하면서 기업의 자산들을 해외 정부로부터 안전하게 지킬 수 있다는 것이다.
③ 라이선싱은 자사의 제품을 생산할 수 있는 권리를 일정한 대가를 받고 외국 기업에게 일정 기간 동안 부여하는 것을 말한다.
④ 전략적 제휴는 다른 기업들과 특정 사업 및 업무 분야에 걸쳐 협력관계를 맺어 공동으로 해외사업에 진출하는 전략이다.

**13** 다음 중 네트워크 조직(Network Organization)의 장점으로 옳지 않은 것은?

① 정보 공유의 신속성 및 촉진이 용이하다.
② 광범위한 전략적 제휴로 기술혁신이 가능하다.
③ 개방성 및 유연성이 뛰어나 전략과 상품의 전환이 빠르다.
④ 더 많은 층위에서 다수 관리자의 관리감독이 이루어진다.

**14** 다음 중 델파이 기법에 대한 설명으로 옳지 않은 것은?

① 전문가들을 두 그룹으로 나누어 진행한다.
② 많은 전문가들의 의견을 취합하여 재조정 과정을 거친다.
③ 의사결정 및 의견개진 과정에서 타인의 압력이 배제된다.
④ 전문가들을 공식적으로 소집하여 한 장소에 모이게 할 필요가 없다.

**15** 결산 시 현금의 장부금액 200,000원과 실제금액 180,000원의 차이가 발생하였음을 발견하였으나, 그 원인을 알 수 없었다. 다음 중 분개로 옳은 것은?

① (차) 현금　　　　20,000원　　(대) 잡이익　　　　20,000원
② (차) 현금　　　　20,000원　　(대) 현금과부족　　20,000원
③ (차) 잡손실　　　20,000원　　(대) 현금　　　　　20,000원
④ (차) 광고비　　　20,000원　　(대) 현금　　　　　20,000원

홀륭한 가정만한 학교가 없고,
덕이 있는 부모만한 스승은 없다.

- 마하트마 간디 -

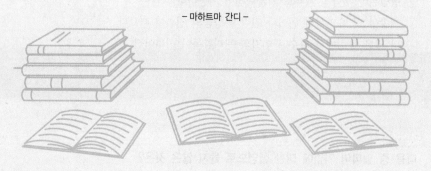

# PART 4

# 직무수행능력(상식)

## 1. 일반현황

한국수력원자력(주)은 '전력을 안정적으로 공급하여 국민의 삶을 풍요롭게 하고, 국가 경제 발전의 밑거름이 된다.'는 숭고한 사명감과 자부심을 회사 발전의 원동력으로 삼아 국내 전력의 약 31.56%(2023년 말 기준, 한국전력통계)를 생산하는 우리나라 최대의 발전회사이다.

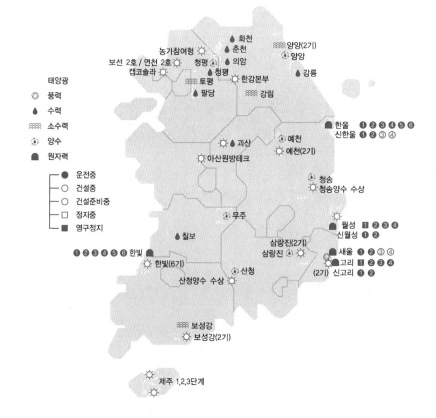

## (1) 발전설비현황

| 구분 | | 운전기수(호기) | 설비용량(MW) | 합계(점유율) |
|---|---|---|---|---|
| 원자력 | 고리 | 3 | 2,550 | 26,050MW (82.80%) |
| | 신고리 | 2 | 2,000 | |
| | 새울 | 2 | 2,800 | |
| | 한빛 | 6 | 5,900 | |
| | 한울 | 6 | 5,900 | |
| | 신한울 | 2 | 2,800 | |
| | 월성 | 3 | 2,100 | |
| | 신월성 | 2 | 2,000 | |
| 수력 | | 21 | 595.78 | 607.48MW (1.93%) |
| 소수력 | | 16 | 11.70 | |
| 양수 | | 16 | 4,700 | 4,700MW (14.93%) |
| 태양광 | | 65 | 82.723 | 103.273MW (0.32%) |
| 풍력 | | 1 | 0.75 | |
| 연료전지 | | 1 | 19.8 | |
| 합계 | | 146 | 31,460.753MW(100%) | |

한국수력원자력(주) 자체 설비 용량(SPC 제외)

## (2) 수력 · 소수력발전소 현황

### ① 수력

| 구분 | 화천 | 춘천 | 의암 | 청평 | 팔당 | 칠보 | 강릉 |
|---|---|---|---|---|---|---|---|
| 설비용량(MW) | 108(4기) | 62.28(2기) | 48(2기) | 140.1(4기) | 120(4기) | 35.4(3기) | 82(2기) |
| 총저수량(백만m³) | 1,018 | 150 | 80 | 185.5 | 244 | 466 | 51.4 |
| 시설연도(년) | 1944 | 1965 | 1967 | 1943 (2011) | 1972 | 1945 (1965) | 1990 |

### ② 소수력

| 구분 | 강림 | 보성강 | 괴산 | 무주 | 양양 | 산청 | 예천 | 토평 |
|---|---|---|---|---|---|---|---|---|
| 설비용량(MW) | 0.48(3기) | 4.5(2기) | 2.8(2기) | 0.4(1기) | 1.55(3기) | 0.995(2기) | 0.925(2기) | 0.045(1기) |
| 시설연도(년) | 1978 | 1937 | 1957 | 2003 | 2004 (2020) | 2010 | 2011 (2018) | 2011 |
| 위치 | 강원 횡성 | 전남 보성 | 충북 괴산 | 전북 무주 | 강원 양양 | 경남 산청 | 경북 예천 | 경기 구리 |

## (3) 원자력발전소 현황

| 발전소명 | | 위치 | 노형 | 설비용량(MW) | 상업운전 |
|---|---|---|---|---|---|
| 고리 | 2호기 | 부산광역시 기장군 | 가압경수로 | 650 | 1983년 7월 25일 |
| | 3호기 | | | 950 | 1985년 9월 30일 |
| | 4호기 | | | 950 | 1986년 4월 29일 |
| 신고리 | 1호기 | | | 1,000 | 2011년 2월 28일 |
| | 2호기 | | | 1,000 | 2012년 7월 20일 |
| 새울 | 1호기 | 울산광역시 울주군 | 가압경수로 | 1,400 | 2016년 12월 20일 |
| | 2호기 | | | 1,400 | 2019년 8월 29일 |
| 월성 | 2호기 | 경상북도 경주시 | 가압중수로 | 700 | 1997년 7월 1일 |
| | 3호기 | | | 700 | 1998년 7월 1일 |
| | 4호기 | | | 700 | 1999년 10월 1일 |
| 신월성 | 1호기 | | 가압경수로 | 1,000 | 2012년 7월 31일 |
| | 2호기 | | | 1,000 | 2015년 7월 24일 |
| 한빛 | 1호기 | 전라남도 영광군 | 가압경수로 | 950 | 1986년 8월 25일 |
| | 2호기 | | | 950 | 1987년 6월 10일 |
| | 3호기 | | | 1,000 | 1995년 3월 31일 |
| | 4호기 | | | 1,000 | 1996년 1월 1일 |
| | 5호기 | | | 1,000 | 2002년 5월 21일 |
| | 6호기 | | | 1,000 | 2002년 12월 24일 |
| 한울 | 1호기 | 경상북도 울진군 | 가압경수로 | 950 | 1988년 9월 10일 |
| | 2호기 | | | 950 | 1989년 9월 30일 |
| | 3호기 | | | 1,000 | 1998년 8월 11일 |
| | 4호기 | | | 1,000 | 1999년 12월 31일 |
| | 5호기 | | | 1,000 | 2004년 7월 29일 |
| | 6호기 | | | 1,000 | 2005년 4월 22일 |
| 신한울 | 1호기 | | | 1,400 | 2022년 12월 7일 |
| | 2호기 | | | 1,400 | 2024년 4월 5일 |

## (4) 원자력발전소 정지 현황

| 발전소명 | | 위치 | 노형 | 설비용량(MW) | 상업운전 | 비고 |
|---|---|---|---|---|---|---|
| 고리 | 1호기 | 부산광역시 기장군 | 가압경수로 | 587 | 1978년 4월 29일 | 영구정지(2017년 6월 18일) |
| 월성 | 1호기 | 경상북도 경주시 | 가압중수로 | 679 | 1983년 4월 22일 | 영구정지(2019년 12월 24일) |

## (5) 양수발전소 현황

| 구분 | | 청평양수 | 삼랑진양수 | 무주양수 | 산청양수 | 양양양수 | 청송양수 | 예천양수 |
|---|---|---|---|---|---|---|---|---|
| 설비용량(MW) | | 400(2기) | 600(2기) | 600(2기) | 700(2기) | 1,000(4기) | 600(2기) | 800(2기) |
| 댐(상부) | 높이(m) | 62 | 88 | 60.7 | 86.9 | 72 | 89.8 | 73 |
| | 길이(m) | 290 | 269 | 287 | 360 | 347 | 400 | 620 |
| 총저수량(백만 톤) | | 2.7 | 6.5/10.1 | 3.7/6.7 | 6.4/7.4 | 4.9/9.2 | 7.1/10.2 | 6.9/8.9 |
| 시설연도(년) | | 1980 | 1985 | 1995 | 2001 | 2006 | 2006 | 2011 |

## (6) 그 외 발전소 현황

| 구분 | | 사업명 | 설비용량(MW) | 준공연도(년) | 위치 |
|---|---|---|---|---|---|
| 태양광 | 자체 | 한빛솔라 1 ~ 6호기 | 21.364 | 2007 / 2008 / 2012 / 2020 | 전남 영광 |
| | | 한빛본부 주차장 | 0.194 | 2019 | 전남 영광 |
| | | 예천 1, 2호기 | 2.015 | 2012 | 경북 예천 |
| | | 고리 1, 2호기 | 6.855 | 2021 | 부산 기장 |
| | | 삼랑진양수 1, 2호기 | 2.773 | 2019 | 경남 밀양 |
| | | 보성광 1, 2호기 | 1.991 | 2018 | 전남 고흥 |
| | | 농가참여형 | 0.073 | 2017 | 경기 가평 |
| | | 수력교육훈련센터 | 0.091 | 2017 | 경기 가평 |
| | | 청평양수 | 0.095 | 2018 | 경기 가평 |
| | | 청평양수 유휴부지 1, 2호기 | 0.697 | 2022 | 경기 가평 |
| | | 한강본부 | 0.098 | 2021 | 강원 춘천 |
| | | 청송양수 | 0.046 | 2018 | 경북 청송 |
| | | 청송양수 수상 | 4.445 | 2021 | 경북 청송 |
| | | 청송양수 수상 2호기 | 0.787 | 2024 | 경북 청송 |
| | | 괴산수력 | 0.245 | 2018 | 충청 괴산 |
| | | 보선 2호기 | 0.498 | 2019 | 경기 연천 |
| | | 연천 2호기 | 0.498 | 2019 | 경기 연천 |
| | | 월성 태양광 | 3.397 | 2020 | 경북 경주 |
| | | 월성자재창고 | 1.391 | 2022 | 경북 경주 |
| | | 월성3발 주차장 | 2.009 | 2022 | 경북 경주 |
| | | 한솔 태양광 | 0.998 | 2020 | 경북 경주 |
| | | 대성메탈 | 0.983 | 2021 | 경북 경주 |
| | | 본사 사옥 지붕 | 1.296 | 2021 | 경북 경주 |
| | | 녹동산단 2 ~ 4호기 | 0.744 | 2022 | 경북 경주 |
| | | 광진상공 | 1.820 | 2022 | 경북 경주 |
| | | 세진이앤드티 | 0.840 | 2022 | 부산 강서 |
| | | 제주 1단계 | 4.907 | 2019 / 2020 | 제주시, 서귀포시 |
| | | 제주 2단계 | 4.923 | 2021 | |
| | | 제주 3단계 | 4.251 | 2021 | |
| | | 울산남부 지붕 | 1.000 | 2023 | 울산 북구 |
| | | TSP상개 | 2.992 | 2023 | 울산 울주군 |
| | | 산청양수 수상 | 3.024 | 2023 | 경남 산청 |
| | | 원방테크 | 0.999 | 2023 | 충남 아산 |
| | | 삼홍기계 제3공장 | 0.499 | 2023 | 경남 함안 |
| | | 하나3공장 | 1.628 | 2023 | 경기 화성 |
| | | 거평그린 | 0.708 | 2023 | 경북 영천 |
| | | 팔팔온유어완트 | 0.250 | 2023 | 경북 경산 |
| | | 대명산업사 | 0.392 | 2024 | 경북 구미 |
| | | 산호수출포장 | 0.907 | 2024 | 경남 함안 |
| 풍력 | 자체 | 고리 풍력 | 0.75 | 2008 | 부산 기장 |
| 연료전지 | 자체 | 포항연료전지 | 19.8 | 2023 | 포항 남구 |

한국수력원자력(주) 자체 설비 용량(SPC 제외)

# 2. 가치

## (1) 핵심가치

| 핵심가치 | 세부속성과 의미 |

<table>
<tr><td align="center">핵심가치</td><td align="center">세부속성과 의미</td></tr>
<tr>
<td align="center">안전 최우선<br>Safety First</td>
<td>
• 안전책임의식 : '안전의 최종책임자는 나'라는 인식을 바탕으로, 안전을 생활화함<br>
• 기본과 원칙준수 : 안전과 관련한 기본과 원칙을 철저히 준수함<br>
• 진화하는 안전체계 : 더욱 안전한 환경을 만들기 위해 안전체계를 지속적으로 진화시킴
</td>
</tr>
<tr>
<td align="center">지속 성장<br>Sustainable<br>Growth</td>
<td>
• 탁월함 추구 : 맡은 업무에 필요한 역량을 지속적으로 개발하여 전문성을 확보함<br>
• 끊임없는 개선 : 현재에 만족하지 않고 더 나은 모습을 위해 업무와 프로세스를 끊임없이 혁신하고 개선함<br>
• 발전적 도전 : 회사와 나의 지속적 발전과 경쟁력 강화를 위해 새로운 시도를 함
</td>
</tr>
<tr>
<td align="center">상호 존중<br>Shared Respect</td>
<td>
• 다양성 인정 : 동료 및 타 조직에 대한 이해를 바탕으로 다름을 인정하고 존중함<br>
• 열린 소통 : 다른 사람의 의견을 경청하고 자유롭게 서로의 의견을 나눔<br>
• 참여와 협업 : 공동의 목표를 달성하기 위해 적극적인 참여와 협업으로 시너지를 만듦
</td>
</tr>
<tr>
<td align="center">사회적 책임<br>Social<br>Responsibility</td>
<td>
• 공익 중시 : 공기업인으로서의 사명감과 책임의식을 바탕으로 국가와 국민의 이익을 우선함<br>
• 상생 협력 : 다양한 이해관계자들과의 소통과 협력을 통해 함께 성장함<br>
• 에너지 안보 : 내가 하는 일이 국가 에너지 안보에 기여한다는 자긍심을 갖고, 친환경 에너지의 안정적인 공급을 위해 노력함
</td>
</tr>
</table>

## (2) 미션 및 비전

① 미션

친환경 에너지로 삶을 풍요롭게

② 비전

탄소중립 청정에너지 리더

### (3) 전략목표

| 低탄소·청정e 기반 사업성과 창출 | 효율성 기반 공공가치 창출 |
|---|---|
| • 매출액 21.8조 원(해외사업 3.6조 원)<br>• WANO PI 98점(글로벌 1위)<br>• 해외 원전 신규 수주 10기+$\alpha$<br>• 신재생에너지 설비용량 9.8GW<br>• 청정수소 생산량 33만 톤 | • 중대재해 Zero<br>• 온실가스 감축 1.1억 톤<br>• 지역수용성 75점 |

### (4) 전략방향 및 전략과제

| 안전 기반 원전 경쟁력 확보 | 세계 최고 수준 원전 안전성 강화 등 5개 과제 |
|---|---|
| 차별적 해외사업 수주 | 원전 수출 역량 강화 등 6개 과제 |
| 그린 융복합 사업 선도 | 수력·양수 미래 성장동력 창출 등 7개 과제 |
| 지속성장 기반 강화 | 자원배분 최적화 등 7개 과제 |

## 02 원자력

## 1. 원자력안전

### (1) 원자력안전 개요

① 안전목표 : "방사선 재해로부터 국민의 생명과 재산을 보호하는 것"

   ㉠ 원자력안전 목표 : 개인, 사회, 환경보호
- 원전에서의 방사선재해에 대한 효과적인 방호대책 수립 및 유지

   ㉡ 방사선 방호 목표 : 작업종사자 및 대중보호
- 정상운전 시 : 발전소 내 방사선 피폭과 외부로 방사성물질의 배출 제한
- 사고 시 : 방사선 피폭의 정도를 완화

   ㉢ 기술 안전 목표 : 원자력 시설의 안전 확보
- 높은 신뢰도 확보를 통한 사고예방
- 설계 시 고려된 모든 사고에 대한 방사능 피해 최소화
- 중대사고의 가능성이 극히 적도록 보장

② 심층방어(Defense in Depth) : 이상상태의 발생을 방지, 이상상태 발생 시 확대 억제, 사고로 진전 시 그 영향 최소화 및 주변 주민 보호를 위해 사고의 진전 단계마다 적절한 방어체계를 갖추는 것

   ㉠ 심층방어 전략 : 다단계 방호+다중방벽

   ㉡ 다단계 방호(Multiple Levels of Protection) : 정상상태 유지, 이상상태 조기대응, 사고방지, 사고완화, 소외 대응조치(5단계)

| 단계 | 목표 | 핵심수단 |
|---|---|---|
| 1단계 | 이상 작동 및 고장 예방 | 보수적인 설계, 고품질 건설 및 운전 |
| 2단계 | 이상 상태의 제어 및 고장 탐지 | 제어 및 보호계통, 감시 설비 |
| 3단계 | 설계기준 범위 내에서 사고 제어 | 공학적 안전 설비 및 사고 관리 |
| 4단계 | 사고의 진행 방지 및 완화를 포함한 중대사고 제어 | 추가적 안전 설비 및 사고 관리 |
| 5단계 | 방사성 물질의 대량 누출로 인한 방사선 영향 완화 | 소외 비상조치 |

　　ⓒ 다중방벽(Multiple Barriers) : 방사성물질이 발전소 외부로 누출되는 것을 방지하기 위하여 여
　　러 겹의 방호벽을 설치하는 것
　③ 안전설비
　　㉠ 사고예방설비 : 원자로보호계통, 원자로정지계통, 비상노심냉각계통
　　ⓒ 사고완화설비 : 원자로격납건물, 원자로격납건물 살수계통(Spray System), 공기재순환계통, 비
　　상 가스 처리계통
　　ⓒ 안전설비 설계특성 : 다중성(Redundancy), 독립성(Independence), 다양성(Diversity), 견고성
　　(Durability), 운전 중 상시 점검기능(Testability), 고장 시 안전한 방향으로 작동(Fail to Safe)
　④ 안전관리 역할분담 : 원전 운영 및 관리가 관련 규정과 절차를 엄격하게 준수하도록 보증하기 위하
　여 사업자, 정부, 규제기관이 기능별, 단계별 안전관리 역할 분담

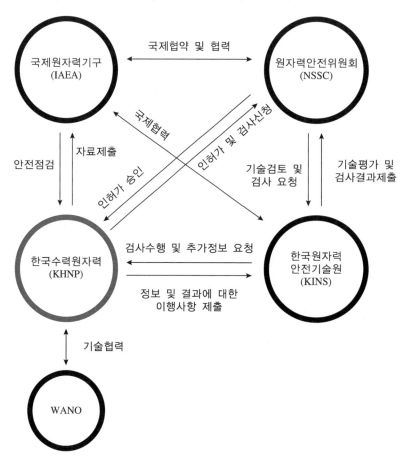

    ㉠ 정부
- 관련 법령을 통하여 원전 운영의 제반 안전요건과 지침을 제시
- 설계, 제작, 시공, 운전 등의 과정에서 인허가 심사 및 검사 수행

    ㉡ 규제기관
- 정부의 안전관리 활동 중 기술적 전문지식이 요구되는 부분을 정부로부터 위탁받아 수행

    ㉢ 사업자
- 원전의 안전에 대한 궁극적인 책임을 가지고 원전 현장에서 실무적인 안전관리 활동 수행

## (2) 원자력안전문화

① 원자력안전문화 정의 : "국민의 생명과 환경 보존을 위해 원자력안전을 어떠한 목표보다 우선시하는 조직 구성원들의 핵심가치와 행동"[원자력안전문화 증진 및 평가 절차(표준안전-1078A)]

② 원자력안전문화 10대 원칙

    ㉠ 모든 종사자는 원자력안전에 책임이 있다.

    ㉡ 모든 종사자는 자만하지 않고 지속적으로 의문을 제기한다.

    ㉢ 모든 종사자는 원자력안전에 중점을 두고 의사소통한다.

    ㉣ 리더는 원자력안전을 위한 의사결정과 행동으로 모범을 보인다.

    ㉤ 원자력안전에 관한 의사결정은 체계적이고 엄격해야 한다.

    ㉥ 신뢰와 존중의 업무 환경을 조성한다.

    ㉦ 지속적으로 학습할 수 있는 분위기를 조성한다.

    ㉧ 원자력안전에 영향을 줄 수 있는 문제를 즉시 확인하고 조치한다.

    ㉨ 원자력안전에 관한 우려사항을 자유롭게 제기할 수 있는 안전 중시 업무환경을 조성한다.

    ㉩ 원자력안전 유지를 위한 작업 활동을 계획하고 관리하는 프로세스를 운영한다.

## 2. 원전해체

## (1) 원자력안전 개요 및 추진전략

① 해체 개요

    ㉠ 해체 정의 : 시설운영을 영구적으로 정지한 후, 해당시설과 부지를 철거하거나 방사성오염을 제거함으로써 법 적용대상에서 배제하기 위한 모든 활동(원자력안전법 제2조 제24항)

    ㉡ 사업특성 : 방사선안전관리, 기계, 전기, 화학, 토건 등 여러 분야의 지식과 기술이 복합된 종합 엔지니어링·융합 기술

② 추진공정(안)

    ㉠ 원전해체는 영구정지 전 준비, 사용 후 핵연료 냉각 및 안전관리, 제염 및 해체, 부지복원의 순서로 추진(최소 15년 이상 소요)

    ㉡ 해체과정

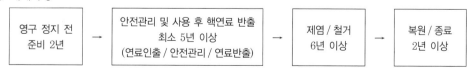

### (2) 해체기술

① 해체기술

 ㉠ 플랜트 철거, 기계, 제어 기술에 여러 분야의 지식과 기술이 복합된 종합엔지니어링·융합기술

 ㉡ 상용화된 일반산업 분야 기술을 접목하여 방사선환경하에서 최적화된 융합기술 개발

 ㉢ 고방사성의 극한 환경에서 적용하기 때문에 고도의 제염, 철거기술 및 원격제어기술 등 고난도의 기술 필요

② 공정 진행에 따른 분류

 ㉠ 설계 및 인허가 : 사업관리, 엔지니어링, 특성평가, 방사선 관리

 ㉡ 제염 : 물리적, 화학적, 전기적 제염

 ㉢ 해체 : 기계적 절단, 열적·전기적 절단, 원격제어

 ㉣ 폐기물처리 : 고체·액체·기체폐기물 처리, 특수폐기물 처리, 폐기물 재활용

 ㉤ 부지복원 : 잔류방사능 측정, 부지복원, 부지 규제해제

③ 기술 확보 내역

| 구분 | 세부 내용(시기) |
|---|---|
| 소규모 원자력 시설 | • 연구로 1·2호기(1997~), 우라늄변환시설(2001 ~ 2011) |
| 운영 원전 대형기기 교체 | • 증기발생기 교체 : 고리1(1998), 한울1(2012), 한울2(2011), 한울3(2014), 한울4(2013), 한빛3(2022), 한빛4(2018), 한빛5(2020), 한빛6(2021)<br>• 중수로 압력관 교체 : 월성1(2008 ~ 2011)<br>• 원자로 헤드 교체 : 고리1(2003), 고리2(2018), 한빛3(2015), 한빛4(2015), 한울2(2023) |

④ 기술개발 동향

 ㉠ 해외 기술개발 동향 : 원전해체 완료 경험을 바탕으로 기술의 안정성 및 경제성 향상을 통한 기술 경쟁력 확보에 주력하며, 일반 산업의 기술을 원전해체에 응용

 ㉡ 국내 기술개발 동향 : 기 개발된 기술의 고도화, 기술 실증, 세계 최초 중수로 상용로 원전해체 고유기술 확보, 4차 산업혁명 ICT 기반 융·복합 해체기술 개발 추진

## 3. 방사능 방재대책

### (1) 방사선 비상의 종류

① 방사선 비상 및 방사능 재난

원자력시설에서 방사성 물질 또는 방사선이 누출되거나 누출될 우려가 있어 긴급한 대응조치가 필요한 방사선 비상 상황을 방사선 비상이라 하며, 방사선 비상이 국민의 생명과 재산 및 환경에 피해를 줄 수 있는 상황으로 확대되어 긴급한 대응조치가 필요한 상황을 방사능 재난이라 함

② 방사선 비상의 종류

 ㉠ 백색비상 : 방사성물질 밀봉상태의 손상 또는 원자력시설의 안전 상태 유지를 위한 전원공급 기능에 손상이 발생하거나 발생할 우려가 있는 등의 사고로서 방사성 물질의 누출로 인한 방사성영향이 원자력시설의 건물 내에 국한될 것으로 예상되는 비상사태

 ㉡ 청색비상 : 백색비상 등에서 안전상태로의 복구기능의 저하로 원자력시설의 주요 안전 기능에 손상이 발생하거나 발생할 우려가 있는 등의 사고로서 방사성물질의 누출로 인한 방사선영향이 원자력시설 부지 내에 국한될 것으로 예상되는 비상사태

ⓒ 적색비상 : 노심의 손상 또는 용융 등으로 원자력시설의 최후방벽에 손상이 발생하거나 발생할 우려가 있는 사고로서 방사성물질의 누출로 인한 방사선영향이 원자력시설 부지 밖으로 미칠 것으로 예상되는 비상사태

③ 방사선 비상 시 행동요령 통보방법
  ㉠ 차량 가두방송
  ㉡ 텔레비전, 라디오
  ㉢ 민방위 경보망
  ㉣ 발전소 비상방송망(반경 약 5km 이내)
  ㉤ 전화

④ 방사선 비상 시 행동방법
  ㉠ 옥내 대피통보를 받았을 때
    • 집으로 돌아가 창문 및 장독대 등을 꼭 닫고, 음식물은 랩을 씌우거나 밀봉을 한다.
    • 에어컨이나 환풍기를 끄고, 밖에 있었다면 손과 얼굴을 씻거나 샤워를 한다.
  ㉡ 구호소 대피통보를 받았을 때
    • 복용 중인 약과 간단한 생필품을 준비하고, 가축 및 애완동물은 우리에 가둔 후 충분한 먹이를 준다.
    • 화재 등의 위험이 있는 전기, 환풍기, 수도꼭지, 보일러, 가스 등은 모두 끄거나 잠가야 한다.
    • 모든 출입문과 창문을 잠근 후 대피 완료 표시로 흰 수건을 걸어놓고, 집결지 또는 구호소로 가서 인적사항을 기록한다.

## (2) 방사능 방재훈련

① 훈련의 개요
원자력발전소의 방사능 방재훈련은 발전소의 사고완화 및 대처능력을 확인하고, 방재 관련기관 간 협조체계의 유효성을 점검하며, 주민 및 환경 피해의 최소화와 주민보호조치능력을 확인하기 위하여 실시하는 훈련으로, 훈련의 종류에 따라 중앙행정기관, 지방자치단체, 지정기관(원자력안전기술원, 원자력의학원, 군부대, 경찰서, 소방서 등), 지역주민 등이 다양하게 참여하여 실시하게 되며, 훈련 평가에서 나타난 미비점은 비상계획에 반영하여 비상 시 대응능력을 보완, 유지하게 됨

② 훈련의 종류
  ㉠ 연합훈련 : 중앙정부, 지방자치단체, 지정기관, 한수원(주) 등 국가 모든 방사능 방재 관계기관이 참여하는 국가 주도의 훈련
    • 훈련주기 : 1회/년
    • 훈련주관 : 원자력안전위원회
  ㉡ 합동훈련 : 지방자치단체, 지정기관, 한수원(주) 등이 참여하는 지자체 주도의 훈련
    • 훈련주기 : 부지별 1회/2년
    • 훈련주관 : 지방자치단체
  ㉢ 전체훈련 : 발전소 내 전 비상조직이 참여하는 훈련
    • 훈련주기 : 발전소별 1회/년
    • 훈련주관 : 한수원(주)
  ㉣ 부분훈련 : 발전소 내 비상조직별로 특정 주제를 선정하여 부분적으로 실시하는 훈련
    • 훈련주기 : 발전소별 1회/분기
    • 훈련주관 : 한수원(주)

## 1. 신·재생

### (1) 신·재생에너지

기존의 화석연료를 변화시켜 이용하거나 햇빛·물·지열·강수·생물유기체 등을 포함하는 재생 가능한 에너지를 변환시켜 이용하는 에너지

### (2) 신·재생에너지 종류

① 신에너지 : 수소에너지, 연료전지, 석탄을 액화 가스화 한 에너지 및 중질잔사유를 가스화한 에너지 등

  ㉠ 수소에너지 : 수소를 기체상태에서 연소 시 발생하는 폭발력을 이용하여 기계적 운동에너지로 변환하여 활용하거나 수소를 다시 분해하여 에너지원으로 활용하는 기술

  ㉡ 연료전지 : 수소, 메탄 및 메탄올 등의 연료를 산화(酸化)시켜서 생기는 화학에너지를 직접 전기에너지로 변환시키는 기술

  ㉢ 석탄가스화·액화 : 석탄, 중질잔사유 등의 저급원료를 고온, 고압하에서 불완전연소 및 가스화 반응시켜 일산화탄소와 수소가 주성분인 가스를 제조하여 정제한 후 가스터빈 및 증기터빈을 구동하여 전기를 생산하는 신발전기술

② 재생에너지 : 태양에너지, 풍력, 수력, 해양에너지, 지열에너지, 바이오에너지 등

  ㉠ 태양광 : 태양광발전시스템(태양전지, 모듈, 축전지 및 전력변환장치로 구성)을 이용하여 태양광을 직접 전기에너지로 변환시키는 기술

  ㉡ 태양열 : 태양열이용시스템(집열부, 축열부 및 이용부로 구성)을 이용하여 태양광선의 파동성질과 광열학적성질을 이용분야로 한 태양열 흡수·저장·열변환을 통하여 건물의 냉난방 및 급탕 등에 활용하는 기술

  ㉢ 풍력 : 풍력발전시스템(운동량변환장치, 동력전달장치, 동력변환장치 및 제어장치로 구성)을 이용하여 바람의 힘을 회전력으로 전환시켜 발생하는 유도전기를 전력계통이나 수요자에게 공급하는 기술

  ㉣ 바이오에너지 : 태양광을 이용하여 광합성 되는 유기물(주로 식물체) 및 동 유기물을 소비하여 생성되는 모든 생물 유기체(바이오매스)의 에너지

  ㉤ 폐기물에너지 : 사업장 또는 가정에서 발생되는 가연성 폐기물 중 에너지 함량이 높은 폐기물을 열분해에 의한 오일화기술, 성형고체연료의 제조기술, 가스화에 의한 가연성 가스 제조기술 및 소각에 의한 열회수기술 등의 가공·처리 방법을 통해 연료를 생산

  ㉥ 지열에너지 : 지표면으로부터 지하로 수 m에서 수 km 깊이에 존재하는 뜨거운 물(온천)과 돌(마그마)을 포함하여 땅이 가지고 있는 에너지를 이용하는 기술

  ㉦ 수력에너지 : 개천, 강이나 호수 등의 물의 흐름으로 얻은 운동에너지를 전기에너지로 변환하여 전기를 생산, 시설용량 5,000kW(5MW) 이하는 소수력 발전시설로 규정

  ㉧ 해양에너지 : 해수면의 상승하강운동을 이용한 조력발전과 해수의 조류흐름을 이용한 조류발전, 해안으로 입사하는 파랑에너지를 회전력으로 변환하는 파력발전, 해저층과 해수표면층의 온도차를 이용, 열에너지를 기계적 에너지로 변환 발전하는 온도차 발전이 있음

### (3) 추진전략

RPS
적극이행

- 경제성, 개발잠재성을 고려한 신규사
  업 적극 개발
- 지자체, 정부기관 공동개발 적극 참여

선택과
집중

- 회사특성에 맞는 전원개발에 선택과
  집중
- 국내 개발가능 자원특성을 고려한 최
  적전원 구성

RISK
관리

- 대규모 사업은 특수목적법인 지분참여
- 투자비 경감 및 사업비 리스크 분산

### (4) 사업목표

① 기업이념에 부합된 신·재생에너지에 선택과 집중

② RPS를 통하여 인간, 환경, 기술을 중시하는 글로벌 그린에너지 리더 실현

③ 국내 최대 공급의무자로서 의무목표를 완벽히 이행하여 RPS를 선도

## 2. 수력

### (1) 원리 및 이용

① 원리 : 하천 또는 호소(湖沼) 등에서 물이 갖는 위치에너지를 수차를 이용하여 기계에너지로 변환하고 이것을 다시 전기에너지로 변환하는 발전방식

② 이용 : 수력발전소는 외부의 전원 없이 자체 기동이 가능하며 짧은 시간 내에 전출력까지 송전할 수 있으므로 전 지역 광역정전 또는 일부지역 정전 시 인접한 계통으로부터 수전이 불가능하거나 수전에 30분 이상 소요될 때에는 정전된 지역 내의 자체 기동 발전소를 가동하여 전력계통에 전력을 공급함

### (2) 고려사항

① 댐의 합리적인 운영을 위해서는 "이수"와 "치수"라는 2가지 측면을 고려해야 한다.

| 측면 | 내용 |
|---|---|
| 이수적 측면 | 댐 저류량을 최대로 확보하고자 하면 홍수 조절에 위험부담을 가중 |
| 치수적 측면 | 홍수조절을 원활하게 하기 위하여 예비방류, 제한 수위 하향조정 등을 하게 되면 용수 이용 측면에서 불리 |

② 댐 운영(관리일원화)

㉠ 홍수조절(홍수관리 일원화) : 환경부 한강홍수통제소의 통제에 따라 수행

㉡ 용수공급(용수관리 일원화) : 댐 관리자, 물 수요자 및 전문가로 구성된 한강수계 댐과 보 등의 연계운영협의회의 용수공급(생활용수, 공업용수, 농업용수, 하천유지용수, 발전용수)

③ 홍수조절

| 요인 | 내용 |
|---|---|
| 기상학적 요인 | 1,245mm(74 ~ 03년 평균) 2/3가 하절기에 집중으로 홍수 발생 그 이외 기간에는 갈수 발생 |
| 지형학적 요인 | 국토의 70%가 산지로 급경사여서 홍수 시 평탄한 유역에 비해 홍수도달이 짧아지고 첨두유출량이 증가하여 홍수피해 가중 |
| 운영 방안 | 상류유역에 저수지를 건설하여 홍수 시 이를 저류하였다가 평상시 저류된 수량을 각종 용수로 사용 |

④ 용수공급

| 요인 | 내용 |
|---|---|
| 기상학적 요인 | 1인당 강수량은 세계평균의 11%에 불과하며 2/3가 우기(6 ~ 9월)에 집중되어 여름에는 홍수, 겨울과 봄철에는 가뭄 발생 |
| 지형학적 요인 | 1년간 내린 강수총량은 1,240억 톤이나 대부분 바다로 유실되고 실제로 이용되는 물은 이용가능량의 27%인 337억 톤에 불과 |
| 운영 방안 | 홍수기 말에 저장된 물을 다음 갈수기까지 가장 적절한 방법으로 분할 사용하는 것 |

⑤ 용수공급내용

| 종류 | 내용 |
|---|---|
| 댐 하류 취수장에서 용수공급 | 화천, 춘천, 의암, 청평, 팔당 |
| 광역상수도 용수공급 | 팔당댐 상류에서 $54.0\text{m}^3$/초(연간 약 $17$억$\text{m}^3$) |
| 용수공급 | 팔당댐 124톤/초 |

## 3. 양수

### (1) 양수발전의 원리

전력수요가 적은 심야의 저렴한 전력을 이용하거나 주간시간대 태양광으로 발생하는 과잉 출력을 저장하였다가 전력수요가 증가할 때 상부댐의 물을 하부댐으로 낙하시켜 전력을 생산하는 방식

### (2) 공정도

① 양수

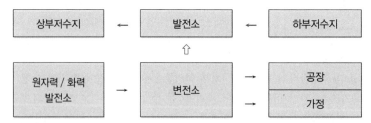

전력의 소비가 가장 적은 심야 또는 태양광, 풍력 등의 잉여 전기를 이용하여 하부저수지의 물을 상부저수지에 양수하여 저장하는 방식으로, 여러 가지 부하가 겹쳐져서 종합 수요가 커지는 시기에 발전함으로써 전력계통상의 전력 수요량의 일부를 담당하여 전체적인 발전효율을 향상함은 물론, 경제적인 전력계통의 운용효율을 높임

② 발전

상부저수지의 저장했던 물을 하부저수지로 낙하시켜 전력을 생산하는 방식으로, 기동시간이 짧고 부하속응성이 우수하며, 전력계통 보조서비스를 제공하여 전력계통의 돌발적인 사고 등에 적극적인 대처가 가능하므로 국가 전력수급상의 설비신뢰도 제고 및 양질의 전력공급에 중요한 역할을 담당함

### (3) 양수발전의 가치와 편익

① 경제적 전력공급

  ㉠ 대용량 기저발전원의 잉여 전기에너지 및 태양광발전소의 여유전력을 위치에너지(상부저수지물)로 변환시켜 저장하기 때문에 전기를 저장하고, 전력계통 전체로 보아 발전원가를 절감하게 됨

  ㉡ 전기수요의 변동에 따른 대용량 화력 및 원자력발전소의 출력변동으로 인한 기기의 수명단축, 효율 저하 등을 보완하여 이들 발전소의 열효율과 이용률 향상에 기여

② 전력계통 신뢰도 향상

  ㉠ 기동성이 타 에너지원의 발전설비보다 상대적으로 우수하고 대용량 발전소의 고장 시 또는 전력계통의 돌발적인 사고나 긴급한 부하변동으로 인하여 발생되는 예기치 못한 상황 등에 적극적인 대처가 가능하므로 국가 전력수급상의 신뢰도 제고 및 양질의 전력공급에 중요한 역할을 담당

  ㉡ 전력계통의 전압과 주파수 조절을 하며 고품질의 전력을 공급하는 역할을 함

③ 대규모 정전 시 최초 전력공급 : 대규모 정전 시 자체기동발전을 통하여 타 발전소에 최초로 전력을 공급해 주는 역할을 수행함

## 1. 친환경 경영

### (1) 추진전략

① 기본방향

㉠ 환경·안전 최우선 경영

㉡ 환경보전활동 선도, 환경정보 투명공개 및 이해관계자 협력

㉢ 국내외 환경기준 준수 및 환경 오염물질 최소화

② 주요사업

| 연도 | 사업 내용 |
|---|---|
| 2018년 | 전원전 환경안전분야 리스크 자체진단체계(표준지침) 개선 |
| | 녹색기업 유효기간 만료사업장 재지정 추진(산청·삼랑진·예천·청송양수) |
| | 기후변화 적응대책 이행평가 및 보고(환경부) |
| 2019년 | 녹색기업 유효기간 만료사업장 재지정 추진(월성·한울, 춘천수력) |
| | 폐수 유기물 관리지표 전환(COD → TOC) 대비 실태조사 및 자체기준 수립 |
| | 동해연안 냉수대 출현 예측정보 제공을 통한 수산양식 피해 저감 |
| 2020년 | 폐수처리시설 배관 건전성 평가 시행 |
| | 녹색기업 유효기간 만료사업장 재지정 추진(무주·양양양수) |
| | 국제기준의 ISO 14001 요구사항 준수 및 인증 갱신(유효기간 : 3년) |
| 2021년 | 녹색기업 유효기간 만료사업장 재지정 추진(산청·삼랑진·예천·청송양수) |
| | 해양폐기물 자원순환 인프라 구축 및 해양 정화사업 확대 |
| | 유해 화학물질 취급시설 안전진단 시행 |
| 2022년 | 기후위기적응 1차 종합대책('23~'27년) 수립 추진 |
| | 녹색기업 유효기간 만료사업장 재지정 추진(월성·한울, 춘천수력) |
| | 폐수저감 기술개발 및 유해물질 사용저감 운영개선 |

### (2) 지구온난화

① 최근의 기후변화 현상

㉠ 북반구의 봄과 여름의 빙산이 1950년 이래로 약 1 ~ 15% 감소

㉡ 지난 100년 동안 지구 해수면의 높이가 10 ~ 25cm 상승함으로 투발루, 키리바시 공화국의 일부 도서, 몰디브, 파푸아뉴기니 등 남태평양 섬나라가 물에 잠기고 있음

㉢ 폭염과 폭풍 등의 기상이변 및 사막화

② 지구온난화 현상

㉠ 지구온난화 현상

- 이산화탄소($CO_2$) 등과 같은 온실가스(Greenhouse Gas)의 증가로 인해 대기의 기온이 상승하는 현상

- 이러한 기후변화는 기상이변, 해수면 상승 등을 초래하여 사회·경제 분야에 지대한 영향을 끼침

㉡ 온실효과 메커니즘

- 태양에서 지구로 오는 빛에너지 중에서 약 34%는 구름이나 먼지 등에 의해 반사되고, 지표면에는 44% 정도만 도달함

- 지구는 태양으로부터 받은 이 에너지를 파장이 긴 적외선으로 방출하는데, 이산화탄소 등의 온실가스가 적외선 파장의 일부를 흡수함
- 적외선을 흡수한 이산화탄소 내의 탄소 분자는 들뜬 상태가 되고, 안정상태를 유지하기 위해 에너지를 방출하는데, 이 에너지로 인해 지구가 따뜻하게 됨

③ 온실가스와 이산화탄소

   ㉠ 온실가스의 종류 : 아산화질소($N_2O$), 수소불화탄소(HFCs), 과불화탄소(PFCs), 육불화황($SF_6$), 이산화탄소($CO_2$), 메탄($CH_4$)

   ㉡ 6대 온실가스

| 구분 | $CO_2$ | $CH_4$ | $N_2O$ | HFCs, PFCs, $SF_6$ |
|---|---|---|---|---|
| 배출원 | 에너지사용 산업공정 | 폐기물, 농업, 축산 | 산업공정 비료사용 | 냉매, 세척용 |
| 지구온난화지수 ($CO_2=1$) | 1 | 21 | 310 | 140 ~ 23,900 |
| 온난화기여도(%) | 55 | 15 | 6 | 24 |
| 국내 총배출량(%) | 91.7 | 3.8 | 2.0 | 2.5 |

   ㉢ 온실가스별 주요 특성

- 이산화탄소($CO_2$) : 주로 화석 연료와 삼림 등의 연소로 대기 중에 방출되며, 일단 방출되면 100년 이상 대기 중에 머무른다. 열을 흡수하는 기체로는 수증기 다음으로 풍부하다(지구 온난화 지수는 낮지만 전체 온실가스 중 80% 이상을 차지하므로 중요 온실가스로 고려되고 있음).
- 메탄($CH_4$) : 가축들의 배설물 및 범람원 등 주로 산소가 없는 환경에서 박테리아가 유기물을 분해할 때 생성된다. 일단 배출된 메탄은 대기 중에 10년 정도 분해되지 않고 머무르며, 열을 흡수하는 능력은 이산화탄소의 약 20 ~ 30배에 이른다.
- 염화불화탄소(CFCs) : 주로 냉장고, 에어컨 등의 냉매재, 절연체 및 반도체의 세척제, 그리고 각종 스프레이 제품에 사용된다. 일단 대기 중에 방출된 프레온 가스는 400년 이상 분해되지 않고 머무르며, 열을 흡수하는 능력은 이산화탄소의 1만 6천 배에 이른다.
- 아산화질소($N_2O$) : 일명 '웃음 가스(Laughing Gas)'로 알려진 아산화질소는 토양이나 화학비료, 그리고 화석 연료의 연소, 가축분뇨처리 등에서 배출되며, 대기 중에는 약 180년 동안 머무른다. 이산화탄소에 비해 150배 정도 열을 잘 흡수한다.

## (3) 기후변화협약

① 기후변화협약

   ㉠ 기본원칙

- 공동의 차별화된 책임 능력에 입각한 의무부담의 원칙(온실가스 배출에 역사적인 책임과 기술, 자정 능력이 있는 선진국이 선도적 역할을 강조)
- 개발도상국의 특수사정 배려의 원칙
- 기후변화의 예측, 방지를 위한 예방적 조치
- 모든 국가의 지속가능한 성장의 보장원칙

ⓒ 의무부담원칙
- 공통의무사항
  - 온실가스 배출감축을 위한 국가전략을 자체적으로 수립, 시행하고 공개
  - 온실가스 배출량 및 흡수량에 대한 국가 통계와 정책이행에 관한 국가보고서 작성 및 당사국총회(Conference of Parties)에 제출
- 특정의무사항
  - 공통, 차별화 원칙에 따라 협약 당사국을 Annex I, Annex II, 및 Non-Annex I 국가로 구분, 각기 다른 의무를 부담하도록 규정
ⓒ 국가군과 특정의무

| 구분 | 부속서 I(Annex I) 국가 | 부속서 II(Annex II) 국가 | 비부속서 I(Non-Annex I) 국가 |
|---|---|---|---|
| 국가 | 협약체결 당시 OECD 24개국, EU와 동구권 국가 등 40개국 | Annex I 국가에서 동구권 국가가 제외된 OECD 24개국 및 EU | 우리나라 등 |
| 의무 | 온실가스 배출량을 1990년 수준으로 감축 노력. 강제성을 부여하지 않음 | 개발도상국에 재정지원 및 기술이전 의무를 가짐 | 국가 보고서 제출 등의 협약상 일반적 의무만 수행 |

ⓒ 기후변화협약의 주요 내용

| 구분 | | 내용 |
|---|---|---|
| 목적(제2조) | | 지구온난화를 방지할 수 있는 수준으로 온실가스의 농도 안정화 |
| 원칙(제3조) | | • 형평성 : 공통의 차별화된 책임, 국가별 특수사정 고려 |
| | | • 효율성 : 예방의 원칙, 정책 및 조치, 대상온실가스의 포괄성, 공동이행 |
| | | • 경제발전 : 지속가능한 개발의 촉진, 개방적 국제경제체제 촉진 |
| 의무사항 | 공통의무사항 | 온실가스 배출동태 작성발표, 정책 및 조치의 이행(제4조 제1항), 연구 및 체계적 관측(제5조), 교육훈련 및 공공인식(제6조), 정보교환사항 |
| | 특정의무사항 | 배출원 흡수원에 관한 특정의무사항 : 1990년 수준으로 온실가스 배출 안정화에 노력(제4조 제2항) |
| 기구 및 제도 | 기구 | 재정지원 및 기술이전에 관한 특정공약(제4조 제3~5항) |
| | | 개도국의 특수상황 고려(제4조 제8~10항) / 당사국총회(제7조) / 사무국(제8조) / 과학기술 자문부속기구(제9조) / 이행자문기구(제10조) / 재정기구(제11조) |
| | 제도 | 서약 및 검토(Pledge and Review) 제도(제12조) : 국가보고서 제출 및 당사국 총회 검토 이행과 관련된 의문점 해소를 위한 다자간 협의 과정(제13조) 분쟁조정제도(제14조) |

② 교토의정서
ㄱ 의정서의 주요 내용
- 선진국(Annex I)의 구속력 있는 감축 목표 설정(제3조)
- 공동이행, 청정개발체제, 배출권거래제 등 시장원리에 입각한 새로운 온실가스 감축수단의 도입(제6조, 제12조, 제17조)
- 국가 간 연합을 통한 공동 감축목표 달성 허용(제4조)
ㄴ 온실가스 배출 세부사항 : 의정서에 따르면 기후변화협약 Annex I 국가들은 2008~2012년 기간 중 자국 내 온실가스 배출총량을 1990년대 수준 대비 평균 5.2% 감축하여야 함
- 대상국가 : 38개국(협약 Annex I 국가 40개국 중 1997년 당시 협약에 가입하지 않은 터키, 벨라루스 제외)
- 목표 연도 : 2008~2012년

- 감축 목표율 : 1990년 배출량 대비 평균 5.2% 감축(각국의 경제적 여건에 따라 −8% ∼ +10%까지 차별화된 감축량 규정)
- 감축대상 온실가스 : $CO_2$, $CH_4$, $N_2O$, HFCs, PFCs, $SF_6$ 6종(각국 사정에 따라 HFCs, PFCs, $SF_6$ 가스의 기준연도는 1995년도 배출량 이용 가능)
- 온실가스 배출원 : 에너지 연소, 산업공정, 농업업, 폐기물 등으로 구분
- 온실가스 감축 도입 수단 : 교토 메커니즘 도입

ⓒ 발효요건
- 55개국 이상의 협약 당사국들이 비준서를 기탁해야 함
- 그중 비준서를 기탁한 부속서 Ⅰ 국가들의 1990년 기준 이산화탄소 배출량의 합이 전체 부속서 Ⅰ 국가들의 1990년 기준 이산화탄소 배출량의 55% 이상을 차지해야 함

ⓔ 교토 메커니즘
- 도입경위 : 대부분 선진국들은 온실가스 배출량이 계속 증가하고 있어 국내적 수단에만 의존하여 감축목표를 달성하는 경우 경제적 비용이 막대할 것으로 분석, 이를 최소화하기 위해 시장성(또는 신축성) 원리가 도입된 교토 메커니즘을 고안. 공동이행제도, 청정개발제도 및 배출권거래제도가 이에 속함
- 공동이행제도(JI; Joint Implementation) : 교토의정서 제6조에 규정된 제도로써 선진국인 A국이 선진국인 B국에 투자하여 발생된 온실가스 감축분의 일정분을 A국의 배출저감 실적으로 인정하는 제도 온실가스 대상 물질 등을 명시
- 청정개발체제(CDM; Clean Development Mechanism) : 교토의정서 제12조에 규정된 것으로 선진국이 개도국과 공동이행(JI)을 통하여 발생되는 온실가스 배출감축분을 자국의 감축실적에 반영할 수 있도록 하는 동시에 부담금(User Fee)을 납부토록 하여, 이를 청정개발체제운영비 및 개도국의 기후변화에도 적응비용에 충당하는 제도. 청정개발체제는 공동이행제도와는 달리 1차 의무기간(2008 ∼ 2012년) 이전의 조기감축활동(Early Action)을 인정하는데, 2000 ∼ 2007년에 발생한 CERs(Certified Emission Reductions, CDM 사업을 통해 인정받은 온실가스 감축량)을 소급하여 인정
- 배출권리거래제(ET; Emision Trading) : 교토의정서 제17조에 규정된 제도로서 온실가스 감축의무가 있는 국가에 배출 쿼터를 부여한 후, 동 쿼터를 초과한 경우 배출권을 구매하고, 미달하는 경우 잉여분을 판매하도록 하는 제도. 미국의 경우, 국내에서만 감축의무를 이행하는 경우 저감비용이 530억 불이 소요되나, Annex Ⅰ 국가 간 배출권 거래가 이루어지는 경우 동비용이 270억 불, 개도국이 참가하는 경우 120억 불로 각각 줄어들 것으로 전망

③ 정부대응
ⓐ 정부 기후변화 대응 추진 과정
- 1998년 범정부 대책기구 구성, 2001년 기후변화협약 대책위원회(위원장 : 국무총리)로 확대·개편
- 부처별 대책반 구성 및 3년 단위 기후변화 정부대책 수립
- Post − 교토의정서 대응을 위한 기후변화 4차 종합대책 추진
- 신기후체제 출범에 따른 국가차원의 대응을 위한 제1차 기후변화대응 기본계획 수립

ⓛ 제1차 기후변화대응 기본계획
- 국무총리 주재 국무회의에서 심의 확정(2016. 12.)
- 계획기간 / 주기 : 20년(2017 ~ 2036년) / 5년
- 비전 : 효율적 기후변화 대응을 통한 저탄소 사회 구현
- 주요과제
  - 저탄소 에너지정책으로의 전환
  - 탄소시장 활용을 통한 비용효율적 감축
  - 기후변화대응 신산업 육성 및 신기술 연구투자 확대
  - 이상기후에 안전한 사회 구현
  - 탄소 흡수 및 자원 순환 기능 증진
  - 신기후체제 대응을 위한 국제협력 강화
  - 범정부적 실천기반 마련
- 기대효과
  - 저탄소 에너지의 보편화
  - 기후산업의 주류화
  - 기후 변화에 안전한 국민생활
  - 저탄소 생활 실천 및 성과확산

## 2. 사회공헌

### (1) 사회공헌 소개

① 비전·핵심가치
  ㉠ 비전 : 모두가 안전하고 행복한 세상
  ㉡ 핵심가치

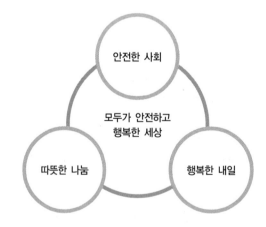

② 미션·활동영역

　㉠ 미션 : 나눔의 온기, 희망찬 미래

　㉡ 활동영역

| 미래세대 투자 | 안전사회 구축 | 취약계층 지원 | 공감가치 형성 |
|---|---|---|---|
| ● 아동복지시설「안심카 플러스」<br>●「지역아동센터 행복나눔」<br>● 자립준비청년「열여덟 혼자서기」 | ● 안전 취약 지역「안심가로등 플러스」<br>● 긴급구호물품「안심구호키트」 | ● 에너지 취약계층 보호지원 사업<br>● 퇴직 임직원 참여「시니어 봉사단」 | ●「글로벌 봉사단」 |

## (2) 추진사업

① 미래세대 투자

　㉠ 아동복지시설「안심카 플러스」

　　• 사업기간 : 2023. 5. ~ 2024. 4.

　　• 사업내용 : 아동복지시설에 통학용차량 지원

　　• 지원대상 : 전국 지역아동센터를 및 아동복지시설

　　• 선정방법 : 지원대상 선정을 위한 별도 심사위원회 구성

　㉡「지역아동센터 행복나눔」

　　• 사업내용 : 기초학습, 특성화 프로그램, IT Zone, 도서관 설치, 위기가정 지원, 인재양성 프로그램, 홍보관 견학 등

　　• 지원대상 : 전국 지역아동센터

　　• 선정방법 : 지원대상 선정을 위한 별도 심사위원회 구성

　　• 세부 추진절차 : 1) 전국 지역아동센터 대상 사업 공모 신청
　　　　　　　　　　　　2) 1차 서류 심사 및 2차 실사 평가 후 최종 수혜 센터 선정

　㉢ 자립준비청년「열여덟 혼자서기」

　　• 정착지원금과 자립수당 등의 생활안정지원, 장학금, 인턴십 프로그램, 경제교육 등을 제공

　　• 퇴소 전 단계의 자립준비 아동들에게 학습지원, 진로탐색교육, 멘토링, 자립체험캠프 등을 제공

② 안전사회 구축

    ㉠ 안전 취약지역「안심가로등 플러스」

- 사업기간 : 2023. 9. ~ 2024. 4.
- 사업내용 : – 안전 취약지역·학교에 친환경에너지(태양광, 풍력) 가로등 설치
                    – 설치지역 내 위기가정 긴급지원(생계비, 의료비 등)
- 수혜대상 : 운영위원회 통해 전국 9개 지역을 선정해 총 420본의 가로등을 설치
- 추진방식 : 비영리 복지기관과의 협약 및 협업(2022년 협업기관 : 대중소기업농어업협력재단, 밀알복지재단)
- 선정방법 : 전문가로 구성된 심사위원단이 평가 기준에 따라 1차 심사(서류), 현장실태조사 및 2차 최종심사
    – 취약계층 거주비율, 재정자립도, 가로등 설치가능 환경, 시급성 등을 종합적으로 판단하여 선정

    ㉡ 긴급 구호 물품「안심구호키트」

- 이재민들을 위한 의약·구급 용품과 담요, 수건, 세안 용품 등 생필품 및 간편식품 등으로 구성

③ 취약계층 지원

    ㉠ 에너지 취약계층 보호지원사업

- 노인, 저소득층 가구 등 에너지 취약계층의 시원한 여름나기와 따뜻한 겨울나기를 위하여 냉온풍기, 연탄, 보일러, 난방유, 방한용품 등을 지원
- 임직원이 함께하는 연탄배달봉사를 시행

    ㉡ 퇴직 임직원 참여「시니어봉사단」

- 퇴직 임직원의 경험과 재능을 활용한 다양한 봉사활동을 통해 소외된 이웃에 도움의 손길을 펼치고 나눔문화를 확산하고자 2013년부터 시니어봉사단을 운영
- 200여명의 퇴직 임직원이 교육봉사, 급식봉사 등 연간 평균 139회, 4180여 시간의 봉사

④ 공감가치 형성

    ㉠ 글로벌 봉사활동

- 2013년부터 2017년까지 원전 수출 잠재 대상국인 베트남 오지마을을 방문해 교육, 환경, 의료보건, 빗물 식수 설비 설치 등을 지원
- 2017년부터 2019년까지 신규 원전 수출 대상국인 체코의 두코바니 주변 지역을 대상으로 근로봉사, 교육 봉사활동 및 한국 문화교류 활동 실시
- 2020년과 2021년은 코로나19 팬데믹의 영향으로 봉사단 파견을 대신하여 현지 복지기관 대상 필요물품 지원
- 2022년 글로벌 봉사활동 재개, 체코 트레비치시에서 근로봉사 및 현지 주민 대상 한국의 문화 알리는 문화교류 프로그램 시행

## 3. 사업자 지원사업

### (1) 사업개요

① 개요 : 발전소주변지역 지원에 관한 법률 제13조의2, 동법 시행령 제27조의2, 사원자지원사업 업무 처리지침에 따라 지원 근거 마련. 전원개발 촉진과 발전소의 원활한 운영을 도모하고 지역발전에 기여함을 목적으로 한수원 자기자금으로 시행하는 지원사업

② 목표ㆍ추진전략

ㄱ) 목표 : 지역과 함께 따뜻한 공동체를 만들어가는 KHNP

ㄴ) 추진전략

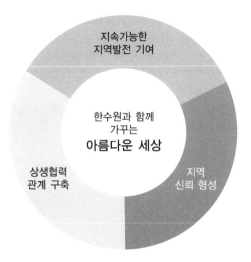

③ 대상지역 : 발전소 주변지역(발전기로부터 반지름 5km 이내의 육지 및 섬마을이 속하는 읍ㆍ면ㆍ동)

④ 사업주체 : 한국수력원자력

⑤ 시행기간 : 발전소의 건설 및 가동기간(시행령 제27조의2 제7항)

### (2) 사업자 지원사업의 종류

① 교육ㆍ장학지원

② 지역경제협력

③ 주변환경개선

④ 지역복지사업

⑤ 지역문화진흥사업

⑥ 그 밖의 사업

# 02 | 한국사 적중예상문제

정답 및 해설 p.060

**01** 다음 중 밑줄 친 왕의 업적으로 옳은 것은?

> 왕이 이르기를, "양평군 허준은 일찍이 의방(醫方)을 찬집(撰集)하라는 선황의 특명을 받아 몇 년 동안 자료를 수집하였고, 심지어 유배되어 옮겨 다니는 가운데서도 그 일을 쉬지 않고 하여 이제 비로서 책으로 엮어 올렸다. 이에 생각건대, 선왕 때 명하신 책이 과인이 계승한 뒤에 완성을 보게 되었으니, 내가 비감(悲感)한 마음을 금치 못하겠다. 허준에게 말 한 필을 직접 주어 그 공을 보답하고 속히 간행하도록 하라."라고 하였다.

① 명과 후금 사이에서 중립 외교를 펼쳤다.
② 탕평비를 세워 붕당 정치의 폐해를 경계하였다.
③ 초계문신제를 시행하여 문신들을 재교육하였다.
④ 6조 직계제를 처음 실시하여 왕권을 강화하였다.

**02** 다음과 같이 왕명을 받아 편찬한 책에 대한 설명으로 옳지 않은 것은?

> 신 부식은 아뢰옵니다. 옛날에는 여러 나라도 각각 사관을 두어 일을 기록하였습니다. 해동의 삼국도 지나온 세월이 장구하니, 마땅히 그 사실이 책으로 기록되어야 하므로 마침내 늙은 신에게 명하여 편집하게 하셨사오나, 아는 바가 부족하여 어찌 할 바를 모르겠습니다.

① 현존하는 우리나라의 역사서 가운데 가장 오래된 것이다.
② 기전체로 서술되어 본기, 지, 열전 등으로 나누어 구성되었다.
③ 고구려 계승의식보다는 신라 계승의식이 좀 더 많이 반영되었다고 평가된다.
④ 몽골 침략의 위기를 겪으며 우리의 전통 문화를 올바르게 이해하려는 움직임에서 편찬되었다.

**03** 다음과 같은 풍속이 행해진 국가의 사회모습에 대한 설명으로 옳은 것을 〈보기〉에서 모두 고르면?

> (가) 살인자는 사형에 처하고 그 가족은 노비로 삼았다. 도둑질을 하면 12배로 변상케 했다. 남녀 간에 음란한 짓을 하거나 부인이 투기하면 모두 죽였다. 투기하는 것을 더욱 미워하여, 죽이고 나서 시체를 산 위에 버려서 썩게 했다. 친정에서 시체를 가져가려면 소와 말을 바쳐야 했다.
> (나) 귀신을 믿기 때문에 국읍에 각각 한 사람씩 세워 천신에 대한 제사를 주관하게 했다. 이를 천군이 라 했다. 여러 국(國)에는 각각 소도라고 하는 별읍이 있었다. 큰 나무를 세우고 방울과 북을 매달아 놓고 귀신을 섬겼다. 다른 지역에서 거기로 도망쳐 온 사람은 누구든 돌려보내지 않았다.
> — 『삼국지』

**보기**

ㄱ. (가) : 왕 아래에는 상가, 고추가 등의 대가가 있었다.
ㄴ. (가) : 농사가 흉년이 들면 국왕을 바꾸거나 죽이기도 하였다.
ㄷ. (나) : 제천행사는 5월과 10월의 계절제로 구성되어 있었다.
ㄹ. (나) : 동이(東夷) 지역에서 가장 넓고 평탄한 곳이라 기록되어 있었다.

① ㄱ, ㄴ  ② ㄴ, ㄷ
③ ㄴ, ㄹ  ④ ㄷ, ㄹ

**04** 다음 건의를 받아들인 왕이 실시한 정책으로 옳은 것은?

> 임금이 백성을 다스릴 때 집집마다 가서 날마다 그들을 살펴보는 것이 아닙니다. 그래서 수령을 나 누어 파견하여, (현지에) 가서 백성의 이해(利害)를 살피게 하는 것입니다. 우리 태조께서도 통일한 뒤에 외관(外官)을 두고자 하셨으나, 대개 (건국) 초창기였기 때문에 일이 번잡하여 미처 그럴 겨를 이 없었습니다. 이제 제가 살펴보건대, 지방 토호들이 늘 공무를 빙자하여 백성들을 침해하며 포악 하게 굴어, 백성들이 명령을 견뎌내지 못합니다. 외관을 두시기 바랍니다.

① 서경 천도를 추진하였다.
② 5도 양계의 지방 제도를 확립하였다.
③ 지방 교육을 위해 경학박사를 파견하였다.
④ 유교 이념과는 별도로 연등회, 팔관회 행사를 장려하였다.

**05** 다음 중 조선 전기 경제정책에 대한 설명으로 옳지 않은 것은?

① 조선은 유교적 민본 정치의 핵심이 되는 민생안정을 위하여 농본주의 정책을 펼쳤다.

② 한양과 지방의 수공업자를 별도의 장적에 등록하여 관리하였다.

③ 조선 초에 저화라는 지폐를 유통시켰으며 조선 후기까지 민간에서 활발히 유통되었다.

④ 세종 때 전분6등법, 연분9등법을 실시하여 전조(田租)를 토지의 비옥도나 풍흉에 따라 차등 징수하였다.

**06** 다음 자료에 대한 설명으로 옳은 것을 〈보기〉에서 모두 고르면?

> 신라 말기에 승려 혜린이 이 절 이름을 길상(吉祥)이라 하였는데, 보조국사 지눌이 정혜사(定慧社)를 이곳으로 옮겨와 수선사(修禪社)라고 칭하고 도(道)와 선(禪)을 닦기 시작하면서 큰절로 중건하였다.

보기
> ㄱ. 화엄사상을 정립하였고, 화엄일승법계도를 남겼다.
> ㄴ. 단번에 깨닫고 꾸준히 실천하자는 돈오점수를 강조하였다.
> ㄷ. 국청사를 창건하고 천태종을 창시하였다.
> ㄹ. 독경과 선의 수행, 노동에 고루 힘쓰자는 결사운동을 전개하였다.

① ㄱ, ㄴ      ② ㄱ, ㄷ

③ ㄴ, ㄷ      ④ ㄴ, ㄹ

**07** 다음 중 삼국의 항쟁을 시기순으로 바르게 나열한 것은?

> ㄱ. 신라가 한강 유역과 함경도 일부 지역까지 영토를 확장하였다.
> ㄴ. 백제가 마한의 잔여 세력을 복속시키고 전라도 지역 전체를 확보하였다.
> ㄷ. 백제가 신라의 대야성을 비롯한 40여 성을 빼앗았다.
> ㄹ. 고구려가 남한강 유역까지 진출하면서 중원고구려비를 세웠다.

① ㄴ - ㄷ - ㄹ - ㄱ      ② ㄴ - ㄹ - ㄱ - ㄷ

③ ㄹ - ㄱ - ㄴ - ㄷ      ④ ㄹ - ㄴ - ㄱ - ㄷ

**08** 다음 중 (가), (나)에 대한 설명으로 옳지 않은 것은?

> • 임금과 신하들이 인재를 어떻게 뽑을까 의논하였다. 그래서 여러 사람들을 모아 함께 다니게 하고 그 행실과 뜻을 살펴 등용하였다. 그러므로 김대문이 쓴 책에서 "우리나라의 현명한 재상과 충성스러운 신하, 훌륭한 장수와 용감한 병졸은 모두 (가)에서 나왔다."라고 하였다.
> • (나)은/는 예부에 속한다. 경덕왕이 태학으로 이름을 고쳤다. 박사와 조교가 예기·주역·논어·효경을 가르치고, 9년이 되도록 학업에 진척이 없는 자는 퇴학시킨다.

① (가)에서는 귀족과 평민이 함께 활동하였다.
② (가)는 원시 사회의 청소년 집단에서 기원하였다.
③ (나)에는 7품 이상 문무 관리의 자제가 입학하였다.
④ (나)는 유학 교육을 위하여 신문왕 때 설치하였다.

**09** 다음 중 (가), (나) 제도에 대한 설명으로 옳은 것은?

> (가) 신라왕 김부가 와서 항복하자 신라국을 없애 경주라 하고, 김부를 경주의 사심(事審)으로 임명하여 부호장 이하 관직 등을 주관토록 하였다.
> (나) 국초에 향리의 자제를 뽑아 개경에서 볼모로 삼고 또한 출신지의 일에 대한 자문에 대비하도록 하였는데, 이를 기인(其人)이라 하였다.
>
> – 『고려사』

① (가) : 중국 후주 출신인 쌍기의 건의로 도입되었다.
② (가) : 젊고 유능한 관리를 재교육하기 위해 시행되었다.
③ (나) : 5품 이상 문무 관리를 대상으로 마련되었다.
④ (가), (나) : 지방 세력에 대한 통제를 목적으로 실시되었다.

**10** 다음 상황 이후에 전개된 사실로 옳은 것은?

> 거란이 군사를 돌려 연주 · 위주에 이르자 강감찬 등이 숨었다가 공격하여 500여 급을 베었다. 2월에 거란군이 귀주를 지날 때 강감찬 등이 동쪽 교외에서 맞아 싸웠다. … 아군이 기세를 타고 맹렬하게 공격하니 거란군이 패하여 달아났다. 아군이 쫓아가며 공격하니 석천을 건너 반령에 이르기까지 거란군의 시신이 들판에 널렸고, 사로잡은 포로와 획득한 말 · 낙타 · 갑옷 · 무기는 헤아릴 수 없이 많았다.
>
> － 『고려사』

① 거란에 의해 발해가 멸망하였다.
② 외침에 대비하여 광군이 조직되었다.
③ 서희의 활약으로 강동 6주를 획득하였다.
④ 압록강에서 도련포까지 천리장성을 축조하였다.

**11** 다음 중 고려를 건국한 태조 왕건의 왕권 강화 정책에 대한 설명으로 옳은 것은?

① 노비안검법과 과거 제도를 실시함으로써 지방 호족의 권력을 약화시키고 왕권을 강화하고자 했다.
② 격렬한 붕당의 갈등을 탕평책으로 진화시키고 공론을 장악하여 왕권 강화를 도모했다.
③ 비판 세력을 견제하기 위해 경연과 집현전을 폐지하고 조직 개편을 통해 왕권 강화에 힘썼다.
④ 지방의 토착 세력들과 혼인 관계를 맺고, 사성(賜姓) 제도를 통해 왕(王)성을 하사함으로써 왕실과 유사 가족 관계를 맺는 것으로 정치적 안정을 노렸다.

**12** 다음 글에서 밑줄 친 기구의 명칭으로 옳은 것은?

> "요즈음 여기에서 큰일이건 작은 일이건 모두 취급합니다. 의정부는 한갓 헛이름만 지니고 6조는 할 일을 모두 빼앗기고 말았습니다. 이름은 '변방 방비를 담당하는 것'이라고 하면서 과거에 대한 판정이나 비빈 간택까지도 모두 여기서 합니다."

① 비변사                    ② 의정부
③ 훈련도감                  ④ 병조

**13** (가)와 (나)에 나타난 사상에 대하여 탐구 활동을 하려고 한다. 다음 중 탐구 주제로 옳은 것은?

> (가) 불교를 믿는 것은 수신(修身)의 근본이요, 유교를 받드는 것은 치국(治國)의 근원입니다. 수신은 내세의 생을 위한 것이고, 치국은 오늘날의 중요한 일인데, 오늘날은 아주 가깝고 내세는 아주 멀리 있으니, 가까이 있는 것을 버리고 멀리 있는 것을 구하는 것은 그릇된 행동이 아니겠습니까?
>
> — 『고려사절요』
>
> (나) 고려 말에 조준 등이 아뢰기를, "태조께서 즉위한 뒤 신하들에게 '최근 민에 대한 수탈이 가혹하여 사람들이 너무 살기 어렵다. 지금부터는 수확량의 10분의 1을 걷도록 하라.'고 하셨습니다. … 그러나 근래에 토지 1무(畝)의 주인이 5, 6명이 넘고, 1년의 조(租)를 8, 9번씩이나 거두어 무고한 백성들이 사방으로 유랑하고 있으니 이것이 사전의 폐해입니다. … "라고 하였다.
>
> — 『고려사』

① 연등회와 팔관회의 의미
② 북진 정책의 사상적 근거
③ 지주 전호제의 폐단과 개선안
④ 민본 이념을 바탕으로 한 정치 사상

PART 4

**14** 다음 글을 바탕으로 파악한 당시의 사회상으로 옳지 않은 것은?

> 천인도 돈으로 천역을 면제하고 양인이 될 수 있었다. 또한 공물 대신 쌀로 바치게 하는 납세제도가 시행되었으며, 동전 등으로 대납할 수 있었다. 이를 관장하는 선혜청을 설치하였다.

① 공명첩이 발행되었다.
② 대동법이 시행되었다.
③ 해동통보, 건원중보가 발행되었다.
④ 상품 작물이 재배되었다.

**15** 다음 중 밑줄 친 왕의 재위 기간에 있었던 일로 옳은 것을 〈보기〉에서 모두 고르면?

> 왕이 백관을 불러 금나라를 섬기는 문제에 대한 가부를 의논했는데 모두 섬길 수 없다고 하였다.
> 그런데 이자겸과 척준경 둘만이 말하기를, "금나라가 날로 강해질 뿐 아니라 우리 국경과 인접해
> 있어 섬기지 않을 수 없습니다. 또 작은 나라가 큰 나라를 섬기는 것은 옛날 제왕이 취한 도리니,
> 마땅히 사신을 먼저 보내 방문해야 합니다."라고 하니 그대로 따랐다.
>
> — 『고려사』

**보기**

ㄱ. 수도를 강화도로 옮겼다.
ㄴ. 노비안검법을 시행하였다.
ㄷ. 묘청이 서경 천도를 주장하였다.
ㄹ. 김부식이 「삼국사기」를 편찬하였다.

① ㄱ, ㄴ

② ㄱ, ㄷ

③ ㄴ, ㄹ

④ ㄷ, ㄹ

# 03 | 회사상식·한국사
# 기출복원문제

정답 및 해설 p.063

**01** 다음 중 한국수력원자력에 대한 설명으로 옳은 것을 〈보기〉에서 모두 고르면?

> **보기**
> ㄱ. 한국수력원자력의 비전은 '탄소중립 청정에너지 리더'이다.
> ㄴ. 한국수력원자력의 2036년 탄소중립 중장기 전략 중 온실가스의 목표 감축량은 1.1억 톤이다.
> ㄷ. 한국수력원자력의 ESG 경영 슬로건은 'Clean & Smart 에너지 리더'이다.
> ㄹ. 한국수력원자력의 핵심 가치는 '안전 최우선', '상호 존중', '사회적 책임' 3가지이다.

① ㄱ, ㄴ　　　　　　　② ㄱ, ㄷ
③ ㄴ, ㄷ　　　　　　　④ ㄷ, ㄹ

**02** 다음 글에서 설명하는 기후 협약은?

> 2015년에 채택된 기후 협약으로, 지구의 평균 온도가 산업화 이전에 비해 2도 이상 상승하지 못하게 하고, 이산화탄소 순 배출량 0을 목표로 각 국가가 스스로 온실가스 감축목표를 설정하고 이행하게 하는 협약이며, 기존의 기후협약과 달리 종료 시점이 없는 협약이다.

① 파리 협정　　　　　　② 교토 의정서
③ 몬트리올 의정서　　　④ 유엔 기후변화 협약

**03** 다음 중 한국수력원자력의 인재상으로 옳지 않은 것은?

① 기본에 충실한 인재　　② 배려하는 상생 인재
③ 글로벌 전문 인재　　　④ 혁신을 선도하는 인재

**04** 2023년 말 기준 한국수력원자력이 국내에서 생산하는 전력량은 국내 총전력량의 몇 %인가?

① 약 28.4%                    ② 약 31.56%

③ 약 34.5%                    ④ 약 37.29%


**05** 다음 중 한국수력원자력에서 사용하는 발전설비가 아닌 것은?

① 양수                         ② 태양광

③ 풍력                         ④ 화력


**06** 다음 중 우리나라에 있는 원자력발전소의 이름으로 옳지 않은 것은?

① 고리                         ② 나라

③ 한빛                         ④ 한울


**07** 다음 중 수력발전에 대한 설명으로 옳지 않은 것은?

① 무공해 청정에너지이다.

② 외부의 전원없이 자체 기동이 가능하다.

③ 발전기의 출력은 낙차와 수량과의 곱에 비례한다.

④ 원자력발전보다 부하변동에 대한 속응성이 나쁘다.


**08** 다음 중 한국수력원자력의 전략방향으로 옳지 않은 것은?

① 안전 기반 원전 경쟁력 확보      ② 차별적 해외사업 수주

③ 그린 융복합 사업 선도          ④ 뉴딜 기반 미래경영

**09** 다음 글에서 설명하고 있는 원전설비의 원칙은?

> 원자력발전소의 안전성을 확보하는 주요 계통은 정지냉각계통과 안전주입계통, 원자로건물 살수계통이 있다. 이 중 안전주입계통은 원자로가 자동 정지된 상태에서도 원자로를 순환하는 1차 냉각재가 급격히 감소하거나 냉각재 압력이 비정상으로 떨어지게 되었을 때, 고농도 붕소를 포함한 냉각재를 자동으로 주입해 핵분열 연쇄반응이 발생하지 못하게 하고 핵연료의 열도 식혀주는 역할을 한다. 만에 하나 작동이 되지 않을 경우를 대비하여 같은 용량, 같은 기능의 설비를 이중으로 설치하여 작동될 수 있도록 설계가 되어 있다.
> … 생략 …

① 다중성                      ② 다양성
③ 견고성                      ④ 독립성

**10** 2024년 기준 한국수력원자력에서 운영 중인 26기의 원자력발전소 중 가압경수로형 발전소는 총 몇 기인가?

① 23기                      ② 22기
③ 21기                      ④ 20기

**11** 다음 중 한국수력원자력의 핵심가치가 아닌 것은?

① 안전 최우선(Safety First)
② 지속 성장(Sustainable Growth)
③ 상호 존중(Shared Respect)
④ 사회적 협동(Social Cooperation)

**12** 다음 중 원자력과 방사선의 생산과 이용에 따른 방사선 재해로부터 국민의 건강과 국토환경을 보전하기 위해 설립된 원자력안전규제 전문기관은?

① 한국수력원자력             ② 한국원자력안전기술원
③ 한전원자력연료             ④ 한국원자력통제기술원

**13** 다음 중 방사선 비상 단계가 아닌 것은?

① 흑색비상            ② 백색비상

③ 청색비상            ④ 적색비상

**14** 다음 중 양수발전에 대한 설명으로 옳지 않은 것은?

① 산간 지역에 주로 설치된다.

② 물이 부족해지는 시기나 전력이 많이 필요한 시기에 방수한다.

③ 발전소보다 충분히 높은 위치에 자연호수 또는 인공호수가 있어야 한다.

④ 일반적인 수력발전소보다 자연유량에 더욱 제한을 받는다.

**15** 다음 중 한국형 원전인 APR 1400이 첫 해외진출을 이룬 국가는?

① 터키            ② 베트남

③ 아랍에미리트            ④ 사우디아라비아

**16** 다음 중 한국수력원자력에 대한 설명으로 옳지 않은 것은?

① 한수원의 인재상은 '기본에 충실한 인재', '배려하는 상생 인재', '글로벌 전문 인재'이다.

② 한수원의 비전은 '탄소중립 청정에너지 리더'이다.

③ 2001년에 한전에서 분할되었다.

④ 월성원전은 대한민국 1호 원전이다.

**17** 다음 중 대동법에 대한 설명으로 옳지 않은 것을 〈보기〉에서 모두 고르면?

ㄱ. 조정에서 필요한 공납품을 공인에게 조달하여 상·공업 활동을 크게 촉진시켰다.
ㄴ. 공물에 대한 현물납을 폐지하고 그 대신 지역별로 쌀, 베, 돈으로 납부하게 하였다.
ㄷ. 광해군 즉위 초에 선혜법이라는 이름으로 전국적으로 실시되었다.
ㄹ. 호적에 등록된 호(戶)에 따라 과세하는 조세제도이다.

① ㄱ, ㄴ
② ㄴ, ㄷ
③ ㄴ, ㄹ
④ ㄷ, ㄹ

**18** 다음 중 밑줄 친 왕의 업적으로 옳은 것은?

왕이 아버지 문무왕을 위하여 동해가에 감은사(感恩寺)를 지었다. 682년에 해관(海官)이 동해안에 작은 산이 감은사로 향하여 온다고 하여 일관으로 하여금 점을 쳐 보니, 해룡(海龍)이 된 문무왕과 천신이 된 김유신(金庾信)이 수성(守城)의 보배를 주려고 하니 나가서 받으라 하였다.
이견대(利見臺)에 가서 보니, 부산(浮山)은 거북 머리 같았고 그 위에 대나무가 있었는데, 낮에는 둘로 나뉘고 밤에는 하나로 합쳐졌다. 풍우가 일어난 지 9일이 지나 왕이 그 산에 들어가니, 용이 그 대나무로 피리를 만들면 천하가 태평해질 것이라 하여, 그것을 가지고 나와 피리를 만들어 보관하였다.
나라에 근심이 생길 때 이 피리를 불면 평온해져서, 만파식적이라 이름을 붙였다. 그 뒤 효소왕 때 이적(異蹟)이 거듭 일어나, 만만파파식적(萬萬波波息笛)이라 하였다.

① 매소성 전투에서 당의 군대를 격파하였다.
② 최초의 진골출신 왕으로, 백제를 멸망시켰다.
③ 이차돈의 순교를 계기로 불교를 공인하였다.
④ 관리들의 녹읍을 폐지하고 관료전을 지급하였다.

**19** 다음 중 안중근의 업적으로 옳은 것은?

① 대성학교 설립
② 이토 히로부미 암살
③ 홍커우 공원 의거
④ 신민회 설립

**20** 다음 중 밑줄 친 '북국(北國)'에 대한 설명으로 옳지 않은 것은?

> 원성왕 6년 3월 북국(北國)에 사신을 보내 빙문(聘問)하였다. … (중략) … 요동 땅에서 일어나 고구려의 북쪽 땅을 병합하고 신라와 서로 경계를 맞대었지만, 교빙한 일이 역사에 전하는 것이 없었다. 이때 와서 일길찬 백어(伯魚)를 보내 교빙하였다.

① 감찰 기관으로 중정대가 있었다.
② 최고 교육 기관으로 태학감을 두었다.
③ 중앙의 정치조직으로 3성 6부를 두었다.
④ 지방의 행정조직으로 5경 15부 62주가 있었다.

**21** 다음 중 고려 시대와 조선 시대의 공통점으로 옳지 않은 것은?

① 국정 전반을 논의하던 기구가 있었다.
② 문과와 무과가 시행되었다.
③ 지방행정기구가 군현제도로 운영되었다.
④ 지방교육기관인 향교가 존재했다.

**22** 다음 중 밑줄 친 인물의 업적으로 옳은 것은?

> 조선 후기의 실학자인 그는 유배지인 강진에서 목민관이 지켜야 할 지침을 밝히는 책을 저술하였다. 그는 이 책의 서문에서 '군자의 학문은 수신이 반이요, 목민이 반이다. … (중략) … 요즈음 목민관들은 이익을 추구하는 데만 급급하고 어떻게 목민해야 할 것인가는 모르고 있다.'라고 하였다.

① 거중기를 설계하였다.
② 인왕제색도를 그렸다.
③ 『북학의』를 저술하였다.
④ 강화학파를 형성하였다.

**23** 다음 중 민족의 수난을 밝힌 『한국통사』와 우리의 항일 투쟁을 다룬 『한국독립운동지혈사』를 저술하고, 민족정신을 '혼'으로 파악하여 혼이 담겨 있는 민족사의 중요성을 강조한 인물은?

① 신채호

② 윤봉길

③ 백남운

④ 박은식

**24** 다음과 같은 제도를 시행한 왕의 업적으로 옳은 것은?

> 제술과와 명경과는 합격하면 문관이 될 수 있어 흔히 양대업(兩大業)이라 하였다. 제술과는 시·부·송·시무책이 주요 시험 과목이었으며, 명경과는 「상서」·「주역」·「모시」·「춘추」·「예기」가 시험 과목이었다.

① 왕권 강화

② 12목 설치

③ 지방관 파견

④ 노비안검법 폐지

**25** 다음 사례를 토대로 당시의 과거 제도에 대해 학생들이 토론하였다. 토론한 내용으로 옳지 않은 것은?

> • 훈구 대신 이극돈의 한 아들은 역과에 합격하였다.
> • 최세진은 역과에 합격한 뒤 다시 문과에 합격하여 벼슬이 동지중추부사에까지 올랐다.
> • 고성 사람 안중손은 노비 둘을 데리고 농사를 지으면서 공부하여 문과에 합격한 뒤에 현령이 되었다.
> • 윤처관의 아들 윤효손은 아버지가 서리로 고생하는 것을 보고 분발하여 문과에 합격한 뒤 재상이 되었다.

① 갑 : 잡과에 합격하고 다시 문과에 응시할 수 있었어.

② 을 : 몇몇 특정한 가문에서 과거 합격을 독차지했어.

③ 병 : 고관이 되기 위해서는 문과에 합격하는 것이 유리했어.

④ 정 : 양인이 문과에 합격하면 양반이 될 기회가 보장되었어.

**26** 다음 중 헤이그에서 개최된 만국평화회의에 특사로 파견되어 을사늑약의 불법성과 일제의 무력적 침략 행위의 부당성을 전 세계에 호소하여 국제적 압력으로 이를 파기하려 했던 인물은?

① 김상옥　　　　　　　　　② 윤봉길
③ 이회영　　　　　　　　　④ 이상설

**27** 다음과 같은 주장을 한 인물에 대한 설명으로 옳은 것은?

> 일본이 한국의 국권을 박탈하고 만주와 청국에 야욕을 가졌기 때문에 동양평화가 깨지게 된 것이다. 이제 동양평화를 실현하고 일본이 자존하는 길은 우선 한국의 국권을 되돌려 주고, 만주와 청국에 대한 침략야욕을 버리는 것이다. 그러한 후에 독립한 한국·청국·일본의 동양3국이 일심협력해서 서양세력의 침략을 방어하며, 한 걸음 더 나아가서는 동양3국이 서로 화합해 개화 진보하면서 동양 평화와 세계평화를 위해 진력하는 것이다.

① 진단학회를 통해 우리 문화사 연구의 지평을 열었다.
② 일제의 정체성론을 극복하는 데 기여하였다.
③ 역사를 아와 비아의 투쟁으로 규정하였다.
④ 이토 히로부미를 암살하였다.

**28** 다음 인물이 세운 국가에 대한 설명으로 옳은 것은?

> • 고구려 유민으로 요하 서쪽 부근에서 정착 생활을 했다.
> • 96년 거란족의 반란이 일어나자 고구려 유민과 말갈족을 이끌고 동모산으로 이동하였다.
> • 천문령 전투에서 당나라 군대를 크게 격파하며 국가 건설의 기반을 마련하였다.

① 원종·애노의 난 등 농민 반란이 발생하였다.
② 전성기 때 해동성국이라는 칭호를 얻었다.
③ 형사취수제의 풍습이 있었다.
④ 독서삼품과가 처음 시행되었다.

**29** 다음 글을 읽고 조선 전기의 경제생활에 대하여 추론한 내용으로 옳은 것은?

> • 검소한 것은 덕(德)이 함께 하는 것이며, 사치는 악(惡)이 큰 것이니 사치스럽게 사는 것보다는 차라리 검소해야 할 것이다.
> • 농사와 양잠은 의식(衣食)의 근본이니, 왕도 정치에서 우선이 되는 것이다.
> • 우리나라에는 이전에 공상(工商)에 관한 제도가 없어 백성들이 게으르고, 놀기 좋아하는 자들이 수공업과 상업에 종사하였기 때문에 농사를 짓는 백성들이 줄어 들었으며, 말작(末作 : 상업)이 발달하고 본실(本實 : 농업)이 피폐하였다. 이것을 염려하지 않을 수 없다.
>
> — 『조선경국전』

① 유교적인 경제관을 강조하여 상공업이 발달할 수 없었다.
② 국가 재정을 확충하기 위하여 국내 상공업 종사자들을 늘렸다.
③ 농업 생산력 증진에 한계를 느끼고 농업에 대한 투자를 줄이고자 하였다.
④ 상공업에 대한 국가 통제를 축소하여 상품 유통 경제를 발전시키고자 하였다.

**30** 다음 중 정약용이 관리들을 계몽하기 위해 유배지에서 저술한 저서는?

① 『흠흠신서』 　　　　　　　　　② 『경세유표』
③ 『대전회통』 　　　　　　　　　④ 『목민심서』

우리 인생의 가장 큰 영광은 절대 넘어지지 않는 데 있는 것이 아니라
넘어질 때마다 일어서는 데 있다.

- 넬슨 만델라 -

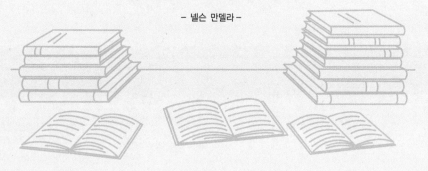

# PART **5**

# 최종점검 모의고사

# 최종점검 모의고사

※ 한국수력원자력 최종점검 모의고사는 채용공고 및 필기후기를 기준으로 구성한 것으로, 실제 시험과 다를 수 있습니다.

※ NCS의 경우 응시 직렬에 필요한 영역을 선택하여 해당 문항을 추가 학습하기 바랍니다.

※ 전공은 사무직 과목만 수록되어 있으므로 학습에 참고하기 바랍니다.

※ 모바일 OMR 답안분석 서비스

사무

ICT
(NCS)

그 외 기술
(NCS)

# ■ 취약영역 분석

| 번호 | O/× | 영역 | 번호 | O/× | 영역 | 번호 | O/× | 영역 | 번호 | O/× | 영역 |
|---|---|---|---|---|---|---|---|---|---|---|---|
| 1 | | 의사소통능력 | 21 | | 문제해결능력 | 41 | | | 61 | | 행정학 |
| 2 | | 수리능력 | 22 | | 수리능력 | 42 | | | 62 | | |
| 3 | | | 23 | | | 43 | | | 63 | | |
| 4 | | 자원관리능력 | 24 | | 자원관리능력 | 44 | | | 64 | | 경제학 |
| 5 | | | 25 | | | 45 | | 조직이해능력 / 정보능력 / 기술능력 | 65 | | |
| 6 | | 의사소통능력 | 26 | | | 46 | | | 66 | | |
| 7 | | 수리능력 | 27 | | 의사소통능력 | 47 | | | 67 | | |
| 8 | | | 28 | | 문제해결능력 | 48 | | | 68 | | |
| 9 | | | 29 | | | 49 | | | 69 | | |
| 10 | | 문제해결능력 | 30 | | 수리능력 | 50 | | | 70 | | |
| 11 | | | 31 | | 의사소통능력 | 51 | | 법학 | 71 | | 경영학 |
| 12 | | 의사소통능력 | 32 | | | 52 | | | 72 | | |
| 13 | | | 33 | | 문제해결능력 | 53 | | | 73 | | |
| 14 | | 수리능력 | 34 | | 자원관리능력 | 54 | | | 74 | | |
| 15 | | | 35 | | | 55 | | | 75 | | |
| 16 | | | 36 | | 수리능력 | 56 | | | 76 | | 회사상식 + 한국사 등 |
| 17 | | 자원관리능력 | 37 | | 의사소통능력 | 57 | | 행정학 | 77 | | |
| 18 | | | 38 | | | 58 | | | 78 | | |
| 19 | | 문제해결능력 | 39 | | 문제해결능력 | 59 | | | 79 | | |
| 20 | | 의사소통능력 | 40 | | | 60 | | | 80 | | |

| 평가문항 | 80문항 | 평가시간 | 90분 |
|---|---|---|---|
| 시작시간 | : | 종료시간 | : |
| 취약영역 | | | |

# 최종점검 모의고사

🕐 응시시간 : 90분　　📋 문항 수 : 80문항　　　　　　정답 및 해설 p.070

---

## 01　직업기초능력

## |01| 공통

**01**　다음 글의 내용으로 적절하지 않은 것은?

> 길을 걷고, 한강을 달리고, 손을 흔들고, 책장을 넘기는 것과 같은 인체의 작은 움직임(주파수 2
> ~ 5Hz)도 스마트폰이나 웨어러블(안경, 시계, 의복 등과 같이 신체에 착용하는 제품) 기기들의 전
> 기 에너지원으로 사용될 수 있다. 이러한 인체의 움직임처럼 버려지는 운동 에너지로부터 전기를
> 생산하는 기술을 '에너지 하베스팅'이라 한다.
> 최근 과학 기술의 발전과 더불어 피트니스·헬스케어 모니터링 같은 다기능 휴대용·웨어러블 스마
> 트 전자기기가 일상생활에서 많이 사용되고 있다. 동시에 사물인터넷(IoT)의 발달로 센서의 사용
> 또한 크게 늘고 있다. 이러한 스마트 전자기기 및 센서들은 소형이고 경량이며, 이동성 및 내구성을
> 갖춘 전원 공급원이 반드시 필요하다.
> 교체 및 충전식 전기 화학 배터리는 전원의 공급에는 탁월하지만 수명이 짧다. 또한 재충전 및 교체
> 가 어렵다. 나아가 배터리 폐기로 인해 환경오염을 유발한다는 단점도 있다. 그러나 인체 움직임과
> 같은 작은 진동에너지 기반의 친환경 에너지 하베스팅 기술은 스마트폰 및 웨어러블 스마트기기를
> 위한 지속 가능한 반영구적 전원으로서 활용될 수 있다.
> 진동은 우리의 일상생활에 존재하며 버려지는 가장 풍부한 기계적 움직임 중 하나이다. 진동은 여러
> 유형과 넓은 범위의 주파수 및 진폭을 가지고 있다. 기계적 진동원은 움직이는 인체, 자동차, 진동
> 구조물, 물이나 공기의 흐름에 의한 진동 등을 모두 포함한다. 따라서 진동에너지를 효율적으로 수
> 확하고 이를 전기에너지로 변환하기 위해서는 에너지 하베스팅 소자를 진동의 특성에 맞도록 설계
> 해 제작해야 한다. 기계적 진동에너지 수집은 몇 가지 변환 메커니즘에 의해 이루어진다. 가장 활발
> 하게 연구가 이루어지고 있는 진동 기반 에너지 하베스팅 기술에는 압전기력, 전자기력, 마찰전기
> 에너지 등이 활용된다. 압전기력 기반은 압전 효과를 이용하여 기계적 진동에너지를 전기에너지로
> 변환하는 기술이다. 압전 소재와 적절한 기판을 사용하여 제작되며, 높은 출력 전압을 발생시키지만
> 발생된 전류는 상대적으로 낮다. 전자기력 기반은 코일과 자석 사이의 상대적 움직임으로부터 얻어
> 지는 기전력(패러데이의 유도법칙)을 이용하여 전기를 생산하는 기술이다. 낮은 주파수의 기계적
> 에너지를 전기에너지로 변환하는 매우 효율적인 방법이다. 마찰전기 기반은 맥스웰의 변위 전류를
> 이용하여 전기를 생산하는 기술이다. 저주파 진동 범위에서 높은 출력 전압을 수확하는 데 매우 효
> 율적이다.

① 3Hz의 소량의 주파수도 전자기기의 에너지원으로 사용될 수 있다.

② 디지털 기술이 발달함에 따라 센서의 사용은 감소하는 추세이다.

③ 전기를 충전해야 하는 배터리 기술은 사용 기간이 짧다는 단점을 가지고 있다.

④ 물이나 공기의 흐름 역시 진동원의 하나가 될 수 있다.

⑤ 패러데이의 유도법칙을 이용하면 낮은 주파수의 에너지를 효율적으로 사용할 수 있다.

**02** 다음은 H국의 최종에너지 소비량에 대한 자료이다. 이에 대한 설명으로 옳은 것을 〈보기〉에서 모두 고르면?

〈2022 ~ 2024년 유형별 최종에너지 소비량 비중〉

(단위 : %)

| 구분 | 석탄 | | 석유제품 | 도시가스 | 전력 | 기타 |
|---|---|---|---|---|---|---|
| | 무연탄 | 유연탄 | | | | |
| 2022년 | 2.7 | 11.6 | 53.3 | 10.8 | 18.2 | 3.4 |
| 2023년 | 2.8 | 10.3 | 54.0 | 10.7 | 18.6 | 3.6 |
| 2024년 | 2.9 | 11.5 | 51.9 | 10.9 | 19.1 | 3.7 |

〈2024년 부문별 · 유형별 최종에너지 소비량〉

(단위 : 천 TOE)

| 구분 | 석탄 | | 석유제품 | 도시가스 | 전력 | 기타 | 합계 |
|---|---|---|---|---|---|---|---|
| | 무연탄 | 유연탄 | | | | | |
| 산업 | 4,750 | 15,317 | 57,451 | 9,129 | 23,093 | 5,415 | 115,155 |
| 가정 · 상업 | 901 | 4,636 | 6,450 | 11,105 | 12,489 | 1,675 | 37,256 |
| 수송 | 0 | 0 | 35,438 | 188 | 1,312 | 0 | 36,938 |
| 기타 | 0 | 2,321 | 1,299 | 669 | 152 | 42 | 4,483 |
| 합계 | 5,651 | 22,274 | 100,638 | 21,091 | 37,046 | 7,132 | 193,832 |

**보기**

ㄱ. 2022 ~ 2024년 동안 전력 소비량은 매년 증가한다.

ㄴ. 2024년 산업부문의 최종에너지 소비량은 전체 최종에너지 소비량의 50% 이상을 차지한다.

ㄷ. 2022 ~ 2024년 동안 석유제품 소비량 대비 전력 소비량의 비율은 매년 증가한다.

ㄹ. 2024년에는 산업부문과 가정 · 상업부문에서 유연탄 소비량 대비 무연탄 소비량의 비율이 각각 25% 미만이다.

① ㄱ, ㄴ  　　　　② ㄱ, ㄹ

③ ㄴ, ㄷ  　　　　④ ㄴ, ㄹ

⑤ ㄷ, ㄹ

**03** 다음은 소나무재선충병 발생지역에 대한 자료이다. 고사한 소나무 수가 가장 많은 발생지역은?

〈소나무재선충병 발생지역별 소나무 수〉

(단위 : 천 그루)

| 발생지역 | 소나무 수 |
|---|---|
| 거제 | 1,590 |
| 경주 | 2,981 |
| 제주 | 1,201 |
| 청도 | 279 |
| 포항 | 2,312 |

〈소나무재선충병 발생지역별 감염률 및 고사율〉

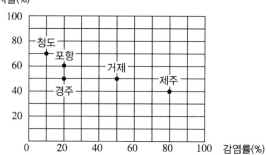

- [감염률(%)] = $\dfrac{(발생지역의 \ 감염된 \ 소나무 \ 수)}{(발생지역의 \ 소나무 \ 수)} \times 100$

- [고사율(%)] = $\dfrac{(발생지역의 \ 고사한 \ 소나무 \ 수)}{(발생지역의 \ 감염된 \ 소나무 \ 수)} \times 100$

① 거제
② 경주
③ 제주
④ 청도
⑤ 포항

**04** A대리는 H도시의 해안지역에 설치할 발전기를 검토 중이다. 설치 환경 및 조건에 대한 정보가 다음과 같을 때, 후보 발전기 중 설치될 발전기로 옳은 것은?

**〈발전기 설치 환경 및 조건 정보〉**

- 발전기는 동일한 종류를 2기 설치한다.
- 발전기를 설치할 대지는 1,500m²이다.
- 에너지 발전단가가 1,000kWh당 97,500원을 초과하지 않도록 한다.
- 후보 발전기 중 탄소배출량이 가장 많은 발전기는 제외한다.
- 운송수단 및 운송비를 고려하여, 개당 중량은 3톤을 초과하지 않도록 한다.

**〈후보 발전기 정보〉**

| 발전기 | 발전방식 | 발전단가 | 탄소배출량 | 필요면적 | 중량 |
|---|---|---|---|---|---|
| A | 수력 | 92원/kWh | 45g/kWh | 690m² | 3,600kg |
| B | 화력 | 75원/kWh | 91g/kWh | 580m² | 1,250kg |
| C | 화력 | 105원/kWh | 88g/kWh | 450m² | 1,600kg |
| D | 풍력 | 95원/kWh | 14g/kWh | 800m² | 2,800kg |
| E | 풍력 | 80원/kWh | 22g/kWh | 720m² | 2,140kg |

① A발전기     ② B발전기
③ C발전기     ④ D발전기
⑤ E발전기

**05** 다음 글을 바탕으로 전세 보증금이 1억 원인 전세 세입자가 월세 보증금 1천만 원에 전월세 전환율 한도 수준까지의 월세 전환을 원할 경우, 월 임대료 지불액으로 옳은 것은?

나날이 치솟는 전세 보증금! 집주인이 2년 만에 전세 보증금을 올려달라고 하는데 사실 월급쟁이로 생활비를 쓰고 남은 돈을 저축하자면 그 목돈을 마련하지 못해 전세자금 대출을 알아보곤 한다. 그럴 때 생각해 볼 수 있는 것이 반전세나 월세 전환이다. 이렇게 되면 임대인들도 보증금 몇 천만 원에서 나오는 이자보다 월세가 매달 나오는 것이 좋다 보니 먼저 요구하기도 한다. 바로 그것이 '전월세 전환율'이다.

전월세 전환율은 [{(월세)×(12개월)} ÷ {(전세 보증금)−(월세 보증금)}]×100으로 구할 수 있다. 그렇다면 전월세 전환율 비율의 제한은 어떻게 형성되는 걸까?

우리나라는 「주택임대차보호법」 하에서 산정률 제한을 두고 있다. 보통 10%의 범위와 기준금리 4 배수 중 낮은 비율의 범위를 초과할 수 없다고 규정하고 있기 때문에 현재 기준 금리가 1.5%로 인상되어 6%가 제한선이 된다.

① 450,000원     ② 470,000원
③ 500,000원     ④ 525,000원
⑤ 550,000원

(가) '단어 연상법'은 프랜시스 골턴이 개발한 것으로, 지능의 종류를 구분하기 위한 것이었다. 이것은 피실험자에게 일련의 단어들을 또박또박 읽어주면서 각각의 단어를 듣는 순간 제일 먼저 떠오르는 단어를 말하게 하고, 실험자는 계시기를 들고 응답 시간, 즉 피실험자가 응답하는 데 걸리는 시간을 측정하여 차트에 기록하는 방법으로 진행한다. 실험은 대개 백 개가량의 단어들로 진행했다. 골턴은 응답 시간을 정확히 재기 위해 온갖 수단을 동원했지만, 그렇게 해서 얻은 정보의 양이 거의 없거나 지능의 수준을 평가하는 데 별로 중요하지 않은 경우가 많았다.

(나) 융이 그린 그래프들은 특정한 단어에 따르는 응답자의 심리 상태를 보여주었다. 이 결과를 통해 다음과 같은 두 가지 결론을 얻어낼 수 있었다. 첫째, 대답 과정에서 감정이 생겨난다. 둘째, 응답의 지연은 모종의 인식하지 못한 과정에 의해 자연 발생적으로 생겨난다. 하지만 이 기록을 토대로 결론을 내리거나 중요성을 따지기에는 너무 일렀다. 피실험자의 의식적 의도와는 별개로 작동하는 뭔가 알지 못하는 지연 행위가 있음이 분명했다.

(다) 당시에 성행했던 심리학 연구나 심리학을 정신의학에 응용하는 연구는 주로 의식에 초점이 맞춰져 있었다. 따라서 단어 연상법의 심리학에 대한 실험 연구도 의식을 바탕으로 해서 진행되었다. 하지만 융은 의식 또는 의지의 작용을 넘어서는 무엇인가가 있을 것이라고 생각했다. 여기서 그는 콤플렉스라는 개념을 끌어들인다. 융의 정의에 따르면 그것은 특수한 종류의 감정으로 이루어진 무의식 속의 관념 덩어리인데, 이것이 응답 시간을 지연시켰다는 것이다. 이후 여러 차례 실험을 거듭한 결과 그 결론은 사실임이 밝혀졌으며, 콤플렉스와 개인적 속성은 융의 사상 체계에서 핵심적인 요소가 되었다.

(라) 융의 연구 결과 단어 연상의 응답 시간은 피실험자의 정서에 큰 영향을 받으며, 그 실험법은 감춰진 정서를 찾아내는 데 더 유용하다는 점이 입증되었다. 정신적 연상의 연구를 통해 지능의 종류를 판단하고자 했던 단어 연상 실험이 오히려 그와는 다른 방향, 즉 무의식적인 감정이 빚어내는 효과를 드러내는 데 더 유용하다는 사실이 증명된 것이다. 그동안 골턴을 비롯하여 그 실험법을 수천 명의 사람들에게 실시했던 연구자들은 지연된 응답의 배후에 있는 피실험자의 정서에 주목하지 않았으며, 단지 응답의 지연을 피실험자가 반응하지 못한 것으로만 기록했던 것이다.

(마) 그런데 융은 이 실험에서 응답 시간이 늦어질 경우 피실험자에게 왜 응답을 망설이는지 물어보는 과정을 추가하였다. 그러자 놀랍게도 피실험자는 자신의 응답 시간이 늦어지는 것도 알지 못했을 뿐만 아니라, 그에 대해 아무런 설명도 하지 못했다. 융은 거기에 틀림없이 어떤 이유가 있으리라고 생각하고 구체적으로 파고들어 갔다. 한번은 말(馬)이라는 단어가 나왔는데 어떤 피실험자의 응답 시간이 무려 1분이 넘었다. 자세히 조사해 보니 그 피실험자는 과거에 사고로 말을 잃었던 아픈 기억을 지니고 있었다. 실험이 있기 전까지는 잊고 있었던 그 기억이 실험 과정에서 되살아난 것이다.

① (가) - (마) - (라) - (나) - (다)
② (가) - (마) - (라) - (다) - (나)
③ (나) - (다) - (가) - (마) - (라)
④ (다) - (가) - (마) - (라) - (나)
⑤ (다) - (나) - (가) - (마) - (라)

**07** 다음은 어느 해 개최된 올림픽에 참가한 6개국의 성적이다. 이에 대한 설명으로 옳지 않은 것은?

〈올림픽 참가 6개국 메달 현황〉

| 국가 | 참가선수(명) | 금메달(개) | 은메달(개) | 동메달(개) | 메달 합계(개) |
|------|-------------|-----------|-----------|-----------|--------------|
| A | 240 | 4 | 28 | 57 | 89 |
| B | 261 | 2 | 35 | 68 | 105 |
| C | 323 | 0 | 41 | 108 | 149 |
| D | 274 | 1 | 37 | 74 | 112 |
| E | 248 | 3 | 32 | 64 | 99 |
| F | 229 | 5 | 19 | 60 | 84 |

① 획득한 금메달 수가 많은 국가일수록 은메달 수는 적었다.

② 금메달을 획득하지 못한 국가가 가장 많은 메달을 획득했다.

③ 참가선수의 수가 많은 국가일수록 획득한 동메달 수도 많았다.

④ 획득한 메달의 합계가 큰 국가일수록 참가선수의 수도 많았다.

⑤ 참가선수가 가장 적은 국가의 메달 합계는 전체 6위이다.

**08** A계열사와 B계열사의 제품 생산량의 비율은 3 : 7이고, 각각의 불량률은 2%, 3%이다. 신제품 생산을 위해서 부품을 선정하여 불량품이 나왔을 때, 그 불량품이 B계열사의 불량품일 확률은 얼마인가?

① $\dfrac{13}{21}$

② $\dfrac{7}{8}$

③ $\dfrac{7}{9}$

④ $\dfrac{13}{15}$

⑤ $\dfrac{15}{17}$

**09** H중학교 백일장에 참여한 A∼E학생에게 다음 〈조건〉에 따라 점수를 부여할 때, 점수가 가장 높은 학생은?

**〈H중학교 백일장 채점표〉**

| 학생 | 오탈자(건) | 글자 수(자) | 주제의 적합성 | 글의 통일성 | 가독성 |
|------|-----------|------------|-------------|------------|--------|
| A | 33 | 654 | A | A | C |
| B | 7 | 476 | B | B | B |
| C | 28 | 332 | B | B | C |
| D | 25 | 572 | A | A | A |
| E | 12 | 786 | C | B | A |

**조건**

- 기본 점수는 80점이다.
- 오탈자가 10건 이상일 때 1점을 감점하고, 5건이 추가될 때마다 1점을 추가로 감점한다.
- 전체 글자 수가 350자 미만일 때 10점을 감점하고, 600자 이상일 때 1점을 부여하며, 25자가 추가될 때마다 1점을 추가로 부여한다.
- 주제의 적합성, 글의 통일성, 가독성을 A, B, C등급으로 나누며, 등급 개수에 따라 추가점수를 부여한다.
  - A등급 3개 : 25점
  - A등급 2개, B등급 1개 : 20점
  - A등급 2개, C등급 1개 : 15점
  - A등급 1개, B등급 2개 또는 A등급, B등급, C등급 1개 : 10점
  - B등급 3개 : 5점

예 오탈자 46건, 전체 글자 수 626자, 주제의 적합성, 글의 통일성, 가독성이 각각 A, B, A일 때 점수는 80−8+2+20=94점이다.

① A
② B
③ C
④ D
⑤ E

※ 다음은 음료의 메뉴판과 이번 주 일기예보이다. A사원은 그 날의 날씨와 평균기온을 고려하여 〈조건〉에 따라 자신이 마실 음료를 고른다. 이어지는 질문에 답하시오. [10~11]

### 〈메뉴판〉

(단위 : 원)

| 커피류 | | | 차 및 에이드류 | | |
|---|---|---|---|---|---|
| 구분 | 작은 컵 | 큰 컵 | 구분 | 작은 컵 | 큰 컵 |
| 아메리카노 | 3,900 | 4,300 | 자몽에이드 | 4,200 | 4,700 |
| 카페라테 | 4,400 | 4,800 | 레몬에이드 | 4,300 | 4,800 |
| 바닐라라테 | 4,600 | 5,000 | 자두에이드 | 4,500 | 4,900 |
| 카페모카 | 5,000 | 5,400 | 밀크티 | 4,300 | 4,800 |

### 〈이번 주 일기예보〉

| 구분 | 7월 22일 일요일 | 7월 23일 월요일 | 7월 24일 화요일 | 7월 25일 수요일 | 7월 26일 목요일 | 7월 27일 금요일 | 7월 28일 토요일 |
|---|---|---|---|---|---|---|---|
| 날씨 | 흐림 | 맑음 | 맑음 | 흐림 | 비 | 비 | 맑음 |
| 평균기온 | 24℃ | 26℃ | 28℃ | 27℃ | 27℃ | 25℃ | 26℃ |

**조건**

• A사원은 맑거나 흐린 날에는 차 및 에이드류를 마시고, 비가 오는 날에는 커피류를 마신다.
• 평균기온이 26℃ 미만인 날에는 작은 컵으로, 26℃ 이상인 날은 큰 컵으로 마신다.
• 커피를 마시는 날 중 평균기온이 25℃ 미만인 날은 아메리카노를, 25℃ 이상, 27℃ 미만인 날은 바닐라라테를, 27℃인 날은 카페라테를, 28℃ 이상인 날은 카페모카를 마신다.
• 차 및 에이드류를 마시는 날 중 평균기온이 27℃ 미만인 날은 자몽에이드를, 27℃ 이상인 날은 자두에이드를 마신다. 단, 비가 오지 않는 화요일과 목요일에는 반드시 밀크티를 마신다.

**10** 오늘이 7월 25일이라고 할 때, 다음 중 A사원이 내일 마실 음료는?

① 아메리카노 큰 컵
② 카페라테 큰 컵
③ 바닐라라테 작은 컵
④ 카페모카 큰 컵
⑤ 자두에이드 작은 컵

**11** A사원은 24일에 직장동료인 B사원에게 음료를 사주고자 한다. B사원에게는 자신이 전날 마신 음료와 같은 종류의 음료를 사준다고 할 때, A사원이 음료 두 잔을 주문하며 지불할 금액은?

① 8,700원
② 9,000원
③ 9,200원
④ 9,500원
⑤ 9,700원

※ 다음 글을 읽고 이어지는 질문에 답하시오. [12~13]

(가) 인류가 바람을 에너지원으로 사용한 지 1만 년이 넘었고, 풍차는 수천 년 전부터 사용되었다. 풍력발전이 시작된 지도 100년이 넘었지만, 그동안 전력 생산비용이 저렴하고 사용하기 편리한 화력발전에 밀려 빛을 보지 못하다가 최근 온실가스 배출 등의 환경오염 문제를 해결하는 대안인 신재생에너지로 주목받고 있다.

(나) 풍력발전은 바람의 운동에너지를 회전에너지로 변환하고, 발전기를 통해 전기에너지를 얻는 기술로, 공학자들은 계속적으로 높은 효율의 전기를 생산하기 위해 풍력발전시스템을 발전시켜 나가고 있다. 풍력발전시스템의 하나인 요우 시스템(Yaw System)은 바람에 따라 풍력발전기의 방향을 바꿔 회전날개가 항상 바람의 정면으로 향하게 하는 것이다. 또 다른 피치 시스템(Pitch System)은 비행기의 날개와 같이 바람에 따라 회전날개의 각도를 변화시킨다. 이 외에도 회전력을 잃지 않기 위해 직접 발전기에 연결하는 방식 등 다양한 방법을 활용한다. 또한 무게를 줄이면 높은 곳에 풍력발전기를 매달 수 있어 더욱 효율적인 발전이 가능해진다.

(다) 풍력발전기를 설치하는 위치도 중요하다. 풍력발전기의 출력은 풍속의 세제곱과 프로펠러 회전면적의 제곱에 비례한다. 풍속이 빠를수록, 프로펠러의 면적이 클수록 출력이 높아지는 것이다. 지상에서는 바람이 빠르지 않고, 바람도 일정하게 불지 않아 풍력발전의 출력을 높이는 데 한계가 있다. 따라서 풍력발전기는 최대 풍속이 아닌 최빈 풍속에 맞춰 설계된다. 이러한 한계를 극복하기 위해 고고도(High Altitude)의 하늘에 풍력발전기를 설치하려는 노력이 계속되고 있다.

(라) 그렇다면 어떻게 고고도풍(High Altitude Wind)을 이용할까? 방법은 비행선, 연 등에 발전기를 달아 하늘에 띄우는 것이다. 캐나다의 한 회사는 헬륨 가스 비행선에 발전기를 달아 공중에 떠 있는 발전기를 판매하고 있다. 이 발전기는 비행선에 있는 발전기가 바람에 의해 풍선이 회전하도록 만들어져 있으며, 회전하는 풍선이 발전기와 연결되어 있어 전기를 생산할 수 있다. 또 다른 회사는 이보다 작은 비행선 수십 대를 연결하여 바다 위에 띄우는 방식을 고안하고 있다. 서로 연결된 수십 대의 작은 비행선 앞에 풍차가 붙어 있어 발전할 수 있도록 되어 있다.

(마) 고고도풍을 이용한 풍력발전은 결국 대류권 상층부에 부는 초속 30m의 편서풍인 제트기류를 이용하게 될 것이다. 연구에 따르면 최대 초속 100m를 넘는 제트기류를 단 1%만 이용해도 미국에서 사용하는 전기에너지를 모두 충당할 수 있다고 한다. 우리나라 상공도 이 제트기류가 지나가기 때문에 이를 활용할 수 있다면 막대한 전기를 얻을 수 있을 것으로 전망된다.

**12** 다음 중 (가) 문단을 읽고 추론할 수 있는 내용으로 적절하지 않은 것은?

① 풍력에너지는 인류에서 가장 오래된 에너지원이다.
② 화력발전은 풍력발전보다 전력 생산비용이 낮다.
③ 신재생에너지가 대두되면서 풍력발전이 새롭게 주목받고 있다.
④ 화력발전은 온실가스 배출 등 환경오염 문제를 일으킨다.
⑤ 신재생에너지는 환경오염 등의 문제를 줄일 수 있다.

**13** 다음 중 (가) ~ (마) 문단에 대한 주제로 적절하지 않은 것은?

① (가) : 환경오염 문제의 새로운 대안인 풍력발전
② (나) : 바람 에너지를 이용한 다양한 풍력발전시스템
③ (다) : 풍력발전기 설치 위치의 중요성
④ (라) : 고고도풍을 이용하는 기술의 한계
⑤ (마) : 제트기류를 활용한 풍력발전의 가능성

PART 5

**14** 현수네 집에서 할아버지 댁까지는 총 50km라고 한다. 자전거를 타고 10km/h의 속력으로 25km를 갔더니 도착하기로 한 시간이 얼마 남지 않아서 속력을 15km/h로 높였더니 오후 4시에 할아버지 댁에 도착할 수 있었다. 현수가 집에서 나온 시각은 언제인가?

① 오전 11시 50분                  ② 오후 12시 10분
③ 오후 12시 50분                  ④ 오후 1시 10분
⑤ 오후 1시 50분

**15** 다음은 2020년부터 2024년까지 H기업의 매출액과 원가 및 판관비에 대한 자료이다. 이를 나타낸 그래프로 옳은 것은?(단, 영업이익률은 소수점 둘째 자리에서 반올림한다)

〈H기업의 매출액과 원가 · 판관비〉

(단위 : 억 원)

| 구분 | 2020년 | 2021년 | 2022년 | 2023년 | 2024년 |
|---|---|---|---|---|---|
| 매출액 | 1,485 | 1,630 | 1,410 | 1,860 | 2,055 |
| 매출원가 | 1,360 | 1,515 | 1,280 | 1,675 | 1,810 |
| 판관비 | 30 | 34 | 41 | 62 | 38 |

※ (영업이익)＝(매출액)－[(매출원가)＋(판관비)]
※ (영업이익률)＝(영업이익)÷(매출액)×100

① 2020 ~ 2024년 영업이익

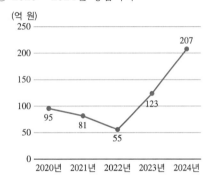

② 2020 ~ 2024년 영업이익

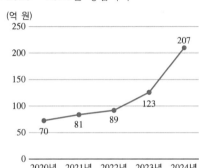

③ 2020 ~ 2024년 영업이익률

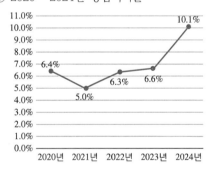

④ 2020 ~ 2024년 영업이익률

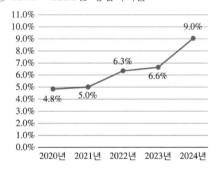

⑤ 2020 ~ 2024년 영업이익률

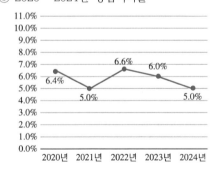

**16** A씨는 여행을 가기 위해 B자동차를 대여하려 한다. 다음 〈조건〉을 바탕으로 할 때 A씨가 B자동차를 대여할 수 없는 요일은?

〈2월 달력〉

| 일 | 월 | 화 | 수 | 목 | 금 | 토 |
|---|---|---|---|---|---|---|
| | 1 | 2 | 3 | 4 | 5 | 6 |
| 7 | 8 | 9 | 10 | 11 설 연휴 | 12 설 연휴 | 13 설 연휴 |
| 14 | 15 | 16 | 17 | 18 | 19 | 20 |
| 21 | 22 | 23 | 24 | 25 | 26 | 27 |
| 28 | | | | | | |

**조건**
- 2월에 주말을 포함하여 3일 동안 연속으로 대여한다.
- 설 연휴에는 대여하지 않는다.
- 설 연휴가 끝난 다음 주 월, 화에 출장이 있다(단, 출장 중에 대여하지 않는다).
- B자동차는 첫째 주 짝수 날에는 점검이 있어 대여할 수 없다.
- B자동차는 24일부터 3일간 C가 대여를 예약해 두었다.
- 설 연휴가 있는 주의 화요일과 수요일은 업무를 마쳐야 하므로 대여하지 않는다.

① 수요일　　　　　　② 목요일
③ 금요일　　　　　　④ 토요일
⑤ 일요일

※ H베이커리 사장은 새로운 직원을 채용하기 위해 아르바이트 공고문을 게재하였고, 지원자 명단은 다음과 같다. 이어지는 질문에 답하시오. [17~18]

■ 아르바이트 공고문
  • 업체명 : H베이커리
  • 업무내용 : 고객응대 및 매장관리
  • 지원자격 : 경력, 성별, 학력 무관 / 나이 : 20 ~ 40세
  • 근무조건 : 6개월 / 월 ~ 금요일 / 08:00 ~ 20:00(협의 가능)
  • 급여 : 희망 임금
  • 연락처 : 010-1234-1234

■ 아르바이트 지원자 명단

| 성명 | 성별 | 나이 | 근무가능시간 | 희망 임금 | 기타 |
|------|------|------|------------|----------|------|
| 김갑주 | 여성 | 28 | 08:00 ~ 16:00 | 시급 8,000원 | |
| 강을미 | 여성 | 29 | 15:00 ~ 20:00 | 시급 7,000원 | |
| 조병수 | 남성 | 25 | 12:00 ~ 20:00 | 시급 7,500원 | |
| 박정현 | 여성 | 36 | 08:00 ~ 14:00 | 시급 8,500원 | • 1일 1회 출근만 가능함 |
| 최강현 | 남성 | 28 | 14:00 ~ 20:00 | 시급 8,500원 | • 최소 2시간 이상 연속 근무하여야 함 |
| 채미나 | 여성 | 24 | 16:00 ~ 20:00 | 시급 7,500원 | |
| 한수미 | 여성 | 25 | 10:00 ~ 16:00 | 시급 8,000원 | |

※ 근무시간은 지원자가 희망하는 근무시간대 내에서 조절 가능하다.

**17** H베이커리 사장은 최소비용으로 가능한 최대인원을 채용하고자 한다. 매장에는 항상 2명의 직원이 상주하고 있어야 하며, 기존 직원 1명은 오전 8시부터 오후 3시까지 근무를 하고 있다. 지원자 명단을 참고하였을 때, 누구를 채용하겠는가?

① 김갑주, 강을미, 조병수
② 김갑주, 강을미, 박정현, 채미나
③ 김갑주, 강을미, 조병수, 채미나, 한수미
④ 강을미, 조병수, 박정현, 최강현, 채미나
⑤ 강을미, 조병수, 박정현, 최강현, 채미나, 한수미

**18** 17번에서 결정한 인원을 채용했을 때, 급여를 한 주 단위로 지급한다면 사장이 지급해야 하는 임금은?(단, 기존 직원의 시급은 8,000원으로 계산한다)

① 805,000원
② 855,000원
③ 890,000원
④ 915,000원
⑤ 1,000,000원

**19** H휴게소의 물품 보관함에는 자물쇠로 잠긴 채 오랫동안 방치된 보관함 네 개가 있다. 휴게소 관리 직원인 L씨는 보관함을 정리하기 위해 보유하고 있는 1 ~ 6번까지의 열쇠로 네 개의 자물쇠를 모두 열어 보았다. 그 결과가 다음 〈조건〉과 같을 때, 항상 참인 것은?(단, 하나의 자물쇠는 정해진 하나의 열쇠로만 열린다)

> **조건**
> • 첫 번째 자물쇠는 1번 또는 2번 열쇠로 열렸다.
> • 두 번째 자물쇠와 네 번째 자물쇠는 3번 열쇠로 열리지 않았다.
> • 6번 열쇠로는 어떤 자물쇠도 열지 못했다.
> • 두 번째 또는 세 번째 자물쇠는 4번 열쇠로 열렸다.
> • 세 번째 자물쇠는 4번 또는 5번 열쇠로 열렸다.

① 첫 번째 자물쇠는 반드시 1번 열쇠로 열린다.
② 두 번째 자물쇠가 2번 열쇠로 열리면, 세 번째 자물쇠는 5번 열쇠로 열린다.
③ 세 번째 자물쇠가 5번 열쇠로 열리면, 네 번째 자물쇠는 2번 열쇠로 열린다.
④ 네 번째 자물쇠가 5번 열쇠로 열리면, 두 번째 자물쇠는 2번 열쇠로 열린다.
⑤ 3번 열쇠로는 어떤 자물쇠도 열지 못한다.

PART 5

**20** 다음 글의 빈칸에 들어갈 접속어를 순서대로 바르게 나열한 것은?

> 각 시대에는 그 시대의 특징을 나타내는 문학이 있다고 한다. 우리나라도 무릇 사천 살이 넘는 생활의 역사를 가진 만큼 그 발전 시기마다 각각 특색을 가진 문학이 없을 수 없고, 문학이 있었다면 그 중추가 되는 것은 아무래도 시가문학이라고 볼 수밖에 없다. _____ 대개 어느 민족을 막론하고 인간 사회가 성립하는 동시에 벌써 각자의 감정과 의사를 표시하려는 욕망이 생겼을 것이며, 삼라만상의 대자연은 자연 그 자체가 율동적이고 음악적이라고 할 수 있기 때문이다. 다시 말하면 인간이 생활하는 곳에는 자연적으로 시가가 발생하였다고 할 수 있다. _____ 사람의 지혜가 트이고 비교적 언어의 사용이 능란해짐에 따라 종합 예술체의 한 부분으로 있었던 서정문학적 요소가 분화·독립되어 제요나 노동요 따위의 시가의 원형을 이루고 다시 이 집단적 가요는 개인적 서정시로 발전하여 갔으리라 추측된다. _____ 다른 나라도 마찬가지이겠지만, 우리 문학사상에서 시가의 지위는 상당히 중요한 몫을 지니고 있다.

① 왜냐하면 – 그리고 – 그러므로
② 그리고 – 왜냐하면 – 그러므로
③ 그러므로 – 그리고 – 왜냐하면
④ 왜냐하면 – 그러나 – 그럼에도 불구하고
⑤ 그러나 – 왜냐하면 – 그러므로

**21** 경영기획실에서 근무하는 A씨는 매년 부서별 사업계획을 정리하는 업무를 맡고 있다. 부서별 사업계획을 간략하게 정리한 보고서를 보고 A씨가 할 수 있는 생각으로 가장 적절한 것은?

---

〈사업별 기간 및 소요예산〉

- A사업 : 총사업기간은 2년으로, 첫해에는 1조 원, 둘째 해에는 4조 원의 예산이 필요하다.
- B사업 : 총사업기간은 3년으로, 첫해에는 15조 원, 둘째 해에는 18조 원, 셋째 해에는 21조 원의 예산이 필요하다.
- C사업 : 총사업기간은 1년으로, 총소요예산은 15조 원이다.
- D사업 : 총사업기간은 2년으로, 첫해에는 15조 원, 둘째 해에는 8조 원의 예산이 필요하다.
- E사업 : 총사업기간은 3년으로, 첫해에는 6조 원, 둘째 해에는 12조 원, 셋째 해에는 24조 원의 예산이 필요하다.

올해를 포함한 향후 5년간 위의 5개 사업에 투자할 수 있는 예산은 아래와 같다.

〈연도별 가용예산〉

(단위 : 조 원)

| 1차 연도(올해) | 2차 연도 | 3차 연도 | 4차 연도 | 5차 연도 |
|---|---|---|---|---|
| 20 | 24 | 28.8 | 34.5 | 41.5 |

〈규정〉

- 모든 사업은 한번 시작하면 완료될 때까지 중단할 수 없다.
- 예산은 당해 사업연도에 남아도 상관없다.
- 각 사업연도의 예산은 이월될 수 없다.
- 모든 사업을 향후 5년 이내에 반드시 완료한다.

---

① B사업을 세 번째 해에 시작하고 C사업을 최종연도에 시행한다.
② A사업과 D사업을 첫해에 동시에 시작한다.
③ 첫해에는 E사업만 시작한다.
④ D사업을 첫해에 시작한다.
⑤ 첫해에 E사업과 A사업을 같이 시작한다.

**22** 다음은 우편 매출액에 대한 자료이다. 이에 대한 설명으로 옳지 않은 것은?

<우편 매출액>

(단위 : 만 원)

| 구분 | 2020년 | 2021년 | 2022년 | 2023년 | 2024년 | | | | |
|------|--------|--------|--------|--------|--------|--------|--------|--------|--------|
| | | | | | 소계 | 1분기 | 2분기 | 3분기 | 4분기 |
| 일반통상 | 11,373 | 11,152 | 10,793 | 11,107 | 10,899 | 2,665 | 2,581 | 2,641 | 3,012 |
| 특수통상 | 5,418 | 5,766 | 6,081 | 6,023 | 5,946 | 1,406 | 1,556 | 1,461 | 1,523 |
| 소포우편 | 3,390 | 3,869 | 4,254 | 4,592 | 5,017 | 1,283 | 1,070 | 1,292 | 1,372 |
| 합계 | 20,181 | 20,787 | 21,128 | 21,722 | 21,862 | 5,354 | 5,207 | 5,394 | 5,907 |

① 매년 매출액이 가장 높은 분야는 일반통상 분야이다.

② 1년 집계를 기준으로 매년 매출액이 꾸준히 증가하고 있는 분야는 소포우편 분야뿐이다.

③ 2024년 1분기에 특수통상 분야의 매출액이 차지하고 있는 비율은 20% 이상이다.

④ 2024년 소포우편 분야의 2020년 대비 매출액 증가율은 60% 이상이다.

⑤ 2023년에는 일반통상 분야의 매출액이 전체의 50% 이상을 차지하고 있다.

**23** 다음과 같이 일정한 규칙으로 수를 나열할 때 빈칸에 들어갈 수로 옳은 것은?

| 10 49 33 47 102 45 ( ) |
|---|

① 306            ② 307

③ 308            ④ 309

⑤ 310

※ A대리는 터키 출장을 위해 환전을 하고자 한다. 이어지는 질문에 답하시오. [24~25]

〈상황〉

- A대리는 해외사업협력을 위해 터키의 사업체를 방문하고자 한다.
- A대리는 다른 업무를 위해 터키 방문 전 스페인을 경유한다.
- A대리는 환전수수료를 최소화하면서 한화 600만 원을 리라화로 환전하고자 한다.
- 스페인은 유로화를, 터키는 리라화를 사용한다.
- 환전수수료는 교환 후의 화폐로 지불한다.

〈화폐 간 교환비율〉

- 스페인 현지

| 환전 전 \ 환전 후 | 유로화 | 리라화 |
|---|---|---|
| 원화 | 1,200원/유로 | – |
| 유로화 | – | 0.125유로/리라 |

※ 스페인 현지 환전수수료율은 5%이다.

- 터키 현지

| 환전 전 \ 환전 후 | 리라화 |
|---|---|
| 유로화 | 0.20유로/리라 |

※ 터키 현지 환전수수료율은 10%이다.

- 국내 사설환전소

| 환전 전 \ 환전 후 | 유로화 |
|---|---|
| 원화 | 1,200원/유로 |

※ 국내 사설환전소에서 원화를 유로화로 환전하는 경우 환전수수료는 없다.

**24** A대리가 출장에 필요한 600만 원을 리라화로 환전할 때, 다음 중 A대리가 선택할 환전경로에 대한 설명으로 옳은 것은?

① 국내 사설환전소에서 원화를 유로화로 환전한 후, 스페인 현지에서 리라화로 환전하는 경우에 환전수수료가 가장 적다.

② 국내 사설환전소에서 원화를 유로화로 환전한 후, 터키 현지에서 리라화로 환전하는 경우에 환전수수료가 가장 적다.

③ 스페인 현지에서 원화를 유로화로 환전하고 유로화를 리라화로 환전하는 경우에 환전수수료가 가장 적다.

④ 스페인 현지에서 원화를 유로화로 환전한 후, 터키 현지에서 리라화로 환전하는 경우에 환전수수료가 가장 적다.

⑤ 환전수수료가 동일한 환전경로가 두 개 이상 있다.

**25** 다음과 같이 국내 사설환전소에서 원화를 리라화로 교환할 수 있게 되었다고 할 때, 〈보기〉 중 옳은 것을 모두 고르면?

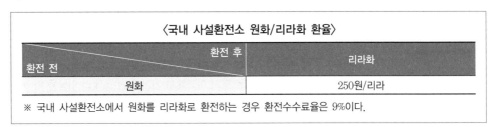

| 환전 전＼환전 후 | 리라화 |
|---|---|
| 원화 | 250원/리라 |

※ 국내 사설환전소에서 원화를 리라화로 환전하는 경우 환전수수료율은 9%이다.

**보기**

ㄱ. A대리가 환전수수료를 최소화하고자 할 때, A대리가 지불할 환전수수료는 2,000리라이다.

ㄴ. A대리는 국내 사설환전소에서 원화를 유로화로 환전한 후, 터키에서 유로화를 리라화로 환전하는 방식을 선택할 것이다.

ㄷ. A대리가 한화 600만 원이 아닌 1,000만 원을 환전하고자 한다면 A대리가 선택할 환전경로가 바뀔 수 있다.

① ㄱ  
② ㄷ  
③ ㄱ, ㄴ  
④ ㄴ, ㄷ  
⑤ ㄱ, ㄴ, ㄷ

---

**26** H공사는 한국 현지 시각 기준으로 오후 4시부터 5시까지 외국 지사와 화상 회의를 진행하려고 한다. 모든 지사는 각국 현지 시각으로 오전 8시부터 오후 6시까지 근무한다고 할 때, 다음 중 회의에 참석할 수 없는 지사는?(단, 서머타임을 시행하는 국가는 +1:00을 반영한다)

| 국가 | 시차 | 국가 | 시차 |
|---|---|---|---|
| 파키스탄 | −4:00 | 불가리아 | −6:00 |
| 호주 | +1:00 | 영국 | −9:00 |
| 싱가포르 | −1:00 | − | − |

※ 오후 12시부터 1시까지는 점심시간이므로 회의를 진행하지 않는다.
※ 서머타임 시행 국가 : 영국

① 파키스탄 지사  
② 불가리아 지사  
③ 호주 지사  
④ 영국 지사  
⑤ 싱가포르 지사

PART 5

**27** 다음 글의 빈칸에 들어갈 내용으로 가장 적절한 것은?

> 1979년 경찰관 출신이자 샌프란시스코 시의원이었던 댄 화이트는 시장과 시의원을 살해했다는 이유로 1급 살인죄로 기소되었다. 화이트의 변호인은 피고인이 스낵을 비롯해 컵케이크, 캔디 등을 과다 섭취해서 당분 과다로 뇌의 화학적 균형이 무너져 정신에 장애가 왔다고 주장하면서 책임 경감을 요구하였다. 재판부는 변호인의 주장을 인정하여 계획 살인죄보다 약한 일반 살인죄를 적용하여 7년 8개월의 금고형을 선고했다. 이 항변은 당시 미국에서 인기 있던 스낵의 이름을 따 '트윙키 항변'이라 불렸고, 사건의 사회성이나 의외의 소송 전개 때문에 큰 화제가 되었다.
> 이를 계기로 1982년 슈엔달러는 교정시설에 수용된 소년범 276명을 대상으로 섭식과 반사회 행동의 상관관계에 대해 실험하였다. 기존의 식단에서 각설탕을 꿀로 바꾸어 보고, 설탕이 들어간 음료수에서 천연 과일 주스를 주는 등의 변화를 주었다. 이처럼 정제한 당의 섭취를 원천적으로 차단한 결과 시설 내 폭행, 절도, 규율 위반, 패싸움 등이 실험 전에 비해 무려 45%나 감소했다는 것을 알게 되었다. 따라서 이 실험을 통해 _____

① 과다한 영양 섭취가 범죄 발생에 영향을 미친다는 것을 알 수 있다.

② 과다한 정제당 섭취는 반사회적 행동을 유발할 수 있다는 것을 알 수 있다.

③ 가공 식품의 섭취가 일반적으로 폭력 행위를 증가시킨다는 것을 알 수 있다.

④ 정제당 첨가물로 인한 범죄 행위는 그 책임이 경감되어야 한다는 것을 알 수 있다.

⑤ 범죄 예방을 위해 교정시설 내에 정제당을 제공하지 말아야 한다는 것을 알 수 있다.

**28** H공사 개발 사업부에는 부장 1명, 과장 1명, 사원 2명, 대리 2명 총 6명이 근무하고 있다. 다음 〈조건〉에 따라 5주 동안 개발 사업부 전원이 여름휴가를 다녀오려고 한다. 휴가는 1번씩 2주 동안 다녀온다고 할 때, 일어날 수 없는 상황은 무엇인가?(단, 모든 휴가의 시작은 월요일, 끝은 일요일이다)

> **조건**
> • 부서에는 세 명 이상이 근무해야 한다.
> • 같은 직급의 직원은 동시에 휴가 중일 수 없다.
> • 과장과 부장은 휴가가 겹칠 수 없다.
> • 1주 차에는 과장과 사원만 휴가를 갈 수 있다.

① 1주 차에 아무도 휴가를 가지 않는다.

② 대리는 혼자 휴가 중일 수 있다.

③ 부장은 4주 차에 휴가를 출발한다.

④ 5주 차에는 1명만 휴가 중일 수 있다.

⑤ 대리 중 한 명은 3주 차에 휴가를 출발한다.

**29** 다음 〈조건〉과 8월 날씨를 근거로 판단할 때, 8월 8일과 16일의 실제 날씨로 가능한 것은?

**조건**

• 날씨 예측 점수는 매일 다음과 같이 부여한다.

| 실제＼예측 | 맑음 | 흐림 | 눈·비 |
|---|---|---|---|
| 맑음 | 10점 | 6점 | 0점 |
| 흐림 | 4점 | 10점 | 6점 |
| 눈·비 | 0점 | 2점 | 10점 |

• 한 주의 주중(월∼금요일) 날씨 예측 점수의 평균은 매주 5점 이상이다.

• 8월 1일부터 19일까지 요일별 날씨 예측 점수의 평균은 다음과 같다.

| 구분 | 월요일 | 화요일 | 수요일 | 목요일 | 금요일 |
|---|---|---|---|---|---|
| 날씨 예측 점수 평균 | 7점 이하 | 5점 이상 | 7점 이하 | 5점 이상 | 7점 이하 |

### 〈8월 날씨〉

| 구분 | 월요일 | 화요일 | 수요일 | 목요일 | 금요일 | 토요일 | 일요일 |
|---|---|---|---|---|---|---|---|
| 날짜 | | | 1 | 2 | 3 | 4 | 5 |
| 예측 | | | 맑음 | 흐림 | 맑음 | 눈·비 | 흐림 |
| 실제 | | | 맑음 | 맑음 | 흐림 | 흐림 | 맑음 |
| 날짜 | 6 | 7 | 8 | 9 | 10 | 11 | 12 |
| 예측 | 맑음 | 흐림 | 맑음 | 맑음 | 맑음 | 흐림 | 흐림 |
| 실제 | 흐림 | 흐림 | ? | 맑음 | 흐림 | 눈·비 | 흐림 |
| 날짜 | 13 | 14 | 15 | 16 | 17 | 18 | 19 |
| 예측 | 눈·비 | 눈·비 | 맑음 | 눈·비 | 눈·비 | 흐림 | 흐림 |
| 실제 | 맑음 | 맑음 | 맑음 | ? | 눈·비 | 흐림 | 눈·비 |

※ 위 달력의 같은 줄을 한 주로 한다.

    8월 8일      8월 16일
①   맑음         흐림
②   맑음         눈·비
③   눈·비       흐림
④   눈·비       맑음
⑤   흐림        흐림

PART 5

**30** 귀하는 미디어 매체별 이용자 분포 자료를 토대로 보고서에 추가할 그래프를 제작하였다. 완성된 보고서를 상사에게 제출하였는데, 그래프 중에서 잘못된 것이 있다고 피드백을 받았다. 귀하가 다음 자료를 토대로 그래프를 검토할 때 수정이 필요한 것은 무엇인가?

### 〈미디어 매체별 이용자 분포〉

(단위 : %)

| 구분 | | TV | 스마트폰 | PC/노트북 |
|---|---|---|---|---|
| 사례 수 | | 7,000명 | 6,000명 | 4,000명 |
| 성별 | 남 | 49.4 | 51.7 | 51.9 |
| | 여 | 50.6 | 48.3 | 48.1 |
| 연령 | 10대 | 9.4 | 11.2 | 13.0 |
| | 20대 | 14.1 | 18.7 | 20.6 |
| | 30대 | 17.1 | 21.1 | 23.0 |
| | 40대 | 19.1 | 22.2 | 22.6 |
| | 50대 | 18.6 | 18.6 | 15.0 |
| | 60세 이상 | 21.7 | 8.2 | 5.8 |
| 직업 | 사무직 | 20.1 | 25.6 | 28.2 |
| | 서비스직 | 14.8 | 16.6 | 14.9 |
| | 생산직 | 20.3 | 17.0 | 13.4 |
| | 학생 | 13.2 | 16.8 | 19.4 |
| | 주부 | 20.4 | 17.8 | 18.4 |
| | 기타 | 0.6 | 0.6 | 0.6 |
| | 무직 | 10.6 | 5.6 | 5.1 |
| 소득 | 상 | 31.4 | 35.5 | 38.2 |
| | 중 | 45.1 | 49.7 | 48.8 |
| | 하 | 23.5 | 14.8 | 13.0 |
| 도시 규모 | 대도시 | 45.3 | 47.5 | 49.5 |
| | 중소도시 | 37.5 | 39.6 | 39.3 |
| | 군지역 | 17.2 | 12.9 | 11.2 |

① 연령대별 스마트폰 이용자 수(단위 : 명)

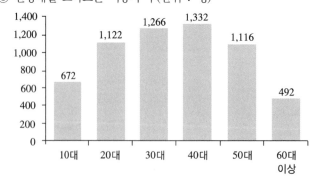

② 성별 매체이용자 수(단위 : 명)

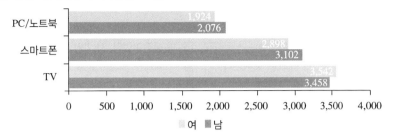

③ 매체별 소득수준 구성비

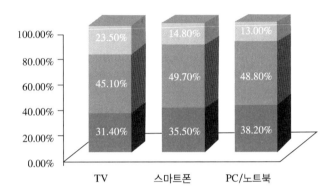

④ TV + 스마트폰 이용자의 도시규모별 구성비

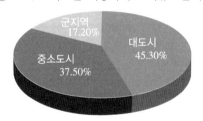

⑤ 사무직 이용자의 매체별 구성비

※ 다음은 색채심리학을 소개하는 기사이다. 이어지는 질문에 답하시오. [31~32]

색채는 상징성과 이미지를 지니는 동시에 인간과 심리적 교감을 나눈다. 과거 노란색은 중국 황제를 상징했고, 보라색은 로마 황제의 색이었다. 또한, 붉은색은 공산주의의 상징이었다. 백의민족이라 불린 우리 민족은 태양의 광명인 흰색을 숭상했던 것으로 보여진다. 이처럼 각 색채는 희망·열정·사랑·생명·죽음 등 다양한 상징을 갖고 있다. 여기에 각 색깔이 주는 독특한 자극은 인간의 감성과 심리에 큰 영향을 미치고 있으며, 이는 색채심리학이라는 학문의 등장으로 이어졌다.

색채심리학이란 색채와 관련된 인간의 행동(반응)을 연구하는 심리학을 말한다. 색채심리학에서는 색각(色覺)의 문제로부터, 색채가 가지는 인상·조화감 등에 이르는 여러 문제를 다룬다. 그뿐만 아니라, 생리학·예술·디자인·건축 등과도 관계를 가진다. 특히, 색채가 어떠하며, 우리 눈에 그것이 어떻게 보이고, 어떤 느낌을 주는지는 색채심리학이 다루는 연구대상 중 가장 주요한 부분이다.

우리는 보통 몇 가지의 색을 동시에 보게 된다. 이럴 경우 몇 가지의 색이 상호작용을 하므로, 한 가지의 색을 볼 때와는 다른 현상이 일어난다. 그 대표적인 것이 대비(對比) 현상이다. 색채의 대비는 2개 이상의 색을 동시에 보거나, 계속해서 볼 때 일어나는 현상이다. 전자를 '동시대비', 후자를 '계속대비'라 한다. 이때 제시되는 색은 서로 영향을 미치며, 각기 지니고 있는 색의 특성을 더욱더 강조하는 경향이 생긴다.

이러한 색의 대비현상을 살펴보면, 색에는 색상·명도(색의 밝기 정도)·채도(색의 선명도)의 3가지 속성이 있으며, 이에 따라 색상대비·명도대비·채도대비의 3가지 대비를 볼 수 있다. 색상대비는 색상이 다른 두 색을 동시에 이웃하여 놓았을 때 두 색이 서로의 영향으로 색상 차가 나는 현상이다. 다음으로 명도대비는 명도가 다른 두 색을 이웃하거나 배색하였을 때, 밝은 색은 더욱 밝게, 어두운 색은 더욱 어둡게 보이는 현상으로 볼 수 있다. 그리고 채도대비는 채도가 다른 두 색을 인접시켰을 때 서로의 영향을 받아 채도가 높은 색은 더욱 높아 보이고 채도가 낮은 색은 더욱 낮아 보이는 현상을 말한다.

오늘날 색의 대비 현상은 일상생활에서 많이 활용되고 있다. 색채를 활용하여 먼 거리에서 더 잘 보이게 하거나 뚜렷하게 보이도록 해야 할 때가 있는데, 그럴 경우에는 배경과 그 앞에 놓이는 그림의 속성 차를 크게 해야 한다. 일반적으로 배경색과 그림색의 속성이 다르면 다를수록 그림은 명확하게 인지되고, 멀리서도 잘 보인다. 색의 대비 중 이와 같은 현상에 가장 영향을 미치는 것은 명도대비이며 그다음이 색상대비, 채도대비의 순이다. 특히, 멀리서도 잘 보여야 하는 표지류 등은 대비량이 큰 색을 사용한다.

색이 우리 눈에 보이는 현상으로는 이 밖에도 잔상색·순응색 등이 있다. 흰 종이 위에 빨간 종이를 놓고 잠깐 동안 주시한 다음 빨간 종이를 없애면, 흰 종이 위에 빨간 청록색이 보인다. 이것이 이른바 보색잔상으로서 비교적 밝은 면에서 잔상을 관찰했을 때 나타나는 현상이다. 그러나 암흑 속이나 백광색의 자극을 받을 때는 매우 복잡한 양상을 띤다. 또, 조명광이나 물체색(物體色)을 오랫동안 계속 쳐다보고 있으면, 그 색에 순응되어 색의 지각이 약해진다. 그래서 조명에 의해 물체색이 바뀌어도 자신이 알고 있는 고유의 색으로 보이게 되는데 이러한 현상을 '색순응'이라고 한다.

## 31  다음 중 기사를 읽고 이해한 내용으로 적절하지 않은 것은?

① 색채의 대비 중 2개 이상의 색을 계속 보는 경우를 '계속대비'라 한다.

② 색을 계속 응시하면 색의 보이는 상태가 변화됨을 알 수 있다.

③ 색채심리학은 색채가 우리에게 어떤 느낌을 주는지도 연구한다.

④ 배경과 그림의 속성 차를 작게 할수록 뚜렷하게 보이는 효과가 있다.

⑤ 멀리서도 잘 보여야 하는 경우는 대비량이 큰 색을 사용한다.

**32** 다음 중 기사를 읽고 추론한 내용으로 가장 적절한 것은?

① 어두운 밝기의 회색이 검은색 바탕 위에 놓일 경우 밝아 보이는데 이는 채도대비로 볼 수 있다.

② 연두색 배경 위에 놓인 노란색은 좀더 붉은 색을 띠게 되는데 이는 색상대비로 볼 수 있다.

③ 무채색 위에 둔 유채색이 훨씬 선명하게 보이는 현상은 명도대비로 볼 수 있다.

④ 색의 물체를 응시한 후 흰 벽으로 눈을 옮기면 전자의 색에 칠하여진 동형의 상을 볼 수 있는데 이는 색순응으로 볼 수 있다.

⑤ 파란색 선글라스를 통해 푸르게 보이던 것이 곧 익숙해져서 본래의 색으로 느끼는 것은 보색잔상으로 볼 수 있다.

**33** H공사는 직원들의 체력증진 및 건강개선을 위해 점심시간을 이용해 운동 프로그램을 운영하고자 한다. 해당 프로그램을 운영할 업체는 직원들의 사전조사 결과를 바탕으로 한 선정 점수에 따라 결정된다. 다음 〈조건〉에 따라 업체를 선정할 때, 최종적으로 선정될 업체는?

〈후보 업체 사전조사 결과〉

(단위 : 점)

| 업체명 | 프로그램 | 흥미 점수 | 건강증진 점수 |
|---|---|---|---|
| A업체 | 집중GX | 5 | 7 |
| B업체 | 필라테스 | 7 | 6 |
| C업체 | 자율 웨이트 | 5 | 5 |
| D업체 | 근력운동 트레이닝 | 6 | 4 |
| E업체 | 스피닝 | 4 | 8 |

**조건**

• H공사는 전 직원들을 대상으로 후보 업체들에 대한 사전조사를 하였다. 후보 업체들에 대한 흥미 점수와 건강증진 점수는 전 직원들이 10점 만점으로 부여한 점수의 평균값이다.

• 흥미 점수와 건강증진 점수를 2 : 3의 가중치로 합산하여 1차 점수를 산정하고, 1차 점수가 높은 후보 업체 3개를 1차 선정한다.

• 직원들의 흥미가 더 중요하다고 생각되어, 1차 선정된 후보 업체 중 흥미점수와 건강증진 점수에 3 : 3 가중치로 합산하여 2차 점수를 산정한다.

• 2차 점수가 가장 높은 1개의 업체를 최종적으로 선정한다. 만일 1차 선정된 후보 업체들의 2차 점수가 모두 동일한 경우, 건강증진 점수가 가장 높은 후보업체를 선정한다.

① A업체      ② B업체

③ C업체      ④ D업체

⑤ E업체

**34** H사는 사원들에게 사택을 제공하고 있다. 사택 신청자 A ~ E 중 현재 2명만이 사택을 제공받을 수 있으며, 추첨은 조건별 점수에 따라 이뤄진다고 할 때, 〈보기〉에 따라 사택을 제공받을 수 있는 사람은?

〈사택 제공 조건별 점수〉

| 근속연수 | 점수 | 직위 | 점수 | 부양가족 수 | 점수 | 직종 | 점수 |
|---|---|---|---|---|---|---|---|
| 1년 이상 | 1점 | 차장 | 5점 | 5명 이상 | 10점 | 연구직 | 10점 |
| 2년 이상 | 2점 | 과장 | 4점 | 4명 | 8점 | 기술직 | 10점 |
| 3년 이상 | 3점 | 대리 | 3점 | 3명 | 6점 | 영업직 | 5점 |
| 4년 이상 | 4점 | 주임 | 2점 | 2명 | 4점 | 서비스직 | 5점 |
| 5년 이상 | 5점 | 사원 | 1점 | 1명 | 2점 | 사무직 | 3점 |

※ 근속연수는 휴직기간을 제외하고 1년마다 1점씩 적용하여 최대 5점까지 받을 수 있다. 단, 해고 또는 퇴직 후 일정기간을 경과하여 재고용된 경우에는 이전에 고용되었던 기간(개월)을 통산하여 근속연수에 포함한다. 근속연수 산정은 2024. 01. 01을 기준으로 한다.
※ 부양가족 수의 경우 배우자는 제외된다.
※ 무주택자의 경우 10점의 가산점을 받는다.
※ 동점일 경우 부양가족 수가 많은 사람이 우선순위로 선발된다.

**보기**

| 구분 | 직위 | 직종 | 입사일 | 가족 구성 | 주택 유무 | 비고 |
|---|---|---|---|---|---|---|
| A | 대리 | 영업직 | 2020. 08. 20 | 남편 | 무주택자 | – |
| B | 사원 | 기술직 | 2022. 09. 17 | 아내, 아들 1명, 딸 1명 | 무주택자 | – |
| C | 과장 | 연구직 | 2019. 02. 13 | 어머니, 남편, 딸 1명 | 유주택자 | • 2020. 12. 17 퇴사<br>• 2021. 05. 15 재입사 |
| D | 주임 | 사무직 | 2022. 03. 03 | 아내, 아들 1명, 딸 2명 | 무주택자 | – |
| E | 차장 | 영업직 | 2017. 05. 06 | 아버지, 어머니, 아내, 아들 1명 | 유주택자 | • 2019. 05. 03 퇴사<br>• 2020. 06. 08 재입사 |

① A대리, C과장
② A대리, E차장
③ B사원, C과장
④ B사원, D주임
⑤ D주임, E차장

**35** 신입사원 J씨는 A ~ E 총 5개의 과제 중 어떤 과제를 먼저 수행해야 할지를 결정하기 위해 평가표를 작성하였다. 다음 자료를 근거로 할 때 가장 먼저 수행할 과제는?(단, 평가 항목 점수를 합산하여 최종 점수가 가장 높은 과제부터 수행한다)

〈과제별 평가표〉

(단위 : 점)

| 구분 | A | B | C | D | E |
|------|-----|-----|-----|-----|-----|
| 중요도 | 84 | 82 | 95 | 90 | 94 |
| 긴급도 | 92 | 90 | 85 | 83 | 92 |
| 적용도 | 96 | 90 | 91 | 95 | 83 |

※ 과제당 다음과 같은 가중치를 별도로 부여하여 계산한다.
  [(중요도)×0.3]+[(긴급도)×0.2]+[(적용도)×0.1]
※ 항목별로 최하위 점수에 해당하는 과제는 선정하지 않는다.

① A
② B
③ C
④ D
⑤ E

**36** 다음은 H회사의 연도별 자동차 판매현황이다. 이에 대한 설명으로 옳은 것을 〈보기〉에서 모두 고르면?

〈자동차 판매현황〉

(단위 : 천 대)

| 구분 | 2022년 | 2023년 | 2024년 |
|------|--------|--------|--------|
| 소형 | 27.8 | 32.4 | 30.2 |
| 준중형 | 181.3 | 179.2 | 180.4 |
| 중형 | 209.3 | 202.5 | 205.7 |
| 대형 | 186.1 | 185.0 | 177.6 |
| SUV | 452.2 | 455.7 | 450.8 |

**보기**

ㄱ. 2022 ~ 2024년 동안 판매량이 감소하는 차종은 2종류이다.
ㄴ. 2023년 대형 자동차 판매량은 전년 대비 2% 미만 감소했다.
ㄷ. SUV 자동차의 총판매량은 대형 자동차 총판매량의 2.5배 이하이다.
ㄹ. 2023년 대비 2024년 판매량 증가율이 가장 높은 차종은 준중형이다.

① ㄱ, ㄷ
② ㄴ, ㄷ
③ ㄴ, ㄹ
④ ㄱ, ㄴ, ㄹ
⑤ ㄱ, ㄷ, ㄹ

PART 5

※ 다음 글을 읽고 이어지는 질문에 답하시오. [37~38]

18세기에는 열의 실체가 칼로릭(Caloric)이며, 칼로릭은 온도가 높은 쪽에서 낮은 쪽으로 흐르는 성질이 있으며 질량이 없는 입자들의 모임이라는 생각이 받아들여지고 있었다. 이를 칼로릭 이론이라 부르는데, 이에 따르면 찬 물체와 뜨거운 물체를 접촉시켜 놓았을 때 두 물체의 온도가 같아지는 것은 칼로릭이 뜨거운 물체에서 차가운 물체로 이동하기 때문이라는 것이다. 이러한 상황에서 과학자들의 큰 관심사 중의 하나는 증기 기관과 같은 열기관의 열효율 문제였다.

열기관은 높은 온도의 열원에서 열을 흡수하고 낮은 온도의 대기와 같은 열기관 외부에 열을 방출하며 일을 하는 기관을 말하는데, 열효율은 열기관이 흡수한 열의 양 대비 한 일의 양으로 정의된다. 19세기 초에 카르노는 열기관의 열효율 문제를 칼로릭 이론에 기반을 두고 다루었다. 카르노는 물레방아와 같은 수력 기관에서 물이 높은 곳에서 낮은 곳으로 흐르면서 일을 할 때 물의 양과 한 일의 양의 비가 높이 차이에만 좌우되는 것에 주목하였다. 물이 높이 차에 의해 이동하는 것과 흡사하게 칼로릭도 고온에서 저온으로 이동하면서 일을 하게 되는데, 열기관의 열효율 역시 이러한 두 온도에만 의존한다는 것이었다.

한편 1840년대에 줄(Joule)은 일정량의 열을 얻기 위해 필요한 각종 에너지의 양을 측정하는 실험을 행하였다. 대표적인 것이 열의 일당량 실험이었다. 이 실험은 열기관을 대상으로 한 것이 아니라, 추를 낙하시켜 물속의 날개바퀴를 회전시키는 실험이었다. 열의 양은 칼로리(Calorie)로 표시되는데, 그는 역학적 에너지인 일이 열로 바뀌는 과정의 정밀한 실험을 통해 1kcal의 열을 얻기 위해서 필요한 일의 양인 열의 일당량을 측정하였다. 줄은 이렇게 일과 열은 형태만 다를 뿐 서로 전환이 가능한 물리량이므로 등가성이 있다는 것을 입증하였으며, 열과 일이 상호 전환될 때 열과 일의 에너지를 합한 양은 일정하게 보존된다는 사실을 알아내었다. 이후 열과 일뿐만 아니라 화학 에너지, 전기에너지 등이 등가성이 있으며 상호 전환될 때에 에너지의 총량은 변하지 않는다는 에너지 보존 법칙이 입증되었다.

열과 일에 대한 이러한 이해는 카르노의 이론에 대한 과학자들의 재검토로 이어졌다. 특히 톰슨은 ⊙ 칼로릭 이론에 입각한 카르노의 열기관에 대한 설명이 줄의 에너지 보존 법칙에 위배된다고 지적하였다. 카르노의 이론에 의하면, 열기관은 높은 온도에서 흡수한 열 전부를 낮은 온도로 방출하면서 일을 한다. 이것은 줄이 입증한 열과 일의 등가성과 에너지 보존 법칙에 어긋나는 것이어서 열의 실체가 칼로릭이라는 생각은 더 이상 유지될 수 없게 되었다. 하지만 열효율에 관한 카르노의 이론은 클라우지우스의 증명으로 유지될 수 있었다. 그는 카르노의 이론이 유지되지 않는다면 열은 저온에서 고온으로 흐르는 현상이 생길 수도 있을 것이라는 가정에서 출발하여, 열기관의 열효율은 열기관이 고온에서 열을 흡수하고 저온에 방출할 때의 두 작동 온도에만 관계된다는 카르노의 이론을 증명하였다.

클라우지우스는 자연계에서는 열이 고온에서 저온으로만 흐르고 그와 반대되는 현상은 일어나지 않는 것과 같이 경험적으로 알 수 있는 방향성이 있다는 점에 주목하였다. 또한 일이 열로 전환될 때와는 달리, 열기관에서 열 전부를 일로 전환할 수 없다는, 즉 열효율이 100%가 될 수 없다는 상호 전환 방향에 관한 비대칭성이 있다는 사실에 주목하였다. 이러한 방향성과 비대칭성에 대한 논의는 이를 설명할 수 있는 새로운 물리량인 엔트로피(Entropy)의 개념을 낳았다.

**37** 다음 중 윗글을 통해 알 수 있는 내용으로 가장 적절한 것은?

① 열기관은 외부로부터 받은 일을 열로 변환하는 기관이다.

② 수력 기관에서 물의 양과 한 일의 양의 비는 물의 온도 차이에 비례한다.

③ 칼로릭 이론에 의하면 차가운 쇠구슬이 뜨거워지면 쇠구슬의 질량은 증가하게 된다.

④ 칼로릭 이론에서는 칼로릭을 온도가 낮은 곳에서 높은 곳으로 흐르는 입자라고 본다.

⑤ 열기관의 열효율은 두 작동 온도에만 관계된다는 이론은 칼로릭 이론의 오류가 밝혀졌음에도 유지되었다.

**38** 다음 중 밑줄 친 ㉠의 내용으로 가장 적절한 것은?

① 열의 실체가 칼로릭이라면 열기관이 한 일을 설명할 수 없다는 점

② 화학 에너지와 전기에너지는 서로 전환될 수 없는 에너지라는 점

③ 자연계에서는 열이 고온에서 저온으로만 흐르는 것과 같은 방향성이 있는 현상이 존재한다는 점

④ 열효율에 관한 카르노의 이론이 맞지 않는다면 열은 저온에서 고온으로 흐르는 현상이 생길 수 있다는 점

⑤ 열기관의 열효율은 열기관이 고온에서 열을 흡수하고 저온에 방출할 때의 두 작동 온도에만 관계된다는 점

※ H공단의 ICT 센터는 정보보안을 위해 직원의 컴퓨터 암호를 다음과 같은 규칙으로 지정하였다. 이어지는 질문에 답하시오. [39~40]

---

### 〈규칙〉

1. 자음과 모음의 배열은 국어사전의 배열 순서에 따른다.
   - 자음
     - 국어사전 배열 순서에 따라 알파벳 소문자(a, b, c, …)로 치환하여 사용한다.
     - 받침으로 사용되는 자음의 경우 대문자로 구분한다.
     - 겹받침일 경우, 먼저 쓰인 순서대로 알파벳을 나열한다.
   - 모음
     - 국어사전 배열 순서에 따라 숫자(1, 2, 3, …)로 치환하여 사용한다.
2. 비밀번호는 임의의 세 글자로 구성하되 마지막 음절 뒤 한 자리 숫자는 다음의 규칙에 따라 지정한다.
   - 음절에 사용된 각 모음의 합으로 구성한다.
   - 모음의 합이 두 자리 이상일 경우엔 각 자릿수를 다시 합하여 한 자리 수가 나올 때까지 더한다.
   - '–'을 사용하여 단어와 구별한다.

---

**39** 김사원 컴퓨터의 비밀번호는 '자전거'이다. 이를 암호로 바르게 치환한 것은?

① m1m3ca5–9

② m1m5Ca5–2

③ n1n5ca3–9

④ m1m3Ca3–7

⑤ n1n5ca4–2

**40** 이대리 컴퓨터의 비밀번호는 '마늘쫑'이다. 이를 암호로 바르게 치환한 것은?

① g1c19FN9L–2

② g1C11fN3H–6

③ g1c16FN2N–1

④ g1c19Fn9L–2

⑤ g1c16Fn3h–1

**41** 다음은 조직의 문화를 기준을 통해 4가지 문화로 구분한 자료이다. (가) ~ (라)에 대한 설명으로 옳지 않은 것은?

| | 유연성, 자율성 강조<br>(Flexibility & Discretion) | | |
|---|---|---|---|
| 내부지향성, 통합 강조<br>(Internal Focus & Integration) | (가) | (나) | 외부지향성, 차별 강조<br>(External Focus & Differentiation) |
| | (다) | (라) | |
| | 안정, 통제 강조<br>(Stability & Control) | | |

① (가)는 조직 구성원 간 인화단결, 협동, 팀워크, 공유가치, 사기, 의사결정과정에 참여 등을 중요시한다.

② (나)는 규칙과 법을 준수하고, 관행과 안정, 문서와 형식, 명확한 책임소재 등을 강조하는 관리적 문화의 특징을 가진다.

③ (다)는 조직내부의 통합과 안정성을 확보하고, 현상유지 차원에서 계층화되는 조직문화이다.

④ (라)는 실적을 중시하고, 직무에 몰입하며, 미래를 위한 계획을 수립하는 것을 강조한다.

⑤ (가)는 개인의 능력개발에 대한 관심이 높고, 조직 구성원에 대한 인간적 배려와 가족적인 분위기를 만들어내는 특징을 가진다.

**42** 다음은 한 부서의 분장업무를 나타낸 자료이다. 이를 토대로 유추할 수 있는 부서로 가장 적절한 것은?

| 분장업무 | |
|---|---|
| • 판매방침 및 계획 | • 외상매출금의 청구 및 회수 |
| • 판매예산의 편성 | • 제품의 재고 조절 |
| • 시장조사 | • 견본품, 반품, 지급품, 예탁품 등의 처리 |
| • 판로의 개척, 광고 선전 | • 거래처로부터의 불만처리 |
| • 거래처의 신용조사와 신용한도의 신청 | • 제품의 애프터서비스 |
| • 견적 및 계약 | • 판매원가 및 판매가격의 조사 검토 |
| • 제조지시서의 발행 | − |

① 총무부　　　　　　　　　　② 인사부
③ 기획부　　　　　　　　　　④ 영업부
⑤ 자재부

※ 다음 글을 읽고 이어지는 질문에 답하시오. [43~45]

오토바이용 헬멧 제조업체인 H사는 국내 시장의 한계를 느끼고 미국 시장에 진출해 안전과 가격, 디자인 면에서 호평을 받으며 시장의 최강자가 되었다. 외환위기와 키코사태*로 위기 상황에 놓인 적도 있었지만 비상장 및 내실 있는 경영으로 은행에 출자 전환하도록 설득하여 오히려 기사회생하였다.

미국시장 진출 시 OEM 방식을 활용할 수 있었지만 자기 브랜드를 고집한 대표이사의 선택으로 해외에서 개별 도매상들을 상대로 직접 물건을 판매했다. 또한 평판이 좋은 중소규모 도매상을 선정해 유대관계를 강화했다. 한번 계약을 맺은 도매상과는 의리를 지켰고 그 결과 단단한 유통망을 갖출 수 있었다.

유럽 진출 시에는 미국과는 다른 소비자의 특성에 맞춰 고급스러운 디자인의 고가 제품을 포지셔닝하여 모토그랑프리를 후원하고 우승자와 광고 전속 계약을 맺었다. 여기에 신제품인 스피드와 레저를 동시에 즐길 수 있는 실용적인 변신 헬멧으로 유럽 소비자들을 공략해 시장 점유율을 높였다.

*키코사태(KIKO; Knock In Knock Out) : 환율 변동으로 인한 위험을 줄이기 위해 만들어진 파생상품에 가입한 수출 중소기업들이 2008년 미국발 글로벌 금융위기 여파로 환율이 급등하자 막대한 손실을 보게 된 사건이다.

**43** 다음 중 H사가 미국시장에 성공적으로 진출할 수 있었던 요인으로 적절하지 않은 것은?

① OEM 방식을 효율적으로 활용했다.
② 자사 브랜드를 알리는 데 주력했다.
③ 평판이 좋은 유통망을 찾아 계약을 맺었다.
④ 안전과 가격, 디자인 모두에 심혈을 기울였다.
⑤ 계약을 맺은 도매상과의 의리를 지켰다.

**44** 다음 중 H사가 유럽시장 진출에서 성공을 거둔 요인으로 적절하지 않은 것은?

① 소비자 특성에 맞춘 고가 제품 포지셔닝
② 모토그랑프리 후원 등 전략적 마케팅 실행
③ 중소규모 도매상과 유대관계 강화
④ 하이브리드가 가능한 실용적 제품 개발
⑤ 고급스러운 디자인 제품으로 소비자들을 공략

**45** 다음 〈보기〉 중 H사가 해외 진출 시 분석을 위해 활용한 요소들을 모두 고르면?

> **보기**
>
> ㉠ 현지 시장의 경쟁상황          ㉡ 경쟁업체
> ㉢ 시장점유율                ㉣ 제품 가격 및 품질
> ㉤ 공급 능력

① ㉠, ㉡, ㉢                    ② ㉡, ㉢, ㉣

③ ㉢, ㉣, ㉤                    ④ ㉠, ㉡, ㉢, ㉣

⑤ ㉠, ㉡, ㉢, ㉣, ㉤

**46** 김부장과 박대리는 H공단의 고객지원실에서 근무하고 있다. 다음 상황에서 김부장이 박대리에게 지시할 사항으로 가장 적절한 것은?

> • **부서별 업무분장**
>   – 인사혁신실 : 신규 채용, 부서 / 직무별 교육계획 수립 / 시행, 인사고과 등
>   – 기획조정실 : 조직문화 개선, 예산사용계획 수립 / 시행, 대외협력, 법률지원 등
>   – 총무지원실 : 사무실, 사무기기, 차량 등 업무지원 등
>
> **〈상황〉**
>
> 박대리 : 고객지원실에서 사용하는 A4 용지와 볼펜이 부족해서 비품을 신청해야 할 것 같습니다.
>         그리고 지난번에 말씀하셨던 고객 상담 관련 사내 교육 일정이 이번에 확정되었다고 합니다.
>         고객지원실 직원들에게 관련 사항을 전달하려면 교육 일정 확인이 필요할 것 같습니다.

① 박대리, 기획조정실에 가서 교육 일정 확인하고, 인사혁신실에 가서 비품 신청하고 오도록 해요.

② 박대리, 총무지원실에 가서 교육 일정 확인하고, 간 김에 비품 신청도 하고 오세요.

③ 박대리, 인사혁신실에 전화해서 비품 신청하고, 전화한 김에 교육 일정도 확인해서 나한테 알려 줘요.

④ 박대리, 총무지원실에 전화해서 비품 신청하고, 기획조정실에 가서 교육 일정 확인하고 나한테 알려줘요.

⑤ 박대리, 총무지원실에 전화해서 비품 신청하고, 인사혁신실에 가서 교육 일정 확인하고 나한테 알려줘요.

**47** 다음 〈보기〉 중 경영의 4요소로 적절한 것을 모두 고르면?

> **보기**
>
> ㄱ. 조직의 목적을 달성하기 위해 경영자가 수립하는 것으로, 더욱 구체적인 방법과 과정이 담겨 있다.
>
> ㄴ. 조직에서 일하는 구성원으로, 경영은 이들의 직무수행에 기초하여 이루어지기 때문에 이것의 배치 및 활용이 중요하다.
>
> ㄷ. 생산자가 상품 또는 서비스를 소비자에게 유통하는 데 관련된 모든 체계적 경영 활동이다.
>
> ㄹ. 특정의 경제적 실체에 관하여 이해관계를 이루는 사람들에게 합리적인 경제적 의사결정을 하는 데 유용한 재무적 정보를 제공하기 위한 일련의 과정 또는 체계이다.
>
> ㅁ. 경영하는 데 사용할 수 있는 돈으로, 이것이 충분히 확보되는 정도에 따라 경영의 방향과 범위가 정해지게 된다.
>
> ㅂ. 조직이 변화하는 환경에 적응하기 위하여 경영활동을 체계화하는 것으로, 목표달성을 위한 수단이다.

① ㄱ, ㄴ, ㄷ, ㄹ      ② ㄱ, ㄴ, ㄷ, ㅁ
③ ㄱ, ㄴ, ㅁ, ㅂ      ④ ㄴ, ㄷ, ㅁ, ㅂ
⑤ ㄷ, ㄹ, ㅁ, ㅂ


**48** 다음 상황에서 H사가 해외 시장 개척을 앞두고 기존의 조직구조를 개편할 경우, 추가해야 할 조직으로 보기 어려운 것은?

> H사는 몇 년 전부터 자체 기술로 개발한 제품의 판매 호조로 인해 기대 이상의 수익을 창출하게 되었다. 경쟁 업체들이 모방할 수 없는 독보적인 기술력을 앞세워 국내 시장을 공략한 결과, 이미 더 이상의 국내 시장 경쟁자들은 없다고 할 만큼 탄탄한 시장 점유율을 확보하였다. 이러한 H사의 사장은 올 초부터 해외 시장 진출의 꿈을 갖고 필요한 자료를 수집하기 시작하였다. 충분한 자금력을 확보한 H사는 우선 해외 부품 공장을 인수한 후 현지에 생산 기지를 건설하여 국내에서 생산되는 물량의 절반 정도를 현지로 이전 생산하고, 이를 통한 물류비 절감으로 주변국들부터 시장을 넓혀가겠다는 야심찬 계획을 가지고 있다. 한국 본사에서는 내년까지 4 ~ 5곳의 해외 거래처를 더 확보하여 지속적인 해외 시장 개척에 매진한다는 중장기 목표를 대내외에 천명해 둔 상태다.

① 해외관리팀      ② 기업회계팀
③ 외환업무팀      ④ 국제법무팀
⑤ 물류팀

※ 다음은 H회사의 회의록이다. 이어지는 질문에 답하시오. [49~50]

<table>
<tr><td colspan="6">〈회의록〉</td></tr>
<tr><td>회의일시</td><td>2025년 1월 14일</td><td>부서</td><td>생산팀, 연구팀, 마케팅팀</td><td>작성자</td><td>이○○</td></tr>
<tr><td>참석자</td><td colspan="5">생산팀 팀장·차장, 연구팀 팀장·차장, 마케팅팀 팀장·차장</td></tr>
<tr><td>회의안건</td><td colspan="5">제품에서 악취가 난다는 고객 불만에 따른 원인 조사 및 대책방안</td></tr>
<tr><td>회의내용</td><td colspan="5">주문폭주로 인한 물량증가로 잉크가 덜 마른 포장상자를 사용해 냄새가 제품에 스며든 것으로 추측</td></tr>
<tr><td>결정사항</td><td colspan="5">[생산팀]<br>내부 비닐 포장, 외부 종이상자 포장이었던 기존방식에서 내부 2중 비닐 포장, 외부 종이상자 포장으로 교체<br>[마케팅팀]<br>1. 주문량이 급격히 증가했던 일주일 동안 생산된 제품 전격 회수<br>2. 제품을 공급한 매장에 사과문 발송 및 100% 환불·보상 공지<br>[연구팀]<br>포장 재질 및 인쇄된 잉크의 유해성분 조사</td></tr>
</table>

**49** 다음 중 회의록을 통해 알 수 있는 내용으로 가장 적절한 것은?

① 이 조직은 6명으로 이루어져 있다.

② 회의 참석자는 총 3명이다.

③ 연구팀에서 제품을 전격 회수해 포장 재질 및 인쇄된 잉크의 유해성분을 조사하기로 했다.

④ 주문량이 많아 잉크가 덜 마른 포장상자를 사용한 것이 문제 발생의 원인으로 추측된다.

⑤ 포장 재질 및 인쇄된 잉크 유해성분을 조사한 결과 인체에는 무해한 것으로 밝혀졌다.

**50** 다음 중 회의록을 참고할 때 회의 후 가장 먼저 해야 할 일로 가장 적절한 것은?

① 해당 브랜드의 전 제품 회수

② 포장 재질 및 인쇄된 잉크 유해성분 조사

③ 새로 도입하는 포장방식 홍보

④ 주문량이 급격히 증가한 일주일 동안 생산된 제품 파악

⑤ 제품을 공급한 매장에 사과문 발송

**41** 다음은 사내 동호회 활동 현황에 대해 정리한 자료이다. 사원번호 중에서 오른쪽 숫자 네 자리만 추출하려고 할 때, [F13] 셀에 입력해야 할 함수식으로 옳은 것은?

| ▲ | A | B | C | D | E | F |
|---|---|---|---|---|---|---|
| 1 | 사내 동호회 활동 현황 | | | | | |
| 2 | 사원번호 | 사원명 | 부서 | 구내번호 | 직위 | |
| 3 | AC1234 | 고상현 | 영업부 | 1457 | 부장 | |
| 4 | AS4251 | 정지훈 | 기획부 | 2356 | 사원 | |
| 5 | DE2341 | 김수호 | 홍보부 | 9546 | 사원 | |
| 6 | TE2316 | 박보영 | 기획부 | 2358 | 대리 | |
| 7 | PP0293 | 김지원 | 홍보부 | 9823 | 사원 | |
| 8 | BE0192 | 이성경 | 총무부 | 3545 | 과장 | |
| 9 | GS1423 | 이민아 | 영업부 | 1458 | 대리 | |
| 10 | HS9201 | 장준하 | 총무부 | 3645 | 부장 | |
| 11 | | | | | | |
| 12 | | | | | | 사원번호 |
| 13 | | | | | | 1234 |
| 14 | | | | | | 4251 |
| 15 | | | | | | 2341 |
| 16 | | | | | | 2316 |
| 17 | | | | | | 0293 |
| 18 | | | | | | 0192 |
| 19 | | | | | | 1423 |
| 20 | | | | | | 9201 |

① = LEFT(A3,3)

② = RIGHT(A3,4)

③ = LEFT(A3,3,4)

④ = MID(A3,1,2)

⑤ = CHOOSE(2,A3,A4,A5,A6)

**42** 다음 중 정보화 사회에 대한 설명으로 옳은 것은?

① 정보화 사회에서는 정보의 다양한 특성 중 기술적 실효성이 가장 강조된다.

② 정보화 사회의 심화는 새로운 분야에서 국가 간 갈등을 야기해 세계화를 저해한다.

③ 정보화 사회가 진전됨에 따라 지식과 정보의 증가량 및 변화 속도는 더욱 증가할 것이다.

④ 정보화 사회에서는 체계화된 정보관리주체들이 존재하므로 개인들의 정보관리 필요성이 낮아진다.

⑤ 지식정보 관련 산업이 핵심 산업이 되면서, 물질이나 에너지 산업의 부가가치 생산성은 저하되고 있다.

※ 다음 프로그램을 보고 이어지는 질문에 답하시오. [43~44]

```
#include 〈stdio.h〉

void main()
{
  while (i > 0)
    I++;
  printf("%d", i);
}
```

**43** 다음 중 위 프로그램에서 정상적으로 출력하기 위해 정수 i의 필요한 정의는?

① int i = −1;　　　　　　② int i = 1;

③ int i = 0;　　　　　　　④ int i++ = 1;

⑤ int i++ = 0;

**44** 다음 중 위 프로그램에서 i를 정의하고 실행하였을 때 옳은 것은?

① − 1　　　　　　　② 1

③ 0　　　　　　　　④ 2

⑤ − 2

※ H사에 근무 중인 S사원은 체육대회를 준비하고 있다. 체육대회에 사용할 물품 비용을 다음과 같이 엑셀로 정리하였다. 이어지는 질문에 답하시오. **[45~46]**

| | A | B | C | D | E |
|---|---|---|---|---|---|
| 1 | 구분 | 물품 | 개수 | 단가(원) | 비용(원) |
| 2 | 의류 | A팀 체육복 | 15 | 20,000 | 300,000 |
| 3 | 식품류 | 과자 | 40 | 1,000 | 40,000 |
| 4 | 식품류 | 이온음료수 | 50 | 2,000 | 100,000 |
| 5 | 의류 | B팀 체육복 | 13 | 23,000 | 299,000 |
| 6 | 상품 | 수건 | 20 | 4,000 | 80,000 |
| 7 | 상품 | USB | 10 | 10,000 | 100,000 |
| 8 | 의류 | C팀 체육복 | 14 | 18,000 | 252,000 |
| 9 | 식품류 | 김밥 | 30 | 3,000 | 90,000 |

**45** S사원이 테이블에서 단가가 두 번째로 높은 물품의 금액을 알고자 한다. S사원이 입력해야 할 함수로 옳은 것은?

① =MAX(D2:D9,2)
② =MIN(D2:D9,2)
③ =MID(D2:D9,2)
④ =LARGE(D2:D9,2)
⑤ =INDEX(D2:D9,2)

**46** S사원은 구입물품 중 의류의 총개수를 파악하고자 한다. S사원이 입력해야 할 함수로 옳은 것은?

① =SUMIF(A2:A9,A2,C2:C9)
② =COUNTIF(C2:C9,C2)
③ =VLOOKUP(A2,A2:A9,1,0)
④ =HLOOKUP(A2,A2:A9,1,0)
⑤ =AVERAGEIF(A2:A9,A2,C2:C9)

**47** H공사는 임직원들의 인문학적 소양과 업무능력을 배양하기 위하여 사내 도서관을 설치하고 운영하기로 결정하였다. 다음은 H공사가 모범 사례로 참고하고 있는 B회사의 사내 도서관 관리 방법이다. 이 방법은 무엇인가?

> B회사는 5년 전 사내 도서관을 설치하고 현재까지 운영하고 있다. 임직원들의 독서를 권장하기 위하여 다양한 도서와 콘텐츠를 구비하고 도서 대여 서비스를 제공하고 있다. 또한, 임직원들의 추천 도서는 반기별로 1,000권 이상씩 꾸준히 구매하고 있다. 이로 인해 지난 5년 동안 2만여 권의 도서 및 콘텐츠를 확보하게 되었으며, 이를 효율적으로 관리하기 위하여 도서명, 저자, 출판일, 출판사 등의 도서 정보를 목록화하는 도서 관리 프로그램을 자체적으로 개발하여 활용하고 있다. 해당 프로그램을 통해 임직원들은 자신이 원하는 도서의 대출 현황과 위치 등을 손쉽게 확인할 수 있어 그 활용도가 높다고 한다.

① 목록을 활용한 정보관리
② 색인을 활용한 정보관리
③ 분류를 활용한 정보관리
④ 1 : 1 매칭을 활용한 정보관리
⑤ Big Data를 활용한 정보관리

**48** 다음 워크시트에서 성별이 '남'인 직원들의 근속연수 합계를 구하는 수식으로 옳지 않은 것은?

| | A | B | C | D | E | F |
|---|---|---|---|---|---|---|
| 1 | 사원번호 | 이름 | 생년월일 | 성별 | 직위 | 근속연수 |
| 2 | E5478 | 이재홍 | 1980-02-03 | 남 | 부장 | 8 |
| 3 | A4625 | 박언영 | 1985-04-09 | 여 | 대리 | 4 |
| 4 | B1235 | 황준하 | 1986-08-20 | 남 | 대리 | 3 |
| 5 | F7894 | 박혜선 | 1983-12-13 | 여 | 과장 | 6 |
| 6 | B4578 | 이애리 | 1990-05-06 | 여 | 사원 | 1 |
| 7 | E4562 | 김성민 | 1986-03-08 | 남 | 대리 | 4 |
| 8 | A1269 | 정태호 | 1991-06-12 | 남 | 사원 | 2 |
| 9 | C4567 | 김선정 | 1990-11-12 | 여 | 사원 | 1 |

① =SUMIFS(F2:F9,D2:D9,남)
② =DSUM(A1:F9,6,D1:D2)
③ =DSUM(A1:F9,F1,D1:D2)
④ =SUMIF(D2:D9,D2,F2:F9)
⑤ =SUMIFS(F2:F9,D2:D9,D2)

**49** 다음 프로그램의 실행 결과로 옳은 것은?

```
#include <stdio.h>
void main( ) {
  char arr[ ] = "hello world";
  printf("%d\n",strlen(arr));
}
```

① 11               ② 12

③ 13               ④ 14

⑤ 15

**50** H공사의 C사원이 윈도우 10의 바탕화면에서 마우스 오른쪽 버튼을 클릭하였더니 다음과 같은 설정 창이 나타났다. 이때 설정 창에서 볼 수 있는 기능이 아닌 것은?

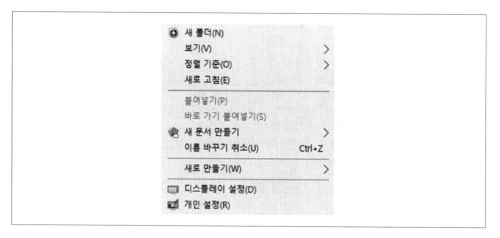

① 디스플레이 설정에 들어가서 야간 모드를 설정할 수 있다.

② 디스플레이 설정에 들어가서 잠금 화면을 설정할 수 있다.

③ 개인 설정에 들어가서 배경화면 색을 바꿀 수 있다.

④ 개인 설정에 들어가서 작업표시줄 기능을 바꿀 수 있다.

⑤ 개인 설정에 들어가서 윈도우 테마를 바꿀 수 있다.

# | 04 | 그 외 기술(기술능력)

**41** 다음 글에서 설명하는 기술혁신의 특성으로 가장 적절한 것은?

> 새로운 기술을 개발하기 위한 아이디어의 원천이나 신제품에 대한 소비자의 수요, 기술개발의 결과 등은 예측하기가 매우 어렵기 때문에 기술개발의 목표나 일정, 비용, 지출, 수익 등에 대한 사전계획을 세우기란 쉽지 않다. 또 이러한 사전계획을 세운다고 하더라도 모든 기술혁신의 성공이 사전 의도나 계획대로 이루어지진 않는다. 때로는 그러한 성공들은 우연한 기회에 이루어지기도 하기 때문이다.

① 장기간의 시간을 필요로 한다.
② 매우 불확실하다.
③ 지식 집약적인 활동이다.
④ 기업 내에서 많은 논쟁을 유발한다.
⑤ 부서 단독으로 수행되지 않으며, 조직의 경계를 넘나든다.

**42** 다음 중 상향식 기술선택과 하향식 기술선택에 대한 설명으로 적절하지 않은 것은?

① 상향식 기술선택은 연구자나 엔지니어들이 자율적으로 기술을 선택한다.
② 상향식 기술선택은 기술 개발자들의 창의적인 아이디어를 활용할 수 있다.
③ 상향식 기술선택은 기업 간 경쟁에서 승리할 수 없는 기술이 선택될 수 있다.
④ 하향식 기술선택은 단기적인 목표를 설정하고 달성하기 위해 노력한다.
⑤ 하향식 기술선택은 기업이 획득해야 하는 대상 기술과 목표기술수준을 결정한다.

※ 다음은 H전력공사에서 발표한 전력수급 비상단계 발생 시 행동요령이다. 이어지는 질문에 답하시오.
[43~44]

<전력수급 비상단계 발생 시 행동요령>

• 가정
  1. 전기 냉난방기기의 사용을 중지합니다.
  2. 다리미, 청소기, 세탁기 등 긴급하지 않은 모든 가전기기의 사용을 중지합니다.
  3. TV, 라디오 등을 통해 신속하게 재난상황을 파악하여 대처합니다.
  4. 안전, 보안 등을 위한 최소한의 조명을 제외한 실내외 조명은 모두 소등합니다.

• 사무실
  1. 건물관리자는 중앙조절식 냉난방설비의 가동을 중지하거나 온도를 낮춥니다.
  2. 사무실 내 냉난방설비의 가동을 중지합니다.
  3. 컴퓨터, 프린터, 복사기, 냉온수기 등 긴급하지 않은 모든 사무기기 및 설비의 전원을 차단합니다.
  4. 안전, 보안 등을 위한 최소한의 조명을 제외한 실내외 조명은 모두 소등합니다.

• 공장
  1. 사무실 및 공장 내 냉난방기의 사용을 중지합니다.
  2. 컴퓨터, 복사기 등 각종 사무기기의 전원을 일시적으로 차단합니다.
  3. 꼭 필요한 경우를 제외한 사무실 조명은 모두 소등하고 공장 내부의 조명도 최소화합니다.
  4. 비상발전기의 가동을 점검하고 운전 상태를 확인합니다.

• 상가
  1. 냉난방설비의 가동을 중지합니다.
  2. 안전·보안용을 제외한 모든 실내 조명등과 간판 등을 일시 소등합니다.
  3. 식기건조기, 냉온수기 등 식재료의 부패와 관련 없는 가전제품의 가동을 중지하거나 조정합니다.
  4. 자동문, 에어커튼의 사용을 중지하고 환기팬 가동을 일시 정지합니다.

## 43 다음 중 전력수급 비상단계 발생 시 행동요령에 대한 설명으로 적절하지 않은 것은?

① 가정에 있을 경우 대중매체를 통해 재난상황에 대한 정보를 파악할 수 있다.
② 사무실에 있을 경우 즉시 사용이 필요하지 않은 복사기, 컴퓨터 등의 전원을 차단하여야 한다.
③ 가정에 있을 경우 모든 실내외 조명을 소등하여야 한다.
④ 공장에 있을 경우 비상발전기 가동을 준비해야 한다.
⑤ 전력 회복을 위해 한동안 사무실의 업무가 중단될 수 있다.

**44** 다음 중 전력수급 비상단계가 발생했을 때 전력수급 비상단계 발생 시 행동요령으로 적절하지 않은 것을 〈보기〉에서 모두 고르면?

> **보기**
>
> ㉠ 가정에 있던 김사원은 세탁기 사용을 중지하고 실내조명을 최소화하였다.
> ㉡ 본사 전력관리실에 있던 이주임은 사내 중앙보안시스템의 전원을 즉시 차단하였다.
> ㉢ 공장에 있던 박주임은 즉시 공장 내부 조명 밝기를 최소화하였다.
> ㉣ 상가에서 횟집을 운영하는 최사장은 모든 냉동고의 전원을 차단하였다.

① ㉠, ㉡                 ② ㉠, ㉢

③ ㉡, ㉢                 ④ ㉡, ㉣

⑤ ㉢, ㉣

PART 5

**45** 다음 글에서 알 수 있는 벤치마킹의 종류에 대한 설명으로 가장 적절한 것은?

> 네스프레소는 가정용 커피머신 시장의 선두주자이다. 이러한 성장 배경으로 기존의 산업 카테고리를 벗어나 랑콤, 이브로쉐 등 고급 화장품 업계의 채널 전략을 벤치마킹했다. 고급 화장품 업체들은 독립 매장에서 고객들에게 화장품을 직접 체험할 수 있는 기회를 제공하고, 이를 적극적으로 수요와 연계하고 있었다. 네스프레소는 이를 통해 신규 수요를 창출하기 위해서는 커피머신의 기능을 강조하는 것이 아니라, 즉석에서 추출한 커피의 신선한 맛을 고객에게 체험하게 하는 것이 중요하다는 인사이트를 도출했다. 이후 전 세계 유명 백화점에 오프라인 단독 매장들을 개설해 고객에게 커피를 시음할 수 있는 기회를 제공했다. 이를 통해 네스프레소의 수요는 급속도로 늘어나 매출 부문에서 30 ~ 40%의 고속성장을 거두게 됐고 전 세계로 확장되며 여전히 높은 성장세를 이어가고 있다.

① 경영성과와 관련된 정보 입수가 가능하나 윤리적인 문제가 발생할 소지가 있다.

② 문화 및 제도적인 차이로 문제가 발생할 소지가 있다.

③ 자료수집이 쉬우며 효과가 크지만 편중된 내부시각에 대한 우려가 있다는 단점이 있다.

④ 새로운 아이디어가 나올 가능성이 높지만 가공하지 않고 사용한다면 실패할 수 있다.

⑤ 비용 또는 시간적 측면에서 상대적으로 많이 절감할 수 있다는 장점이 있다.

※ 사내 식당을 운영하는 P씨는 냉장고를 새로 구입하였다. 다음 설명서를 읽고 이어지는 질문에 답하시오. [46~48]

■ 설치 주의사항
- 바닥이 튼튼하고 고른지 확인하십시오(진동과 소음의 원인이 되며, 문의 개폐 시 냉장고가 넘어져 다칠 수 있습니다).
- 주위와 적당한 간격을 유지해 주십시오(주위와의 간격이 좁으면 냉각력이 떨어지고 전기료가 많이 나오게 됩니다).
- 열기가 있는 곳은 피하십시오(주위 온도가 높으면 냉각력이 떨어지고 전기료가 많이 나오게 됩니다).
- 습기가 적고 통풍이 잘되는 곳에 설치해 주십시오(습한 곳이나 물이 묻기 쉬운 곳은 제품이 녹이 슬거나 감전의 원인이 됩니다).
- 누전으로 인한 사고를 방지하기 위해 반드시 접지하십시오.
  ※ 접지단자가 있는 경우 : 별도의 접지가 필요 없습니다.
  ※ 접지단자가 없는 경우 : 접지단자가 없는 AC220V의 콘센트에 사용할 경우는 구리판에 접지선을 연결한 후 땅속에 묻어 주세요.
  ※ 접지할 수 없는 장소의 경우 : 식당이나 지하실 등 물기가 많거나 접지할 수 없는 곳에는 누전차단기(정격전류 15mA, 정격부동작 전류 7.5mA)를 구입하여 콘센트에 연결하여 사용하세요.

■ 고장신고 전 확인사항

| 증상 | 확인 | 해결 |
|---|---|---|
| 냉동, 냉장이 전혀 되지 않을 때 | 정전이 되지 않았습니까? | 다른 제품의 전원을 확인하세요. |
| | 전원 플러그가 콘센트에서 빠져있지 않습니까? | 전원코드를 콘센트에 바르게 연결해 주세요. |
| 냉동, 냉장이 잘 되지 않을 때 | 냉장실 온도조절이 '약'으로 되어 있지 않습니까? | 온도조절을 '중' 이상으로 맞춰 주세요. |
| | 직사광선을 받거나 가스레인지 등 열기구 근처에 있지 않습니까? | 설치 장소를 확인해 주세요. |
| | 뜨거운 식품을 식히지 않고 넣지 않았습니까? | 뜨거운 음식은 곧바로 넣지 마시고 식혀서 넣어 주세요. |
| | 식품을 너무 많이 넣지 않았습니까? | 식품은 적당한 간격을 두고 넣어 주세요. |
| | 문은 완전히 닫혀 있습니까? | 보관 음식이 문에 끼이지 않게 한 후 문을 꼭 닫아 주세요. |
| | 냉장고 주위에 적당한 간격이 유지되어 있습니까? | 주위에 적당한 간격을 주세요. |
| 냉장실 식품이 얼 때 | 냉장실 온도조절이 '강'에 있지 않습니까? | 온도조절을 '중' 이하로 낮춰 주세요. |
| | 수분이 많고 얼기 쉬운 식품을 냉기가 나오는 입구에 넣지 않았습니까? | 수분이 많고 얼기 쉬운 식품은 선반의 바깥쪽에 넣어 주세요. |
| 소음이 심하고 이상한 소리가 날 때 | 냉장고 설치장소의 바닥이 약하거나, 불안정하게 설치되어 있습니까? | 바닥이 튼튼하고 고른 곳에 설치하세요. |
| | 냉장고 뒷면이 벽에 닿지 않았습니까? | 주위에 적당한 간격을 주세요. |
| | 냉장고 뒷면에 물건이 떨어져 있지 않습니까? | 물건을 치워 주세요. |
| | 냉장고 위에 물건이 올려져 있지 않습니까? | 무거운 물건을 올리지 마세요. |

**46** P씨는 설명서를 참고하여 사내 식당에 냉장고를 설치하고자 한다. 다음 중 장소 선정 시 고려해야할 사항으로 가장 적절한 것은?

① 접지단자가 있는지 확인하고, 접지단자가 없으면 누전차단기를 준비한다.

② 접지단자가 있는지 확인하고, 접지할 수 없는 장소일 경우 구리판을 준비한다.

③ 습기가 적고, 외부의 바람이 완전히 차단되는 곳인지 확인한다.

④ 빈틈없이 냉장고가 들어갈 수 있는 공간이 있는지 확인한다.

⑤ 냉장고 설치 주변의 온도가 어느 정도인지 확인한다.

**47** P씨는 냉장고 사용 중에 심한 소음과 함께 이상한 소리를 들었다. 다음 중 소음이 심하고 이상한소리가 나는 원인으로 가장 적절한 것은?

① 보관음식이 문에 끼여서 문이 완전히 닫혀 있지 않았다.

② 냉장실 온도조절이 '약'으로 되어 있었다.

③ 냉장고 뒷면이 벽에 닿아 있었다.

④ 뜨거운 식품을 식히지 않고 넣었다.

⑤ 냉장실 온도조절이 '강'으로 되어 있었다.

**48** P씨는 47번 문제에서 찾은 원인에 따라 조치를 취했지만, 여전히 소음이 심하고 이상한 소리가났다. 다음 중 추가적인 해결방법으로 가장 적절한 것은?

① 전원코드를 콘센트에 바르게 연결하였다.

② 온도조절을 '중' 이하로 낮추었다.

③ 냉장고를 가득 채운 식품을 정리하여 적당한 간격을 두고 넣었다.

④ 냉장고를 안정적이고 튼튼한 바닥에 재설치하였다.

⑤ 뜨거운 음식은 곧바로 넣지 않고 식혀서 넣었다.

**49** 다음 〈보기〉 중 지속가능한 기술의 사례로 적절한 것을 모두 고르면?

> **보기**
>
> ㉠ A사는 카메라를 들고 다니지 않으면서도 사진을 찍고 싶어 하는 소비자들을 위해 일회용 카메라 대신 재활용이 쉽고, 재사용도 가능한 카메라를 만들어내는 데 성공했다.
>
> ㉡ 잉크, 도료, 코팅에 쓰이던 유기 용제 대신에 물로 대체한 수용성 수지를 개발한 B사는 휘발성 유기화합물의 배출이 줄어듬과 동시에 대기오염 물질을 줄임으로써 소비자들로부터 찬사를 받고 있다.
>
> ㉢ C사는 가구처럼 맞춤 제작하는 냉장고를 선보였다. 맞춤 양복처럼 가족수와 식습관, 라이프스타일, 주방 형태 등을 고려해 1도어부터 4도어까지 여덟 가지 타입의 모듈을 자유롭게 조합하고, 세 가지 소재와 아홉 가지 색상을 매치해 공간에 어울리는 나만의 냉장고를 꾸밀 수 있게 된 것이다.
>
> ㉣ D사는 기존에 소각처리해야 했던 석유화학 옥탄올 공정을 변경하여 폐수처리로 전환하고, 공정 최적화를 통해 화약 제조 공정에 발생하는 질소의 양을 원천적으로 감소시키는 공정 혁신을 이루었다. 이로 인해 연간 4천 톤의 오염 물질 발생량을 줄였으며, 약 60억 원의 원가도 절감했다.
>
> ㉤ 등산 중 갑작스러운 산사태를 만나거나 길을 잃어서 조난 상황이 발생한 경우 골든타임 확보가 무척 중요하다. 이를 위해 E사는 조난객의 상황 파악을 위한 5G 통신 모듈이 장착된 비행선을 선보였다. 이 비행선은 현재 비행거리와 시간이 짧은 드론과 비용과 인력 소모가 많이 드는 헬기에 비해 매우 효과적일 것으로 기대하고 있다.

① ㉠, ㉡, ㉤

② ㉠, ㉡, ㉣

③ ㉠, ㉢, ㉣

④ ㉡, ㉢, ㉣

⑤ ㉡, ㉢, ㉤

**50** 상담원인 귀하는 전자파와 관련된 고객의 문의전화를 받았다. 가전제품 전자파 절감 가이드라인을 참고했을 때, 상담내용 중 적절하지 않은 것을 모두 고르면?

---

〈가전제품 전자파 절감 가이드라인〉

오늘날 전자파는 우리 생활을 풍요롭고 편리하게 해주는 떼려야 뗄 수 없는 존재가 되었습니다. 일상생활에서 사용하는 가전제품의 전자파 세기는 매우 미약하고 안전하지만 여전히 걱정이 된다구요? 그렇다면 일상생활에서 전자파를 줄이는 가전제품 사용 가이드라인에 대해 알려 드리겠습니다.

1. 생활가전제품 사용 시에는 가급적 30cm 이상 거리를 유지하세요.
   - 가전제품의 전자파는 30cm 거리를 유지하면 밀착하여 사용할 때보다 1/10로 줄어듭니다.
2. 전기장판은 담요를 깔고, 온도는 낮게, 온도조절기는 멀리 하세요.
   - 전기장판의 자기장은 3 ~ 5cm 두께의 담요나 이불을 깔고 사용하면 밀착 시에 비해 50% 정도 줄어듭니다.
   - 전기장판의 자기장은 저온(취침모드)으로 낮추면 고온으로 사용할 때에 비해 50% 줄어듭니다.
   - 온도조절기와 전원접속부는 전기장판보다 전자파가 많이 발생하니 가급적 멀리 두고 사용하세요.
3. 전자레인지 동작 중에는 가까운 거리에서 들여다보지 마세요.
   - 사람의 눈은 민감하고 약한 부위에 해당되므로 전자레인지 동작 중에는 가까운 거리에서 내부를 들여다보는 것을 삼가는 것이 좋습니다.
4. 헤어드라이기를 사용할 때에는 커버를 분리하지 마세요.
   - 커버가 없을 경우 사용부위(머리)와 가까워져 전자파에 2배 정도 더 노출됩니다.
5. 가전제품은 필요한 시간만 사용하고 사용 후에는 항상 전원을 뽑으세요.
   - 가전제품을 사용한 후 전원을 뽑으면 불필요한 전자파를 줄일 수 있습니다.
6. 시중에서 판매되고 있는 전자파 차단 필터는 효과가 없습니다.
7. 숯, 선인장 등은 전자파를 줄이거나 차단하는 효과가 없습니다.

---

상담원 : 안녕하십니까, 고객상담팀 김○○입니다.
고객 : 안녕하세요, 문의할 게 있어서 전화했습니다. 이번에 전기장판을 사용하는데 윙윙거리는 전자파 소리가 들려서 도저히 불안해서 사용할 수가 없네요. 전기장판에서 발생하는 전자파는 어느 정도인가요?
상담원 : ㉠ 일상생활에서 사용하는 모든 가전제품에서는 전자파가 나오지만 그 세기는 매우 미약하고 안전하니 걱정하지 않으셔도 됩니다.
고객 : 하지만 괜히 몸도 피곤하고 전기장판에서 자면 개운하지 않은 것 같아서요.
상담원 : ㉡ 혹시 온도조절기가 몸과 가까이 있지 않으세요? 온도조절기와 전원접속부는 전기장판보다 전자파가 더 많이 발생하니 멀리 두고 사용하면 전자파를 줄일 수 있습니다.
고객 : 네, 온도조절기가 머리 가까이 있었는데 위치를 바꿔야겠네요.
상담원 : ㉢ 또한 전기장판은 저온으로 장시간 이용하는 것보다 고온으로 온도를 올리고 있다가 저온으로 낮춰 사용하는 것이 전자파 절감에 더 효과가 있습니다.
고객 : 그럼 혹시 핸드폰에서 발생하는 전자파를 절감할 수 있는 방법도 있나요?
상담원 : ㉣ 핸드폰의 경우 시중에 판매하는 전자파 차단 필터를 사용하시면 50% 이상의 차단 효과를 보실 수 있습니다.

① ㉠, ㉡   　　　　② ㉠, ㉢
③ ㉡, ㉢   　　　　④ ㉢, ㉣
⑤ ㉡, ㉢, ㉣

**51** 다음 중 불명확한 사실에 대하여 공익 또는 기타 법정책상의 이유로 사실의 진실성 여부와는 관계없이 확정된 사실로 의제하여 일정한 법률효과를 부여하고 반증을 허용하지 않는 것은?

① 간주
② 추정
③ 준용
④ 입증

**52** 다음 중 채권자가 그의 채권을 담보하기 위하여 채무의 변제기까지 채무자로부터 인도받은 동산을 점유·유치하기로 채무자와 약정하고, 채무의 변제가 없는 경우에 그 동산의 매각대금으로부터 우선변제받을 수 있는 담보물권은?

① 질권
② 유치권
③ 저당권
④ 양도담보권

**53** 다음 중 법률행위의 조건에 대한 설명으로 옳지 않은 것은?

① 해제조건부 법률행위는 그 조건이 성취한 때로부터 그 효력이 생긴다.
② 조건이 선량한 풍속 기타 사회질서에 반하는 것인 때에는 그 법률행위는 무효로 한다.
③ 조건의 성취가 아직 정하여지지 아니한 권리도 상속될 수 있다.
④ "내일 비가 오면 이 반지를 주겠다."는 약속은 정지조건부 법률행위이다.

**54** 다음 중 대리권의 소멸사유로 볼 수 없는 것은?

① 본인의 사망

② 본인의 성년후견의 개시

③ 대리인의 파산

④ 대리인의 성년후견의 개시

**55** 다음 중 법의 성격에 대한 설명으로 옳지 않은 것은?

① 자연법론자들은 법과 도덕은 그 고유한 영역을 가지고 있지만 도덕을 법의 상위개념으로 본다.

② 법은 타율성에, 도덕은 자율성에 그 실효성의 연원을 둔다.

③ 법은 인간행위에 대한 당위의 법칙이 아니라 필연의 법칙이다.

④ 법은 국가권력에 의하여 보장되는 사회규범의 하나이다.

**56** 다음 중 공법관계와 사법관계에 대한 설명으로 옳지 않은 것은?(단, 다툼이 있는 경우 판례에 따른다)

① 법률관계의 한쪽 당사자가 행정주체인 경우라도 지하철 이용은 사법관계에 해당한다.

② 행정절차법은 공법상 행정절차에 관한 일반법이므로 사법관계에는 적용되지 않는다.

③ 한국조폐공사 직원의 근무관계는 사법관계에 속한다.

④ 입찰보증금의 국고귀속조치는 국가가 공권력을 행사하는 것이므로 행정소송의 대상이 된다.

**57** 다음 중 개방형 인사관리에 대한 설명으로 옳지 않은 것은?

① 충원된 전문가들이 관료집단에서 중요한 역할을 수행하게 한다.

② 개방형은 승진기회의 제약으로, 직무의 폐지는 대개 퇴직으로 이어진다.

③ 정치적 리더십의 요구에 따른 고위층의 조직 장악력 약화를 초래한다.

④ 공직의 침체, 무사안일주의 등 관료제의 병리를 억제한다.

**58** 다음 사례에서 나타난 시장실패에 대한 설명으로 옳지 않은 것은?

> 한 마을에 적당한 크기의 목초지가 있었다. 그 마을에는 열 가구가 오순도순 살고 있었는데, 각각 한 마리의 소를 키우고 있었고 그 목초지는 소 열 마리가 풀을 뜯는 데 적당한 크기였다. 소들은 좋은 젖을 주민들에게 공급하면서 튼튼하게 자랄 수 있었다. 그런데 한 집에서 욕심을 부려 소 한 마리를 더 키우면서 문제가 시작되었다. 다른 집들도 소 한 마리씩 욕심을 부리기 시작하면서 목초지는 풀뿌리까지 뽑히게 되었고, 결국 소가 한 마리도 살아갈 수 없는 황폐한 공간으로 바뀌고 말았다.

① 사례에서 나타나는 시장실패의 주된 요인은 무임승차 문제이다.
② 사례에서의 재화는 배제불가능성과 함께 소비에서의 경합성을 특징으로 한다.
③ 사례는 시장실패 중 '공유지의 비극(Tragedy of the Commons)'에 대한 설명이다.
④ 사례의 시장실패를 해결하기 위한 방법의 하나는 재화의 재산권을 명확히 하는 것이다.

**59** 다음 중 규제피라미드에 대한 설명으로 옳은 것은?

① 새로운 위험만 규제하다 보면 사회의 전체 위험 수준은 증가하는 상황이다.
② 규제가 또 다른 규제를 낳아 피규제자의 비용 부담이 점점 늘어나게 되는 상황이다.
③ 과도한 규제를 무리하게 설정하다 보면 실제로는 규제가 거의 이루어지지 않게 되는 상황이다.
④ 기업체에게 상품 정보에 대한 공개 의무를 강화할수록 소비자들의 실질적인 정보량은 줄어들게 되는 상황이다.

**60** 다음 중 행태주의와 제도주의에 대한 설명으로 옳은 것은?

① 행태주의에서는 인간의 자유와 존엄과 같은 가치를 강조한다.
② 제도주의에서는 사회과학도 엄격한 자연과학의 방법을 따라야 한다고 본다.
③ 행태주의에서는 시대적 상황에 적합한 학문의 실천력을 중시한다.
④ 각국에서 채택된 정책의 상이성과 효과를 역사적으로 형성된 제도에서 찾으려는 것은 제도주의 접근의 한 방식이다.

**61** 교통체증 완화를 위한 차량 10부제 운행은 윌슨(Wilson)이 제시한 규제정치이론의 네 가지 유형 중 어디에 해당하는가?

① 대중적 정치
② 기업가 정치
③ 이익집단 정치
④ 고객 정치

**62** 다음 중 외부효과를 교정하기 위한 방법에 대한 설명으로 옳지 않은 것은?

① 외부효과를 유발하는 기업에게 보조금을 지급하여 사회적으로 최적의 생산량을 생산하도록 유도한다.
② 코우즈(R. Coase)는 소유권을 명확하게 확립하는 것이 부정적 외부효과를 줄이는 방법이라고 주장했다.
③ 교정적 조세는 사회 전체적인 최적의 생산수준에서 발생하는 외부효과의 양에 해당하는 만큼의 조세를 모든 생산물에 대해 부과하는 방법이다.
④ 직접적 규제의 활용 사례로는 일정한 양의 오염허가서 혹은 배출권을 보유하고 있는 경제주체만 오염물질을 배출할 수 있게 허용하는 방식이 있다.

**63** 수직의 수요곡선과 우상향하는 일반적인 공급곡선을 가지는 재화 Y가 있다. 생산자에게 조세(종량세)가 부과될 경우 나타나는 변화로 옳은 것은?

① 생산자잉여가 증가한다.
② 부과된 조세가 소비자와 생산자에게 절반씩 귀착된다.
③ 공급곡선이 하방이동한다.
④ 부과된 조세만큼 시장가격이 상승한다.

**64** 다음 중 리카도의 대등정리(Ricardian Equivalence Theorem)에 대한 설명으로 옳은 것은?

① 리카도의 대등정리에 따르면 국채가 발행되면 총저축은 증가한다.
② 유동성제약이 존재할 경우에도 리카도의 대등정리가 성립한다.
③ 리카도의 대등정리에 따르면 국채가 발행되면 이자율은 변하지 않지만, 민간투자는 증가한다.
④ 리카도의 대등정리는 항상소득가설과 같은 미래전망적 소비이론에 근거하고 있다.

**65** 다음 중 실업률이 상승하는 상황을 〈보기〉에서 모두 고르면?

> 보기
>
> 가. 취업준비생 A씨가 구직을 포기하였다.
> 나. 직장인 B씨가 은퇴 후 전업주부가 되었다.
> 다. 직장인 C씨가 2주간의 휴가를 떠났다.
> 라. 대학생 D씨가 부모님이 운영하는 식당에서 주당 18시간의 아르바이트를 시작하였다.

① 가

② 나

③ 가, 나

④ 다, 라

**66** 다음 중 밑줄 친 부분을 나타내는 용어가 바르게 연결된 것은?

> 국방은 한 국가가 현존하는 적국이나 가상의 적국 또는 내부의 침략에 대응하기 위하여 강구하는 다양한 방위활동을 말하는데 이러한 국방은 ㉠ 많은 사람들이 누리더라도 다른 사람이 이용할 수 있는 몫이 줄어들지 않는다. 또한 국방비에 대해 ㉡ 가격을 지급하지 않는 사람들이 이용하지 못하게 막기가 어렵다. 따라서 국방은 정부가 담당하게 된다.

|  | ㉠ | ㉡ |  | ㉠ | ㉡ |
|---|---|---|---|---|---|
| ① | 공공재 | 외부효과 | ② | 배제성 | 경합성 |
| ③ | 외부효과 | 비배재성 | ④ | 비경합성 | 비배재성 |

**67** 초기 노동자 10명이 생산에 참여할 때 1인당 평균생산량은 30단위였다. 노동자를 한 사람 더 고용하여 생산하니 1인당 평균생산량은 28단위로 줄었다. 이 경우 노동자의 한계생산량은 얼마인가?

① 2단위

② 8단위

③ 10단위

④ 28단위

**68** 다음 글의 게임이론에 대한 설명으로 옳지 않은 것은?

> A사와 B사는 서로 전략적 제휴 의사를 가지고 있는데, 전략적 제휴를 할지 아니면 개별전략을 취할지 고민하고 있다. 전략적 제휴를 요청하는 데 30의 비용이 들며, 이 경우는 두 기업 모두 특정 사업에 점유율이 올라가 각각 100의 효용을 얻을 수 있다. 하지만 두 기업이 개별전략을 취한다면 기술 유출 방지를 통해 각각 30의 효용만을 얻을 뿐이다.

① A기업이 전략적 제휴를 요청한다면, B기업은 현상을 유지하는 것이 이익을 극대화하는 전략이다.
② 해당 상황에서 내쉬균형은 2개이다.
③ A기업과 B기업이 서로 전략적 제휴를 요청하는 것이 우월전략이다.
④ 게임이론 측면으로 이 상황에서 내쉬균형은 파레토 최적 상태이다.

**69** 부채비율이 100%인 H기업의 세전타인자본비용은 8%이고, 가중평균자본비용은 10%이다. H기업의 자기자본비용은 얼마인가?(단, 법인세율은 25%이다)

① 8%
② 10%
③ 12%
④ 14%

**70** 다음 중 명목집단법(Nominal Group Technique)에 대한 설명으로 옳은 것은?

① 여러 전문가의 의견을 되풀이해 모으고, 교환하고, 발전시켜 미래를 예측한다.
② 여러 대안을 토론이나 비평 없이 자유롭게 서면으로 제시하여 그중 하나를 선택한다.
③ 리더로부터 문제의 설명을 듣고 될 수 있는 대로 많은 대안을 제시하여 토의하고 분석하여 결정한다.
④ 무엇이 진정한 문제인지를 모른다는 상태에서 시작하여, 참가자들에게 그것과 관련된 정보를 탐색하게 한다.

**71** 다음 중 마이클 포터(Michael E. Porter)의 경쟁우위 전략에 대한 설명으로 옳지 않은 것은?

① 원가우위 전략은 경쟁업체에 대해 비용적인 우위를 가지는 것으로, 규모의 경제 추구 등이 있다.

② 차별화 전략은 성능, 디자인 등에서 경쟁업체와 다른 특징을 강조하는 것이다.

③ 집중화 전략은 특정 구매자나 시장을 집중적으로 공략하는 것으로, 블루오션 전략 등이 있다.

④ 원가우위 전략, 차별화 전략, 집중화 전략을 동시에 추구하는 것이 이상적이다.

**72** 다음 중 카르텔(Cartel)에 대한 설명으로 옳은 것은?

① 동종 또는 상호관계가 있는 이종 기업이 시장 독점을 목적으로 법률적으로 하나의 기업체가 된다.

② 같은 종류의 상품을 생산하는 기업이 서로 협정하여 경쟁을 피한다.

③ 동일 시장 내의 여러 기업이 출자하여 공동판매회사를 설립하고 일원적으로 판매하는 조직을 뜻한다.

④ 동종 또는 이종의 각 기업이 법률적으로 독립성을 유지하나, 실질적으로는 주식의 소유 또는 금융적 결합에 의하여 수직적으로 결합하는 기업 집단이다.

**73** 다음 중 재무제표 표시에 대한 설명으로 옳지 않은 것은?

① 중요하지 않은 항목은 성격이나 기능이 유사한 항목과 통합하여 표시할 수 있다.

② 재무상태표의 자산과 부채는 유동과 비유동으로 구분하여 표시하거나 유동성 순서에 따라 표시할 수 있다.

③ 수익과 비용의 어느 항목도 당기손익과 기타 포괄손익을 표시하는 보고서에 특별손익 항목으로 표시할 수 없다.

④ 재고자산의 판매 또는 매출채권의 회수시점이 보고기간 후 12개월을 초과한다면 유동자산으로 분류하지 못한다.

**74** 다음 중 조직 설계에 대한 설명으로 옳지 않은 것은?

① 전문화 수준이 높아질수록 수평적 분화의 정도는 낮아진다.

② 집권화의 수준은 유기적 조직에 비해 기계적 조직의 경우가 높다.

③ 조직의 규모가 커지고 더 많은 부서가 생겨남에 따라 조직구조의 복잡성은 증가한다.

④ 조직의 과업다양성이 높을수록 조직의 전반적인 구조는 유기적인 것이 바람직하다.

**75** A씨는 차량을 200만 원에 구입하여 40만 원은 현금 지급하고 잔액은 외상으로 하였다. 다음 〈보기〉 중 거래결과로 옳은 것을 모두 고르면?

> **보기**
> ㄱ. 총자산 감소　　　　　　　　　ㄴ. 총자산 증가
> ㄷ. 총부채 감소　　　　　　　　　ㄹ. 총부채 증가

① ㄱ, ㄷ　　　　　　　　　　　② ㄱ, ㄹ

③ ㄴ, ㄷ　　　　　　　　　　　④ ㄴ, ㄹ

**76** 다음 중 (가) 시기에 일어났던 일로 옳은 것은?

① 의관 허준이 『동의보감』을 저술하였다.

② 기존의 공납제도를 대신하여 대동법이 처음 실시되었다.

③ 국왕호위를 전담하는 장용영을 설치하였다.

④ 홍문관이 학술 연구 및 국왕 자문의 기능을 도맡게 되었다.

**77** 다음 작품이 지어진 시기의 시대상으로 옳은 것은?

"하늘이 민(民)을 낳을 때 민을 넷으로 구분했다. 사민(四民) 가운데 가장 높은 것이 사(士)이니 이 것이 곧 양반이다. 양반의 이익은 막대하니 농사도 안 짓고 장사도 않고 약간 문사(文史)를 섭렵해 가지고 크게는 문과(文科) 급제요, 작게는 진사(進士)가 되는 것이다. 문과의 홍패(紅牌)는 길이 2 자 남짓한 것이지만 백물이 구비되어 있어 그야말로 돈자루인 것이다. 진사가 나이 서른에 처음 관 직에 나가더라도 오히려 이름 있는 음관(蔭官)이 되고, 잘 되면 남행(南行)으로 큰 고을을 맡게 되 어, 귀밑이 일산(日傘)의 바람에 희어지고, 배가 요령 소리에 커지며, 방에는 기생이 귀고리로 치장 하고, 뜰에 곡식으로 학(鶴)을 기른다. 궁한 양반이 시골에 묻혀 있어도 무단(武斷)을 하여 이웃의 소를 끌어다 먼저 자기 땅을 갈고 마을의 일꾼을 잡아다 자기 논의 김을 맨들 누가 감히 나를 괄시하 랴. 너희들 코에 잿물을 들이붓고 머리꼬덩을 희희 돌리고 수염을 낚아채더라도 누구 감히 원망하지 못할 것이다."
부자는 증서를 중지시키고 혀를 내두르며 "그만 두시오. 그만 두어. 맹랑하구먼. 나를 장차 도둑놈 으로 만들 작정인가." 하고 머리를 흔들고 가버렸다.
부자는 평생 다시 양반이라는 말을 입에 올리지 않았다 한다.

- 『양반전』

① 사림파와 훈구파의 대립 끝에 사림파가 득세하였다.
② 관료들은 음서제를 통하여 관직을 세습하였다.
③ 민간에서는 판소리와 탈춤 등의 공연이 성행하였다.
④ 비변사의 기능이 강화되었다.

**78** 다음 기사에 보도된 사건 이후의 사실로 옳은 것은?

### 〈헤이그 국제 회의에 우뚝 선 대한 청년〉

헤이그에서 온 전보에 의하면 이위종은 국제 회의에서 기자들이 모인 가운데 을사늑약이 무효인 이 유를 프랑스어로 세 시간 동안이나 연설하였다고 한다. 이위종은 진정한 애국지사이며 출중한 인물 이다. 오늘날 한국에 이러한 청년들이 수백 수천이 있어 각각 어깨 위에 대한 강토를 걸머지고 있으 면 한국이 장차 국권을 회복할 것을 믿어 의심치 않는다.

① 고종이 국외 중립을 선언하였다.
② 13도 창의군이 결성되어 서울 진공 작전을 전개하였다.
③ 군국기무처를 중심으로 개혁이 추진되었다.
④ 보안회가 일제의 황무지 개간권 요구를 철회시켰다.

**79** 다음 중 원전과 관련된 용어에 대한 설명으로 옳지 않은 것은?

① 가압 경수로 : 고압에서 보관되는 물을 통하여 열이 핵심부에서 열 교환기(증기 발생기)로 운반되는 경수로이다.

② 비등수형 원자로 : 핵분열 반응에 따라 생기는 열에너지로 경수를 비등시키는 고온·고압 증기의 원자로이다.

③ APR1400 : 미국이 개발한 개량형 원자력발전소 모델이다.

④ 고속증식로 : 핵연료인 플루토늄을 태워 새로운 플루토늄 연료를 만들어 내는 다음 세대의 원자로이다.

**80** 다음 중 한국수력원자력의 ESG 경영과 관련한 추진사업에 대한 설명으로 옳지 않은 것은?

① 이재민을 대상으로 긴급 구호 물품인 '안심 구호 키트'를 지원하고 있다.

② 퇴직 임직원들이 참여할 수 있는 '시니어 봉사단'을 통해 교육 및 급식봉사를 실시하고 있다.

③ '행복더함희망나래' 사업은 '안심카 플러스'와 '지역아동센터 행복나눔' 사업 등으로 세분화되었다.

④ '안심가로등 플러스' 사업은 안전 취약지역을 대상으로 하며, 취약계층의 거주비율만을 고려하여 선정한다.

배우고 때로 익히면, 또한 기쁘지 아니한가.

- 공자 -

# PART 6

합격의 공식 시대에듀 www.sdedu.co.kr

# 채용 가이드

# 01 | 블라인드 채용 소개

## 1. 블라인드 채용이란?

채용 과정에서 편견이 개입되어 불합리한 차별을 야기할 수 있는 출신지, 가족관계, 학력, 외모 등의 편견요인은 제외하고, 직무능력만을 평가하여 인재를 채용하는 방식입니다.

## 2. 블라인드 채용의 필요성

• 채용의 공정성에 대한 사회적 요구
  - 누구에게나 직무능력만으로 경쟁할 수 있는 균등한 고용기회를 제공해야 하나, 아직도 채용의 공정성에 대한 불신이 존재
  - 채용상 차별금지에 대한 법적 요건이 권고적 성격에서 처벌을 동반한 의무적 성격으로 강화되는 추세
  - 시민의식과 지원자의 권리의식 성숙으로 차별에 대한 법적 대응 가능성 증가
• 우수인재 채용을 통한 기업의 경쟁력 강화 필요
  - 직무능력과 무관한 학벌, 외모 위주의 선발로 우수인재 선발기회 상실 및 기업경쟁력 약화
  - 채용 과정에서 차별 없이 직무능력중심으로 선발한 우수인재 확보 필요
• 공정한 채용을 통한 사회적 비용 감소 필요
  - 편견에 의한 차별적 채용은 우수인재 선발을 저해하고 외모·학벌 지상주의 등의 심화로 불필요한 사회적 비용 증가
  - 채용에서의 공정성을 높여 사회의 신뢰수준 제고

## 3. 블라인드 채용의 특징

편견요인을 요구하지 않는 대신 직무능력을 평가합니다.

※ 직무능력중심 채용이란?
기업의 역량기반 채용, NCS기반 능력중심 채용과 같이 직무수행에 필요한 능력과 역량을 평가하여 선발하는 채용방식을 통칭합니다.

## 4. 블라인드 채용의 평가요소

직무수행에 필요한 지식, 기술, 태도 등을 과학적인 선발기법을 통해 평가합니다.

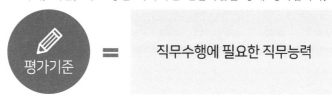

※ 과학적 선발기법이란?
    직무분석을 통해 도출된 평가요소를 서류, 필기, 면접 등을 통해 체계적으로 평가하는 방법으로 입사지원서, 자기소개서, 직무수행능력평가, 구조화 면접 등이 해당됩니다.

## 5. 블라인드 채용 주요 도입 내용

- 입사지원서에 인적사항 요구 금지
  - 인적사항에는 출신지역, 가족관계, 결혼여부, 재산, 취미 및 특기, 종교, 생년월일(연령), 성별, 신장 및 체중, 사진, 전공, 학교명, 학점, 외국어 점수, 추천인 등이 해당
  - 채용 직무를 수행하는 데 있어 반드시 필요하다고 인정될 경우는 제외
    예 특수경비직 채용 시 : 시력, 건강한 신체 요구
        연구직 채용 시 : 논문, 학위 요구 등
- 블라인드 면접 실시
  - 면접관에게 응시자의 출신지역, 가족관계, 학교명 등 인적사항 정보 제공 금지
  - 면접관은 응시자의 인적사항에 대한 질문 금지

## 6. 블라인드 채용 도입의 효과성

- 구성원의 다양성과 창의성이 높아져 기업 경쟁력 강화
  - 편견을 없애고 직무능력 중심으로 선발하므로 다양한 직원 구성 가능
  - 다양한 생각과 의견을 통하여 기업의 창의성이 높아져 기업경쟁력 강화
- 직무에 적합한 인재선발을 통한 이직률 감소 및 만족도 제고
  - 사전에 지원자들에게 구체적이고 상세한 직무요건을 제시함으로써 허수 지원이 낮아지고, 직무에 적합한 지원자 모집 가능
  - 직무에 적합한 인재가 선발되어 직무이해도가 높아져 업무효율 증대 및 만족도 제고
- 채용의 공정성과 기업이미지 제고
  - 블라인드 채용은 사회적 편견을 줄인 선발 방법으로 기업에 대한 사회적 인식 제고
  - 채용과정에서 불합리한 차별을 받지 않고 실력에 의해 공정하게 평가를 받을 것이라는 믿음을 제공하고, 지원자들은 평등한 기회와 공정한 선발과정 경험

# 02 │ 서류전형 가이드

## 01 채용공고문

### 1. 채용공고문의 변화

| 기존 채용공고문 | 변화된 채용공고문 |
|---|---|
| • 취업준비생에게 불충분하고 불친절한 측면 존재<br>• 모집분야에 대한 명확한 직무관련 정보 및 평가기준 부재<br>• 해당분야에 지원하기 위한 취업준비생의 무분별한 스펙 쌓기 현상 발생 | • NCS 직무분석에 기반한 채용공고를 토대로 채용전형 진행<br>• 지원자가 입사 후 수행하게 될 업무에 대한 자세한 정보 공지<br>• 직무수행내용, 직무수행 시 필요한 능력, 관련된 자격, 직업기초능력 제시<br>• 지원자가 해당 직무에 필요한 스펙만을 준비할 수 있도록 안내 |
| • 모집부문 및 응시자격<br>• 지원서 접수<br>• 전형절차<br>• 채용조건 및 처우<br>• 기타사항 | • 채용절차<br>• 채용유형별 선발분야 및 예정인원<br>• 전형방법<br>• 선발분야별 직무기술서<br>• 우대사항 |

### 2. 지원 유의사항 및 지원요건 확인

채용 직무에 따른 세부사항을 공고문에 명시하여 지원자에게 적격한 지원 기회를 부여함과 동시에 채용과정에서의 공정성과 신뢰성을 확보합니다.

| 구성 | 내용 | 확인사항 |
|---|---|---|
| 모집분야 및 규모 | 고용형태(인턴 계약직 등), 모집분야, 인원, 근무지역 등 | 채용직무가 여러 개일 경우 본인이 해당되는 직무의 채용규모 확인 |
| 응시자격 | 기본 자격사항, 지원조건 | 지원을 위한 최소자격요건을 확인하여 불필요한 지원을 예방 |
| 우대조건 | 법정·특별·자격증 가점 | 본인의 가점 여부를 검토하여 가점 획득을 위한 사항을 사실대로 기재 |
| 근무조건 및 보수 | 고용형태 및 고용기간, 보수, 근무지 | 본인이 생각하는 기대수준에 부합하는지 확인하여 불필요한 지원을 예방 |
| 시험방법 | 서류·필기·면접전형 등의 활용방안 | 전형방법 및 세부 평가기법 등을 확인하여 지원전략 준비 |
| 전형일정 | 접수기간, 각 전형 단계별 심사 및 합격자 발표일 등 | 본인의 지원 스케줄을 검토하여 차질이 없도록 준비 |
| 제출서류 | 입사지원서(경력·경험기술서 등), 각종 증명서 및 자격증 사본 등 | 지원요건 부합 여부 및 자격 증빙서류 사전에 준비 |
| 유의사항 | 임용취소 등의 규정 | 임용취소 관련 법적 또는 기관 내부 규정을 검토하여 해당여부 확인 |

직무기술서란 직무수행의 내용과 필요한 능력, 관련 자격, 직업기초능력 등을 상세히 기재한 것으로 입사 후 수행하게 될 업무에 대한 정보가 수록되어 있는 자료입니다.

## 1. 채용분야

설명

NCS 직무분류 체계에 따라 직무에 대한「대분류 – 중분류 – 소분류 – 세분류」체계를 확인할 수 있습니다. 채용 직무에 대한 모든 직무기술서를 첨부하게 되며 실제 수행 업무를 기준으로 세부적인 분류정보를 제공합니다.

| 채용분야 | 분류체계 | | | |
|---|---|---|---|---|
| 사무행정 | 대분류 | 중분류 | 소분류 | 세분류 |
| 분류코드 | 02. 경영 · 회계 · 사무 | 03. 재무 · 회계 | 01. 재무 | 01. 예산 |
| | | | | 02. 자금 |
| | | | 02. 회계 | 01. 회계감사 |
| | | | | 02. 세무 |

## 2. 능력단위

설명

직무분류 체계의 세분류 하위능력단위 중 실질적으로 수행할 업무의 능력만 구체적으로 파악할 수 있습니다.

| 능력단위 | (예산) | 03. 연간종합예산수립 <br> 05. 확정예산 운영 | 04. 추정재무제표 작성 <br> 06. 예산실적 관리 |
|---|---|---|---|
| | (자금) | 04. 자금운용 | |
| | (회계감사) | 02. 자금관리 <br> 05. 회계정보시스템 운용 <br> 07. 회계감사 | 04. 결산관리 <br> 06. 재무분석 |
| | (세무) | 02. 결산관리 <br> 07. 법인세 신고 | 05. 부가가치세 신고 |

## 3. 직무수행내용

설명

세분류 영역의 기본정의를 통해 직무수행내용을 확인할 수 있습니다. 입사 후 수행할 직무내용을 구체적으로 확인할 수 있으며, 이를 통해 입사서류 작성부터 면접까지 직무에 대한 명확한 이해를 바탕으로 자신의 희망직무 인지 아닌지, 해당 직무가 자신이 알고 있던 직무가 맞는지 확인할 수 있습니다.

| 직무수행내용 | (예산) 일정 기간 예상되는 수익과 비용을 편성, 집행하며 통제하는 일 |
|---|---|
| | (자금) 자금의 계획 수립, 조달, 운용을 하고 발생 가능한 위험 관리 및 성과평가 |
| | (회계감사) 기업 및 조직 내 · 외부에 있는 의사결정자들이 효율적인 의사결정을 할 수 있도록 유용한 정보를 제공, 제공된 회계정보의 적정성을 파악하는 일 |
| | (세무) 세무는 기업의 활동을 위하여 주어진 세법범위 내에서 조세부담을 최소화시키는 조세전략을 포함하고 정확한 과세소득과 과세표준 및 세액을 산출하여 과세당국에 신고 · 납부하는 일 |

PART 6

## 4. 직무기술서 예시

| 태도 | (예산) 정확성, 분석적 태도, 논리적 태도, 타 부서와의 협조적 태도, 설득력 |
| | (자금) 분석적 사고력 |
| | (회계 감사) 합리적 태도, 전략적 사고, 정확성, 적극적 협업 태도, 법률준수 태도, 분석적 태도, 신속성, 책임감, 정확한 판단력 |
| | (세무) 규정 준수 의지, 수리적 정확성, 주의 깊은 태도 |
| 우대 자격증 | 공인회계사, 세무사, 컴퓨터활용능력, 변호사, 워드프로세서, 전산회계운용사, 사회조사분석사, 재경관리사, 회계관리 등 |
| 직업기초능력 | 의사소통능력, 문제해결능력, 자원관리능력, 대인관계능력, 정보능력, 조직이해능력 |

## 5. 직무기술서 내용별 확인사항

| 항목 | 확인사항 |
| --- | --- |
| 모집부문 | 해당 채용에서 선발하는 부문(분야)명 확인 예 사무행정, 전산, 전기 |
| 분류체계 | 지원하려는 분야의 세부직무군 확인 |
| 주요기능 및 역할 | 지원하려는 기업의 전사적인 기능과 역할, 산업군 확인 |
| 능력단위 | 지원분야의 직무수행에 관련되는 세부업무사항 확인 |
| 직무수행내용 | 지원분야의 직무군에 대한 상세사항 확인 |
| 전형방법 | 지원하려는 기업의 신입사원 선발전형 절차 확인 |
| 일반요건 | 교육사항을 제외한 지원 요건 확인(자격요건, 특수한 경우 연령) |
| 교육요건 | 교육사항에 대한 지원요건 확인(대졸 / 초대졸 / 고졸 / 전공 요건) |
| 필요지식 | 지원분야의 업무수행을 위해 요구되는 지식 관련 세부항목 확인 |
| 필요기술 | 지원분야의 업무수행을 위해 요구되는 기술 관련 세부항목 확인 |
| 직무수행태도 | 지원분야의 업무수행을 위해 요구되는 태도 관련 세부항목 확인 |
| 직업기초능력 | 지원분야 또는 지원기업의 조직원으로서 근무하기 위해 필요한 일반적인 능력사항 확인 |

## 1. 입사지원서의 변화

| 기존지원서 | | 능력중심 채용 입사지원서 |
|---|---|---|
| 직무와 관련 없는 학점, 개인신상, 어학점수, 자격, 수상경력 등을 나열하도록 구성 | VS | 해당 직무수행에 꼭 필요한 정보들을 제시할 수 있도록 구성 |

| | |
|---|---|
| 직무기술서 | **인적사항** 성명, 연락처, 지원분야 등 작성 (평가 미반영) |
| 직무수행내용 | **교육사항** 직무지식과 관련된 학교교육 및 직업교육 작성 |
| 요구지식 / 기술 | **자격사항** 직무관련 국가공인 또는 민간자격 작성 |
| 관련 자격증 | **경력 및 경험사항** 조직에 소속되어 일정한 임금을 받거나(경력) 임금 없이(경험) 직무와 관련된 활동 내용 작성 |
| 사전직무경험 | |

## 2. 교육사항

- 지원분야 직무와 관련된 학교 교육이나 직업교육 혹은 기타교육 등 직무에 대한 지원자의 학습 여부를 평가하기 위한 항목입니다.
- 지원하고자 하는 직무의 학교 전공교육 이외에 직업교육, 기타교육 등을 기입할 수 있기 때문에 전공 제한 없이 직업교육과 기타교육을 이수하여 지원이 가능하도록 기회를 제공합니다.

(기타교육 : 학교 이외의 기관에서 개인이 이수한 교육과정 중 지원직무와 관련이 있다고 생각되는 교육내용)

| 구분 | 교육과정(과목)명 | 교육내용 | 과업(능력단위) |
|---|---|---|---|
| | | | |
| | | | |

## 3. 자격사항

- 채용공고 및 직무기술서에 제시되어 있는 자격 현황을 토대로 지원자가 해당 직무를 수행하는 데 필요한 능력을 가지고 있는지를 평가하기 위한 항목입니다.
- 채용공고 및 직무기술서에 기재된 직무관련 필수 또는 우대자격 항목을 확인하여 본인이 보유하고 있는 자격사항을 기재합니다.

| 자격유형 | 자격증명 | 발급기관 | 취득일자 | 자격증번호 |
|---|---|---|---|---|
|  |  |  |  |  |
|  |  |  |  |  |

## 4. 경력 및 경험사항

- 직무와 관련된 경력이나 경험 여부를 표현하도록 하여 직무와 관련한 능력을 갖추었는지를 평가하기 위한 항목입니다.
- 해당 기업에서 직무를 수행함에 있어 필요한 사항만을 기록하게 되어 있기 때문에 직무와 무관한 스펙을 갖추지 않아도 됩니다.
- 경력 : 금전적 보수를 받고 일정 기간 동안 일했던 경우
- 경험 : 금전적 보수를 받지 않고 수행한 활동

※ 기업에 따라 경력 / 경험 관련 증빙자료 요구 가능

| 구분 | 조직명 | 직위 / 역할 | 활동기간(년 / 월) | 주요과업 / 활동내용 |
|---|---|---|---|---|
|  |  |  |  |  |
|  |  |  |  |  |

> **Tip**
>
> 입사지원서 작성 방법
>
> ○ 경력 및 경험사항 작성
> - 직무기술서에 제시된 지식, 기술, 태도와 지원자의 교육사항, 경력(경험)사항, 자격사항과 연계하여 개인의 직무역량에 대해 스스로 판단 가능
>
> ○ 인적사항 최소화
> - 개인의 인적사항, 학교명, 가족관계 등을 노출하지 않도록 유의
>
> ---
>
> 부적절한 입사지원서 작성 사례
> - 학교 이메일을 기입하여 학교명 노출
> - 거주지 주소에 학교 기숙사 주소를 기입하여 학교명 노출
> - 자기소개서에 부모님이 재직 중인 기업명, 직위, 직업을 기입하여 가족관계 노출
> - 자기소개서에 석·박사 과정에 대한 이야기를 언급하여 학력 노출
> - 동아리 활동에 대한 내용을 학교명과 더불어 언급하여 학교명 노출

## 1. 자기소개서의 변화

- 기존의 자기소개서는 지원자의 일대기나 관심 분야, 성격의 장·단점 등 개괄적인 사항을 묻는 질문으로 구성되어 지원자가 자신의 직무능력을 제대로 표출하지 못합니다.
- 능력중심 채용의 자기소개서는 직무기술서에 제시된 직업기초능력(또는 직무수행능력)에 대한 지원자의 과거 경험을 기술하게 함으로써 평가 타당도의 확보가 가능합니다.

| |
|---|
| 1. 우리 회사와 해당 지원 직무분야에 지원한 동기에 대해 기술해 주세요. |
| |
| 2. 자신이 경험한 다양한 사회활동에 대해 기술해 주세요. |
| |
| 3. 지원 직무에 대한 전문성을 키우기 위해 받은 교육과 경험 및 경력사항에 대해 기술해 주세요. |
| |
| 4. 인사업무 또는 팀 과제 수행 중 발생한 갈등을 원만하게 해결해 본 경험이 있습니까? 당시 상황에 대한 설명과 갈등의 대상이 되었던 상대방을 설득한 과정 및 방법을 기술해 주세요. |
| |
| 5. 과거에 있었던 일 중 가장 어려웠던(힘들었었던) 상황을 고르고, 어떤 방법으로 그 상황을 해결했는지를 기술해 주세요. |
| |

PART 6

자기소개서 작성 방법
① 자기소개서 문항이 묻고 있는 평가 역량 추측하기

예시

- 팀 활동을 하면서 갈등 상황 시 상대방의 니즈나 의도를 명확히 파악하고 해결하여 목표 달성에 기여했던 경험에 대해서 작성해 주시기 바랍니다.
- 다른 사람이 생각해내지 못했던 문제점을 찾고 이를 해결한 경험에 대해 작성해 주시기 바랍니다.

② 해당 역량을 보여줄 수 있는 소재 찾기(시간×역량 매트릭스)

예시

| | 2021년 | 2022년 | 2023년 | 2024년 |
|---|---|---|---|---|
| 도전정신 | 대학 발표수업 | 대학 발표수업 | ~~다이어트 (헬스)~~ | |
| 대인관계 | 대학 발표수업 | 대학 발표수업 | | 경영 동아리 |
| 의사소통 | 편의점 아르바이트 | ~~군대 작업~~ | 봉사 동아리 | |
| 직무역량 | | | 경영 동아리 | Book Study |
| … | | | | |

③ 자기소개서 작성 Skill 익히기
- 두괄식으로 작성하기
- 구체적 사례를 사용하기
- '나'를 중심으로 작성하기
- 직무역량 강조하기
- 경험 사례의 차별성 강조하기

# 03 | 인성검사 소개 및 모의테스트

## 01 인성검사 유형

인성검사는 지원자의 성격특성을 객관적으로 파악하고 그것이 각 기업에서 필요로 하는 인재상과 가치에 부합하는가를 평가하기 위한 검사입니다. 인성검사는 KPDI(한국인재개발진흥원), K-SAD(한국사회적성개발원), KIRBS(한국행동과학연구소), SHR(에스에이치알) 등의 전문기관을 통해 각 기업의 특성에 맞는 검사를 선택하여 실시합니다. 대표적인 인성검사의 유형에는 크게 다음과 같은 세 가지가 있으며, 채용 대행업체에 따라 달라집니다.

### 1. KPDI 검사

조직적응성과 직무적합성을 알아보기 위한 검사로 인성검사, 인성역량검사, 인적성검사, 직종별 인적성검사 등의 다양한 검사 도구를 구현합니다. KPDI는 성격을 파악하고 정신건강 상태 등을 측정하고, 직무검사는 해당 직무를 수행하기 위해 기본적으로 갖추어야 할 인지적 능력을 측정합니다. 역량검사는 특정 직무 역할을 효과적으로 수행하는 데 직접적으로 관련 있는 개인의 행동, 지식, 스킬, 가치관 등을 측정합니다.

### 2. KAD(Korea Aptitude Development) 검사

K-SAD(한국사회적성개발원)에서 실시하는 적성검사 프로그램입니다. 개인의 성향, 지적 능력, 기호, 관심, 흥미도를 종합적으로 분석하여 적성에 맞는 업무가 무엇인가 파악하고, 직무수행에 있어서 요구되는 기초능력과 실무능력을 분석합니다.

### 3. SHR 직무적성검사

직무수행에 필요한 종합적인 사고 능력을 다양한 적성검사(Paper and Pencil Test)로 평가합니다. SHR의 모든 직무능력검사는 표준화 검사입니다. 표준화 검사는 표본집단의 점수를 기초로 규준이 만들어진 검사이므로 개인의 점수를 규준에 맞추어 해석·비교하는 것이 가능합니다. S(Standardized Tests), H(Hundreds of Version), R(Reliable Norm Data)을 특징으로 하며, 직군·직급별 특성과 선발 수준에 맞추어 검사를 적용할 수 있습니다.

PART 6

## 02　인성검사와 면접

인성검사는 특히 면접질문과 관련성이 높습니다. 면접관은 지원자의 인성검사 결과를 토대로 질문을 하기 때문입니다. 일관적이고 이상적인 답변을 하는 것이 가장 좋지만, 실제 시험은 매우 복잡하여 전문가라 해도 일정 성격을 유지하면서 답변을 하는 것이 힘듭니다. 또한, 인성검사에는 라이 스케일(Lie Scale) 설문이 전체 설문 속에 교묘하게 섞여 들어가 있으므로 겉치레적인 답을 하게 되면 회답태도의 허위성이 그대로 드러나게 됩니다. 예를 들어 '거짓말을 한 적이 한 번도 없다.'에 '예'로 답하고, '때로는 거짓말을 하기도 한다.'에 '예'라고 답하여 라이 스케일의 득점이 올라가게 되면 모든 회답의 신빙성이 사라지고 '자신을 돋보이게 하려는 사람'이라는 평가를 받을 수 있으므로 주의해야 합니다. 따라서 모의테스트를 통해 인성검사의 유형과 실제 시험 시 어떻게 문제를 풀어야 하는지 연습해 보고 체크한 부분 중 자신의 단점과 연결되는 부분은 면접에서 질문이 들어왔을 때 어떻게 대처해야 하는지 생각해 보는 것이 좋습니다.


## 03　유의사항

### 1. 기업의 인재상을 파악하라!

인성검사를 통해 개인의 성격 특성을 파악하고 그것이 기업의 인재상과 가치에 부합하는지를 평가하는 시험이기 때문에 해당 기업의 인재상을 먼저 파악하고 시험에 임하는 것이 좋습니다. 모의테스트에서 인재상에 맞는 가상의 인물을 설정하고 문제에 답해 보는 것도 많은 도움이 됩니다.


### 2. 일관성 있는 대답을 하라!

짧은 시간 안에 다양한 질문에 답을 해야 하는데, 그 안에는 중복되는 질문이 여러 번 나옵니다. 이때 앞서 자신이 체크했던 대답을 잘 기억해뒀다가 일관성 있는 답을 하는 것이 중요합니다.


### 3. 모든 문항에 대답하라!

많은 문제를 짧은 시간 안에 풀려다 보니 다 못 푸는 경우도 종종 생깁니다. 하지만 대답을 누락하거나 끝까지 다 못했을 경우 좋지 않은 결과를 가져올 수도 있으니 최대한 주어진 시간 안에 모든 문항에 답할 수 있도록 해야 합니다.

※ 모의테스트는 질문 및 답변 유형 연습을 위한 것으로 실제 시험과 다를 수 있습니다.
※ 인성검사는 정답이 따로 없는 유형의 검사이므로 결과지를 제공하지 않습니다.

| 번호 | 내용 | 예 | 아니요 |
|---|---|---|---|
| 001 | 나는 솔직한 편이다. | ☐ | ☐ |
| 002 | 나는 리드하는 것을 좋아한다. | ☐ | ☐ |
| 003 | 법을 어겨서 말썽이 된 적이 한 번도 없다. | ☐ | ☐ |
| 004 | 거짓말을 한 번도 한 적이 없다. | ☐ | ☐ |
| 005 | 나는 눈치가 빠르다. | ☐ | ☐ |
| 006 | 나는 일을 주도하기보다는 뒤에서 지원하는 것을 선호한다. | ☐ | ☐ |
| 007 | 앞일은 알 수 없기 때문에 계획은 필요하지 않다. | ☐ | ☐ |
| 008 | 거짓말도 때로는 방편이라고 생각한다. | ☐ | ☐ |
| 009 | 사람이 많은 술자리를 좋아한다. | ☐ | ☐ |
| 010 | 걱정이 지나치게 많다. | ☐ | ☐ |
| 011 | 일을 시작하기 전 재고하는 경향이 있다. | ☐ | ☐ |
| 012 | 불의를 참지 못한다. | ☐ | ☐ |
| 013 | 처음 만나는 사람과도 이야기를 잘 한다. | ☐ | ☐ |
| 014 | 때로는 변화가 두렵다. | ☐ | ☐ |
| 015 | 나는 모든 사람에게 친절하다. | ☐ | ☐ |
| 016 | 힘든 일이 있을 때 술은 위로가 되지 않는다. | ☐ | ☐ |
| 017 | 결정을 빨리 내리지 못해 손해를 본 경험이 있다. | ☐ | ☐ |
| 018 | 기회를 잡을 준비가 되어 있다. | ☐ | ☐ |
| 019 | 때로는 내가 정말 쓸모없는 사람이라고 느낀다. | ☐ | ☐ |
| 020 | 누군가 나를 챙겨주는 것이 좋다. | ☐ | ☐ |
| 021 | 자주 가슴이 답답하다. | ☐ | ☐ |
| 022 | 나는 내가 자랑스럽다. | ☐ | ☐ |
| 023 | 경험이 중요하다고 생각한다. | ☐ | ☐ |
| 024 | 전자기기를 분해하고 다시 조립하는 것을 좋아한다. | ☐ | ☐ |

PART 6

| 025 | 감시받고 있다는 느낌이 든다. | ☐ | ☐ |
|-----|------|------|------|
| 026 | 난처한 상황에 놓이면 그 순간을 피하고 싶다. | ☐ | ☐ |
| 027 | 세상엔 믿을 사람이 없다. | ☐ | ☐ |
| 028 | 잘못을 빨리 인정하는 편이다. | ☐ | ☐ |
| 029 | 지도를 보고 길을 잘 찾아간다. | ☐ | ☐ |
| 030 | 귓속말을 하는 사람을 보면 날 비난하고 있는 것 같다. | ☐ | ☐ |
| 031 | 막무가내라는 말을 들을 때가 있다. | ☐ | ☐ |
| 032 | 장래의 일을 생각하면 불안하다. | ☐ | ☐ |
| 033 | 결과보다 과정이 중요하다고 생각한다. | ☐ | ☐ |
| 034 | 운동은 그다지 할 필요가 없다고 생각한다. | ☐ | ☐ |
| 035 | 새로운 일을 시작할 때 좀처럼 한 발을 떼지 못한다. | ☐ | ☐ |
| 036 | 기분 상하는 일이 있더라도 참는 편이다. | ☐ | ☐ |
| 037 | 업무능력은 성과로 평가받아야 한다고 생각한다. | ☐ | ☐ |
| 038 | 머리가 맑지 못하고 무거운 느낌이 든다. | ☐ | ☐ |
| 039 | 가끔 이상한 소리가 들린다. | ☐ | ☐ |
| 040 | 타인이 내게 자주 고민상담을 하는 편이다. | ☐ | ☐ |

※ 모의테스트는 질문 및 답변 유형 연습을 위한 것으로 실제 시험과 다를 수 있습니다.
※ 인성검사는 정답이 따로 없는 유형의 검사이므로 결과지를 제공하지 않습니다.

※ 이 성격검사의 각 문항에는 서로 다른 행동을 나타내는 네 개의 문장이 제시되어 있습니다. 이 문장들을 비교하여, 자신의 평소 행동과 가장 가까운 문장을 'ㄱ' 열에 표기하고, 가장 먼 문장을 'ㅁ' 열에 표기하십시오.

**01** 나는 _____

|  | ㄱ | ㅁ |
|---|---|---|
| A. 실용적인 해결책을 찾는다. | ☐ | ☐ |
| B. 다른 사람을 돕는 것을 좋아한다. | ☐ | ☐ |
| C. 세부 사항을 잘 챙긴다. | ☐ | ☐ |
| D. 상대의 주장에서 허점을 잘 찾는다. | ☐ | ☐ |

**02** 나는 _____

|  | ㄱ | ㅁ |
|---|---|---|
| A. 매사에 적극적으로 임한다. | ☐ | ☐ |
| B. 즉흥적인 편이다. | ☐ | ☐ |
| C. 관찰력이 있다. | ☐ | ☐ |
| D. 임기응변에 강하다. | ☐ | ☐ |

**03** 나는 _____

|  | ㄱ | ㅁ |
|---|---|---|
| A. 무서운 영화를 잘 본다. | ☐ | ☐ |
| B. 조용한 곳이 좋다. | ☐ | ☐ |
| C. 가끔 울고 싶다. | ☐ | ☐ |
| D. 집중력이 좋다. | ☐ | ☐ |

**04** 나는 _____

|  | ㄱ | ㅁ |
|---|---|---|
| A. 기계를 조립하는 것을 좋아한다. | ☐ | ☐ |
| B. 집단에서 리드하는 역할을 맡는다. | ☐ | ☐ |
| C. 호기심이 많다. | ☐ | ☐ |
| D. 음악을 듣는 것을 좋아한다. | ☐ | ☐ |

**05** 나는 _____

| | ㄱ | ㅁ |
|---|---|---|
| A. 타인을 늘 배려한다. | ☐ | ☐ |
| B. 감수성이 예민하다. | ☐ | ☐ |
| C. 즐겨하는 운동이 있다. | ☐ | ☐ |
| D. 일을 시작하기 전에 계획을 세운다. | ☐ | ☐ |

**06** 나는 _____

| | ㄱ | ㅁ |
|---|---|---|
| A. 타인에게 설명하는 것을 좋아한다. | ☐ | ☐ |
| B. 여행을 좋아한다. | ☐ | ☐ |
| C. 정적인 것이 좋다. | ☐ | ☐ |
| D. 남을 돕는 것에 보람을 느낀다. | ☐ | ☐ |

**07** 나는 _____

| | ㄱ | ㅁ |
|---|---|---|
| A. 기계를 능숙하게 다룬다. | ☐ | ☐ |
| B. 밤에 잠이 잘 오지 않는다. | ☐ | ☐ |
| C. 한 번 간 길을 잘 기억한다. | ☐ | ☐ |
| D. 불의를 보면 참을 수 없다. | ☐ | ☐ |

**08** 나는 _____

| | ㄱ | ㅁ |
|---|---|---|
| A. 종일 말을 하지 않을 때가 있다. | ☐ | ☐ |
| B. 사람이 많은 곳을 좋아한다. | ☐ | ☐ |
| C. 술을 좋아한다. | ☐ | ☐ |
| D. 휴양지에서 편하게 쉬고 싶다. | ☐ | ☐ |

**09** 나는 _____

| | ㄱ | ㅁ |
|---|---|---|
| A. 뉴스보다는 드라마를 좋아한다. | ☐ | ☐ |
| B. 길을 잘 찾는다. | ☐ | ☐ |
| C. 주말엔 집에서 쉬는 것이 좋다. | ☐ | ☐ |
| D. 아침에 일어나는 것이 힘들다. | ☐ | ☐ |

**10** 나는 _____

| | ㄱ | ㅁ |
|---|---|---|
| A. 이성적이다. | ☐ | ☐ |
| B. 할 일을 종종 미룬다. | ☐ | ☐ |
| C. 어른을 대하는 게 힘들다. | ☐ | ☐ |
| D. 불을 보면 매혹을 느낀다. | ☐ | ☐ |

**11** 나는 _____

| | ㄱ | ㅁ |
|---|---|---|
| A. 상상력이 풍부하다. | ☐ | ☐ |
| B. 예의 바르다는 소리를 자주 듣는다. | ☐ | ☐ |
| C. 사람들 앞에 서면 긴장한다. | ☐ | ☐ |
| D. 친구를 자주 만난다. | ☐ | ☐ |

**12** 나는 _____

| | ㄱ | ㅁ |
|---|---|---|
| A. 나만의 스트레스 해소 방법이 있다. | ☐ | ☐ |
| B. 친구가 많다. | ☐ | ☐ |
| C. 책을 자주 읽는다. | ☐ | ☐ |
| D. 활동적이다. | ☐ | ☐ |

PART 6

# 04 면접전형 가이드

## 1. 면접전형의 변화

기존 면접전형에서는 일상적이고 단편적인 대화나 지원자의 첫인상 및 면접관의 주관적인 판단 등에 의해서 입사 결정 여부를 판단하는 경우가 많았습니다. 이러한 면접전형은 면접 내용의 일관성이 결여되거나 직무 관련 타당성이 부족하였고, 면접에 대한 신뢰도에 영향을 주었습니다.

| 기존 면접(전통적 면접) | | 능력중심 채용 면접(구조화 면접) |
|---|---|---|
| • 일상적이고 단편적인 대화<br>• 인상, 외모 등 외부 요소의 영향<br>• 주관적인 판단에 의존한 총점 부여<br><br>⇩<br><br>• 면접 내용의 일관성 결여<br>• 직무관련 타당성 부족<br>• 주관적인 채점으로 신뢰도 저하 | VS | • 일관성<br> – 직무관련 역량에 초점을 둔 구체적 질문 목록<br> – 지원자별 동일 질문 적용<br>• 구조화<br> – 면접 진행 및 평가 절차를 일정한 체계에 의해 구성<br>• 표준화<br> – 평가 타당도 제고를 위한 평가 Matrix 구성<br> – 척도에 따라 항목별 채점, 개인 간 비교<br>• 신뢰성<br> – 면접진행 매뉴얼에 따라 면접위원 교육 및 실습 |

## 2. 능력중심 채용의 면접 유형

① 경험 면접
   • 목적 : 선발하고자 하는 직무 능력이 필요한 과거 경험을 질문합니다.
   • 평가요소 : 직업기초능력과 인성 및 태도적 요소를 평가합니다.
② 상황 면접
   • 목적 : 특정 상황을 제시하고 지원자의 행동을 관찰함으로써 실제 상황의 행동을 예상합니다.
   • 평가요소 : 직업기초능력과 인성 및 태도적 요소를 평가합니다.
③ 발표 면접
   • 목적 : 특정 주제와 관련된 지원자의 발표와 질의응답을 통해 지원자 역량을 평가합니다.
   • 평가요소 : 직무수행능력과 인지적 역량(문제해결능력)을 평가합니다.
④ 토론 면접
   • 목적 : 토의과제에 대한 의견수렴 과정에서 지원자의 역량과 상호작용능력을 평가합니다.
   • 평가요소 : 직무수행능력과 팀워크를 평가합니다.

## 1. 경험 면접

① 경험 면접의 특징

- 주로 직업기초능력에 관련된 지원자의 과거 경험을 심층 질문하여 검증하는 면접입니다.
- 직무능력과 관련된 과거 경험을 평가하기 위해 심층 질문을 하며, 이 질문은 지원자의 답변에 대하여 '꼬리에 꼬리를 무는 형식'으로 진행됩니다.

---

- 능력요소, 정의, 심사 기준
  - 평가하고자 하는 능력요소, 정의, 심사기준을 확인하여 면접위원이 해당 능력요소 관련 질문을 제시합니다.
- Opening Question
  - 능력요소에 관련된 과거 경험을 유도하기 위한 시작 질문을 합니다.
- Follow-up Question
  - 지원자의 경험 수준을 구체적으로 검증하기 위한 질문입니다.
  - 경험 수준 검증을 위한 상황(Situation), 임무(Task), 역할 및 노력(Action), 결과(Result) 등으로 질문을 구분합니다.

---

**경험 면접의 형태**

[면접관 1]  [면접관 2]  [면접관 3]    [면접관 1]  [면접관 2]  [면접관 3]

[지원자]                  [지원자 1]  [지원자 2]  [지원자 3]

〈일대다 면접〉                    〈다대다 면접〉

PART 6

② 경험 면접의 구조

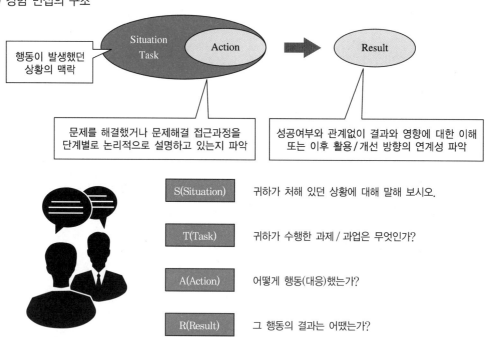

행동이 발생했던 상황의 맥락

문제를 해결했거나 문제해결 접근과정을 단계별로 논리적으로 설명하고 있는지 파악

성공여부와 관계없이 결과와 영향에 대한 이해 또는 이후 활용 / 개선 방향의 연계성 파악

S(Situation) — 귀하가 처해 있던 상황에 대해 말해 보시오.

T(Task) — 귀하가 수행한 과제 / 과업은 무엇인가?

A(Action) — 어떻게 행동(대응)했는가?

R(Result) — 그 행동의 결과는 어땠는가?

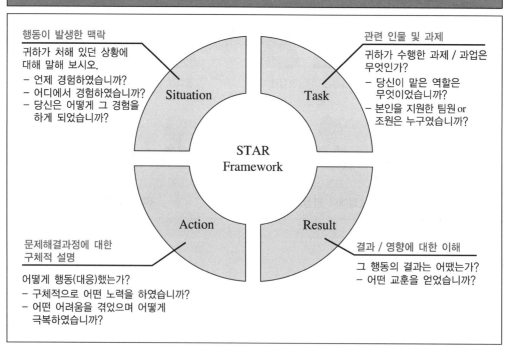

(          )에 관한 과거 경험에 대하여 말해 보시오.

**행동이 발생한 맥락**
귀하가 처해 있던 상황에 대해 말해 보시오.
– 언제 경험하였습니까?
– 어디에서 경험하였습니까?
– 당신은 어떻게 그 경험을 하게 되었습니까?

**관련 인물 및 과제**
귀하가 수행한 과제 / 과업은 무엇인가?
– 당신이 맡은 역할은 무엇이었습니까?
– 본인을 지원한 팀원 or 조원은 누구였습니까?

Situation / Task / Action / Result

STAR Framework

**문제해결과정에 대한 구체적 설명**
어떻게 행동(대응)했는가?
– 구체적으로 어떤 노력을 하였습니까?
– 어떤 어려움을 겪었으며 어떻게 극복하였습니까?

**결과 / 영향에 대한 이해**
그 행동의 결과는 어땠는가?
– 어떤 교훈을 얻었습니까?

③ 경험 면접 질문 예시(직업윤리)

| 시작 질문 | |
|---|---|
| 1 | 남들이 신경 쓰지 않는 부분까지 고려하여 절차대로 업무(연구)를 수행하여 성과를 낸 경험을 구체적으로 말해 보시오. |
| 2 | 조직의 원칙과 절차를 철저히 준수하며 업무(연구)를 수행한 것 중 성과를 향상시킨 경험에 대해 구체적으로 말해 보시오. |
| 3 | 세부적인 절차와 규칙에 주의를 기울여 실수 없이 업무(연구)를 마무리한 경험을 구체적으로 말해 보시오. |
| 4 | 조직의 규칙이나 원칙을 고려하여 성실하게 일했던 경험을 구체적으로 말해 보시오. |
| 5 | 타인의 실수를 바로잡고 원칙과 절차대로 수행하여 성공적으로 업무를 마무리하였던 경험에 대해 말해 보시오. |

| 후속 질문 | | |
|---|---|---|
| 상황<br>(Situation) | 상황 | 구체적으로 언제, 어디에서 경험한 일인가? |
| | | 어떤 상황이었는가? |
| | 조직 | 어떤 조직에 속해 있었는가? |
| | | 그 조직의 특성은 무엇이었는가? |
| | | 몇 명으로 구성된 조직이었는가? |
| | 기간 | 해당 조직에서 얼마나 일했는가? |
| | | 해당 업무는 몇 개월 동안 지속되었는가? |
| | 조직규칙 | 조직의 원칙이나 규칙은 무엇이었는가? |
| 임무<br>(Task) | 과제 | 과제의 목표는 무엇이었는가? |
| | | 과제에 적용되는 조직의 원칙은 무엇이었는가? |
| | | 그 규칙을 지켜야 하는 이유는 무엇이었는가? |
| | 역할 | 당신이 조직에서 맡은 역할은 무엇이었는가? |
| | | 과제에서 맡은 역할은 무엇이었는가? |
| | 문제의식 | 규칙을 지키지 않을 경우 생기는 문제점 / 불편함은 무엇인가? |
| | | 해당 규칙이 왜 중요하다고 생각하였는가? |
| 역할 및 노력<br>(Action) | 행동 | 업무 과정의 어떤 장면에서 규칙을 철저히 준수하였는가? |
| | | 어떻게 규정을 적용시켜 업무를 수행하였는가? |
| | | 규정은 준수하는 데 어려움은 없었는가? |
| | 노력 | 그 규칙을 지키기 위해 스스로 어떤 노력을 기울였는가? |
| | | 본인의 생각이나 태도에 어떤 변화가 있었는가? |
| | | 다른 사람들은 어떤 노력을 기울였는가? |
| | 동료관계 | 동료들은 규칙을 철저히 준수하고 있었는가? |
| | | 팀원들은 해당 규칙에 대해 어떻게 반응하였는가? |
| | | 규칙에 대한 태도를 개선하기 위해 어떤 노력을 하였는가? |
| | | 팀원들의 태도는 당신에게 어떤 자극을 주었는가? |
| | 업무추진 | 주어진 업무를 추진하는 데 규칙이 방해되진 않았는가? |
| | | 업무수행 과정에서 규정을 어떻게 적용하였는가? |
| | | 업무 시 규정을 준수해야 한다고 생각한 이유는 무엇인가? |

| | | 규칙을 어느 정도나 준수하였는가? |
|---|---|---|
| 결과 (Result) | 평가 | 그렇게 준수할 수 있었던 이유는 무엇이었는가? |
| | | 업무의 성과는 어느 정도였는가? |
| | | 성과에 만족하였는가? |
| | | 비슷한 상황이 온다면 어떻게 할 것인가? |
| | 피드백 | 주변 사람들로부터 어떤 평가를 받았는가? |
| | | 그러한 평가에 만족하는가? |
| | | 다른 사람에게 본인의 행동이 영향을 주었다고 생각하는가? |
| | 교훈 | 업무수행 과정에서 중요한 점은 무엇이라고 생각하는가? |
| | | 이 경험을 통해 느낀 바는 무엇인가? |

## 2. 상황 면접

### ① 상황 면접의 특징

직무 관련 상황을 가정하여 제시하고 이에 대한 대응능력을 직무관련성 측면에서 평가하는 면접입니다.

- 상황 면접 과제의 구성은 크게 2가지로 구분
  - 상황 제시(Description) / 문제 제시(Question or Problem)
- 현장의 실제 업무 상황을 반영하여 과제를 제시하므로 직무분석이나 직무전문가 워크숍 등을 거쳐 현장성을 높임
- 문제는 상황에 대한 기본적인 이해능력(이론적 지식)과 함께 실질적 대응이나 변수 고려능력(실천적 능력) 등을 고르게 질문해야 함

상황 면접의 형태

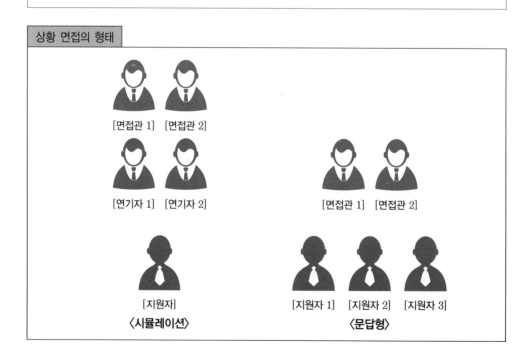

〈시뮬레이션〉　　　　　〈문답형〉

② 상황 면접 예시

| 상황<br>제시 | 인천공항 여객터미널 내에는 다양한 용도의 시설(사무실, 통신실, 식당, 전산실, 창고<br>면세점 등)이 설치되어 있습니다. | 실제 업무<br>상황에 기반함 |
|---|---|---|
| | 금년에 소방배관의 누수가 잦아 메인 배관을 교체하는 공사를 추진하고 있으며, 당신<br>은 이번 공사의 담당자입니다. | 배경 정보 |
| | 주간에는 공항 운영이 이루어져 주로 야간에만 배관 교체 공사를 수행하던 중, 시공하<br>는 기능공의 실수로 배관 연결 부위를 잘못 건드려 고압배관의 소화수가 누출되는<br>사고가 발생하였으며, 이로 인해 인근 시설물에 누수에 의한 피해가 발생하였습니다. | 구체적인 문제 상황 |
| 문제<br>제시 | 일반적인 소방배관의 배관연결(이음)방식과 배관의 이탈(누수)이 발생하는 원인<br>에 대해 설명해 보시오. | 문제 상황 해결을 위한<br>기본 지식 문항 |
| | 담당자로서 본 사고를 현장에서 긴급히 처리하는 프로세스를 제시하고, 보수완료<br>후 사후적 조치가 필요한 부분 및 재발방지 방안에 대해 설명해 보시오. | 문제 상황 해결을 위한<br>추가 대응 문항 |

## 3. 발표 면접

① 발표 면접의 특징
- 직무관련 주제에 대한 지원자의 생각을 정리하여 의견을 제시하고, 발표 및 질의응답을 통해 지원자의 직무능력을 평가하는 면접입니다.
- 발표 주제는 직무와 관련된 자료로 제공되며, 일정 시간 후 지원자가 보유한 지식 및 방안에 대한 발표 및 후속 질문을 통해 직무적합성을 평가합니다.

- 주요 평가요소
  - 설득적 말하기 / 발표능력 / 문제해결능력 / 직무관련 전문성
- 이미 언론을 통해 공론화된 시사 이슈보다는 해당 직무분야에 관련된 주제가 발표면접의 과제로 선정되는 경우가 최근 들어 늘어나고 있음
- 짧은 시간 동안 주어진 과제를 빠른 속도로 분석하여 발표문을 작성하고 제한된 시간 안에 면접관에게 효과적인 발표를 진행하는 것이 핵심

발표 면접의 형태

[면접관 1]  [면접관 2]

[면접관 1]  [면접관 2]

[지원자]

〈개별 과제 발표〉

[지원자 1]  [지원자 2]  [지원자 3]

〈팀 과제 발표〉

※ 면접관에게 시각적 효과를 사용하여 메시지를 전달하는 쌍방향 커뮤니케이션 방식
※ 심층면접을 보완하기 위한 방안으로 최근 많은 기업에서 적극 도입하는 추세

② 발표 면접 예시

1. 지시문

> 당신은 현재 A사에서 직원들의 성과평가를 담당하고 있는 팀원이다. 인사팀은 지난주부터 사내 조직문화관련 인터뷰를 하던 도중 성과평가제도에 관련된 개선 니즈가 제일 많다는 것을 알게 되었다. 이에 팀장님은 인터뷰 결과를 종합하려 성과평가제도 개선 아이디어를 A4용지에 정리하여 신속 보고할 것을 지시하셨다. 당신에게 남은 시간은 1시간이다. 자료를 준비하는 대로 당신은 팀원들이 모인 회의실에서 5분 간 발표할 것이며, 이후 질의응답을 진행할 것이다.

2. 배경자료

> 〈성과평가제도 개선에 대한 인터뷰〉
>
> 최근 A사는 회사 사세의 급성장으로 인해 작년보다 매출이 두 배 성장하였고, 직원 수 또한 두 배로 증가하였다. 회사의 성장은 임금, 복지에 대한 상승 등 긍정적인 영향을 주었으나 업무의 불균형 및 성과보상의 불평등 문제가 발생하였다. 또한 수시로 입사하는 신입직원과 경력직원, 퇴사하는 직원들까지 인원들의 잦은 변동으로 인해 평가해야 할 대상이 변경되어 현재의 성과평가제도로는 공정한 평가가 어려운 상황이다.
>
> [생산부서 김상호]
> 우리 팀은 지난 1년 동안 생산량이 급증했기 때문에 수십 명의 신규인력이 급하게 채용되었습니다. 이 때문에 저희 팀장님은 신규 입사자들의 이름조차 기억 못할 때가 많이 있습니다. 성과평가를 제대로 하고 있는지 의문이 듭니다.
>
> [마케팅 부서 김흥민]
> 개인의 성과평가의 취지는 충분히 이해합니다. 그러나 현재 평가는 실적기반이나 정성적인 평가가 많이 포함되어 있어 객관성과 공정성에는 의문이 드는 것이 사실입니다. 이러한 상황에서 평가제도를 재수립하지 않고, 인센티브에 계속 반영한다면, 평가제도에 대한 반감이 커질 것이 분명합니다.
>
> [교육부서 홍경민]
> 현재 교육부서는 인사팀과 밀접하게 일하고 있습니다. 그럼에도 인사팀에서 실시하는 성과평가제도에 대한 이해가 부족한 것 같습니다.
>
> [기획부서 김경호 차장]
> 저는 저의 평가자 중 하나가 연구부서의 팀장님인데, 일 년에 몇 번 같이 일하지 않는데 어떻게 저를 평가할 수 있을까요? 특히 연구팀은 저희가 예산을 배정하는데, 저에게는 좋지만….

## 4. 토론 면접

① 토론 면접의 특징
- 다수의 지원자가 조를 편성해 과제에 대한 토론(토의)을 통해 결론을 도출해가는 면접입니다.
- 의사소통능력, 팀워크, 종합인성 등의 평가에 용이합니다.

> - 주요 평가요소
>   - 설득적 말하기, 경청능력, 팀워크, 종합인성
> - 의견 대립이 명확한 주제 또는 채용분야의 직무 관련 주요 현안을 주제로 과제 구성
> - 제한된 시간 내 토론을 진행해야 하므로 적극적으로 자신 있게 토론에 임하고 본인의 의견을 개진할
>   수 있어야 함

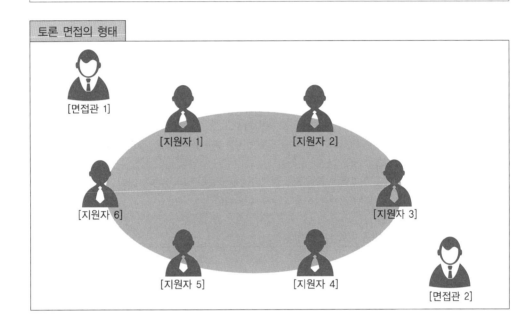

토론 면접의 형태

[면접관 1]
[지원자 1]  [지원자 2]
[지원자 6]  [지원자 3]
[지원자 5]  [지원자 4]
[면접관 2]

② 토론 면접 예시

| 고객 불만 고충처리 |
| --- |

## 1. 들어가며

최근 우리 상품에 대한 고객 불만의 증가로 고객고충처리 TF가 만들어졌고 당신은 여기에 지원해 배치받았다. 당신의 업무는 불만을 가진 고객을 만나서 애로사항을 듣고 처리해 주는 일이다. 주된 업무로는 고객의 니즈를 파악해 방향성을 제시해 주고 그 해결책을 마련하는 일이다. 하지만 경우에 따라서 고객의 주관적인 의견으로 인해 제대로 된 방향으로 의사결정을 하지 못할 때가 있다. 이럴 경우 설득이나 논쟁을 해서라도 의견을 관철시키는 것이 좋을지 아니면 고객의 의견대로 진행하는 것이 좋을지 결정해야 할 때가 있다. 만약 당신이라면 이러한 상황에서 어떤 결정을 내릴 것인지 여부를 자유롭게 토론해 보시오.

## 2. 1분 자유 발언 시 준비사항

- 당신은 의견을 자유롭게 개진할 수 있으며 이에 따른 불이익은 없습니다.
- 토론의 방향성을 이해하고, 내용의 장점과 단점이 무엇인지 문제를 명확히 말해야 합니다.
- 합리적인 근거에 기초하여 개선방안을 명확히 제시해야 합니다.
- 제시한 방안을 실행 시 예상되는 긍정적·부정적 영향요인도 동시에 고려할 필요가 있습니다.

## 3. 토론 시 유의사항

- 토론 주제문과 제공해드린 메모지, 볼펜만 가지고 토론장에 입장할 수 있습니다.
- 사회자의 지정 또는 발표자가 손을 들어 발언권을 획득할 수 있으며, 사회자의 통제에 따릅니다.
- 토론회가 시작되면, 팀의 의견과 논거를 정리하여 1분간의 자유발언을 할 수 있습니다. 순서는 사회자가 지정합니다. 이후에는 자유롭게 상대방에게 질문하거나 답변을 하실 수 있습니다.
- 핸드폰, 서적 등 외부 매체는 사용하실 수 없습니다.
- 논제에 벗어나는 발언이나 지나치게 공격적인 발언을 할 경우, 위에서 제시한 유의사항을 지키지 않을 경우 불이익을 받을 수 있습니다.

## 1. 면접 Role Play 편성

- 교육생끼리 조를 편성하여 면접관과 지원자 역할을 교대로 진행합니다.
- 지원자 입장과 면접관 입장을 모두 경험해 보면서 면접에 대한 적응력을 높일 수 있습니다.

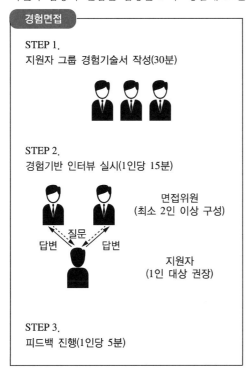

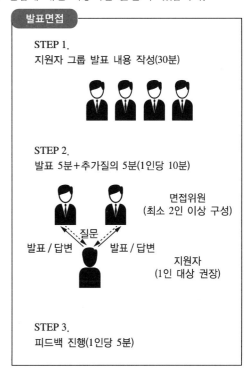

---

**Tip**

면접 준비하기
1. 면접 유형 확인 필수
   - 기업마다 면접 유형이 상이하기 때문에 해당 기업의 면접 유형을 확인하는 것이 좋음
   - 일반적으로 실무진 면접, 임원면접 2차례에 거쳐 면접을 실시하는 기업이 많고 실무진 면접과 임원 면접에서 평가요소가 다르기 때문에 유형에 맞는 준비방법이 필요
2. 후속 질문에 대한 사전 점검
   - 블라인드 채용 면접에서는 주요 질문과 함께 후속 질문을 통해 지원자의 직무능력을 판단
     → STAR 기법을 통한 후속 질문에 미리 대비하는 것이 필요

# 05 | 한국수력원자력 면접 기출질문

한국수력원자력의 경우 다양한 방법으로 면접을 진행하므로, 면접 유형별로 평가하는 요소를 파악하고 이에 대한 대비가 필요하다. 한국수력원자력 면접은 직업기초능력면접, 직무수행능력면접, 관찰면접의 3단계로 진행된다. 직업기초능력면접에서는 자기소개서를 기반으로 직업기초능력 평가를 위한 질의응답을 진행하며, 지원자 1인당 약 20분 동안 평가한다. 직무수행능력면접은 직무상황 관련 주제에 대한 문제해결 방안 토의와 개인별 질의응답 및 결과지 작성을 통해 직무수행능력 평가를 조별로 약 120분 동안 진행한다.
직업기초능력면접에서는 직무와 관련된 다양한 상황에서 한국수력원자력의 인재상과 자신의 가치관을 적절히 녹여내고 직무수행능력면접에서는 제시된 상황을 자신의 직무 관련 경험과 적절히 연결하여 토론자 간 공감과 설득력을 얻어내는 것이 중요하다. 관찰면접은 조별 과제 수행에 대한 평가로, 약 120분 동안 진행한다. 협동심, 창의력, 주도력을 평가할 수 있는 항목으로, 평소 지원자의 습관이나 언행을 확인할 수 있는 만큼 지원자는 사소한 부분이라도 면접에 감점요소가 될 수 있다는 점을 유의하여 임하는 것이 필요하다.

## 1. 직업기초능력면접

- 한국수력원자력의 신입사원으로서 가져야 할 자세는 무엇이라고 생각하는가?
- 본인이 하고 싶은 일과 입사 후 하게 되는 일이 다르다면 어떻게 해결할 것인가?
- 동료들이 기피하는 업무를 도맡아서 한 경험이 있는가?
- 나이가 많은 사람 혹은 상사를 설득해 본 경험이 있는가?
- 자신의 의견을 비판받음으로 인해서 의견을 수용한 경험이 있는가?
- 신입사원이 UAE에 파견될 때, 가장 중요한 소양은 무엇이라고 생각하는가?
- 리더로서 실패한 경험에 대해 말해 보시오.
- 본인이 희생하여 일을 해 본 경험에 대해 말해 보시오.
- 본인은 리더형인가 팔로우형인가?
- 상사와의 갈등이 발생했을 때 어떻게 해결할 것인가?
- 근무지가 오지인데 적응할 수 있겠는가?
- 자신의 장단점에 대해 말해 보시오.
- 원자력에 대한 생각을 말해 보시오.
- 열악한 환경에서 근무해야 한다면 어떻게 하겠는가?
- 귀하가 아르바이트를 하는데 친구와 사장님의 사이가 좋지 않은 상황에서 친구가 실수를 했다면 귀하는 어떻게 행동할 것인가? 사장님께 말씀드리겠는가? 숨기겠는가?
- 한국수력원자력은 다소 시골에다 인프라가 별로 없는 곳에 위치해 있다. 일단 입사한 신입사원은 1 ~ 2년 동안은 이러한 환경에서 일하게 된다. 이러한 상황에서 만약 본사 발령이 난다면 귀하는 본사로 가겠는가? 현재 근무하는 곳에 남겠는가?
- 인간관계에서 가장 중요하게 생각하는 것이 무엇인지 말해 보시오.
- 한국수력원자력 입사를 위해 어떠한 노력을 해왔는지 말해 보시오.

- 한국수력원자력의 인재상 중 본인에게 가장 부합하는 것이 무엇인지 말해 보시오.
- 상사의 비리를 목격했을 때 어떻게 대처하겠는가?
- 직장인으로서 중요하게 생각하는 가치에 대해 말해 보시오.
- 새로운 환경에 적응했던 경험이 있는가?
- 주변에서 '나'라는 사람을 어떻게 평가하는지 말해 보시오.
- 자신을 표현하는 단어 3가지를 말해 보시오.
- 본인에게 경쟁이란 무엇인가?
- 경쟁에서 이기는 것이 중요한가?
- 상사가 부당한 지시를 한다면 어떻게 해결할 것인가?
- 어떤 작업을 할 때 완벽하게 안전을 추구할 것인지, 약간의 안전을 포기하고 효율을 높일 것인지 말해 보시오.
- (한국수력원자력에서 사용하는 기계에 대해) 이 기계의 문제점을 어떻게 해결할 것인가?
- 동아리나 조별활동을 하면서 가장 힘들었던 것은 무엇이었는가?
- 전공과 관련하여 팀활동을 한 경험이 있는가?
- 탈원전에 대해 어떻게 생각하는가?
- 원자력 건물의 안전성에 대해 설명해 보시오.
- 팀프로젝트 활동경험을 적었는데, 프로젝트를 어떻게 이끌어 나갔는가?
- 학교 다니면서 여자라서 차별을 받은 적은 없었는가?
- 다른 사람들과 어울리는 것을 좋아하는가?
- 마지막으로 하고 싶은 말을 해 보시오.
- 열정을 보였던 일에 대해 말해 보시오.
- 지원동기가 무엇인가?
- UAE에 갈 수도 있는데, 이를 위해 준비해왔던 것이 있는가?
- 한국수력원자력에 지원하게 된 동기를 말해 보시오.
- 한국수력원자력에 입사하게 된다면 하고 싶은 업무를 말해 보시오.
- 자신의 전공과 원자력의 공통점이 무엇인가?
- 한국수력원자력의 인재상에 맞는 자신의 역량을 말해 보시오.
- 한국수력원자력에 대해 얼마나 알고 있는가?
- 본인의 역량을 입사 후 어떻게 사용하겠는가?
- 안중근에 대해 말해 보시오.
- 울진 지역에 지원한 계기를 말해 보시오.
- 매니저와 리더의 차이가 무엇이라 생각하는가?
- 한국수력원자력에 입사하여 가장 하고 싶은 일과 지금까지 배운 전공이 어떻게 도움이 될 것 같은가?
- 파란색을 시각장애인에게 설명해 보시오.
- 배려와 경쟁이 팀에 어떻게 작용하는지 말해 보시오.
- 원자력과 화력의 차이점에 대해 말해 보시오.
- 책임감, 도덕성, 자기계발, 인성 등 여러 덕목 중에 신입사원이 갖추어야 할 덕목은 무엇인가?
- 최근 주의 깊게 본 기삿거리가 무엇인가?
- 한국수력원자력을 어떻게 홍보할 것인가?
- 가장 열받았던 일에 대해 어떻게 극복했는가?
- 팀워크란 무엇이라고 생각하는가?
- 전공과목 중 너무 어려웠던 과목은 무엇이며 그 과목을 극복한 일이 있는가?

## 2. 직무수행능력면접

- 중대재해사고에 대해 본인이 알고 있는 뉴스 한 가지를 말하고, 이에 대한 견해를 말해 보시오.
- 낙하물 방지망과 추락 방지망의 차이에 대해 말해 보시오.
- 안전보건관리자의 선정 대상 및 주요 업무에 대해 토론해 보시오.
- 건설 근로자의 교육 방안 중 비계 설치로 인한 고소 작업 시 필요한 안전 관리에 대해 토론해 보시오.
- 원격근무 활성화 방안에 대해 토론해 보시오.
- 원자력발전을 국민들에게 쉽게 설명해 보시오.
- 원전을 데우는 과정에서 발생하는 불순물에 대해 말해 보시오.
- 방사선이 동·식물에 축적되는데, 이에 대해 고려할 점에 대해 토론해 보시오.
- 사용후핵연료의 안전하고 체계적인 수송 방안에 대해 토의해 보시오.
- 한국수력원자력이 비리를 없애기 위해 부품을 공급받는 방식을 변화시키려고 한다. SCM을 어떻게 바꿔야 하는가?
- 직장상사가 부당하거나 불법한 지시를 내린 경우 어떻게 대처할 것인가?
- SNS 규제에 대해 어떻게 생각하는가?
- 제시문 : A발전회사가 B지역으로 이주하려고 한다. 직원과 가족들은 회사에서 제공하는 사택에 거주할 예정이다. 직원은 600명이며, 가족까지 합치면 1,500명이다. 이주하는 도시에서 서울까지는 6시간이 걸리며, 가까운 대도시까지는 2시간이 걸린다. 사택 근처에 초등학교, 중학교는 있지만 고등학교까지는 30분 이상 걸린다.

| 고려사항 | 선호도 | 중요도 |
|---|---|---|
| 오락시설(PC방, 당구장) | 하 | 하 |
| 대형마트(식료품 등) | 상 | 상 |
| 헬스케어(병원 등) | 하 | 중 |
| 문화시설(체육관, 영화관 등) | 중 | 상 |
| 교육시설(학원 등) | 중 | 상 |
| 교통개선(노선 증가 등) | 중 | 하 |

- 중요도와 선호도를 생각했을 때 필요한 것 3가지를 고르고, 이유를 말해 보시오.
- 건설비용과 필요성을 생각했을 때 3가지를 고르고, 이유를 말해 보시오.
- 만일 사택에 사는 사람이 줄어들게 된다면 위에서 선택한 것 중 수정해야 할 사항을 말해 보시오.
- 제시문 : 팀장 후보에 대한 성격, 신상, 활동 내용
  - 마케팅 부서 팀장을 뽑을 때, 팀장 후보 중 누구를 뽑아야 하겠는가?
- 제시문 : 여행사 직원이 되어 여름을 겨냥한 여행 패키지 출시 전략에 대한 내용
  - 어떤 조합으로 패키지를 선택하는 것이 가장 효과적일지 말해 보시오.
  - 다른 여행사에서 똑같은 상품이 출시됐을 때 내세울 수 있는 차별화 방안을 말해 보시오.
  - 자금 부족으로 인해 해당 전략을 실행할 수 없을 때 대처할 수 있는 방안을 말해 보시오.
- 피부약의 처방을 전문의에게만 맡길 것인지 일반의약품으로 판매가 가능하도록 할 것인지 방안을 선택하고, 선택한 사항에 따라 광고 방안을 논의해 보시오.
- 제시문 : 영화 '바람'에 대한 내용
  - 영화 '바람'의 홍보 전략에서 내세울 수 있는 광고 문구를 선정해 보시오.
  - 영화 '바람'을 해외로 수출하려고 할 때 고려해야 할 사항은 무엇인지 설명해 보시오.
- 한국수력원자력 본사의 경주 이전과 지역 주민과의 갈등해소 방안을 말해 보시오.
- 고리 1호기 전원상실 사태 이후 원자력에 대한 대국민 신뢰회복 방안을 말해 보시오.

- 한국수력원자력에서 발생한 불미스러운 사건에 대한 해결 방안을 말해 보시오.
- 회사 조직의 다양성 관리 방안을 말해 보시오.
- 한국수력원자력의 사회적 책임 강화 방안을 말해 보시오.
- 한국수력원자력의 기업 이미지 개선 방안을 말해 보시오.
- 고졸자 채용 증대에 대한 견해를 말해 보시오.
- 한국수력원자력의 지속 가능한 성장을 위한 사업다각화에 대한 견해를 말해 보시오.
- 한국수력원자력의 바람직한 조직문화와 활성화 방안을 말해 보시오.
- 한국수력원자력 홍보방법에 대한 자신의 견해 및 아이디어를 말해 보시오.
- 회사 청렴도, 윤리경영 제고 방안을 말해 보시오.
- 프랑스의 원전의존도 축소정책에 대한 의견을 말해 보시오.
- 일본의 모든 원자력발전 정지에 대한 견해를 말해 보시오.
- 후쿠시마 사고 후 우리나라 원전 안전대책에 대한 견해를 말해 보시오.
- 원자력발전에 대한 견해를 말해 보시오.
- 한국수력원자력의 원자력 국제협력 강화 방안을 말해 보시오.
- 신규원전 부지확보 VS 기존부지 원전 추가 중 하나를 선택하고 이유를 말해 보시오.
- 한국수력원자력의 성장과 안전에 대해 말해 보시오.
- 겨울철 전력수요 억제 방안의 견해를 말해 보시오.
- 민자사업 요금 인상에 대한 견해를 말해 보시오.
- 전기요금 인상 여부 문제에 대한 견해를 말해 보시오.
- 전국적 순환정전 사태의 원인 및 해결 방안에 대한 견해를 말해 보시오.
- 전기요금 등 공공요금 인상 요구에 대한 견해를 말해 보시오.
- 동성결혼에 대한 의견을 말해 보시오.
- 직장생활과 가정생활의 균형에 대한 견해를 말해 보시오.
- SNS(Social Network Service)가 우리 회사 및 원자력산업에 미치는 영향력과 활용 방안을 말해 보시오.
- 공생발전에 대한 견해를 말해 보시오.
- 중국의 탈북자 북송에 대한 견해를 말해 보시오.
- 이공계 기피 현상에 대한 견해를 말해 보시오.
- Peer Pressure에 대한 견해를 말해 보시오.
- 한국사회에서의 기부문화 증대 방안을 말해 보시오.
- 한류문화의 생성과 지속적인 증대 방안를 말해 보시오.
- 사회적 물의를 일으킨 연예인의 방송 복귀에 대한 견해를 말해 보시오.
- 미아 문제에 대한 자신의 견해를 말해 보시오.
- 학교폭력 문제에 대한 해결 방안을 말해 보시오.
- 국내 가계부채 문제에 대한 견해를 말해 보시오.
- 공공기관에 적합한 인센티브 운영 방안에 대한 견해를 말해 보시오.
- 공기업 직원으로서 가져야 할 가치관에 대한 견해를 말해 보시오.
- 결혼비용에 대한 견해를 말해 보시오.
- 다문화 가정 증가에 따른 문제를 말해 보시오.
- 직장 내 올바른 회식 문화를 말해 보시오.
- 기업의 정년 연장에 대한 견해를 말해 보시오.
- 북한에 대한 인도적 지원에 대한 견해를 말해 보시오.
- 프로야구 제10구단 창단에 대한 견해를 말해 보시오.

**"오늘 당신의 노력은 아름다운 꽃의 물이 될 것입니다."**

그러나, 이 꽃을 볼 때 사람들은 이 꽃의 아름다움과 향기만을 사랑하고 칭찬하였지, 이 꽃을 그렇게 아름답게 어여쁘게 만들어 주는 병 속의 물은 조금도 생각지 않는 것이 보통입니다.

만일 이 꽃병 속에 들어 있는 물을 죄다 쏟아 버리고 빈 병에다 이 꽃을 꽂아 보십시오.

아무리 아름답고 어여쁜 꽃이기로서니 단 한 송이의 꽃을 피울 수 있으며, 단 한 번이라도 꽃 향기를 날릴 수 있겠습니까?

우리는 여기서 아무리 본바탕이 좋고 아름다운 꽃이라도 보이지 않는 물의 숨은 힘이 없으면 도저히 그 빛과 향기를 자랑할 수 없는 것을 알았습니다.

– 방정환의 「우리 뒤에 숨은 힘」 중 –

작은 기회로부터 종종 위대한 업적이 시작된다.

- 데모스테네스 -

# 현재 나의 실력을 객관적으로 파악해 보자!

# 모바일 OMR
## 답안채점 / 성적분석 서비스

도서에 수록된 모의고사에 대한 객관적인 결과(정답률, 순위)를 종합적으로 분석하여 제공합니다.

| OMR 입력 | 성적분석 | 채점결과 |
|---|---|---|

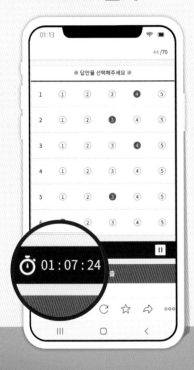

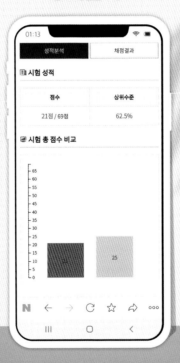

※OMR 답안채점 / 성적분석 서비스는 등록 후 30일간 사용 가능합니다.

도서 내 모의고사 우측 상단에 위치한 QR코드 찍기 → 로그인 하기 → '시작하기' 클릭 → '응시하기' 클릭 → 나의 답안을 모바일 OMR 카드에 입력 → '성적분석 & 채점결과' 클릭 → 현재 내 실력 확인하기

# 시대에듀

# 공기업 취업을 위한 NCS
# 직업기초능력평가 시리즈

## NCS부터 전공까지 완벽 학습 "통합서" 시리즈

공기업 취업의 기초부터 차근차근! 취업의 문을 여는 **Master Key!**

## NCS 영역 및 유형별 체계적 학습 "집중학습" 시리즈

영역별 이론부터 유형별 모의고사까지! 단계별 학습을 통한 **Only Way!**

2025
최신판

누적 판매량
**1위**
기업별 NCS
시리즈

# 한국수력
# 원자력

## 정답 및 해설

### 한수원 최신기출＋NCS
### ＋전공＋상식＋모의고사 4회

편저 | SDC(Sidae Data Center)

기출복원문제부터
대표기출유형 및
모의고사까지

**한 권으로
마무리!**

SDC
SDC는 시대에듀 데이터 센터의 약자로
약 30만 개의 NCS · 적성 문제 데이터를
바탕으로 최신 출제경향을 반영하여
문제를 출제합니다.

**시대에듀**

# PART 1

# 한국수력원자력 7개년 기출복원문제

| 01 | 02 | 03 | 04 | 05 | 06 | 07 | 08 | 09 | 10 | 11 | 12 | 13 | 14 | 15 | 16 | 17 | 18 | 19 | 20 |
|----|----|----|----|----|----|----|----|----|----|----|----|----|----|----|----|----|----|----|----|
| ④ | ① | ④ | ② | ② | ⑤ | ④ | ③ | ② | ⑤ | ④ | ⑤ | ⑤ | ③ | ① | ② | ③ | ③ | ① | ③ |
| 21 | 22 | 23 | 24 | 25 | 26 | 27 | 28 | 29 | 30 | 31 | 32 | 33 | 34 | 35 | 36 | 37 | 38 | 39 | 40 |
| ④ | ④ | ④ | ③ | ② | ③ | ② | ④ | ③ | ③ | ④ | ④ | ③ | ① | ⑤ | ④ | ③ | ④ | ⑤ | ④ |
| 41 | 42 | 43 | 44 | 45 | 46 | 47 | 48 | 49 | 50 | | | | | | | | | | |
| ② | ③ | ① | ③ | ⑤ | ③ | ⑤ | ④ | ⑤ | ⑤ | | | | | | | | | | |

## 01
정답 ④

세 번째 문단에 따르면 포럼에서 논의된 SMR의 역할은 기존 재생 에너지를 보완하는 것이다.

오답분석
① 제22차 INPRO 포럼은 5월 6일부터 10일까지 5일간 제주국제컨벤션센터에서 개최되었다.
② 포럼은 선진국의 기술 공유와 개발도상국의 준비 사항을 논의하는 플랫폼 역할을 하였다.
③ 포럼에서는 SMR의 다양한 산업적 잠재력이 집중적으로 논의되었으며, 전력 생산뿐만 아니라 수소 생산, 해수 담수화, 우주 탐사 등 SMR의 광범위한 활용 가능성이 제시되었다.
⑤ 포럼의 주요 논의사항은 회원국 간 협력을 통해 SMR의 개발을 촉진하고, 건설을 가속화하는 방안이다.

## 02
정답 ①

제시문은 체르노빌 원자력발전소 사고의 진행 경과에 대한 글이다. 먼저 체르노빌 원자력발전소 사고의 사건 개요를 설명하는 (라) 문단이 처음으로 와야 한다. 이후 사고 직후에 소방대가 도착하여 진화를 시도하는 (가) 문단이 와야 하고, 10일간 지속된 진화 작업에 대해 서술한 (다) 문단이 와야 한다. 또한 (나) 문단은 액체 질소를 활용한 최종 화재 진압 및 피해 규모에 대해 서술하고 있고, (마) 문단은 체르노빌 사고의 시사점에 대해 서술하고 있으므로 (나) 문단 이후에 (마) 문단이 이어져야 한다. 따라서 문단을 논리적 순서대로 바르게 나열하면 (라) - (가) - (다) - (나) - (마)이다.

## 03
정답 ④

C발전소와 D발전소의 2019 ~ 2023년 피폭선량 증감 추이는 다음과 같다.
• C발전소 : 감소 - 증가 - 감소 - 감소 - 증가
• D발전소 : 감소 - 증가 - 감소 - 감소 - 감소
따라서 2023년의 증감 추이가 서로 다르므로 옳지 않다.

오답분석
① B발전소는 2016년부터 2023년까지 평균 피폭선량이 매년 감소하고 있다.
② 조사를 시작한 2016년과 조사가 완료된 2023년의 평균 피폭선량의 차를 구하면 다음과 같다.
    • A발전소 : $0.71 - 0.43 = 0.28$mSv
    • B발전소 : $0.86 - 0.49 = 0.37$mSv
    • C발전소 : $0.79 - 0.54 = 0.25$mSv

- D발전소 : $0.86-0.41=0.45mSv$
- E발전소 : $0.84-0.44=0.4mSv$

따라서 조사기간 중 연간 평균 피폭선량이 가장 많이 감소한 곳은 D발전소이다.

③ 발전소별 2016년 평균 피폭량에서 30%를 뺀 값을 2023년과 비교하면 다음과 같다.
- A발전소 : $0.71-(0.71\times0.3)=0.497>0.43$
- B발전소 : $0.86-(0.86\times0.3)=0.602>0.49$
- C발전소 : $0.79-(0.79\times0.3)=0.553>0.54$
- D발전소 : $0.86-(0.86\times0.3)=0.602>0.41$
- E발전소 : $0.84-(0.84\times0.3)=0.588>0.44$

따라서 2016년 평균 피폭선량에서 30%를 뺀 값이 모두 2023년의 수치보다 크므로, 모든 발전소의 2023년 평균 피폭선량은 2016년에 비해 30% 이상 감소하였음을 알 수 있다.

⑤ 제시된 자료의 값이 모두 방사선 작업종사자뿐만 아니라 일반인의 연간 피폭선량 한도에도 미치지 못하므로 방호 조치 및 관리 시스템이 효과적으로 작동하고 있음을 유추할 수 있다.

## 04

정답 ②

제시문의 세 번째 문단에서 체내피폭 중 호흡으로 인한 피폭보다는 식품 섭취를 통한 피폭의 피해가 더 클 것으로 예상된다고 하였으며, 체외피폭보다 체내피폭의 피해가 더 크다는 내용은 확인할 수 없다.

오답분석

① 두 번째 문단에 따르면 방사선 피폭은 직접적인 접촉뿐만 아니라, 호흡을 통해서도 또한 식품을 통해서도 피폭될 수 있다 하였으므로 적절한 내용이다.

③ 세 번째 문단에 따르면 방사성 물질은 계속하여 농축된다고 하였으므로 토양으로부터 오염된 채소의 방사성 물질 농축량보다 그 식물을 섭취한 동물 또는 그 동물을 섭취한 또 다른 동물의 방사성 물질 농축량이 더 클 것이다.

④ 마지막 문단에 따르면 저선량의 피폭으로 인한 피해는 유전장애까지 일으킬 수 있어 한 세대를 넘어 다른 세대까지 이어지지만 고선량의 피폭으로 인한 신체적 피해는 급성장애 및 급사로 이어지므로 저선량에 비해 비교적 한 세대에서 끝날 가능성이 높다.

⑤ 마지막 문단에 따르면 고선량 피폭으로 인한 피해는 급성장애 및 급사로 빠르게 나타나지만, 저선량 피폭으로 인한 피해는 피폭당한 방사선량에 따라 수년에서 수십 년에 걸쳐 서서히 진행된다.

## 05

정답 ②

제시문에 따르면 사용후핵연료는 임시저장을 통해 열과 방사능이 감소된다. 또한 영구시설이 확보된다면 중간저장을 생략할 수 있으나, 재처리과정은 임시저장을 거친 것이어야 한다. 따라서 중간저장 단계와 달리 임시저장 단계는 필수적인 과정임을 추측할 수 있다.

오답분석

① 두 번째 문단에 따르면 중간저장 시설은 발전소 내부 또는 외부에 마련된 습식 및 건식 저장시설을 말한다.

③ 세 번째 문단에 따르면 영구처분시설을 인간생활권에서 분리한 곳에 위치시키는 것은 맞지만, 반드시 지하일 필요는 없으며 해양, 우주, 빙하 모두 방안으로 제시되었으나 국제원자력기구의 권고에 의해 심층처분이 진행되고 있다.

④ 네 번째 문단에 따르면 재처리 방식이 핵무기 생산 우려, 높은 폭발 위험성, 낮은 경제성 등의 문제점이 있는 것은 맞으나, 국제원자력기구에서 권고하지 않는 방식이라는 내용은 확인할 수 없다.

⑤ 마지막 문단에 따르면 우리나라는 저장 방식을 이용하고 있으나 임시저장 수준에 머물러 있다고 하였다.

## 06

2019 ~ 2022년의 전체 설비 발전량 증감량과 신재생 설비 발전 증감량은 다음과 같다.
- 2019년
  전체 설비 발전량 : $563,040-570,647=-7,607\text{GWh}$, 신재생 설비 발전량 : $33,500-28,070=5,430\text{GWh}$
- 2020년
  전체 설비 발전량 : $552,162-563,040=-10,878\text{GWh}$, 신재생 설비 발전량 : $38,224-33,500=4,724\text{GWh}$
- 2021년
  전체 설비 발전량 : $576,810-552,162=24,648\text{GWh}$, 신재생 설비 발전량 : $41,886-38,224=3,662\text{GWh}$
- 2022년
  전체 설비 발전량 : $594,400-576,810=17,590\text{GWh}$, 신재생 설비 발전량 : $49,285-41,886=7,399\text{GWh}$

따라서 전체 설비 발전량 증가량이 가장 큰 해는 2021년이고, 신재생 설비 발전량 증가량이 가장 적은 해 또한 2021년이다.

오답분석
① 2019 ~ 2022년 기력 설비 발전량 증감 추이는 '감소 – 감소 – 증가 – 감소'이지만, 전체 발전 설비 발전량 증감 추이는 '감소 – 감소 – 증가 – 증가'이다.
② 연도별 전체 발전 설비 발전량의 1%와 수력 설비 발전량을 비교하면 다음과 같다.
- 2018년 : $7,270 > 570,647\times0.01\fallingdotseq5,706\text{GWh}$
- 2019년 : $6,247 > 563,040\times0.01\fallingdotseq5,630\text{GWh}$
- 2020년 : $7,148 > 552,162\times0.01\fallingdotseq5,522\text{GWh}$
- 2021년 : $6,737 > 576,810\times0.01\fallingdotseq5,768\text{GWh}$
- 2022년 : $7,256 > 594,400\times0.01\fallingdotseq5,944\text{GWh}$

따라서 2018 ~ 2022년 동안 수력 설비 발전량은 항상 전체 설비 발전량의 1% 이상이다.
③ 연도별 전체 발전 설비 발전량의 5%와 신재생 설비 발전량을 비교하면 다음과 같다.
- 2018년 : $28,070 < 570,647\times0.05\fallingdotseq28,532\text{GWh}$
- 2019년 : $33,500 > 563,040\times0.05\fallingdotseq28,152\text{GWh}$
- 2020년 : $38,224 > 552,162\times0.05\fallingdotseq27,608\text{GWh}$
- 2021년 : $41,886 > 576,810\times0.05\fallingdotseq28,841\text{GWh}$
- 2022년 : $49,285 > 594,400\times0.05\fallingdotseq29,720\text{GWh}$

따라서 2018년 신재생 설비 발전량은 전체 설비 발전량의 5% 미만이다.
④ 원자력 설비 발전량은 2021년에 감소하였지만, 신재생 설비 발전량은 꾸준히 증가하였다.


## 07

연도별 전체 발전량 대비 유류·양수 자원 발전량은 다음과 같다.
- 2018년 : $\dfrac{6,605}{553,256}\times100\fallingdotseq1.2\%$

- 2019년 : $\dfrac{6,371}{537,300}\times100\fallingdotseq1.2\%$

- 2020년 : $\dfrac{5,872}{550,826}\times100\fallingdotseq1.1\%$

- 2021년 : $\dfrac{5,568}{553,900}\times100\fallingdotseq1\%$

- 2022년 : $\dfrac{5,232}{593,958}\times100\fallingdotseq0.9\%$

따라서 2022년의 유류·양수 자원 발전량은 전체 발전량의 1% 미만이다.

오답분석
① 원자력 자원 발전량과 신재생 자원 발전량은 매년 증가하였다.
② 연도별 석탄 자원 발전량의 전년 대비 감소폭은 다음과 같다.
- 2019년 : $226,571-247,670=-21,099\text{GWh}$
- 2020년 : $221,730-226,571=-4,841\text{GWh}$

- 2021년 : $200,165-221,730=-21,565$GWh
- 2022년 : $198,367-200,165=-1,798$GWh

따라서 석탄 자원 발전량의 전년 대비 감소폭이 가장 큰 해는 2021년이다.

③ 연도별 신재생 자원 발전량 대비 가스 자원 발전량은 다음과 같다.

- 2018년 : $\frac{135,072}{36,905} \times 100 \fallingdotseq 366\%$

- 2019년 : $\frac{126,789}{38,774} \times 100 \fallingdotseq 327\%$

- 2020년 : $\frac{138,387}{44,031} \times 100 \fallingdotseq 314\%$

- 2021년 : $\frac{144,976}{47,831} \times 100 \fallingdotseq 303\%$

- 2022년 : $\frac{160,787}{50,356} \times 100 \fallingdotseq 319\%$

따라서 연도별 신재생 자원 발전량 대비 가스 자원 발전량이 가장 큰 해는 2018년이다.

⑤ 전체 발전량이 증가한 해는 2020 ~ 2022년이며, 그 증가폭은 다음과 같다.

- 2020년 : $550,826-537,300=13,526$GWh
- 2021년 : $553,900-550,826=3,074$GWh
- 2022년 : $593,958-553,900=40,058$GWh

따라서 전체 발전량의 전년 대비 증가폭이 가장 큰 해는 2022년이다.

## 08

정답 ③

2023년 6월의 학교폭력 신고 건수는 $7,530+1,183+557+601=9,871$건으로, 10,000건 미만이다.

[오답분석]

① • 2023년 1월의 학교폭력 상담 건수 : $9,652-9,195=457$건
- 2023년 2월의 학교폭력 상담 건수 : $10,109-9,652=457$건

따라서 2023년 1월과 2023년 2월의 학교폭력 상담 건수는 같다.

② 학교폭력 상담 건수와 신고 건수 모두 2023년 3월에 가장 많다.

④ 전월 대비 학교폭력 상담 건수가 증가한 월은 2022년 9월과 2023년 3월이고, 이때 학교폭력 신고 건수 또한 전월 대비 증가하였다.

⑤ 전월 대비 학교폭력 상담 건수가 가장 크게 감소한 때는 2023년 5월이지만, 학교폭력 신고 건수가 가장 크게 감소한 때는 2023년 4월이다.

## 09

정답 ②

여섯 번째 조건에 의해 E는 1층에서 살고, C가 살 수 있는 층에 따른 A ~ D의 위치는 다음과 같다.

- C가 1층에 살 때
  첫 번째 조건에 의해 C와 E가 같은 층에 살 수 있으며, 다섯 번째 조건에 의해 D는 2층에 산다. 세 번째, 네 번째 조건에 의해 A는 4층에 살고, B는 3층 또는 5층에 산다. 이 때, 빈 층은 홀수 층이므로 두 번째 조건을 만족한다.
- C가 2층에 살 때
  다섯 번째 조건에 의해 D는 3층에 살고, 세 번째, 네 번째 조건에 의해 A는 4층에 산다. B는 두 번째 조건에 의해 5층에 살 수 없고, 첫 번째 조건에 의해 B는 1층 또는 3층에 산다.
- C가 3층에 살 때
  다섯 번째 조건에 의해 D는 4층에 살고, 세 번째, 네 번째 조건에 의해 A는 2층에 산다. B는 두 번째 조건에 의해 5층에 살 수 없고, 첫 번째 조건에 의해 B는 1층 또는 3층에 산다.
- C가 4층에 살 때
  일곱 번째 조건에 의해 D는 5층에 살 수 없으므로 불가능하다.

따라서 B가 5층에 산다면 C는 E와 함께 1층에 산다.

① A가 2층에 산다면 C는 3층에 산다.
③ C가 2층에 산다면 B와 E는 1층에 같이 살 수 있다.
④ D가 4층에 산다면 B와 C는 3층에 같이 살 수 있다.
⑤ E가 1층에 혼자 산다면 C가 2층에 살 때, B와 D가 3층에 같이 살 수 있다.

## 10

정답 ⑤

세 번째, 일곱 번째 조건에 의해 자전거 동호회에 참여한 직원은 남직원 1명이다. 또한 다섯 번째 조건에 의해 과장과 부장은 자전거 동호회 또는 영화 동호회에 참여하게 된다. 그중에서 여덟 번째 조건에 의해 부장은 영화 동호회에 참여하므로 과장은 자전거 동호회에 참여하며, 자전거 동호회에 참여한 직원의 성은 남자이고, 직급은 과장이다. 네 번째 조건에 의해 여직원 1명이 영화 동호회에 참여하므로 영화 동호회에 참여한 직원의 성은 여자이고 직급은 부장이다. 남은 동호회는 농구, 축구, 야구, 테니스 동호회이고 여섯 번째 조건에 의해 참여 인원이 없는 동호회가 2개이므로, 어떤 동호회의 참여 인원은 2명이다. 아홉 번째 조건에 의해 축구에 참여한 직원의 성은 남자이고, 여덟 번째 조건에 의해 야구 동호회에 참여한 직원의 성은 여자이고, 직급은 주임이다. 또한, 일곱 번째 조건에 의해 야구 동호회에 참여한 직원 수는 1명이므로 남은 축구 동호회에 참여한 직원은 2명이고, 성은 남자이며, 직급은 각각 대리와 사원이다. 따라서 바르게 연결되지 않은 것은 ⑤이다.

## 11

정답 ④

• A : 견학 희망 인원이 45명, 견학 희망 장소는 발전소 전체이고 견학 희망시간이 100분 이상이므로 한빛 발전소로 견학을 가야 한다.
• B : 견학 희망 인원이 35명이고 견학 희망 장소는 발전시설을 제외한 곳이므로 고리 발전소 또는 월성 발전소로 견학을 가야 한다. 이때, C팀이 고리 발전소로 견학을 가야 하므로 월성 발전소로 견학을 가야 한다.
• C : 견학 희망 인원이 45명이고 견학 희망 장소는 홍보관이므로 고리 발전소로 견학을 가야 한다.
• D : 견학 희망 인원이 35명이고 견학 희망 장소는 발전소 전체이므로 한빛 발전소, 한울 발전소로 견학을 갈 수 있으나, A팀이 한빛 발전소로 견학을 가야 하므로 한울 발전소로 견학을 가야 한다.
• E : 견학 희망 인원이 35명, 견학 희망 시간은 최소 100분이므로 새울 발전소와 한빛 발전소 중 한 곳으로 견학을 가야 한다. 이때, A팀이 한빛 발전소를 가야 하므로 새울 발전소로 견학을 가야 한다.
따라서 A팀은 한빛 발전소, B팀은 월성 발전소, C팀은 고리 발전소, D팀은 한울 발전소, E팀은 새울 발전소로 견학을 가야 한다.

## 12

정답 ⑤

월성 발전소 견학 순서에 따른 모든 발전소의 견학 순서는 다음과 같다.
• 월성 발전소의 견학순서가 첫 번째일 때
  새울 발전소는 세 번째로 가야 한다. 이 때 두 번째, 다섯 번째 조건에 의해 한울 발전소는 두 번째로 가야하고, 첫 번째 조건에 의해 고리 발전소는 한빛 발전소보다 먼저 견학을 가야 한다. 따라서 견학 순서는 '월성 발전소 – 한울 발전소 – 새울 발전소 – 고리 발전소 – 한빛 발전소'이다.
• 월성 발전소의 견학 순서가 세 번째일 때
  네 번째 조건에 의해 새울 발전소는 다섯 번째로 가야 한다. 이때 한울 발전소를 네 번째로 간다면 월성 발전소보다 먼저 한빛 발전소로 견학을 가야 하므로 첫 번째 조건을 만족하지 않는다. 따라서 견학 순서는 '고리 발전소 – 한울 발전소 – 월성 발전소 – 한빛 발전소 – 새울 발전소'이다.
• 월성 발전소의 견학 순서가 다섯 번째일 때
  월성 발전소보다 먼저 한빛 발전소에 견학을 가야 하므로 첫 번째 조건을 만족하지 않는다.
따라서 항상 두 번째로 견학을 가게 되는 발전소는 한울 발전소이다.

## 13

2013년의 원자력 자원 발전량은 약 135,000GWh이고 신재생 자원 발전량은 약 30,000GWh이다. 2022년의 원자력 자원 발전량은 약 195,000GWh이며 신재생 자원 발전량은 약 110,000GWh이다.

따라서 원자력 자원 발전량 대비 신재생 자원 발전량의 비는 2013년에 $\frac{30,000}{135,000} \times 100 \fallingdotseq 22\%$이고, 2022년에 $\frac{110,000}{195,000} \times 100 \fallingdotseq$ 56%이므로 원자력 자원 발전량 대비 신재생 자원 발전량은 2013년에 비해 2022년에 증가하였다.

오답분석

① 원자력 자원 발전량과 신재생 자원 발전량은 매년 증가하는 추세이고, 석탄 자원 발전량은 매년 감소하는 추세이며, 가스 자원 발전량은 해에 따라 증감하고 있다.
② 2017년 이후로 원자력 자원 발전량이 가장 많다.
③ 자원별 2013년 대비 2022년 발전량 변화량의 기울기가 가장 완만한 자원은 가스 자원이므로 증감폭 또한 가장 작다.
④ 2016년의 원자력 자원 발전량과 석탄 자원 발전량 모두 약 160,000GWh로 비슷하며 그 차이는 거의 0이다.

## 14

• 경우 1) 연구개발팀이 이어달리기에 참가하지 않았을 경우
연구개발팀과 디자인팀은 동시에 같은 종목에 참가하지 않았으므로 만약 연구개발팀이 이어달리기에 참가하지 않았다면 디자인팀이 족구에 참가하므로 연구개발팀은 족구에 참가하지 않고 남은 두 종목에 반드시 참가해야 한다. 이때, 총무팀이 모든 종목에 참가하더라도 고객지원팀과 법무팀은 항상 동시에 참가하므로 총무팀이 참가한 종목에 4팀이 참가한 종목은 존재할 수 없다.

| 구분 | 홍보팀 | 총무팀 | 연구개발팀 | 고객지원팀 | 법무팀 | 디자인팀 |
|---|---|---|---|---|---|---|
| 이어달리기 | ○ | ○ | × | ○ | ○ | ○ |
| 족구 | ○ | － | × | － | － | ○ |
| X | ○ | － | ○ | － | － | × |
| Y | ○ | － | ○ | － | － | × |

• 경우 2) 연구개발팀이 이어달리기에 참가한 경우
연구개발팀이 이어달리기에 참가하면 디자인팀이 족구팀에 참가하므로 족구에 참가하지 않고 남은 두 종목 중 한 종목에 참가한다. 남은 한 종목는 반드시 참가하지 않으며 이때, 연구개발팀이 참가하지 않은 종목에서 디자인팀이 참가하지 않고 고객지원팀, 법무팀이 참가하면 총무팀이 참가하는 종목 중 참가하는 팀이 4팀인 종목이 나올 수 있다.

| 구분 | 홍보팀 | 총무팀 | 연구개발팀 | 고객지원팀 | 법무팀 | 디자인팀 |
|---|---|---|---|---|---|---|
| 이어달리기 | ○ | ○ | ○ | ○ | ○ | × |
| 족구 | ○ | － | × | － | － | ○ |
| X | ○ | － | ○ | － | － | × |
| Y | ○ | ○ | × | ○ | ○ | × |

| 구분 | 홍보팀 | 총무팀 | 연구개발팀 | 고객지원팀 | 법무팀 | 디자인팀 |
|---|---|---|---|---|---|---|
| 이어달리기 | ○ | ○ | ○ | ○ | ○ | × |
| 족구 | ○ | － | × | － | － | ○ |
| X | ○ | ○ | × | ○ | ○ | × |
| Y | ○ | － | ○ | － | － | × |

따라서 가능한 경우에서 참가하는 종목이 가장 적은 팀은 족구만 참가하는 디자인팀이다.

오답분석

① 족구와 남은 두 종목에서 총무팀과 법무팀이 동시에 참가하지 않는 종목이 있을 수 있다.
② 고객지원팀은 족구에 참가하지 않을 수 있다.
④ 법무팀은 모든 종목에 참가할 수 있다.
⑤ 주어진 조건을 모두 만족하는 경우는 2가지이며 이 경우 모두 연구개발팀과 디자인팀이 동시에 참가하지 않는 경우이다.

## 15

ㄱ. 1m³당 섞여 있는 수증기량이 가장 적은 날은 5월 3일이다.

ㄷ. 4월 19일 공기와 4월 26일 공기의 기온은 같고 수증기량은 4월 19일이 더 적으므로 이슬점은 4월 19일이 더 낮다. 따라서 4월 19일 공기는 4월 26일 공기보다 더 높은 곳에서 응결된다.

오답분석

ㄴ. 4월 5일 공기와 4월 26일 공기의 수증기량은 같고 기온은 4월 5일이 더 높으므로 이슬점과의 차이는 4월 5일이 더 높다. 따라서 4월 5일 공기는 4월 26일 공기보다 더 높은 곳에서 응결된다.

ㄹ. 기온이 높을수록 포화 수증기량이 많으므로 포화 수증기량이 가장 많은 날은 기온이 가장 높은 5월 3일이다.

## 16

정답 ②

조건에 따라 노트북 최종 후보들의 점수를 구하면 다음과 같다.

(단위 : 점)

| 구분 | A | B | C | D | E |
|---|---|---|---|---|---|
| 저장용량 | 4 | 2+3=5 | 5 | 2+3=5 | 3+3=6 |
| 배터리 지속시간 | 2 | 5 | 1 | 4 | 3 |
| 무게 | 2 | 5 | 1 | 4 | 3 |
| 가격 | 2 | 5 | 1 | 3 | 4 |
| 합계 | 4+2+2+2=10 | 5+5+5+5=20 | 5+1+1+1=8 | 5+4+4+3=16 | 6+3+3+4=16 |

따라서 최대리는 점수가 가장 높은 B노트북을 고른다.

## 17

정답 ③

C호스텔의 대관료는 예산 범위 안에 포함되지만, 수용인원이 워크숍 참여 인원보다 적으므로 적절한 장소에서 제외된다.

오답분석

① 워크숍에 참여하는 인원은 143명이므로 수용인원이 참여 인원보다 적은 D호스텔을 제외하는 것은 적절하다.

② 예산은 175만 원이므로 대관료가 예산보다 비싼 A호스텔을 제외하는 것은 적절하다.

④·⑤ 적절한 거리에 대한 정보는 제시되어 있지 않으나, 앞선 대화에서 A호스텔과 D호스텔을 제외한 남은 세 호스텔 중에서 수용인원, 예산 범위를 모두 충족하는 호스텔은 B호스텔이다.

## 18

정답 ③

주어진 정보와 대화에 따라 B호스텔을 선정하였으며, 대관료는 150만 원이다.

## 19

정답 ①

모니터 드라이버를 설치하는 것은 'UNKNOWN DEVICE' 문구가 뜰 때이다.

## 20

정답 ③

모니터의 전원을 끈 상태에서도 잔상이 남아 있으면 먼저 고장신고를 해야 한다.

## 21

**정답** ④

우유 1팩의 정가를 $x$원이라 하자.

$0.8(x+800)=2,000$

$\rightarrow 0.8x=1,360$

$\therefore x=1,700$

따라서 우유 1팩의 정가는 1,700원이다.

## 22

**정답** ④

[오답분석]

① 필리핀의 높은 전기요금은 원료비가 적게 드는 신재생에너지를 통해 낮출 수 있다. 또한 열악한 전력 인프라는 분석 결과에 나타나 있지 않다.

② 자사는 현재 중국 시장에서 풍력과 태양광 발전소를 운영 중에 있으므로 중국 시장으로의 진출은 대안으로 적절하지 않다. 또한 중국 시장의 경쟁이 적은지 알 수 없다.

③ 체계화된 기술 개발 부족은 자사가 아닌 경쟁사에 대한 분석 결과이므로 적절하지 않다.

⑤ 자사는 필리핀 화력발전사업에 진출한 이력을 지니고 있으며, 현재 필리핀의 태양광 발전소 지분을 인수하였으므로 중국 등과 협력하기보다는 필리핀 정부와 협력하는 것이 바람직하다.

## 23

**정답** ④

A사원은 B차장과 함께 가기 때문에 차장 기준의 식비를 받게 된다. 또한 출장기간은 출국일(11월 3일 화요일)부터 입국일(11월 8일 일요일)까지 총 6일이다. 이때 식비는 4일 3끼, 5일 3끼, 6일 3끼, 7일 1끼($\because$ 9:30분에 바르셀로나를 떠나므로 조식만 먹음)로 총 10개이다. 출장국인 바르셀로나는 갑지(유럽)에 해당되기 때문에 B차장은 (1일당 일비 $60 \times 6$일)+(1끼당 식비 $50 \times 10$끼)이며, A사원은 (1일당 일비 $40 \times 6$일)+(1끼당 식비 $50 \times 10$끼)로 계산한다. 따라서 A사원은 740USD, B차장은 860USD이다.

## 24

**정답** ③

먼저 A씨의 퇴직금을 구하기 위해서는 1일 평균임금을 구해야 한다.

3개월간 임금 총액은 $6,000,000+720,000=6,720,000$원이고, 1일 평균임금은 $6,720,000 \div 80=84,000$원이다. 따라서 퇴직금은 $84,000 \times 30$일$\times (730 \div 365)=5,040,000$원이다.

## 25

**정답** ②

A사원이 용산역에서 7시 30분 이후에 출발한다고 하였으므로 07:45에 출발하는 KTX 781 열차를 탑승하고, 여수에 11:19에 도착한다. 여수 지사방문 일정에는 40분이 소요되므로 일정을 마치는 시각은 11:59이고, 12:00부터는 점심식사 시간이므로 13:00까지 식사를 한다. 식사를 마친 뒤 여수에서 순천으로 가는 열차는 13:05에 출발하는 KTX 712 열차를 탑승하고, 순천에 13:22에 도착한다. 순천 지사방문 일정에는 2시간이 소요되므로 일정을 마치는 시각은 15:22이다. 따라서 용산역으로 돌아오는 열차는 16:57에 출발하는 KTX 718 열차를 탑승할 수 있고, 용산역 도착 시각은 19:31이다. 또한, 각 열차의 요금은 KTX 781이 46,000원, KTX 712가 8,400원, KTX 718이 44,000원이므로 총요금은 $46,000+8,400+44,000=98,400$원이다.

## 26

**정답** ③

스마트미터는 신재생에너지가 보급되기 위해 필요한 스마트그리드의 기초가 되는 부분이다. 에너지 공급자와 사용자를 양방향 데이터 통신으로 연결해 검침 및 정보제공 역할을 하여 발전소와 소비자 모두 필요한 정보를 모니터링하는 시스템일 뿐, 직접 에너지를 생산하는 신재생에너지는 아니다.

## 27

별도 요청 시 원자로, 터빈 등 원자력설비 모형 소개를 15분간 더 진행하므로 1시간 45분이 소요될 수도 있다.

오답분석

① 자유관람의 경우 별도의 예약신청 없이도 가능하다.
③ 시각장애 안내견 이외의 반려동물 출입은 금지되어 있다.
④ 영어 해설을 위해서는 관람 4일 전까지 인터넷이 아닌 유선으로 신청해야 한다.
⑤ 단체견학을 하지 않더라도 홍보관 1층 데스크에서 선착순으로 접수하여 해설에 참여할 수 있다.

## 28

주어진 조건에 따라 결재받을 사람 순서를 배치해 보면 다음의 경우와 같다.
• 경우 1

| 첫 번째 | 두 번째 | 세 번째 | 네 번째 | 다섯 번째 | 여섯 번째 |
|---|---|---|---|---|---|
| a | d | e | b | f | c |

• 경우 2

| 첫 번째 | 두 번째 | 세 번째 | 네 번째 | 다섯 번째 | 여섯 번째 |
|---|---|---|---|---|---|
| d | a | e | b | f | c |

따라서 세 번째로 결재를 받아야 할 사람은 e이다.

## 29

우선 세 번째 조건에 따라 '윤지 – 영민 – 순영'의 순서가 되는데, 첫 번째 조건에서 윤지는 가장 먼저 출장을 가지 않는다고 하였으므로 윤지 앞에는 먼저 출장 가는 사람이 있어야 한다. 따라서 '재철 – 윤지 – 영민 – 순영'의 순이 되고, 마지막으로 출장을 가는 순영의 출장지는 미국이 된다. 또한 재철은 영국이나 프랑스로 출장을 가야 하는데, 영국과 프랑스는 연달아 갈 수 없으므로 두 번째 출장지는 일본이며, 첫 번째와 세 번째 출장지는 영국 또는 프랑스로 재철과 영민이 가게 된다.

| 구분 | 첫 번째 | 두 번째 | 세 번째 | 네 번째 |
|---|---|---|---|---|
| 출장 가는 사람 | 재철 | 윤지 | 영민 | 순영 |
| 출장 가는 나라 | 영국 또는 프랑스 | 일본 | 영국 또는 프랑스 | 미국 |

오답분석

① 윤지는 일본으로 출장을 간다.
② 재철은 영국으로 출장을 갈 수도, 프랑스로 출장을 갈 수도 있다.
④ 순영은 네 번째로 출장을 간다.
⑤ 윤지와 순영의 출장 순서는 두 번째와 네 번째로, 연이어 출장을 가지 않는다.

## 30

태경이와 승규 사이의 거리는 3km이고, 형욱이와 승규 사이의 거리는 2km이다. 현수와 태경이 사이의 거리가 2km이므로, 정훈이는 형욱이보다 3km 뒤까지 위치할 수 있다. 정훈이는 태경이보다 뒤에 있다고 했으므로, 정훈이와 승규의 거리는 최소 0km, 최대 5km이다. 또한 마라톤 경기의 1등은 현수이다.

## 31

제시문의 두 번째 문단에서 전기자동차 산업이 확충되고 있음을 언급하면서 구리가 전기자동차의 배터리를 만드는 데 핵심 재료임을 언급하고 있으므로 글의 핵심 내용으로 가장 적절한 것은 ④이다.

① · ⑤ 제시문에서 언급하고 있는 내용은 아니므로 핵심 내용으로 보기 어렵다.
② 제시문에서 '그린 열풍'을 언급하고 있으나 그 이유는 제시되어 있지 않다.
③ 제시문에서 산업금속 공급난이 우려된다고 하나, 그로 인한 문제가 제시되어 있지는 않다.

## 32

**정답** ④

각 지역에 가중치를 적용하여 총점을 구하면 다음과 같다.

(단위 : 점)

| 지역 | 접근성 | 편의성 | 활용도 | 인지도 | 총점 |
|------|--------|--------|--------|--------|------|
| 갑 | $5 \times 0.4 = 2.0$ | $7 \times 0.2 = 1.4$ | $6 \times 0.1 = 0.6$ | $3 \times 0.3 = 0.9$ | 4.9 |
| 을 | $3 \times 0.4 = 1.2$ | $7 \times 0.2 = 1.4$ | $8 \times 0.1 = 0.8$ | $4 \times 0.3 = 1.2$ | 4.6 |
| 병 | $5 \times 0.4 = 2.0$ | $8 \times 0.2 = 1.6$ | $2 \times 0.1 = 0.2$ | $6 \times 0.3 = 1.8$ | 5.6 |
| 정 | $8 \times 0.4 = 3.2$ | $7 \times 0.2 = 1.4$ | $5 \times 0.1 = 0.5$ | $2 \times 0.3 = 0.6$ | 5.7 |
| 무 | $7 \times 0.4 = 2.8$ | $7 \times 0.2 = 1.4$ | $1 \times 0.1 = 0.1$ | $4 \times 0.3 = 1.2$ | 5.5 |

따라서 총점이 5.7점으로 가장 높은 정 지역이 개최지로 선정된다.

## 33

**정답** ③

접근성과 편의성의 항목만 가중치를 바꾸어 계산하면 되는 비교적 간단한 문제이므로, 증가하는 점수인 편의성 점수의 $\frac{1}{2}$ 에서
감소하는 점수인 접근성 점수를 뺀 점수를 총점에 더한다(가중치를 바꾸기 전의 정수로 계산한다). 갑은 $1.4 - 1.0 = 0.4$점, 을은
$1.4 - 0.6 = 0.8$점, 병은 $1.6 - 1.0 = 0.6$, 정은 $1.4 - 1.6 = -0.2$점, 무는 $1.4 - 1.4 = 0$점을 총점에 더하면 다음과 같다.

(단위 : 점)

| 지역 | 접근성 | 편의성 | 활용도 | 인지도 | 총점 |
|------|--------|--------|--------|--------|------|
| 갑 | $5 \times 0.2 = 1.0$ | $7 \times 0.4 = 2.8$ | $6 \times 0.1 = 0.6$ | $3 \times 0.3 = 0.9$ | $5.3 (= 4.9 + 0.4)$ |
| 을 | $3 \times 0.2 = 0.6$ | $7 \times 0.4 = 2.8$ | $8 \times 0.1 = 0.8$ | $4 \times 0.3 = 1.2$ | $5.4 (= 4.6 + 0.8)$ |
| 병 | $5 \times 0.2 = 1.0$ | $8 \times 0.4 = 3.2$ | $2 \times 0.1 = 0.2$ | $6 \times 0.3 = 1.8$ | $6.2 (= 5.6 + 0.6)$ |
| 정 | $8 \times 0.2 = 1.6$ | $7 \times 0.4 = 2.8$ | $5 \times 0.1 = 0.5$ | $2 \times 0.3 = 0.6$ | $5.5 (= 5.7 - 0.2)$ |
| 무 | $7 \times 0.2 = 1.4$ | $7 \times 0.4 = 2.8$ | $1 \times 0.1 = 0.1$ | $4 \times 0.3 = 1.2$ | $5.5 (= 5.5 + 0)$ |

따라서 총점이 6.2점으로 가장 높은 병 지역이 선정된다.

## 34

**정답** ①

등수별 선호도가 가장 높은 상품은 1등은 무선 청소기, 2등은 에어프라이어와 전기 그릴, 3등은 백화점 상품권 2매이다. 2등은
선호도가 동일하므로 세 번째 조건에 따라 1등으로 선정된 상품의 총금액보다 저렴한 상품을 택해야 한다. 에어프라이어와 전기
그릴을 구매할 경우 각각에 해당하는 비용을 계산하면 다음과 같다.
• 에어프라이어(특가 상품으로 15% 할인) 2개 구매할 경우
  $300,000 \times 0.85 \times 2 = 510,000$원
• 전기 그릴(온라인 구매로 8% 할인) 2개 구매할 경우
  $250,000 \times 0.92 \times 2 = 460,000$원
2등 상품 두 가지 모두 1등 상품인 무선 청소기(80만 원)보다 더 저렴하므로 두 상품 중 더 비싼 에어프라이어를 구매한다.
따라서 모든 상품의 총구매비용은 $800,000 + 510,000 + (50,000 \times 2 \times 3) = 1,610,000$원이다.

## 35

⑤

등수별로 가장 낮은 선호도의 상품을 제외하고 상품의 구매비용을 구하면 다음과 같다.

| 등수 | 구매 개수 | 품목 | 할인 혜택 적용 후 구매금액 |
|---|---|---|---|
| 1등 | 1개 | 무선 청소기 | 800,000원 |
| | | 호텔 숙박권 | 600,000×0.93=558,000원 |
| 2등 | 2개 | 에어프라이어 | 300,000×0.85×2=510,000원 |
| | | 전기 그릴 | 250,000×0.92×2=460,000원 |
| 3등 | 3개 | 백화점 상품권 2매 | 50,000×2×3=300,000원 |
| | | 커피 쿠폰 | 50,000×3=150,000원 |

① (호텔 숙박권)+(에어프라이어)+(커피 쿠폰)=558,000+510,000+150,000=1,218,000원
② (호텔 숙박권)+(전기 그릴)+(커피 쿠폰)=558,000+460,000+150,000=1,168,000원
③ (무선 청소기)+(전기 그릴)+(백화점 상품권)=800,000+460,000+300,000=1,560,000원
④ (무선 청소기)+(에어프라이어)+(백화점 상품권)=800,000+510,000+300,000=1,610,000원
⑤ (무선 청소기)+(에어프라이어)+(커피 쿠폰)=800,000+510,000+150,000=1,460,000원
따라서 예산에 가장 가까운 상품 목록은 1등 무선 청소기, 2등 에어프라이어, 3등 커피 쿠폰이다.


## 36

정답 ④

한국수력원자력은 리튬이온전지가 아니라 4개의 기술기준을 세계 최초로 개발하였다.

오답분석

① '리튬이온전지 사용을 위한 기술기준 승인을 받았다.'라고 한 내용에서 승인이 필요함을 알 수 있다.
② '전원 차단으로 발생한 후쿠시마 원전 사고'라고 언급되어 있으므로 전원 차단이 되지 않았다면, 후쿠시마 원전 사고는 일어나지 않았을 수도 있을 것이라 추측할 수 있다.
③ '용량은 납축전지의 2~3배에 달해 원전 안전성에 크게 기여할 것으로 평가받고 있다.'라는 내용을 통해 용량이 클수록 안정성도 커짐을 추론할 수 있다.
⑤ '국제 전기표준에 맞춰 1995년 제정한 국내기술기준으로'라는 내용에서 국제표준에 맞춰 제정되었음을 알 수 있다.


## 37

정답 ③

C지역의 위치는 B지역과 C지역 사이에 A지역이 위치하는 경우와 A지역과 B지역 사이에 C지역이 위치하는 경우, 두 가지를 생각해 볼 수 있다.

C지역이 어느 위치에 있든 L사원은 C지역까지 $\frac{200}{100}$=2시간이 걸린다. K사원은 L사원보다 3시간 더 걸리기 때문에 5시간이 걸린다. A지역이 B지역과 C지역 사이에 위치하면 K사원은 C지역까지 $\frac{700}{5}$=140km/h의 속력으로, C지역이 A지역과 B지역 사이에 위치하면 K사원은 C지역까지 $\frac{300}{5}$=60km/h의 속력으로 가야 한다. 마지막 조건에서 K사원의 차량 속력은 80km/h 이하라고 하였으므로, K사원의 속력은 60km/h이다.


## 38

정답 ④

작년 A제품의 판매량을 $x$개, B제품의 판매량을 $y$개라고 하자.
작년 두 제품의 총 판매량은 800개이므로 $x+y=800 \cdots$ ㉠
올해 두 제품의 총 판매량은 전년 대비 60% 증가했으므로 $1.5x+(3x-70)=800×1.6 \cdots$ ㉡
㉠과 ㉡을 연립하면 $x=300$, $y=500$이다.
즉, 올해 B제품의 판매량은 $(3×300)-70=830$개이다.
따라서 B제품 판매량의 전년 대비 증가율은 $\frac{830-500}{500}×100=66\%$이다.

## 39

정답 ⑤

ㄷ. 이미 우수한 연구개발 인재를 확보한 것이 강점이므로, 추가로 우수한 연구원을 채용하는 것은 WO전략으로 적절하지 않다. 기회인 예산 확보를 토대로 약점인 전력효율성이나 국민적 인식 저조를 해결하는 전략을 세워야 한다.

ㄹ. 세계의 신재생에너지 연구(O)와 전력효율성 개선(W)을 활용하므로 WT전략이 아닌 WO전략에 대한 내용이다. WT전략은 위협인 높은 초기 비용에 대한 전략이 나와야 한다.

## 40

정답 ④

박대리는 세미나 시작 1시간 전에는 대구공항에 도착하여야 하므로 12:00까지 도착해야 한다. 따라서 김포공항에서 대구공항으로 가는 항공편은 IA910편을 이용하며, 다시 김포공항으로 오는 경우에는 세미나 종료시각인 17:00부터 그 후 2시간 이내인 19:00에 출발하는 항공편을 이용하여야 하므로 TK280을 이용한다. 또한 항공료를 제외한 교통비는 대구공항에서 이동하는 첫날과 마지막 날 이틀에 대한 비용이 지급된다. 이를 반영하여 출장비를 계산하면 다음과 같다.

$(4 \times 30,000) + (3 \times 80,000) + (4 \times 10,000) + 34,500 + 58,000 = 492,500$원

## 41

정답 ②

박대리는 김포공항에서 대구공항으로 이동시에는 IA910편을, 대구공항에서 김포공항으로 이동시에는 TK280편을 이용한다. 특히 IA910편의 경우, 비고사항에 따라 1.0%p 더 적립된다는 점에 유의한다. 따라서 IA910편을 이용하는 경우에는 $34,500 \times (3+1)\%$ $= 1,380$점, TK280편을 이용하는 경우에는 $58,000 \times 5\% = 2,900$점이 적립되어 총 $1,380 + 2,900 = 4,280$점이 적립된다.

## 42

정답 ③

조건에 따라 시간당 초과수당은 $2,500,000 \div 209 \times 1.5 \times 1 \fallingdotseq 17,940$원이다.

| 6일 | $17,940 \times 2 = 35,880$원 | 13일 | $17,940 \times 3 = 53,820$원 |
| --- | --- | --- | --- |
| 7일 | 17,940원 | 15일 | 17,940원 |
| 9일 | $17,940 \times 2 = 35,880$원 | 17일 | 0원(∵ 20분 근무) |

따라서 이번 달 초과수당의 합은 $35,880 + 17,940 + 35,880 + 53,820 + 17,940 = 161,460$원이다.

## 43

정답 ①

주문한 음료들의 가격을 정리하면 다음과 같다.

(단위 : 원)

| 구분 | 음료 가격 | 추가 메뉴 가격 | 총 결제 금액 |
| --- | --- | --- | --- |
| 초콜릿 시럽을 추가한 카페모카(대) | 3,100 | 400 | |
| 바닐라 시럽과 시나몬 가루를 추가한 카페라테(중) | 2,500 | 300+200 | |
| 사과주스(중) | 2,900 | – | 14,900 |
| 쿠키 가루를 추가한 아인슈페너(소) | 2,800 | 300 | |
| 헤이즐넛 시럽을 추가한 아메리카노(중) | 2,100 | 300 | |

기존 적립금에서 1,900원을 사용하였으므로 실제 결제금액은 13,000원이다. 따라서 적립금은 $13,000 \times 0.05 = 650$원이다.

## 44

**정답** ③

첫 번째 문제를 맞힐 확률은 $\frac{1}{5}$이며, 틀릴 확률은 $1-\frac{1}{5}=\frac{4}{5}$이다.

두 번째 문제를 맞힐 확률은 $\frac{2}{5}\times\frac{1}{4}=\frac{2}{20}$이며, 틀릴 확률은 $1-\frac{2}{20}=\frac{18}{20}$이다.

따라서 두 문제 중 하나만 맞힐 확률은 $\left(\frac{1}{5}\times\frac{18}{20}\right)+\left(\frac{4}{5}\times\frac{2}{20}\right)=\frac{26}{100}=26\%$이다.

## 45

**정답** ⑤

제시된 수열은 앞의 항에 $-(2^n)$과, $+3n$을 교대로 적용하는 수열이다.

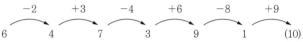

6    4    7    3    9    1    (10)

## 46

**정답** ③

주어진 조건에 따라 다음과 같은 결과를 얻을 수 있다.

| 〈2인석〉 | 통로 | 〈3인석〉 |
|---|---|---|
| ⒷⒸ | | ⒶⒹ○ |

따라서 A는 3인석 좌석에 앉아 있고, 창가석에 앉아 있는 사람은 B뿐이므로 ㉠, ㉡ 모두 옳다.

## 47

**정답** ⑤

주어진 조건에 따라 사장은 어느 한 면에 앉아 있다고 가정하고 A, B, C부서의 임원들의 자리 배치를 고려하면 다음과 같은 결과를 얻을 수 있다.

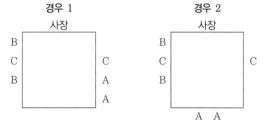

- ㉠ : C부서의 한 임원은 경우 1과 같이 A부서 임원과 함께 있을 수도 있다.
- ㉡ : 경우 2를 통해 모든 면에 앉아 있는 경우도 있다는 것을 알 수 있다.

따라서 ㉠, ㉡ 모두 옳은지 틀린지 판단할 수 없다.

## 48

**정답** ④

C부장은 목적지까지 3시간 내로 이동하여야 하는데, 택시를 타고 대전역까지 15분, 열차대기 15분, KTX / 새마을호 이동시간 2시간, 환승 10분, 목포역에서 물류창고까지 택시 20분이 소요된다. 따라서 총 3시간이 걸리므로 적절하다. 비용은 택시 6,000원, KTX 20,000원, 새마을호 14,000원, 택시 9,000원으로 총 49,000원이다. 이는 출장지원 교통비 한도 이내이므로 적절하다.

[오답분석]

①·②·⑤ 이동시간이 3시간이 넘어가므로 적절하지 않다.
③ 이동시간은 3시간 이내이지만, 비용이 출장지원 교통비 한도를 넘기 때문에 적절하지 않다.

## 49

정답 ③

주어진 자료와 조건을 정리하면 다음과 같다.

| 대상자 | 총점(점) | 해외 및 격오지 근무경력 | 선발여부 |
|---|---|---|---|
| A | 27 | 2년 | – |
| B | 25 | – | – |
| C | 25 | – | – |
| D | 27 | 5년 | 선발 |
| E | 24.5 | – | – |
| F | 25 | – | – |
| G | 25 | – | – |
| H | 27 | 3년 | – |
| I | 27.5 | – | 선발 |

따라서 총점이 27.5점으로 가장 높은 I는 우선 선발된다. A, D, H는 총점이 27점으로 같으므로, 해외 및 격오지 근무경력이 가장 많은 D가 선발된다.

## 50

정답 ⑤

주어진 조건에 따라 해외 및 격오지 근무경력이 4년 이상인 대상자의 점수를 표로 정리하면 다음과 같다.

| 대상자 | 해외 및 격오지 근무경력 점수(점) | 외국어능력(점) | 필기(점) | 면접(점) | 총점(점) | 선발여부 |
|---|---|---|---|---|---|---|
| C | 4 | 9 | 9 | 7 | 29 | – |
| D | 5 | 10 | 8.5 | 8.5 | 32 | – |
| E | 5 | 7 | 9 | 8.5 | 29.5 | – |
| F | 4 | 8 | 7 | 10 | 29 | – |
| G | 7 | 9 | 7 | 9 | 32 | 선발 |
| I | 6 | 10 | 7.5 | 10 | 33.5 | 선발 |

따라서 총점이 33.5점으로 가장 높은 I는 우선 선발된다. D와 G는 총점이 32점으로 같으므로, 해외 및 격오지 근무경력이 더 많은 G가 선발된다.

아이들이 답이 있는 질문을 하기 시작하면 그들이 성장하고 있음을 알 수 있다.

- 존 J. 플롬프 -

# PART **2**

합격의 공식 시대에듀 www.sdedu.co.kr

# 직업기초능력

# 01 | 의사소통능력

## 대표기출유형 01 | 기출응용문제

### 01

정답 ②

제시문에 따르면 웨스트팔리아체제라 부르는 주권국가 중심의 현 국제정치질서에서는 주권존중, 내정불간섭 원칙이 엄격히 지켜진다. 인권보호질서는 아직 형성과정에 있으며, 주권국가 중심의 현 국제정치질서와 충돌하고 있다. 따라서 인권보호질서가 내정불간섭 원칙의 엄격한 준수를 요구한다는 것은 적절하지 않다.

### 02

정답 ④

생리활성 물질은 항암 효과를 가지고 있는데, 새싹 채소와 성체 모두 이를 함유하고 있다.

오답분석

① 성체로 자라기 위해 종자 안에는 각종 영양소가 포함되어 있다.
② 새싹은 성숙한 채소에 비하여 영양성분이 약 3 ~ 4배 정도 더 많이 함유되어 있으며, 종류에 따라서는 수십 배 이상의 차이를 보이기도 한다.
③ 씨에서 바로 나왔을 때가 아닌 어린잎이 두세 개 달릴 즈음이 생명유지와 성장에 필요한 생리활성 물질을 가장 많이 만들어 내는 때이다.
⑤ 무 싹은 기존에 많이 쓰여 온 새싹 채소이다.

### 03

정답 ⑤

평균 비용이 한계 비용보다 큰 경우, 공공요금을 평균 비용 수준에서 결정하면 수요량이 줄면서 거래량이 따라 줄고, 결과적으로 생산량도 감소한다. 이는 사회 전체의 관점에서 볼 때 자원이 효율적으로 배분되지 못하는 상황이다.

오답분석

① · ④ 첫 번째 문단을 통해 확인할 수 있다.
② 마지막 문단을 통해 확인할 수 있다.
③ 첫 번째와 두 번째 문단을 통해 확인할 수 있다.

## 대표기출유형 02 기출응용문제

### 01

정답 ④

제시문은 통계 수치의 의미를 정확하게 이해하고 도구와 방법을 올바르게 사용해야 하며, 특히 아웃라이어의 경우를 생각해야 한다고 주장하고 있다. 따라서 글의 중심 내용으로 가장 적절한 것은 ④이다.

[오답분석]
①·② 집단을 대표하는 수치로서의 '평균' 자체가 숫자 놀음과 같이 부적절하다고는 언급하지 않았다.
③ 아웃라이어가 있는 경우에는 평균보다는 최빈값이나 중앙값이 대푯값으로 더 적당하지만 글의 중심 내용으로 볼 수 없다.
⑤ 통계의 유용성은 글의 도입부에 잠깐 인용되었을 뿐이며, 글의 중심 내용으로 볼 수 없다.

### 02

정답 ③

제시문은 또 다른 물의 재해인 '지진'의 피해에 대해 설명하는 글로, 두 번째 문단과 세 번째 문단은 '지진'의 피해에 대한 구체적인 사례를 제시하고 있다. 따라서 글의 제목으로 가장 적절한 것은 ③이다.

### 03

정답 ③

제시문에서는 멸균에 대해 언급하며, 멸균 방법을 물리적·화학적으로 구분하여 다양한 멸균 방법에 대해 설명하고 있다. 따라서 글의 주제로 가정 적절한 것은 ③이다.

### 04

정답 ④

(라) 문단에서는 부패를 개선하기 위한 정부의 제도적 노력에도 불구하고 반부패정책 대부분이 효과가 없었음을 이야기하고 있다. 따라서 '정부의 부패인식지수 개선에 대한 노력의 실패'가 (라) 문단의 주제로 적절하다.

## 대표기출유형 03 기출응용문제

### 01

정답 ①

제시문은 2,500년 전 인간과 현대의 인간의 공통점을 언급하며 2,500년 전에 쓰인 『논어』가 현대에서 지니는 가치에 대하여 설명하고 있다. 따라서 (가) 『논어』가 쓰인 2,500년 전 과거와 현대의 차이점 - (마) 2,500년 전의 책인 『논어』가 폐기되지 않고 현대에서도 읽히는 이유에 대한 의문 - (나) 인간이라는 공통점을 지닌 2,500년 전 공자와 우리들 - (다) 2,500의 시간이 흐르는 동안 인간의 달라진 부분과 달라지지 않은 부분에 대한 설명 - (라) 시대가 흐름에 따라 폐기될 부분을 제외하더라도 여전히 오래된 미래로서의 가치를 지니는 『논어』의 순으로 나열하는 것이 적절하다.

### 02

정답 ②

제시문은 강이 붉게 물들고 산성으로 변화하는 이유인 티오바실러스와 강이 붉어지는 것을 막기 위한 방법에 대하여 설명하고 있다. 따라서 (가) 철2가 이온($Fe^{2+}$)과 철3가 이온($Fe^{3+}$)의 용해도가 침전물 생성에 중요한 역할을 함 - (라) 티오바실러스가 철2가 이온($Fe^{2+}$)을 산화시켜 만든 철3가 이온($Fe^{3+}$)이 붉은 침전물을 만듦 - (나) 티오바실러스는 이황화철($FeS_2$)을 산화시켜 철2가 이온($Fe^{2+}$) 철3가 이온($Fe^{3+}$)을 얻음 - (다) 티오바실러스에 의한 이황화철($FeS_2$)의 가속적인 산화를 막기 위해서는 광산의 밀폐가 필요함의 순으로 나열하는 것이 적절하다.

## 03

정답 ③

제시된 문단에서는 휘슬블로어를 소개하며, 휘슬블로어가 집단의 부정부패를 고발하는 것이 쉽지 않다는 점을 언급하고 있으므로, 뒤이어 내부고발이 어려운 이유를 설명하는 문단이 와야 한다. 따라서 (다) 내부고발이 어려운 이유와 휘슬블로어가 겪는 여러 사례 – (나) 휘슬블로우의 실태와 법적인 보호의 필요성 제기 – (라) 휘슬블로우를 보호하기 위한 법의 실태 설명 – (가) 법 밖에서도 보호받지 못하는 휘슬블로어의 순으로 나열하는 것이 적절하다.

## 대표기출유형 04    기출응용문제

## 01

정답 ③

핵융합발전은 원자력발전에 비해 같은 양의 원료로 3 ~ 4배의 전기를 생산할 수 있다고 하였으나, 핵융합발전은 수소의 동위원소를 원료로 사용하는 반면 원자력발전은 우라늄을 원료로 사용한다. 따라서 전력 생산에 서로 다른 원료를 사용하므로 생산된 전력량만 으로 연료비를 비교할 수 없다.

[오답분석]
① 핵융합 에너지는 화력발전을 통해 생산되는 전력 공급량을 대체하기 어려운 태양광에 대한 대안이 될 수 있으므로 핵융합발전이 태양열발전보다 더 많은 양의 전기를 생산할 수 있음을 추론할 수 있다.
② 원자력발전은 원자핵이 분열하면서 방출되는 에너지를 이용하며, 핵융합발전은 수소 원자핵이 융합해 헬륨 원자핵으로 바뀌는 과정에서 방출되는 에너지를 이용해 전기를 생산한다. 따라서 원자의 핵을 다르게 이용한다는 것을 추론할 수 있다.
④ 미세먼지와 대기오염을 일으키는 오염물질은 전혀 나오지 않고 헬륨만 배출된다는 내용을 통해 헬륨은 대기오염을 일으키는 오염물질에 해당하지 않음을 추론할 수 있다.
⑤ 발전장치가 꺼지지 않도록 정밀하게 제어하는 것이 중요하다는 내용을 통해 추론할 수 있다.

## 02

정답 ④

화폐 통용을 위해서는 화폐가 유통될 수 있는 시장이 성장해야 하고, 농업생산력이 발전해야 한다. 그러나 서민들은 물품화폐를 더 선호하였고, 일부 계층에서만 화폐가 유통되었다. 이에 따라 광범위한 동전 유통이 실패한 것이다. 화폐수요량에 따른 공급은 화폐가 유통된 이후의 조선 후기에 해당하는 내용이다.

## 03

정답 ②

제시문에서는 수요 탄력성이 완전 비탄력적인 상품은 가격이 하락하면 지출액이 감소하며, 수요 탄력성이 완전 탄력적인 상품은 가격이 하락하면 지출액이 늘어난다고 설명하고 있다. 그러므로 소비자의 지출액을 줄이려면 수요 탄력성이 낮은 생필품의 가격은 낮추고, 수요 탄력성이 높은 사치품은 가격을 높여야 한다고 추론할 수 있다.

## 01

정답 ④

제시문에서는 오존층 파괴 시 나타나는 문제점에 대해 설명하고 있으며, 빈칸의 앞에서는 극지방 성층권의 오존 구멍은 줄었지만, 많은 인구가 거주하는 중위도 저층부에서는 오히려 오존층이 얇아졌다고 언급하고 있다. 따라서 많은 인구가 거주하는 중위도 저층부에서의 오존층 파괴는 극지방의 오존 구멍보다 더 큰 피해를 가져올 것이라는 ④가 빈칸에 들어갈 내용으로 가장 적절하다.

[오답분석]

① 극지방 성층권의 오존 구멍보다 중위도 지방의 오존층이 얇아지는 것이 더 큰 문제이다.
② 제시문에서 오존층을 파괴하는 원인은 찾아볼 수 없으며, 인구가 많이 거주하는 지역일수록 오존층의 파괴에 따른 피해가 크다는 것이다.
③ 극지방이 아닌 중위도 지방에서의 얇아진 오존층이 사람들을 더 많은 자외선에 노출시키며, 오히려 극지방의 오존 구멍은 줄어들었다.
⑤ 지표면이 아닌 성층권에서의 오존층의 역할 및 문제점에 대해 설명하고 있다.

## 02

정답 ④

빈칸의 앞 문단에서 '보존 입자는 페르미온과 달리 파울리의 배타원리를 따르지 않는다. 따라서 같은 에너지 상태를 지닌 입자라도 서로 겹쳐서 존재할 수 있다. 만져지지 않는 에너지 덩어리인 셈이다.'라고 하였고, 빈칸 다음 문장에서 '빛은 실험을 해보면 입자의 특성을 보이지만, 질량이 없고 물질을 투과하며 만져지지 않는다.'라고 하였다. 또한 마지막 문장에서 '포논은 광자와 마찬가지로 스핀이 0인 보존 입자다.'라고 하였으므로 광자는 스핀이 0인 보존 입자라는 것을 알 수 있다. 따라서 빈칸에 들어갈 내용으로는 ④가 가장 적절하다.

[오답분석]

① 광자가 파울리의 배타원리를 따른다면, 페르미온 입자로 이뤄진 물질은 우리가 손으로 만질 수 있어야 한다. 그러나 광자는 질량이 없고 물질을 투과하며 만져지지 않는다고 하였으므로 적절하지 않은 내용이다.
② '포논은 광자와 마찬가지로 스핀이 0인 보존 입자다.'라는 문장에서 광자는 스핀 상태에 따라 분류할 수 있는 입자임을 알 수 있다.
③ · ⑤ 스핀이 1/2의 홀수배인 입자들은 페르미온이라고 하였고, 광자는 스핀이 0인 보존 입자이므로 적절하지 않은 내용이다.

## 03

정답 ③

빈칸 뒤의 문장은 최근 선진국에서는 스마트팩토리로 인해 해외로 나간 자국 기업들이 다시 본국으로 돌아오는 현상인 '리쇼어링'이 가속화되고 있다는 내용이다. 따라서 스마트팩토리의 발전이 공장의 위치를 해외에서 본국으로 변화시키고 있으므로 빈칸에는 ③이 가장 적절하다.

PART 2

## 01

정답 ②

오답분석

① 냉냉하다 → 냉랭하다
③ 요컨데 → 요컨대
④ 바램 → 바람
⑤ 뭉뚱거려 → 뭉뚱그려

## 02

정답 ①

㉠은 바로 앞 문장의 내용을 환기하므로 '즉'이 적절하며, ㉡의 경우 앞뒤 문장이 서로 반대되므로 역접 관계인 '그러나'가 적절하다. ㉢에서는 바로 뒤 문장의 마지막에 있는 '~때문이다'라는 표현에 따라 '왜냐하면'이 적절하며, ㉣에는 부정하는 말 앞에서 '다만', '오직'의 뜻으로 쓰이는 말인 '비단'이 들어가는 것이 적절하다.

## 03

정답 ④

• 포상(褒賞) : 1. 칭찬하고 장려하여 상을 줌
　　　　　　　2. 각 분야에서 나라 발전에 뚜렷한 공로가 있는 사람에게 정부가 칭찬하고 장려하여 상을 줌. 또는 그 상

오답분석

① 보훈(報勳) : 공훈에 보답함
② 공훈(功勳) : 나라나 회사를 위하여 두드러지게 세운 공로
③ 공로(功勞) : 일을 마치거나 목적을 이루는 데 들인 노력과 수고. 또는 일을 마치거나 그 목적을 이룬 결과로서의 공적
⑤ 공적(功績) : 노력과 수고를 들여 이루어 낸 일의 결과

# 02 | 수리능력

## 대표기출유형 01 | 기출응용문제

### 01

정답 ①

가지고 있는 화분의 개수를 $n$개라고 하자.

화분을 앞문과 뒷문에 각각 한 개씩 배치한다고 하였으므로 배치하는 경우의 수는 $_n\mathrm{P}_2=30$가지이다.

$_n\mathrm{P}_2=n\times(n-1)=30$

$\rightarrow (n+5)(n-6)=0$

$\therefore n=6$

### 02

정답 ④

- B비커의 설탕물 100g을 A비커의 설탕물과 섞은 후 각 비커의 설탕의 양
  - A비커 : $\left(\dfrac{x}{100}\times300+\dfrac{y}{100}\times100\right)$g
  - B비커 : $\left(\dfrac{y}{100}\times500\right)$g
- A비커의 설탕물 100g을 B비커의 설탕물과 섞은 후 각 비커의 설탕의 양
  - A비커 : $\left(\dfrac{3x+y}{400}\times300\right)$g
  - B비커 : $\left(\dfrac{y}{100}\times500+\dfrac{3x+y}{400}\times100\right)$g

설탕물을 모두 옮긴 후 두 비커에 들어 있는 설탕물의 농도는 다음과 같다.

$$\dfrac{\dfrac{3x+y}{400}\times300}{300}\times100=5\cdots\text{㉠}$$

$$\dfrac{\dfrac{y}{100}\times500+\dfrac{3x+y}{400}\times100}{600}\times100=9.5\cdots\text{㉡}$$

㉡에 ㉠을 대입하여 정리하면 $y=\dfrac{52}{5}$ 이고 $x=\dfrac{20-\dfrac{52}{5}}{3}=\dfrac{16}{5}$ 이다.

따라서 $10x+10y=10\times\dfrac{16}{5}+10\times\dfrac{52}{5}=32+104=136$이다.

### 03

정답 ②

처음 속력을 $x$km/h라 하면(단, $x>0$), 차에 이상이 생긴 후 속력은 $0.5x$km/h이다. 이때 전체 걸린 시간이 1시간 30분이므로 식을 세우면 다음과 같다.

$$\dfrac{60}{x}+\dfrac{90}{0.5x}=\dfrac{3}{2}$$

$$\rightarrow 60+180=\dfrac{3}{2}x$$

$$\therefore x=160$$

## 04

처음 참석한 사람의 수를 $x$명이라 하면 다음과 같이 정리할 수 있다.

ⅰ) $8x < 17 \times 10 \rightarrow x < \dfrac{170}{8} \fallingdotseq 21.3$

ⅱ) $9x > 17 \times 10 \rightarrow x > \dfrac{170}{9} \fallingdotseq 18.9$

ⅲ) $8(x+9) < 10 \times (17+6) \rightarrow x < \dfrac{230}{8} - 9 \fallingdotseq 19.75$

따라서 세 식을 모두 만족해야 하므로 처음 참석자 수는 19명이다.

## 대표기출유형 02 │ 기출응용문제

## 01

제시된 수열은 홀수 항은 +11, 짝수 항은 +29인 수열이다.
따라서 (　)=62−29=33이다.

## 02

제시된 수열은 첫 번째 항부터 ×7, −11을 번갈아 적용하는 수열이다
따라서 (　)=1,099−11=1,088이다.

## 03

제시된 수열은 앞의 항에 $+4$, $+4\times3$, $+4\times3^2$, $+4\times3^3$, $+4\times3^4$, …인 수열이다.
따라서 (　)$=489+4\times3^5=1,461$이다.

## 대표기출유형 03 │ 기출응용문제

## 01

대치동의 증권자산은 23.0조−17.7조−3.1조=2.2조 원이고, 서초동의 증권자산은 22.6조−16.8조−4.3조=1.5조 원이다.

오답분석

① 압구정동의 가구 수는 $\dfrac{14.4}{12.8} \fallingdotseq 1.13$가구, 여의도동의 가구 수는 $\dfrac{24.9}{26.7} \fallingdotseq 0.93$가구이므로 옳지 않은 설명이다.

② 이촌동의 가구 수가 2만 가구 이상이라면, 총자산이 7.4억×20,000=14.8조 원 이상이어야 한다. 그러나 이촌동은 총자산이 14.4조 원인 압구정동보다 순위가 낮으므로 이촌동의 가구 수는 2만 가구 미만인 것을 추론할 수 있다.

④ 여의도동의 부동산자산은 12.3조 원 미만이다. 여의도동의 부동산자산을 12.2조 원이라고 가정하면, 여의도동의 증권자산은 최대 24.9조−12.2조−9.6조=3.1조 원이므로 옳지 않은 설명이다.

⑤ 도곡동의 총자산 대비 부동산자산의 비율은 $\frac{12.3}{15.0} \times 100 = 80\%$이고, 목동의 총자산 대비 부동산자산의 비율은 $\frac{13.7}{15.5} \times 100 = 88.4\%$이므로 옳지 않은 설명이다.

## 02

ㄴ. 건설 부문의 도시가스 소비량은 2023년에 1,808TOE, 2024년에 2,796TOE이다. 따라서 2024년의 전년 대비 증가율은 $\frac{2,796 - 1,808}{1,808} \times 100 = 54.6\%$이므로 옳은 설명이다.

ㄷ. 2024년 온실가스 배출량 중 간접 배출이 차지하는 비중은 $\frac{28,443}{35,638} \times 100 = 79.8\%$이고, 2023년 온실가스 배출량 중 고정연소가 차지하는 비중은 $\frac{4,052}{30,823} \times 100 = 13.1\%$이다. 이의 5배는 13.1×5=65.5로 2024년 온실가스 배출량 중 간접 배출이 차지하는 비중인 79.8%보다 작으므로 옳은 설명이다.

오답분석

ㄱ. 에너지 소비량 중 이동 부문에서 경유가 차지하는 비중은 2023년에 $\frac{196}{424} \times 100 = 46.2\%$이고, 2024년에 $\frac{179}{413} \times 100 = 43.3\%$으로, 전년 대비 약 2.9%p 감소하였으므로 옳지 않은 설명이다.

## 03

쓰레기 1kg당 처리비용은 400원으로 동결상태이므로 확인할 수 없는 내용이다. 오히려 쓰레기 종량제 봉투 가격이 인상될수록 H신도시의 쓰레기 발생량과 쓰레기 관련 예산 적자가 급격히 감소하는 것을 볼 수 있다.

## 04

H국은 30개의 회원국 중에서 OECD 순위가 매년 20위 이하이므로 상위권이라 볼 수 없다.

오답분석

③ 청렴도는 2018년에 4.5점으로 가장 낮고, 2024년과의 차이는 5.4-4.5=0.9점이다.

## 05

수도권은 서울과 인천·경기를 합한 지역을 의미한다. 따라서 전체 마약류 단속 건수 중 수도권의 마약류 단속 건수의 비중은 22.1+35.8=57.9%이다.

오답분석

① • 대마 단속 전체 건수 : 167건
 • 마약 단속 전체 건수 : 65건
 65×3=195>167이므로 옳지 않은 설명이다.
③ 마약 단속 건수가 없는 지역은 강원, 충북, 제주로 3곳이다.
④ • 대구·경북 지역의 향정신성의약품 단속 건수 : 138건
 • 광주·전남 지역의 향정신성의약품 단속 건수 : 38건
 38×4=152>138이므로 옳지 않은 설명이다.
⑤ • 강원 지역의 향정신성의약품 단속 건수 : 35건
 • 강원 지역의 대마 단속 건수 : 13건
 13×3=39>35이므로 옳지 않은 설명이다.

## 06

이륜차와 관련된 교통사고는 $29+11=40\%$로 $2,500\times0.4=1,000$건이며, 30대 이하 가해자는 $38+21=59\%$로 총 1,475명이므로 $\dfrac{1,000}{1,475}\times100\fallingdotseq67.8\%$이다.

오답분석

① 60대 이상의 비율은 $100-(38+21+11+8)=22\%$로, 30대보다 높다.

② 사륜차와 사륜차 교통사고 사망건수는 $2,500\times0.42\times0.32=336$건이고, 20대 가해자 수는 $2,500\times0.38=950$명으로, $\dfrac{336}{950}\times100\fallingdotseq35.4\%$로 35% 이상이다.

④ 보행자와 관련된 교통사고는 $18+11=29\%$로 $2,500\times0.29=725$건이며, 그중 40%가 사망사건이라고 했으므로 사망건수는 $725\times0.4=290$건이다. 이때, 사륜차와 사륜차의 교통사고 사망건수는 336건이므로 보행자와 관련된 교통사고 사망건수보다 많다.

⑤ 사륜차와 이륜차 교통사고 사상자 수는 $2,500\times0.29=725$명이고, 이 중 사망자의 비율은 68%이므로 사망건수는 $725\times0.68=493$건이다. 따라서 사륜차와 사륜차 교통사고 사망건수인 336건보다 많다.

## 07

이륜차 또는 보행자와 관련된 교통사고는 $29+18+11=58\%$로 $2,500\times0.58=1,450$건이다. 이 중 20%의 가해자가 20대라고 했으므로 $1,450\times0.2=290$건이다. 이때 전체 교통사고 중 20대 가해건수는 $2,500\times0.38=950$건이므로, 이륜차 또는 보행자와 관련된 교통사고 중 20대 가해자는 전체 교통사고 20대 가해자의 $\dfrac{290}{950}\times100\fallingdotseq30\%$를 차지한다.

---

## 대표기출유형 04  기출응용문제

## 01

자료를 바탕으로 2023년 대비 2024년의 증감률을 구하면 다음과 같다.

(단위 : 천 명, %)

| 구분 | 10세 미만 | 10 ~ 19세 | 20 ~ 29세 | 30 ~ 39세 | 40 ~ 49세 | 50 ~ 59세 | 60 ~ 69세 | 70세 이상 |
|---|---|---|---|---|---|---|---|---|
| 증감 | -12 | -11 | -11 | -8 | -30 | -7 | -17 | 25 |
| 증감률 | -7.8 | -4.1 | -5 | -3.8 | -8.2 | -1.2 | -2.4 | 3.6 |

따라서 ③이 옳은 그래프이다.

## 02

강수량의 증감추이를 나타내면 다음과 같다.

| 1월 | 2월 | 3월 | 4월 | 5월 | 6월 |
|---|---|---|---|---|---|
| - | 증가 | 감소 | 증가 | 감소 | 증가 |

| 7월 | 8월 | 9월 | 10월 | 11월 | 12월 |
|---|---|---|---|---|---|
| 증가 | 감소 | 감소 | 감소 | 감소 | 증가 |

따라서 이와 동일한 추이를 보이는 그래프는 ⑤이다.

오답분석

① 증감추이는 같지만 4월의 강수량이 50mm 이하로 표현되어 있다.

# 03

내수 현황을 누적으로 나타내었으므로 옳지 않다.

오답분석

① · ② 제시된 자료를 통해 알 수 있다.

③ 신재생에너지원별 고용인원 비율을 구하면 다음과 같다.

- 태양광 : $\dfrac{8,698}{16,177} \times 100 ≒ 54\%$

- 풍력 : $\dfrac{2,369}{16,177} \times 100 ≒ 15\%$

- 폐기물 : $\dfrac{1,899}{16,177} \times 100 ≒ 12\%$

- 바이오 : $\dfrac{1,511}{16,177} \times 100 ≒ 9\%$

- 기타 : $\dfrac{1,700}{16,177} \times 100 ≒ 10\%$

⑤ 신재생에너지원별 해외공장매출 비율을 구하면 다음과 같다.

- 태양광 : $\dfrac{18,770}{22,579} \times 100 ≒ 83.1\%$

- 풍력 : $\dfrac{3,809}{22,579} \times 100 ≒ 16.9\%$

# 03 | 문제해결능력

## 대표기출유형 01 | 기출응용문제

### 01

C는 3층에 내렸으므로 다섯 번째 조건에 의해 B는 6층, F는 7층에 내린 것을 알 수 있다. 네 번째 조건에서 G는 C보다 늦게, B보다 빨리 내렸다고 하였으므로 G는 4층 또는 5층에 내렸다. 그리고 I는 D보다 늦게, G보다는 일찍 내렸으며, D는 A보다 늦게 내렸으므로 A는 1층, D는 2층, I는 4층이 된다. 그러므로 G는 5층에서 내렸다. 두 번째 조건에 의해 H는 홀수 층에서 내렸으므로 H는 9층, E는 8층에서 내렸다. 따라서 짝수 층에서 내리지 않은 사람은 G이다.

### 02

주어진 조건에 따르면 가장 오랜 시간 동안 사업 교육을 진행하는 A와 부장보다 길게 교육을 진행하는 B는 부장이 될 수 없으므로 C가 부장임을 알 수 있다. 이때, 다섯 번째 조건에 따라 C부장은 교육 시간이 가장 짧은 인사 교육을 담당하는 것을 알 수 있다. 이를 표로 정리하면 다음과 같다.

| 구분 | 인사 교육 | 영업 교육 | 사업 교육 |
| --- | --- | --- | --- |
| 시간 | 1시간 | 1시간 30분 | 2시간 |
| 담당 | C | B | A |
| 직급 | 부장 | 과장 | 과장 |

따라서 바르게 연결된 것은 ③이다.

### 03

D팀은 파란색을 선택하였으므로 보라색을 사용하지 않고, B팀과 C팀도 보라색을 사용한 적이 있으므로 A팀은 보라색을 선택한다. B팀은 빨간색을 사용한 적이 있고, 파란색과 보라색은 사용할 수 없으므로 노란색을 선택한다. C팀은 나머지 빨간색을 선택한다.

| A팀 | B팀 | C팀 | D팀 |
| --- | --- | --- | --- |
| 보라색 | 노란색 | 빨간색 | 파란색 |

따라서 항상 참인 것은 ④이다.

오답분석

①·③·⑤ 주어진 조건만으로는 판단하기 어렵다.
② A팀의 상징색은 보라색이다.

## 04

정답 ③

주어진 조건을 토대로 다음과 같이 정리해 볼 수 있다. 원형테이블은 회전시켜도 좌석 배치는 동일하므로 좌석에 1 ~ 7번으로 번호를 붙이고, A가 1번 좌석에 앉았다고 가정하여 배치하면 다음과 같다.

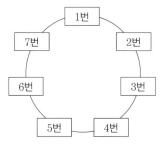

첫 번째 조건에 따라 2번에는 부장이, 7번에는 차장이 앉게 된다.
세 번째 조건에 따라 부장과 이웃한 자리 중 비어 있는 3번 자리에 B가 앉게 된다.
네 번째 조건에 따라 7번에 앉은 사람은 C가 된다.
다섯 번째 조건에 따라 5번에 과장이 앉게 되고, 과장과 차장 사이인 6번에 G가 앉게 된다.
여섯 번째 조건에 따라 A와 이웃한 자리 중 직원명이 정해지지 않은 2번 부장 자리에 D가 앉게 된다.
일곱 번째 조건에 따라 4번 자리에는 대리, 3번 자리에는 사원이 앉는 것을 알 수 있으며, 3번 자리에 앉은 B가 사원 직급임을 알 수 있다.
두 번째 조건에 따라 E는 사원과 이웃하지 않았고 직원명이 정해지지 않은 5번 과장 자리에 해당하는 것을 알 수 있다.
이를 정리하면 다음과 같은 좌석 배치가 되며, F는 이 중 유일하게 빈자리인 4번 대리 자리에 해당한다.

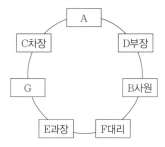

따라서 사원 직급은 B, 대리 직급은 F가 해당한다.

## 05

정답 ③

'물을 녹색으로 만든다.'를 $p$, '냄새 물질을 배출한다.'를 $q$, '독소 물질을 배출한다.'를 $r$, '물을 황색으로 만든다.'를 $s$라고 하면 $p \rightarrow q$, $r \rightarrow \sim q$, $s \rightarrow \sim p$가 성립한다. 이때 첫 번째 명제의 대우인 $\sim q \rightarrow \sim p$가 성립함에 따라 $r \rightarrow \sim q \rightarrow \sim p$가 성립한다. 따라서 '독소 물질을 배출하는 조류는 물을 녹색으로 만들지 않는다.'는 반드시 참이 된다.

## 06

정답 ③

을과 무의 진술이 모순되므로 둘 중 한 명은 참, 다른 한 명은 거짓이다. 여기서 을의 진술이 참일 경우 갑의 진술도 거짓이 되어 두 명이 거짓을 진술한 것이 되므로 조건에 위배된다. 따라서 을의 진술이 거짓, 무의 진술이 참이다. 그러므로 A강좌는 을이, B와 C강좌는 갑과 정이, D강좌는 무가 담당하고, 병은 강좌를 담당하지 않는다.

## 01

알파벳 순서에 따라 숫자로 변환하면 다음과 같다.

| A | B | C | D | E | F | G | H | I | J | K | L | M |
|---|---|---|---|---|---|---|---|---|---|---|---|---|
| 1 | 2 | 3 | 4 | 5 | 6 | 7 | 8 | 9 | 10 | 11 | 12 | 13 |
| N | O | P | Q | R | S | T | U | V | W | X | Y | Z |
| 14 | 15 | 16 | 17 | 18 | 19 | 20 | 21 | 22 | 23 | 24 | 25 | 26 |

'INTELLECTUAL'의 품번을 규칙에 따라 정리하면 다음과 같다.

• 1단계 : 9(I), 14(N), 20(T), 5(E), 12(L), 12(L), 5(E), 3(C), 20(T), 21(U), 1(A), 12(L)
• 2단계 : 9+14+20+5+12+12+5+3+20+21+1+12=134
• 3단계 : |(14+20+12+12+3+20+12)-(9+5+5+21+1)|=|93-41|=52
• 4단계 : (134+52)÷4+134=46.5+134=180.5
• 5단계 : 180.5를 소수점 첫째 자리에서 버림하면 180이다.

따라서 제품의 품번은 '180'이다.

## 02

조건에 따라 소괄호 안에 있는 부분을 순서대로 풀이하면 다음과 같다.

'1 A 5'에서 A는 좌우의 두 수를 더하는 것이지만, 더한 값이 10 미만이면 좌우에 있는 두 수를 곱해야 한다. 1+5=6으로 10 미만이므로 두 수를 곱하여 5가 된다.

'3 C 4'에서 C는 좌우의 두 수를 곱하는 것이지만 곱한 값이 10 미만일 경우 좌우에 있는 두 수를 더한다. 이 경우 3×4=12로 10 이상이므로 12가 된다.

중괄호를 풀어보면 '5 B 12'이다. B는 좌우에 있는 두 수 가운데 큰 수에서 작은 수를 빼는 것이지만, 두 수가 같거나 뺀 값이 10 미만이면 두 수를 곱한다. 12-5=7로 10 미만이므로 두 수를 곱해야 한다. 따라서 60이 된다.

'60 D 6'에서 D는 좌우에 있는 두 수 가운데 큰 수를 작은 수로 나누는 것이지만, 두 수가 같거나 나눈 값이 10 미만이면 두 수를 곱해야 한다. 이 경우 나눈 값이 10이 되므로 답은 10이다.

## 01

지원계획을 보면 지원금을 받을 수 있는 모임의 구성원은 6명 이상 9명 미만이므로, A모임과 E모임은 제외한다. 나머지 B, C, D모임의 총지원금을 구하면 다음과 같다.

• B모임 : 1,500+(100×6)=2,100천 원
• C모임 : 1.3×(1,500+120×8)=3,198천 원
• D모임 : 2,000+(100×7)=2,700천 원

따라서 D모임이 두 번째로 많은 지원금을 받는다.

**정답** ⑤

조건에 따라 최고점과 최저점을 제외한 3명의 면접관의 평균과 보훈 가점을 더한 총점은 다음과 같다.

| 구분 | 총점 | 순위 |
|---|---|---|
| A | $\dfrac{80+85+75}{3}=80$점 | 7위 |
| B | $\dfrac{75+90+85}{3}+5≒88.33$점 | 3위 |
| C | $\dfrac{85+85+85}{3}=85$점 | 4위 |
| D | $\dfrac{80+85+80}{3}≒81.67$점 | 6위 |
| E | $\dfrac{90+95+85}{3}+5=95$점 | 2위 |
| F | $\dfrac{85+90+80}{3}=85$점 | 4위 |
| G | $\dfrac{80+90+95}{3}+10≒98.33$점 | 1위 |
| H | $\dfrac{90+80+85}{3}=85$점 | 4위 |
| I | $\dfrac{80+80+75}{3}+5≒83.33$점 | 5위 |
| J | $\dfrac{85+80+85}{3}≒83.33$점 | 5위 |
| K | $\dfrac{85+75+75}{3}+5≒83.33$점 | 5위 |
| L | $\dfrac{75+90+70}{3}≒78.33$점 | 8위 |

따라서 총점이 가장 높은 6명의 합격자를 면접을 진행한 순서대로 나열하면 G−E−B−C−F−H이다.


**03**

**정답** ⑤

글피는 모레의 다음날로 15일이다. 15일은 비가 내리지 않고 최저기온은 영하이다.

[오답분석]

① 12 ~ 15일의 일교차를 구하면 다음과 같다.
- 12일 : 11−0=11℃
- 13일 : 12−3=9℃
- 14일 : 3−(−5)=8℃
- 15일 : 8−(−4)=12℃

따라서 일교차가 가장 큰 날은 15일이다.

② 제시된 자료에서 미세먼지에 대한 내용은 확인할 수 없다.

③ 14일의 경우 비가 예보되어 있지만 낙뢰에 대한 예보는 확인할 수 없다.

④ 14일의 최저기온은 영하이지만 최고기온은 영상이다.

## 04

ㄱ. • 인천에서 중국을 경유해서 베트남으로 가는 경우 : $(210,000+310,000)\times0.8=416,000$원
　 • 인천에서 싱가포르로 직항하는 경우 : 580,000원
　 따라서 $580,000-416,000=164,000$원이 더 저렴하다.

ㄷ. 1) 출국 시
　　 • 인천 – 베트남 : 341,000원
　　 • 인천 – 중국 – 베트남 : $(210,000+310,000)\times0.8=416,000$원
　　 그러므로 직항으로 가는 것이 더 저렴하다.
　 2) 입국 시
　　 • 베트남 – 인천 : 195,000원
　　 • 베트남 – 중국 – 인천 : $(211,000+222,000)\times0.8=346,400$원
　　 그러므로 직항으로 가는 것이 더 저렴하다.
　 따라서 왕복 항공편 최소 비용은 $341,000+195,000=536,000$원으로 60만 원 미만이다.

[오답분석]

ㄴ. • 태국 : $298,000+203,000=501,000$원
　 • 싱가포르 : $580,000+304,000=884,000$원
　 • 베트남 : $341,000+195,000=536,000$원
　 따라서 가장 비용이 적게 드는 태국을 선택할 것이다.

## 05

직항이 중국을 경유하는 것보다 소요 시간이 적으므로 직항 경로별 소요 시간을 도출하면 다음과 같다.

| 여행지 | 경로 | 왕복 소요 시간 |
|---|---|---|
| 베트남 | 인천 → 베트남(5시간 20분)<br>베트남 → 인천(2시간 50분) | 8시간 10분 |
| 태국 | 인천 → 태국(5시간)<br>태국 → 인천(3시간 10분) | 8시간 10분 |
| 싱가포르 | 인천 → 싱가포르(4시간 50분)<br>싱가포르 → 인천(3시간) | 7시간 50분 |

따라서 소요 시간이 가장 짧은 싱가포르로 여행을 갈 것이며, 7시간 50분이 소요될 것이다.

## 06

구매하려는 소파의 특징에 맞는 제조사를 찾기 위해 제조사별 특징을 대우로 정리하면 다음과 같다.
• A사 : 이탈리아제 천을 사용하면 쿠션재에 스프링을 사용한다. 커버를 교환 가능하게 하면 국내산 천을 사용하지 않는다. → ×
• B사 : 국내산 천을 사용하지 않으면 쿠션재에 우레탄을 사용하지 않는다. 이탈리아제의 천을 사용하면 리클라이닝이 가능하다. → ○
• C사 : 국내산 천을 사용하지 않으면 쿠션재에 패더를 사용한다. 쿠션재에 패더를 사용하면 침대 겸용 소파가 아니다. → ○
• D사 : 이탈리아제 천을 사용하지 않으면 쿠션재에 패더를 사용하지 않는다. 쿠션재에 우레탄을 사용하지 않으면 조립이라고 표시된 소파가 아니다. → ×
따라서 B사 또는 C사의 소파를 구매할 것이다.

# 04 | 자원관리능력

## 대표기출유형 01 | 기출응용문제

### 01

정답 ④

20 ~ 21일은 주중이며, 출장 혹은 연수 일정이 없고, 부서이동 전에 해당되므로 김인턴이 경기본부의 파견 근무를 수행할 수 있는 일정이다.

오답분석

① 6 ~ 7일은 김인턴의 연수 참석 기간이므로 파견 근무를 진행할 수 없다.
② 11 ~ 12일은 주말인 11일을 포함하고 있다.
③ 14 ~ 15일 중 15일은 목요일로, 김인턴이 K본부로 출장을 가는 날짜이다.
⑤ 27 ~ 28일은 김인턴이 27일부터 부서를 이동한 이후이므로, 김인턴이 아니라 후임자가 경기본부로 파견 근무를 간다.

### 02

정답 ③

대화 내용을 살펴보면 A과장은 패스트푸드점, B대리는 화장실, C주임은 은행, K사원은 편의점을 이용한다. 이는 동시에 이루어지는 일이므로 가장 오래 걸리는 일의 시간만 고려하면 된다. 은행이 30분으로 가장 오래 걸리므로 17:20에 모두 모이게 된다. 따라서 17:00, 17:15에 출발하는 버스는 이용하지 못하며, 17:30에 출발하는 버스는 잔여석이 부족하여 이용하지 못한다. 따라서 17:45에 출발하는 버스를 탈 수 있고, 가장 빠른 서울 도착 예정시각은 19:45이다.

### 03

정답 ③

자동차 부품 생산조건에 따라 반자동라인과 자동라인의 시간당 부품 생산량을 구해보면 다음과 같다.
• 반자동라인 : 4시간에 300개의 부품을 생산하므로, 8시간에 300개×2=600개의 부품을 생산한다. 하지만 8시간마다 2시간씩 생산을 중단하므로, 8+2=10시간에 600개의 부품을 생산하는 것과 같다. 따라서 시간당 부품 생산량은 $\frac{600개}{10시간}$=60개이다.

이때 반자동라인에서 생산된 부품의 20%는 불량이므로, 시간당 정상 부품 생산량은 60개×(1−0.2)=48개이다.
• 자동라인 : 3시간에 400개의 부품을 생산하므로, 9시간에 400개×3=1,200개의 부품을 생산한다. 하지만 9시간마다 3시간씩 생산을 중단하므로, 9+3=12시간에 1,200개의 부품을 생산하는 것과 같다. 따라서 시간당 부품 생산량은 $\frac{1,200개}{12시간}$=100개이다.

이때 자동라인에서 생산된 부품의 10%는 불량이므로, 시간당 정상 제품 생산량은 100개×(1−0.1)=90개이다.
따라서 반자동라인과 자동라인에서 시간당 생산하는 정상 제품의 생산량은 48+90=138개이므로, 34,500개를 생산하는 데 $\frac{34,500개}{138개/h}$=250시간이 소요되었다.

## 04

정답 ④

공정별 순서는
$$A \to B$$
$$D \to E$$
$C \to F$이고, C공정을 시작하기 전에 B공정과 E공정이 선행되어야 하는데 B공정까지 끝나려면 4시간이 소요되고 E공정까지 끝나려면 3시간이 소요된다. 선행작업이 완료되어야 이후 작업을 할 수 있으므로, C공정을 진행하기 위해서는 최소 4시간이 걸린다. 따라서 완제품은 F공정이 완료된 후 생산되므로 첫 번째 완제품 생산의 소요 시간은 9시간이다.

---

## 대표기출유형 02  기출응용문제

## 01

정답 ④

- 일비 : 하루에 10만 원씩 지급 → $100,000 \times 3 = 300,000$원
- 숙박비 : 실비 지급 → B호텔 2박 → $250,000 \times 2 = 500,000$원
- 식비 : 8 ~ 9일까지는 3식이고 10일에는 점심 기내식을 제외하여 아침만 포함
  → $(10,000 \times 3) + (10,000 \times 3) + (10,000 \times 1) = 70,000$원
- 교통비 : 실비 지급 → $84,000 + 10,000 + 16,300 + 17,000 + 89,000 = 216,300$원
- 합계 : $300,000 + 500,000 + 70,000 + 216,300 = 1,086,300$원

따라서 T차장이 받을 수 있는 여비는 1,086,300원이다.

## 02

정답 ②

장바구니에서 선택된 상품의 총액을 구하면 다음과 같다.

| 선택 | 상품 | 수량 | 단가 | 금액 |
|---|---|---|---|---|
| ☑ | 완도김 | ⊟ 2 ⊞ | 2,300원 | 4,600원 |
| ☑ | 냉동 블루베리 | ⊟ 1 ⊞ | 6,900원 | 6,900원 |
| ☐ | 김치 250g | ⊟ 3 ⊞ | 2,500원 | 0원 |
| ☑ | 느타리 버섯 | ⊟ 1 ⊞ | 5,000원 | 5,000원 |
| ☐ | 냉동 만두 | ⊟ 2 ⊞ | 7,000원 | 0원 |
| ☑ | 토마토 | ⊟ 2 ⊞ | 8,500원 | 17,000원 |
| 총액 | | | | 33,500원 |

중복이 불가한 상품 총액의 10% 할인 쿠폰을 적용하였을 때의 금액과 중복이 가능한 배송비 무료 쿠폰과 H카드 사용 시 2% 할인 쿠폰을 중복하여 적용하였을 때의 금액을 비교해야 한다.

- 상품 총액의 10% 할인 쿠폰 적용
  $(33,500 \times 0.9) + 3,000 = 33,150$원
- 배송비 무료 쿠폰과 H카드 사용 시 2% 할인 쿠폰을 중복 적용
  $33,500 \times 0.98 = 32,830$원

따라서 배송비 무료 쿠폰과 H카드 사용 시 2% 할인 쿠폰을 중복 적용했을 때 32,830원으로 가장 저렴하다.

## 03

정답 ④

수인이가 베트남 현금 1,670만 동을 환전하기 위해 필요한 한국 돈은 수수료를 제외하고 1,670만 동×483원/만 동=806,610원이다. 우대사항에서 50만 원 이상 환전 시 70만 원까지 수수료가 0.4%로 낮아진다. 70만 원의 수수료는 0.4%가 적용되고 나머지는 0.5%가 적용되므로 총수수료를 구하면 $700,000 \times 0.004 + (806,610 - 700,000) \times 0.005 = 2,800 + 533.05 \fallingdotseq 3,330$원이다.
따라서 수인이가 원하는 금액을 환전하기 위해서 필요한 총금액은 $806,610 + 3,330 = 809,940$원임을 알 수 있다.

## 04

정답 ④

1일 평균임금을 $x$원이라 놓고 퇴직금 산정공식을 이용하여 계산하면 다음과 같다.

$1,900$만$=[30x \times (5 \times 365)] \div 365 \rightarrow 1,900$만$=150x \rightarrow x ≒ 13$만$(\because$ 천의 자리에서 올림$)$

따라서 1일 평균임금이 13만 원이므로 K씨의 평균 연봉을 계산하면 13만$\times 365=4,745$만 원이다.

---

## 대표기출유형 03  기출응용문제

## 01

정답 ①

주어진 사무용품 조합별 총 효용과 구입비용을 정리하면 다음과 같다.

| 상품조합 | 할인행사에 따른 추가효용 | 총 효용 | 구입비용(원) |
|---|---|---|---|
| ① | 55(1번 할인 적용) | 265 | $(2,500 \times 2)+(1,800 \times 2)=8,600$ |
| ② | 50(2번 할인 적용) | 185 | $(1,300 \times 4)+(3,200 \times 1)=8,400$ |
| ③ | 80(3번 할인 적용) | 235 | $(1,800 \times 2)+(2,200 \times 3)=10,200$ |
| ④ | (적용되는 할인 없음) | 175 | $(2,200 \times 2)+(2,500 \times 1)+(1,800 \times 1)=8,700$ |
| ⑤ | 35(4번 할인 적용) | 185 | $(3,200 \times 2)+(1,300 \times 2)=9,000$ |

따라서 예산 내에서 총 효용이 가장 높은 조합은 ①이다.

오답분석

③ 김팀장의 예산범위를 초과하므로 구입이 불가능하다.

## 02

정답 ③

매출 순이익은 [(판매가격)−(생산단가)]×(판매량)이므로 메뉴별 매출 순이익을 계산하면 다음과 같다.

| 메뉴 | 예상 월간 판매량(개) | 생산 단가(원) | 판매 가격(원) | 매출 순이익(원) |
|---|---|---|---|---|
| A | 500 | 3,500 | 4,000 | $250,000[=(4,000-3,500) \times 500]$ |
| B | 300 | 5,500 | 6,000 | $150,000[=(6,000-5,500) \times 300]$ |
| C | 400 | 4,000 | 5,000 | $400,000[=(5,000-4,000) \times 400]$ |
| D | 200 | 6,000 | 7,000 | $200,000[=(7,000-6,000) \times 200]$ |
| E | 150 | 3,000 | 5,000 | $300,000[=(5,000-3,000) \times 150]$ |

따라서 매출 순이익이 가장 높은 C를 메인 메뉴로 선정할 것이다.

## 03

정답 ④

어떤 컴퓨터를 구매하더라도 모니터와 본체를 각각 사는 것보다 세트로 사는 것이 이득이다. 하지만 세트 혜택이 아닌 다른 혜택에 해당되는 조건에 대해서도 비용을 비교해 봐야 한다. 성능평가에서 '하'를 받은 E컴퓨터를 제외하고 컴퓨터별 구매 비용을 계산하면 다음과 같다.

• A컴퓨터 : 80만 원×15대=1,200만 원
• B컴퓨터 : (75만 원×15대)−100만 원=1,025만 원
• C컴퓨터 : (20만 원×10대)+(20만 원×0.85×5대)+(60만 원×15대)=1,185만 원 또는 70만 원×15대=1,050만 원
• D컴퓨터 : 66만 원×15대=990만 원

따라서 D컴퓨터만 예산 범위인 1,000만 원 내에서 구매할 수 있으므로 조건을 만족하는 컴퓨터는 D컴퓨터이다.

CHAPTER 04 자원관리능력 • **35**

## 04

두 번째 조건에서 총구매금액이 30만 원 이상이면 총금액에서 5%를 할인해 주므로 한 벌당 가격이 $300,000 \div 50 = 6,000$원 이상인 품목은 할인적용이 들어간다. 업체별 품목 금액을 보면 모든 품목이 6,000원 이상이므로 5% 할인 적용대상이다. 따라서 모든 품목에 할인이 적용되어 정가로 비교가 가능하다.

세 번째 조건에서 차순위 품목이 1순위 품목보다 총금액이 20% 이상 저렴한 경우 차순위를 선택한다고 했으므로 한 벌당 가격으로 계산하면 선호도 1순위인 카라 티셔츠의 20% 할인된 가격은 $8,000 \times 0.8 = 6,400$원이다. 이때 A업체의 티셔츠의 정가는 6,400원 이하이므로 팀장은 선호도 1순위인 카라 티셔츠보다 2순위인 A업체의 티셔츠를 구입할 것이다.

---

## 대표기출유형 04　기출응용문제

## 01

출산장려금 지급 시기의 우선순위인 임신일이 가장 긴 임산부는 B, D, E임산부이다. 이 중에서 만 19세 미만인 자녀 수가 많은 임산부는 D, E임산부이고, 소득 수준이 더 낮은 임산부는 D임산부이다. 따라서 D임산부가 가장 먼저 출산장려금을 받을 수 있다.

## 02

㉠ 각 팀장이 매긴 순위에 대한 가중치는 모두 동일하다고 했으므로 1, 2, 3, 4순위의 가중치를 각각 4, 3, 2, 1점으로 정해 네 사람의 면접점수를 산정하면 다음과 같다.
- 갑 : 2+4+1+2=9점
- 을 : 4+3+4+1=12점
- 병 : 1+1+3+4=9점
- 정 : 3+2+2+3=10점

면접점수가 높은 을, 정 중 한 명이 입사를 포기하면 갑, 병 중 한 명이 채용된다. 갑과 병의 면접점수는 9점으로 동점이지만 조건에 따라 인사팀장이 부여한 순위가 높은 갑을 채용하게 된다.

㉢ 경영관리팀장이 갑과 병의 순위를 바꿨을 때, 네 사람의 면접점수를 산정하면 다음과 같다.
- 갑 : 2+1+1+2=6점
- 을 : 4+3+4+1=12점
- 병 : 1+4+3+4=12점
- 정 : 3+2+2+3=10점

따라서 을과 병이 채용되므로 정은 채용되지 못한다.

오답분석

㉡ 인사팀장이 을과 정의 순위를 바꿨을 때, 네 사람의 면접점수를 산정하면 다음과 같다.
- 갑 : 2+4+1+2=9점
- 을 : 3+3+4+1=11점
- 병 : 1+1+3+4=9점
- 정 : 4+2+2+3=11점

따라서 을과 정이 채용되므로 갑은 채용되지 못한다.

## 03

정답 ④

성과급 기준표를 토대로 A ~ E교사에 대한 성과급 배점을 정리하면 다음과 같다.

| 구분 | 주당 수업시간 | 수업 공개 유무 | 담임 유무 | 업무 곤란도 | 호봉 | 합계 |
|------|--------------|----------------|-----------|-------------|------|------|
| A교사 | 14점 | – | 10점 | 20점 | 30점 | 74점 |
| B교사 | 20점 | – | 5점 | 20점 | 30점 | 75점 |
| C교사 | 18점 | 5점 | 5점 | 30점 | 20점 | 78점 |
| D교사 | 14점 | 10점 | 10점 | 30점 | 15점 | 79점 |
| E교사 | 16점 | 10점 | 5점 | 20점 | 25점 | 76점 |

따라서 D교사가 가장 높은 배점을 받게 된다.

# 05 | 조직이해능력

## 대표기출유형 01 기출응용문제

### 01
**정답** ①

(가)는 경영 전략 추진과정 중 환경 분석이며, 이는 외부 환경 분석과 내부 환경 분석으로 구분된다. 외부 환경으로는 기업을 둘러싸고 있는 경쟁자, 공급자, 소비자, 법과 규제, 정치적 환경, 경제적 환경 등을 볼 수 있으며, 내부 환경은 기업구조, 기업문화, 기업자원 등이 해당된다. 이때 예산은 기업자원으로서 내부 환경 분석의 성격을 가지며, 다른 사례들은 모두 외부 환경 분석의 성격을 가짐을 알 수 있다. 따라서 주어진 사례 중 성격이 다른 것은 ①이다.

### 02
**정답** ④

㉠ 집중화 전략에 해당한다.
㉡ 원가우위 전략에 해당한다.
㉢ 차별화 전략에 해당한다.

## 대표기출유형 02 기출응용문제

### 01
**정답** ⑤

영리조직의 사례로는 이윤 추구를 목적으로 하는 다양한 사기업을 들 수 있으며, 비영리조직의 사례로는 정부조직, 병원, 대학, 시민단체, 종교단체 등을 들 수 있다.

### 02
**정답** ③

오답분석

• B : 사장 직속으로 4개의 본부가 있다는 설명은 옳지만, 인사업무만을 전담하고 있는 본부는 없으므로 옳지 않다.
• C : 감사실이 분리되어 있다는 설명은 옳지만, 사장 직속이 아니므로 옳지 않다.

### 03
**정답** ②

②는 업무의 내용이 유사하고 관련성이 있는 업무들을 결합해서 구분한 것으로, 기능식 조직 구조의 형태로 볼 수 있다. 기능식 조직 구조는 재무부, 영업부, 생산부, 구매부 등의 형태로 구분된다.

## 04

 정답 ①

조직이 생존하기 위해서는 급변하는 환경에 적응하여야 한다. 이를 위해서는 원칙이 확립되어 있고 고지식한 기계적 조직보다는 운영이 유연한 유기적 조직이 더 적합하다.

오답분석

② 대규모 조직은 소규모 조직에 비해 업무가 전문화, 분화되어 있고 많은 규칙과 규정이 존재하게 된다.
③ 조직 구조의 결정요인으로는 크게 전략, 규모, 기술, 환경이 있다.
④ 조직 활동의 결과에 따라 조직의 성과와 조직만족이 결정되며, 그 수준은 조직 구성원들의 개인적 성향과 조직문화의 차이에 따라 달라진다.
⑤ 조직 구조의 결정요인 중 하나인 기술은 조직이 투입요소를 산출물로 전환시키는 지식, 기계, 절차 등을 의미하며, 소량생산기술을 가진 조직은 유기적 조직 구조를, 대량생산기술을 가진 조직은 기계적 조직 구조를 가진다.

## 대표기출유형 03 | 기출응용문제

## 01

정답 ④

K주임이 가장 먼저 해야 하는 일은 오늘 오후 2시에 예정된 팀장회의 일정을 P팀장에게 전달하는 것이다. 다음으로 내일 진행될 언론홍보팀과의 회의 일정에 대한 답변을 오늘 내로 전달해달라는 요청을 받았으므로 먼저 익일 업무 일정을 확인한 후 회의 일정에 대한 답변을 전달해야 한다. 이후 회의 전에 미리 숙지해야 할 자료를 확인하는 것이 바람직하다. 따라서 K주임이 처리해야 할 업무 순서로 가장 적절한 것은 ④이다.

## 02

정답 ③

ㄱ. 최수영 상무이사가 결재한 것은 대결이다. 대결은 결재권자가 출장, 휴가, 기타 사유로 상당기간 부재중일 때 긴급한 문서를 처리하고자 할 경우 결재권자의 차하위 직위의 결재를 받아 시행하는 것을 말한다.
ㄴ. 대결 시에는 기안문의 결재란 중 대결한 자의 란에 '대결'을 표시하고 서명 또는 날인한다.
ㄹ. 전결 사항은 전결권자에게 책임과 권한이 위임되었으므로 중요한 사항이라면 원결재자에게 보고하는 데 그친다.

| 담당 | 과장 | 부장 | 상무이사 | 전무이사 |
|------|------|------|----------|----------|
| 아무개 | 최경옥 | 김석호 | 대결 최수영 | 전결 |

오답분석

ㄷ. 대결의 경우 원결재자가 문서의 시행 이후 결재하며, 이를 후결이라 한다.

# 06 | 정보능력

## 대표기출유형 01 | 기출응용문제

### 01

정답 ③

세탁기 신상품의 컨셉이 중년층을 대상으로 하기 때문에 성별이 아닌 연령에 따라 자료를 분류하여 중년층의 세탁기 선호 디자인에 대한 정보가 필요함을 알 수 있다.

### 02

정답 ⑤

제시문에서는 '응용프로그램과 데이터베이스를 독립시킴으로써 데이터를 변경시키더라도 응용프로그램은 변경되지 않는다.'라고 하였다. 따라서 데이터의 논리적 의존성이 아니라, 데이터의 논리적 독립성이 적절하다.

[오답분석]
① '다량의 데이터는 사용자의 질의에 대한 신속한 응답 처리를 가능하게 한다.'라는 내용은 실시간 접근성에 해당한다.
② '삽입, 삭제, 수정, 갱신 등을 통하여 항상 최신의 데이터를 유동적으로 유지할 수 있으며'라는 내용을 통해 데이터베이스는 그 내용을 변화시키면서 계속적인 진화를 하고 있음을 알 수 있다.
③ '여러 명의 사용자가 동시에 공유할 수 있고'라는 부분에서 동시 공유가 가능함을 알 수 있다.
④ '각 데이터를 참조할 때는 사용자가 요구하는 내용에 따라 참조가 가능함'이라는 문장을 통해 내용에 의한 참조인 것을 알 수 있다.

## 대표기출유형 02 | 기출응용문제

### 01

정답 ①

'AVERAGE(B3:E3)'는 [B3:E3] 범위의 평균을 나타낸다. 또한, IF 함수는 논리 검사를 수행하여 TRUE나 FALSE에 해당하는 값을 반환해 주는 함수이다. 즉, 「=IF(AVERAGE(B3:E3)>=90, "합격", "불합격")」를 입력하면 [B3:E3] 범위의 평균이 90 이상일 경우 '합격'이, 그렇지 않을 경우 '불합격'이 표시된다. 따라서 [F3] ~ [F6]의 각 셀에 나타나는 [B3:E3], [B4:E4], [B5:E5], [B6:E6]의 평균값은 83, 87, 91, 92.5이므로 [F3] ~ [F6] 셀에 나타나는 결괏값이 바르게 연결된 것은 ①이다.

### 02

정답 ③

INDEX 함수는 「=INDEX(배열로 입력된 셀의 범위, 배열이나 참조의 행 번호, 배열이나 참조의 열 번호)」로 표시되고, MATCH 함수는 「=MATCH(찾으려고 하는 값, 연속된 셀 범위, 되돌릴 값을 표시하는 숫자)」로 표시되기 때문에 「=INDEX(E2:E9, MATCH(0, D2:D9,0))」를 입력하면 근무연수가 0인 사람의 근무월수가 셀에 표시된다. 따라서 2가 표시된다.

## 03

정답 ①

WEEKDAY 함수는 일정 날짜의 요일을 나타내는 1에서 7까지의 수를 구하는 함수다. WEEKDAY 함수의 두 번째 인수에 '1'을 입력해 주면 '일요일(1) ~ 토요일(7)'로 표시되고, '2'를 넣으면 '월요일(1) ~ 일요일(7)'로 표시되며, '3'을 입력하면 '월요일(0) ~ 일요일(6)'로 표시된다.

## 04

정답 ③

SUM 함수는 인수들의 합을 구할 수 있다.
• [B12] ： SUM(B2:B11)
• [C12] ： SUM(C2:C11)

[오답분석]
① REPT ： 텍스트를 지정한 횟수만큼 반복한다.
② CHOOSE ： 인수 목록 중에서 하나를 고른다.
④ AVERAGE ： 인수들의 평균을 구한다.
⑤ DSUM ： 지정한 조건에 맞는 데이터베이스에서 필드 값들의 합을 구한다.

## 05

정답 ⑤

• MAX ： 최댓값을 구한다.
• MIN ： 최솟값을 구한다.

## 대표기출유형 03 기출응용문제

## 01

정답 ④

for 반복문은 i 값이 0부터 2씩 증가하면서 10보다 작을 때까지 수행하므로 i 값은 각 배열의 인덱스(0, 2, 4, 6, 8)를 가리키게 된다. num에는 i가 가리키는 배열 요소들에 대한 합이 저장되므로 i 값에 해당하는 배열 인덱스의 각 요소(1, 3, 5, 7, 9)의 합인 25가 출력된다.

## 02

정답 ④

1부터 100까지의 값은 변수 x에 저장한다. 1, 2, 3, …에서 초기값은 1이고, 최종값은 100이며, 증분값은 1씩 증가시키면 된다. 즉, 1부터 100까지를 덧셈하려면 99단계를 반복 수행해야 하므로 결과는 5050이 된다.

# 07 | 기술능력

## 대표기출유형 01 기출응용문제

### 01
정답 ③

기술선택을 위한 절차는 '⊙ 외부 환경 분석 → 중장기 사업목표 설정 → ⓒ 내부 역량 분석'의 순서이다. 이때 외부 환경 분석은 수요 변화 및 경쟁자 변화, 기술 변화 등의 분석이고, 중장기 사업목표 설정은 기업의 장기비전, 중장기 매출목표 및 이익목표 설정이며, 내부 역량 분석은 기술력, 생산능력, 마케팅·영업능력, 재무능력 등의 분석이다. 또한, 중장기 사업목표 설정은 '사업 전략 수립 → ⓒ 요구 기술 분석 → ⓔ 기술 전략 수립 → 핵심 기술 선택'의 순서로 진행된다. 사업 전략 수립은 사업 영역 결정, 경쟁우위 확보 방안 수립이고, 요구 기술 분석은 제품 설계·디자인 기술, 제품 생산 공정, 원재료·부품 제조기술 분석이며, 기술 전략 수립은 핵심 기술선택, 기술 획득 방법 결정 등이 있다.

### 02
정답 ③

오답분석
① 빅데이터 : 디지털 환경에서 발생하는 대량의 데이터에서 가치를 추출하고 결과를 분석하는 기술을 말한다.
② 블록체인 : 네트워크에 참여하는 모든 사용자가 모든 데이터를 분산 및 저장하는 기술을 말한다.
④ 알고리즘 : 문제 해결을 위한 일련의 단계적 절차 및 처리과정의 순서를 말한다.
⑤ 로봇공학 : 로봇을 설계 개발한 후 생산 및 응용하는 분야의 집합체를 말한다.

## 대표기출유형 02 기출응용문제

### 01
정답 ④

다른 전화기에서 울리는 전화를 내 전화기에서 받으려면 '당겨받기' 기능을 사용하면 된다.

### 02
정답 ②

전화걸기 중 세 번째 문항에 대한 그림으로, 통화 중인 상태에서 다른 곳으로 전화를 걸기 원할 때의 사용방법을 설명하고 있다.

오답분석
① 전화받기에 해당하는 그림으로, 통화 중에 다른 전화를 받길 원할 때의 방법을 설명하고 있다.
③ 수신전환에 해당하는 그림으로, 다른 전화기로 수신을 전환하는 방법을 설명하고 있다.
④ 돌려주기에 해당하는 그림으로, 통화 중일 때 다른 전화기로 돌려주는 방법을 설명하고 있다.
⑤ 3자통화에 해당하는 그림으로, 통화 중일 때 제3자를 추가하여 통화하는 방법을 설명하고 있다.

## 03

정답 ④

④에 대한 내용은 문제 해결법에 나와 있지 않다.

## 04

정답 ④

잉크 카트리지의 남아있는 예상 잉크량을 확인하는 것은 인쇄 속도가 느릴 때 해결할 수 있는 방안이다.

## 05

정답 ④

Index 뒤의 문자 SOPENTY와 File 뒤의 문자 ATONEMP에서 일치하는 알파벳의 개수를 확인하면 O, P, E, N, T로 총 5개가 일치하는 것을 알 수 있다. 따라서 판단 기준에 따라 빈칸에 들어갈 Final Code는 Nugre이다.

무언가를 위해 목숨을 버릴 각오가 되어 있지 않는 한 그것이 삶의 목표라는 어떤
확신도 가질 수 없다.

– 체 게바라 –

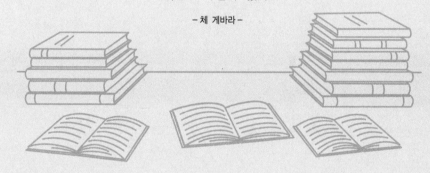

# PART 3

# 직무수행능력(전공)

# 01 | 법학
# 적중예상문제

| 01 | 02 | 03 | 04 | 05 | 06 | 07 | 08 | 09 | 10 | 11 | 12 | 13 | 14 | 15 | | | | | |
|---|---|---|---|---|---|---|---|---|---|---|---|---|---|---|---|---|---|---|---|
| ② | ④ | ③ | ③ | ① | ① | ④ | ④ | ③ | ④ | ② | ④ | ② | ② | ④ | | | | | |

## 01
**정답 ②**

법률 용어로서의 선의(善意)는 어떤 사실을 알지 못하는 것을 의미한다. 반면 악의(惡意)는 어떤 사실을 알고 있는 것을 뜻한다.

**오답분석**

①·④ 추정(推定)은 불명확한 사실을 일단 인정하는 것으로 정하여 법률효과를 발생시키되 나중에 반증이 있을 경우 그 효과를 발생시키지 않는 것을 말한다. 간주(看做)는 법에서 '간주한다＝본다＝의제한다'로 쓰이며, 추정과는 달리 나중에 반증이 나타나도 이미 발생된 효과를 뒤집을 수 없는 것을 말한다. 예를 들어 어음법 제29조 제1항에서 '말소는 어음의 반환 전에 한 것으로 추정한다.'라는 규정이 있는데, 만약, 어음의 반환 이후에 말소했다는 증거가 나오면 어음의 반환 전에 했던 것은 없었던 걸로 하고, 어음의 반환 이후에 한 것으로 인정한다. 그러나, 만약에 '말소는 어음의 반환 전에 한 것으로 본다.'라고 했다면 나중에 반환 후에 했다는 증거를 제시해도 그 효력이 뒤집어지지 않는다. 즉, 원래의 판정과 마찬가지로 어음의 반환 전에 한 것으로 한다.

③ 유추해석에 대한 설명이다.

## 02
**정답 ④**

준법률행위적 행정행위에는 공증, 수리, 통지, 확인 등이 있고, 법률행위적 행정행위에는 명령적 행정행위(하명, 허가, 면제)와 형성적 행정행위(특허, 인가, 공법상 대리)가 있다.

## 03
**정답 ③**

행정기관이 그 소관 사무의 범위에서 일정한 행정목적을 실현하기 위하여 특정인에게 일정한 행위를 하거나 하지 아니하도록 지도, 권고, 조언 등을 하는 행정작용을 행정지도라고 한다(행정절차법 제2조 제3호).

## 04
**정답 ③**

과태료는 행정법상 의무위반에 대한 제재로서 부과·징수되는 금전을 말하는 것으로, 형벌과는 별개의 개념이다.

**형벌의 종류(형법 제41조)**
사형, 징역, 금고, 자격상실, 자격정지, 벌금, 구류, 과료, 몰수

## 05

하명은 명령적 행정행위이다.

(오답분석)

③ 의사표시 이외에 정신작용을 동시요소로 하는 것에는 의사의 통지, 관념의 통지, 감정의 통지가 있다.

**법률행위적 행정행위와 준법률행위적 행정행위**

| 법률행위적 행정행위 | | 준법률행위적 행정행위 |
|---|---|---|
| **명령적 행위** | **형성적 행위** | |
| 하명, 면제, 허가 | 특허, 인가, 대리 | 공증, 통지, 수리, 확인 |

## 06

사회법은 근대 시민법의 수정을 의미하며, 초기의 독점자본주의가 가져온 여러 가지 사회·경제적 폐해를 합리적으로 해결하기 위해서 제정된 법이다. 국가에 의한 통제, 경제적 약자의 보호, 공법과 사법의 교착 영역으로 사권의 의무화, 사법(私法)의 공법화 등 법의 사회화 현상을 특징으로 한다. 이때 계약자유의 원칙은 그 범위가 축소되고 계약공정의 원칙으로 수정되었다.

## 07

법에 규정된 것 외에는 예외를 두지 않는다.

**주소, 거소, 가주소의 구분**

| 주소 | 생활의 근거가 되는 곳을 주소로 한다. 주소는 동시에 두 곳 이상을 둘 수 있다(민법 제18조). |
|---|---|
| 거소 | 주소를 알 수 없으면 거소를 주소로 본다. 국내에 주소가 없는 자에 대하여는 국내에 있는 거소를 주소로 본다(민법 제19조·제20조). |
| 가주소 | 어느 행위에 있어서 가주소를 정한 때에 있어서 그 행위에 관하여는 이를 주소로 본다(민법 제21조). 따라서 주소지로서 효력을 갖는 경우는 주소(주민등록지), 거소와 가주소가 있으며, 복수도 가능하다. |

## 08

절대적 부정기형은 형기를 전혀 정하지 않고 선고하는 형이며, 이는 죄형법정주의에 명백히 위배되므로 금지된다. 반면 상대적 부정기형은 형기의 상한을 정하여 선고하는 것으로, 우리나라의 경우 소년법 제60조(부정기형)에서 확인할 수 있다.

## 09

회사의 합병은 합병 후 존속하는 회사 또는 합병으로 인하여 설립되는 회사가 그 본점소재지에서 합병의 등기를 함으로써 그 효력이 생긴다(상법 제234조).

## 10

형의 경중의 비교대상은 법정형이지만 법정형인 한 주형뿐만 아니라 부가형도 포함되고 가중감면사유와 선택형의 가능성도 비교해야 한다(판례).

(오답분석)

① 행위시라 함은 실행행위의 종료를 의미하며 결과발생은 포함하지 않는다(판례).

② 포괄일죄로 되는 개개의 범죄행위가 법 개정의 전후에 걸쳐서 행하여진 경우에는 신·구법의 법정형에 대한 경중을 비교해 볼 필요 없이 범죄 실행종료 시의 법이라고 할 수 있는 신법을 적용하여 포괄일죄로 처단하여야 한다(판례).

③ 범죄 후 수차례 법률이 변경되어 행위시와 재판시 사이에 중간시법이 있는 경우에는 모든 법을 비교하여 가장 경한 법률을 적용한다(판례).

## 11

행정행위는 법률에 근거를 두어야 하고(법률유보), 법령에 반하지 않아야 한다(법률우위). 따라서 법률상의 절차와 형식을 갖추어야 한다.

## 12

오답분석

① 강행법과 임의법은 당사자 의사의 상관성 여부에 따른 구분이다.
② 고유법과 계수법은 연혁에 따른 구분이다.
③ 실체법과 절차법은 법의 규정 내용에 따른 구분이다.

## 13

부동산에 대한 점유취득시효 완성을 원인으로 하는 소유권이전등기 청구권은 물권적 청구권이 아닌 채권적 청구권이다.

오답분석

① 대판 1982.7.27., 80다29687
③ 임대인은 임차권에 기하여 정당하게 권리를 가진 임차인에 대하여 소유권에 기한 물권적 청구권을 행사할 수 없다.
④ 대판 1987.11.24., 87다카257,258

## 14

민법 제140조에 따르면 법률행위의 취소권자는 제한능력자, 착오로 인하거나 사기·강박에 의하여 의사표시를 한 자, 그의 대리인 또는 승계인이다. 피특정후견인이란 특정한 사무에 대한 후원이 필요한 사람을 뜻하며, 특정한 사무 이외에는 능력을 제한할 필요가 없으므로 제한능력자가 아니다.

## 15

자유민주적 기본질서는 모든 폭력적 지배와 자의적 지배 즉, 반국가단체의 일인독재 내지 일당독재를 배제하고 다수의 의사에 의한 국민의 자치 자유·평등의 기본원칙에 의한 법치주의적 통치질서이고, 구체적으로는 기본적 인권의 존중, 권력분립, 의회제도, 복수정당제도, 선거제도, 사유재산과 시장경제를 골간으로 한 경제질서 및 사법권의 독립 등이다. 따라서 법치주의에 위배되는 포괄위임입법주의는 민주적 기본질서의 원리와 거리가 멀다.

| 01 | 02 | 03 | 04 | 05 | 06 | 07 | 08 | 09 | 10 | 11 | 12 | 13 | 14 | 15 | | | | |
|----|----|----|----|----|----|----|----|----|----|----|----|----|----|----|---|---|---|---|
| ② | ② | ④ | ③ | ③ | ① | ④ | ③ | ② | ② | ④ | ② | ① | ① | ② | | | | |

## 01

정답 ②

한국마사회는 준시장형 공기업에 해당한다.

[오답분석]

① 한국조폐공사는 준시장형 공기업에 해당한다.
③ 한국농어촌공사는 위탁집행형 준정부기관에 해당한다.
④ 국민연금공단은 기금관리형 준정부기관에 해당한다.

## 02

정답 ②

고객 관점은 행동지향적 관점이 아니라 외부지향적 관점에 해당한다. 기업에서는 BSC의 성과지표 중 재무적 관점을 인과적 배열의 최상위에 둔다. 그러나 공공영역에서는 재무적 가치가 궁극적 목적이 될 수 없기 때문에 기업과는 다른 BSC의 인과구성이 필요하다. 구체적으로 기관의 특성이 사기업에 가까운 경우, 재무적 관점이 포함되는 것이 당연하겠지만, 기관 외적인 메커니즘에 의해 예산이 할당되는 경우 재무적 측면은 하나의 제약조건으로 보고 사명달성의 성과 또는 고객 관점을 가장 상위에 두는 것이 바람직하다. 하지만 이 경우 공공부문의 고객 확정이 어렵다는 단점이 있다.

> 균형성과표(BSC; Balanced Score Card)
> • 재무적 관점 : 우리 조직은 주주들에게 어떻게 보일까?
>   예 매출신장률, 시장점유율, 원가절감률, 자산보유 수준, 재고 수준, 비용 절감액 등
> • 고객 관점 : 재무적으로 성공하기 위해서는 고객들에게 어떻게 보여야 하나?
>   예 외부시각 / 고객확보율, 고객만족도, 고객유지율, 고객불만건수, 시스템 회복시간 등
> • 내부프로세스 관점 : 프로세스와 서비스의 질을 높이기 위해서는 어떻게 해야 하나?
>   예 전자결재율, 화상회의율, 고객대응시간, 업무처리시간, 불량률, 반품률 등
> • 학습 및 성장관점 : 우리 조직은 지속적으로 가치를 개선하고 창출할 수 있는가?
>   예 미래시각 / 성장과 학습지표, 업무숙련도, 사기, 독서율, 정보시스템 활용력, 교육훈련 투자 등

## 03

정답 ④

행정통제는 행정의 일탈에 대한 감시와 평가를 통해서 행정활동이 올바르게 전개될 수 있도록 계속적인 시정과정을 거치게 하는 행동이다. 별도의 시정노력을 하지 않아도 된다는 것은 행정통제의 개념과 반대되는 설명이다.

PART 3

## 04

**오답분석**

① 신제도주의에 대한 설명이다.
② 신공공서비스론에 대한 설명이다. 신공공관리론은 행정의 효율성을 더 중시한다.
④ 뉴거버넌스론에 대한 설명이다.

## 05

정답 ③

품목별 분류는 지출대상별 분류이기 때문에 사업의 성과와 결과에 대한 측정이 곤란하다.

**오답분석**

① 기능별 분류는 시민을 위한 분류라고도 하며, 행정수반의 재정정책을 수립하는 데 도움을 준다.
② 조직별 분류는 부처 예산의 전모를 파악할 수 있지만 사업의 우선순위나 예산의 성과를 파악하는 것은 어렵다.
④ 경제 성질별 분류는 국민소득, 자본형성 등에 관한 정부활동의 효과를 파악하는 데 유리하다.

## 06

정답 ①

형평성 이론(Equity Theory)에서 공정성의 개념은 아리스토텔레스의 정의론, 페스팅거의 인지 부조화이론, 호만즈(G. Homans) 등의 교환이론에 그 근거를 둔 것으로, 애덤스(J. S. Adams)가 개발하였다. 이 이론은 모든 사람이 공정하게 대접받기를 원한다는 전제에 기초를 두고 있으며 동기 부여, 업적의 평가, 만족의 수준 등에서 공정성이 중요한 영향을 미친다고 본다.

**오답분석**

②·③·④ 내용이론으로, 욕구와 동기유발 사이의 관계를 설명하고 있다.

## 07

정답 ④

루터 귤릭은 행정이란 결정적으로 최고관리자의 능력에 달려 있다고 주장하며, 3가지 원칙으로 명령과 통일의 원칙, 계층제의 원리, 통솔범위의 원칙을 제시하였다. 또한 행정을 전문화하고 능률적으로 실행하는 데 있어 기존의 행정관리 요소를 '7가지 요소 (POSDCORB)'로 확대하고 발전시켰다. 'POSDCORB'는 계획(Planning), 조직(Organizing), 인사(Staffing), 지휘(Direction), 조정(Coordinating), 보고(Reporting), 예산 편성(Budgeting)의 첫머리 글자를 조합한 합성 단어이다.

## 08

정답 ③

소극적 대표성은 관료의 출신성분이 태도를 결정하는 것이며, 적극적 대표성은 태도가 행동을 결정하는 것을 말한다. 그러나 대표관 료제는 소극적 대표성이 반드시 적극적 대표성으로 이어져 행동하지 않을 수도 있다는 한계성이 제기된다. 따라서 자동적으로 확보한다는 설명은 옳지 않다.

## 09

정답 ②

이익집단 정치는 비용과 편익이 모두 소수의 동질적 집단에 좁게 국한되어 있는 정치상황이다.

**윌슨(Willson)의 규제정치모형**

| 구분 | | 감지된 편익 | |
| --- | --- | --- | --- |
| | | 좁게 집중 | 넓게 분산 |
| 감지된 비용 | 좁게 집중 | 이익집단 정치(Interest Group Politics) | 기업가 정치(Entrepreneurial Politics) |
| | 넓게 분산 | 고객 정치(Clientele Politics) | 대중적 정치(Majoritarian Politics) |

## 10

정답 ②

3종 오류(메타오류)는 정책문제 자체를 잘못 인지한 상태에서 계속 해결책을 모색하여 정책문제가 해결되지 못하고 남아있는 상태를 말한다. 1종 오류는 옳은 가설을 틀리다고 판단하고 기각하는 오류이고, 2종 오류는 틀린 가설을 옳다고 판단하여 채택하는 오류를 말한다.

## 11

정답 ④

사회적 자본은 동조성(Conformity)을 요구하면서 개인의 행동이나 사적 선택을 제약하는 경우도 있다.

## 12

정답 ②

(A)는 자율적 규제에 해당한다. 정부에 의한 규제를 직접규제라 한다면 민간기관에 의한 규제(자율적 규제)는 간접규제에 해당한다.
- 직접규제(명령지시적 규제) : 법령이나 행정처분, 기준설정(위생기준, 안전기준) 등을 통해 직접적으로 규제하는 것으로, 가격승인, 품질규제, 진입규제 등이 해당한다.
- 간접규제(시장유인적 규제) : 인센티브나 불이익을 통해 규제의 목적을 달성하는 것으로, 조세의 중과 또는 감면, 벌과금 또는 부담금의 부과 등이 해당한다. 예 정부지원, 행정지도, 유인책, 품질 및 성분표시규제 등 정보공개규제

**직적규제와 간접규제의 비교**

| 규제의 종류 \ 외부효과성 | | 직접규제 | 간접규제 |
|---|---|---|---|
| | | 명령지시 규제<br>(행정처분, 행정명령, 행정기준의 설정) | 시장유인적 규제<br>(부담금, 부과금, 예치금, 행정지도, 조세지출,<br>보조금, 공해배출권) |
| 외부 경제 | 과소공급 | 공급을 강제화 | 공급을 유인 |
| 외부 불경제 | 과다공급 | 공급을 금지 | 공급억제를 유인 |

## 13

정답 ①

조세법률주의는 국세와 지방세 구분 없이 적용된다. 지방세의 종목과 세율은 국세와 마찬가지로 법률로 정한다.

## 14

정답 ①

오답분석

ㄴ. 성과주의 예산제도(PBS)는 예산배정 과정에서 필요사업량이 제시되므로 사업계획과 예산을 연계할 수 있으며, (세부사업별 예산액)=(사업량)×(단위원가)로 구한다.

ㅁ. 목표관리제도(MBO)는 기획예산제도(PPBS)와 달리 예산결정 과정에 관리자의 참여가 이루어져 분권적·상향적인 예산편성이 이루어진다.

## 15

정답 ②

독점은 시장실패의 원인 중 하나로, 자원배분의 비효율성을 발생시킨다.

**시장실패의 원인**
- 불완전경쟁
- 독점 및 담합
- 외부성
- 정보의 비대칭
- 규모의 경제

# 03 | 적중예상문제

| 01 | 02 | 03 | 04 | 05 | 06 | 07 | 08 | 09 | 10 | 11 | 12 | 13 | 14 | 15 | | | | | |
|----|----|----|----|----|----|----|----|----|----|----|----|----|----|----|---|---|---|---|---|
| ① | ① | ④ | ④ | ③ | ③ | ④ | ② | ③ | ④ | ④ | ③ | ① | ④ | ③ | | | | | |

## 01
정답 ①

물가지수는 개별상품 거래액을 가중치로 하여 측정하므로 거래액 비중에 따라 가중치가 다르다.

## 02
정답 ①

가치의 역설은 사용가치가 높은 재화가 더 낮은 교환가치를 가지는 역설적인 현상으로, 희소가치가 높은 다이아몬드의 한계효용이 물의 한계효용보다 크기 때문에 다이아몬드의 가격이 물의 가격보다 비싸다고 설명한다.

오답분석

② 물은 필수재이고, 다이아몬드는 사치재이다.
③ 같은 물이라 해도 장소나 상황 등에 따라 가격이 달라질 수 있으므로 항상 다이아몬드보다 가격이 낮다고 할 수 없다.
④ 상품의 가격은 총효용이 아닌 한계효용에 의해 결정되며, 한계효용이 높아지면 상품의 가격도 비싸진다.

## 03
정답 ④

케인스에 따르면 현재소비는 현재의 가처분소득에 의해서만 결정되므로 이자율은 소비에 아무런 영향을 미치지 않는다.

## 04
정답 ④

오답분석

ㄱ. 현재의 생산량 수준은 조업중단점과 손익분기점 사이의 지점으로, 평균총비용곡선은 우하향하고, 평균가변비용곡선은 우상향한다.
ㄷ. 시장가격이 한계비용과 평균총비용곡선이 교차하는 지점보다 낮은 지점에서 형성되는 경우 평균수익이 평균비용보다 낮아 손실이 발생한다. 시장가격과 한계비용은 3000이지만 평균총비용이 4000이므로, 개별기업은 현재 음의 이윤을 얻고 있다고 볼 수 있다.
ㅁ. 조업중단점은 평균가변비용의 최저점과 한계비용곡선이 만나는 지점이다. 개별기업의 평균가변비용은 200, 한계비용은 3000이므로 조업중단점으로 볼 수 없다.

## 05
정답 ③

독점적 경쟁시장의 장기균형에서 $P > SMC$가 성립한다.

오답분석

①·② 독점적 경쟁시장의 장기균형은 수요곡선과 단기평균비용곡선, 장기평균비용곡선이 접하는 점에서 달성된다.
④ 균형생산량은 단기평균비용의 최소점보다 왼쪽에서 달성된다.

## 06

혼합전략은 어떤 조건에서 전술이 한 개뿐인 순수전략과는 달리, 여러 전술이 채용되는 전략이다.

[오답분석]
① 순수전략이란 경기자가 여러 가지 전략 중에서 특정한 한 가지 전략을 선택하는 것을 말한다.
② 내쉬균형은 항상 파레토 효율적인 자원배분을 보장하지 않는다.
④ 우월전략균형은 내쉬균형이지만, 내쉬균형이라고 해서 모두 우월전략균형인 것은 아니다.

## 07

수요의 가격탄력성이 1보다 작은 경우에는 가격이 대폭 상승하더라도 판매량이 별로 감소하지 않으므로 소비자의 총지출은 증가하고 판매자의 총수입도 증가한다.

[오답분석]
① 수요의 가격탄력성은 수요량의 변화율을 가격의 변화율로 나누어 구하므로 가격이 1% 상승할 때 수요량이 2% 감소하였다면 수요의 가격탄력성은 2이다.
② 기펜재는 대체보다 소득효과가 더 큰 열등재인데, 소득이 증가할 때 구입량이 증가하는 재화는 정상재이므로 기펜재가 될 수 없다.
③ 교차탄력성이란 한 재화의 가격이 변화할 때 다른 재화의 수요량이 변화하는 정도를 나타내는 지표이다. 잉크젯프린터의 가격이 오르면(+) 잉크젯프린터의 수요가 줄고, 프린터에 사용할 잉크카트리지의 수요도 줄어들 것(−)이므로 교차탄력성은 음(−)의 값을 가진다는 것을 알 수 있다. 잉크젯프린터와 잉크젯카트리지 같은 관계에 있는 재화들을 보완재라고 하는데, 보완재의 교차탄력성은 음(−)의 값을, 대체재의 교차탄력성은 양(+)의 값을 가지게 된다.

## 08

중국은 의복과 자동차 생산에 있어 모두 절대우위를 갖는다. 그러나 리카도는 비교우위론에서 양국 중 어느 한 국가가 절대우위에 있는 경우라도 상대적으로 생산비가 낮은 재화생산에 특화하여 무역을 한다면 양국 모두 무역으로부터 이익을 얻을 수 있다고 보았다.
이때 생산하는 재화를 결정하는 것은 재화의 국내생산비로, 재화생산의 기회비용을 말한다. 주어진 표를 바탕으로 각 재화생산의 기회비용을 구하면 다음과 같다.

| 구분 | 의복(벌) | 자동차(대) |
| --- | --- | --- |
| 중국 | 0.5 | 0.33 |
| 인도 | 2 | 3 |

중국은 자동차의 기회비용이 의복의 기회비용보다 낮고, 인도는 의복의 기회비용이 자동차의 기회비용보다 낮다. 따라서 중국은 자동차, 인도는 의복에 비교우위가 있다.

## 09

노동시장에서 기업은 한계수입생산($MRP$)과 한계요소비용($MFC$)이 일치하는 수준까지 노동력을 수요하고자 한다.
- 한계수입생산 : $MRP_L = MR \times MP_N$, 생산물시장이 완전경쟁시장이라면 한계수입과 가격이 일치하므로 $P \times MP_N$, 주어진 생산함수에서 노동의 한계생산을 도출하면 $Y = 200N - N^2$, 이를 $N$으로 미분하면 $MP_N = 200 - 2N$이다.
- 한계요소비용 : $MFC_N = \dfrac{\Delta TFC_N}{\Delta N} = \dfrac{W \cdot \Delta N}{\Delta N} = W$, 여가의 가치는 임금과 동일하므로 $W = 40$이 된다.
- 균형노동시간 : $P \times MP_N = W \rightarrow 1 \times (200 - 2N) = 40$이다. 따라서 $N = 80$이 도출된다.

## 10

제시문은 공매도와 숏 커버링에 대한 설명이다. 특정 주식이 향후 하락될 것으로 예상되면 주식을 공매도하고, 실제로 주가가 하락하면 싼값에 숏 커버링(되사들여)하여 빌린 주식을 갚음으로써 차익을 얻는 매매기법이다. 이때 공매도가 단기적으로 상승한다면 주가가 하락하고, 반대로 숏 커버링이 단기적으로 상승한다면 주가가 상승하게 된다. 보통 공매도는 주가 하락을 유발하고, 숏 커버링은 주가 상승 요인으로 작용하여 시세 조정을 유발한다. 또한 공매도는 주식을 빌려서 매도를 하는 것이기 때문에 주가가 하락하지 않고 지속적으로 상승하게 되면 결제 불이행 가능성이 발생하여 채무 불이행 상태에 빠질 수 있다.

## 11

정답 ④

A국에서 해외 유학생과 외국인 관광객이 증가하면 달러 공급이 늘어나 A국 화폐의 가치가 상승하므로 환율은 하락한다. 환율이 하락하면 수출은 줄고, 수입은 늘어나서 경상수지가 악화될 것이다. 반면 B국에서는 해외 투자의 증가와 외국인 투자자들이 자금을 회수하므로 달러 수요가 늘어나 B국 화폐의 가치는 하락한다.

## 12

정답 ③

공공재란 재화와 서비스에 대한 비용을 지불하지 않더라도 모든 사람이 공동으로 이용할 수 있는 재화 또는 서비스를 말한다. 공공재는 비경합성과 비배제성을 동시에 가지고 있으며, 재화와 서비스에 대한 비용을 지불하지 않더라도 누구나 공공재의 이익을 얻을 수 있으므로 '무임승차의 문제'가 발생한다. 이는 결국 시장실패의 원인이 된다. 그러나 공공재라도 민간이 생산·공급할 수는 있다.

## 13

정답 ①

정부지출의 효과가 크기 위해서는 승수효과가 커져야 한다. 승수효과란 확대 재정정책에 따른 소득의 증가로 인해 소비지출이 늘어나게 되어 총수요가 추가적으로 증가하는 현상을 말한다. 즉, 한계소비성향이 높을수록 승수효과는 커진다. 한계소비성향이 높다는 것은 한계저축성향이 낮다는 것과 동일한 의미이다.

## 14

정답 ④

보상적 임금격차는 선호하지 않는 조건을 가진 직장은 불리한 조건을 임금으로 보상해 줘야 한다는 것이다. 대부분의 사람들은 3D 작업환경에서 일하기 싫어하기 때문에 이런 직종에서 필요한 인력을 충원하기 위해서는 작업환경이 좋은 직종에 비해 더 높은 임금을 제시해야 한다. 이러한 직업의 비금전적인 특성을 보상하기 위한 임금의 차이를 보상적 격차 또는 평등화 격차라고 한다. 보상적 임금격차의 발생 원인에는 노동의 난이도, 작업환경, 명예, 주관적 만족도, 불안전한 급료 지급, 교육훈련의 차이, 고용의 안정성 여부, 작업의 쾌적성, 책임의 정도, 성공·실패의 가능성 등이 있다.

## 15

정답 ③

• X재 수요의 가격탄력성 : '(X재 소비지출액)=(X재 가격)×(X재 수요량)'인데 X재 가격이 5% 상승할 때 소비지출액이 변화가 없는 것은 X재 수요량이 5% 감소함을 의미한다. 따라서 X재 수요의 가격탄력성은 단위탄력적이다.
• Y재 수요의 가격탄력성 : '(Y재 소비지출액)=(Y재 가격)×(Y재 수요량)'인데 Y재 가격이 10% 상승할 때 소비지출액이 10% 증가하였다. 이는 가격이 상승함에도 불구하고 Y재 수요량이 전혀 변하지 않았음을 의미한다. 따라서 Y재 수요의 가격탄력성은 완전비탄력적이다.

# 04 | 경영학
# 적중예상문제

| 01 | 02 | 03 | 04 | 05 | 06 | 07 | 08 | 09 | 10 | 11 | 12 | 13 | 14 | 15 | | | | | |
|----|----|----|----|----|----|----|----|----|----|----|----|----|----|----|---|---|---|---|---|
| ④ | ② | ④ | ① | ③ | ③ | ① | ③ | ④ | ④ | ② | ② | ④ | ① | ③ | | | | | |

## 01

정답 ④

토빈의 $Q$ 비율은 주식시장에서 평가된 기업의 시장가치(분자)를 기업의 실물자본의 대체비용(분모)으로 나눠서 도출할 수 있다.

[오답분석]

① 특정 기업이 주식 시장에서 받는 평가를 판단할 때 토빈의 $Q$ 비율을 활용한다.
② $Q$ 비율이 1보다 높은 것은 시장에서 평가되는 기업의 가치가 자본량을 늘리는 데 드는 비용보다 더 큼을 의미하므로 투자를 증가하는 것이 바람직하다.
③ $Q$ 비율이 1보다 낮을 경우에는 기업의 가치가 자본재의 대체비용에 미달함을 의미하므로 투자를 감소하는 것이 바람직하다.

## 02

정답 ②

[오답분석]

① 횡축은 상대적 시장점유율, 종축은 시장성장률이다.
③ 별 영역은 시장성장률과 상대적 시장점유율이 모두 높다.
④ 자금젖소 영역은 시장점유율이 높아 자금투자보다 자금산출이 많다.

## 03

정답 ④

[오답분석]

① 침투가격전략 : 신제품을 출시할 때 처음에는 경쟁제품보다 낮은 가격을 제시한 후 점차적으로 가격을 올리는 전략이다.
② 적응가격전략 : 다양한 소비자들의 구매를 유도하기 위하여 동일하거나 유사한 제품의 가격을 다르게 적용하는 전략이다.
③ 시가전략 : 기업이 경쟁업자의 가격과 동일한 가격으로 설정하는 전략이다.

## 04

정답 ①

[오답분석]

② 논리적 오류에 대한 설명이다.
③ 초기효과에 대한 설명이다.
④ 후광효과(현혹효과)에 대한 설명이다.

## 05

정답 ③

STP 전략은 S(Segmentation : 시장세분화), T(Targeting : 목표시장 설정), P(Positioning : 포지셔닝)의 세 단계로 이루어진다. 시장세분화 단계에서는 지리적, 사회적, 인구통계학적으로 기준을 정하여 시장을 나누고, 목표시장 설정 단계에서는 세분화된 시장 중 원하는 고객을 정한다. 마지막으로 포지셔닝 단계에서는 선정한 고객에게 특정 인식을 각인시킨다.

## 06

정답 ③

오답분석
① 거래적 리더십 : 리더가 구성원들과 맺은 교환(또는 협상)관계에 기초해서 영향력을 발휘하는 리더십이다.
② 성취지향적 리더십 : 도전적인 작업 목표를 설정하고 그 성과를 강조하며, 조직 구성원(부하)들이 그 목표를 충분히 달성할 수 있을 것이라고 믿는 리더십이다.
④ 서번트 리더십 : 다른 사람을 섬기는 사람이 리더가 될 수 있다고 생각하는 리더십이다.

## 07

정답 ①

기능 조직(Functional Structure)은 기능별 전문화의 원칙에 따라 공통의 전문지식과 기능을 지닌 부서단위로 묶는 조직 구조를 의미한다.

## 08

정답 ③

오답분석
① 전시 효과 : 개인의 소비행동이 사회의 영향을 받아 타인의 소비행동을 모방하려는 소비성향을 의미한다.
② 플라시보 효과 : 약효가 전혀 없는 가짜 약을 진짜 약으로 속여, 환자에게 복용하도록 했을 때 환자의 병세가 호전되는 효과를 의미한다.
④ 베블런 효과 : 과시욕구 때문에 재화의 가격이 비쌀수록 수요가 늘어나는 수요증대 효과를 의미한다.

## 09

정답 ④

리스트럭처링(Restructuring)은 미래의 모습을 설정하고 그 계획을 실행하는 기업혁신방안으로, 기존 사업 단위를 통폐합하거나 축소 또는 폐지하여 신규 사업에 진출하기도 하고, 기업 전체의 경쟁력 제고를 위해 사업 단위들을 어떻게 통합해 나갈 것인가를 결정한다.

오답분석
① 벤치마킹(Benchmarking) : 기업에서 경쟁력을 제고하기 위한 방법의 일환으로, 타사에서 배워오는 혁신 기법이다.
② 학습조직(Learning Organization) : 조직의 지속적인 경쟁우위를 확보하기 위한 근본적이고 총체적이며 지속적인 경영혁신전략이다.
③ 리엔지니어링(Re-Engineering) : 전면적으로 기업의 구조와 경영방식을 재설계하여 경쟁력을 확보하고자 하는 혁신기법이다.

## 10

정답 ④

경험곡선효과는 학습효과라고도 하며, 동일한 제품이나 서비스를 생산하는 두 기업을 비교할 때 일정기간 내에 상대적으로 많은 제품이나 서비스를 생산한 기업의 비용이 낮아지는 것을 의미한다. 이는 경험이 축적되어감에 따라 노동자들의 숙달로 인한 능률의 향상, 규모의 경제 확대, 기술혁신으로 인한 비용의 감축, 지속적인 업무 개선과 작업의 표준화 등으로 인해 원가를 최소화할 수 있는 것이다.

## 11

정답 ②

침투가격정책은 수요가 가격에 대하여 민감한 제품(수요의 가격탄력성이 높은 제품)에 많이 사용하는 방법이다.

## 12

정답 ②

해외자회사의 경우 해외시장에서 많은 자금과 기술을 운영하기보다는 해외시장에 많은 자금과 인력을 투자해야 하므로 위험이 높은 편이다.

## 13

정답 ④

네트워크 구조는 다수의 다른 장소에서 이루어지는 프로젝트들을 관리·통솔하는 과정에서 다른 구조보다 훨씬 더 많은 층위에서의 감독이 필요하며, 그만큼 관리비용이 증가한다. 또한 이러한 다수의 관리감독자들은 구성원들에게 혼란을 야기하거나 프로젝트 진행을 심각하게 방해할 수 있다. 이에 따른 단점을 상쇄하기 위해 최근 많은 기업들은 공동 프로젝트 통합관리 시스템 개발의 필요성을 강조하며, 효율적인 네트워크 조직운영을 목표로 하고 있다.

> **네트워크 조직(Network Organization)**
> 독립된 사업 부서들 혹은 독립된 각 사업 분야 기업들이 각자의 전문 분야를 추구하면서도 제품을 생산하거나, 프로젝트의 수행을 위한 관계를 형성하여 상호 협력하는 조직을 의미한다.

## 14

정답 ①

델파이(Delphi) 기법은 예측하려는 현상에 대하여 관련이 있는 전문가나 담당자들로 구성된 위원회를 구성하고 개별적 질의를 통해 의견을 수집하여 종합·분석·정리하고, 의견이 일치될 때까지 개별적 질의 과정을 되풀이하는 예측기법이다.

## 15

정답 ③

결산 시 원인을 알 수 없는 현금의 부족 시에는 잡손실로 처리한다.

많이 보고 많이 겪고 많이 공부하는 것은 배움의 세 기둥이다.

- 벤자민 디즈라엘리 -

# PART 4

# 직무수행능력(상식)

# 02 | 한국사 적중예상문제

| 01 | 02 | 03 | 04 | 05 | 06 | 07 | 08 | 09 | 10 | 11 | 12 | 13 | 14 | 15 | | | | | |
|----|----|----|----|----|----|----|----|----|----|----|----|----|----|----|----|----|----|----|----|
| ① | ④ | ② | ③ | ③ | ④ | ② | ③ | ④ | ④ | ④ | ① | ④ | ③ | ④ | | | | | |

## 01
정답 ①

제시문의 왕은 광해군으로, 광해군은 임진왜란 이후 붕괴된 국가 체제를 복구하기 위해 노력하였다. 먼저 토지 대장과 호적을 새로 만들어 국가 재정 수입을 확보하였고, 농민의 부담을 줄이기 위해 경기도부터 대동법을 시행하였다. 또한 성곽과 무기를 수리하여 국방을 다시 강화하였고, 허준이 선조 때부터 집필하기 시작한 『동의보감』을 완성하였다. 당시 중국은 명·청 교체기로 인해 혼란스러웠던 시기였는데 광해군은 명과 후금 사이에서 중립 외교 정책을 통해 조선이 피해를 입지 않도록 노력하였다.

## 02
정답 ④

제시문은 고려 중기 김부식이 『삼국사기』를 편찬하기 전 인종에게 올린 「진삼국사기표」의 내용이다. 『삼국사기』는 현존하는 역사서 중 가장 오래된 역사서로, 신라 계승의식이 많이 반영된 기전체의 역사서이다. 몽골 침략의 위기를 극복하려는 움직임에서 편찬된 역사서로는 민족적 자주 의식을 담은 일연의 『삼국유사』가 있다.

## 03
정답 ②

• (가) : 부여의 형벌 제도에 대한 내용이다. 1책 12법과 음란죄, 투기죄를 처벌했다는 내용을 통해 파악할 수 있다.
• (나) : 삼한의 풍습에 대한 내용이다. '소도', '별읍'이라는 키워드로 파악할 수 있다. 제정 분리가 특징인 삼한에는 제사장인 천군이 다스리는 '소도'라는 '별읍'이 있었다.
ㄴ. 연맹왕국인 부여에서는 흉년이 들면 제가들이 왕에게 그 책임을 물어 왕을 바꾸거나 죽였다.
ㄷ. 삼한의 제천행사는 5월 수릿날과 10월 계절제이다.

오답분석
ㄱ. 왕 아래 상가, 고추가 등의 대가가 있는 나라는 고구려이다. 부여의 대가들 명칭은 마가, 우가, 저가, 구가이다.
ㄹ. 동이 지역에서 가장 넓고 평탄한 곳이라 기록되어 있는 곳은 부여이다.

## 04
정답 ③

제시문은 고려 성종 대에 최승로가 건의한 시무 28조이다. 성종은 경학박사·의학박사를 파견함으로써 교육 제도를 정비하였다.

오답분석
① 고려 인종 대의 일로, 묘청과 정지상 등이 풍수지리설을 내세워 서경 천도를 주장하였다.
② 고려 현종 대의 일로, 전국을 5도 양계, 경기로 크게 나누고, 그 안에 3경, 4도호부, 8목을 비롯하여 군·현·진을 설치하였다.
④ 고려 성종은 과도한 국가 재정 지출을 막기 위해 연등회와 팔관회 등의 불교행사를 폐지하였다.

## 05

조선 초 왕들은 저화를 유통시키고 화폐 가치를 유지하기 위해 노력하였지만, 교환수단으로서의 가치를 인정받지 못하면서 16세기에 들어서는 자취를 감추게 되었다.

[오답분석]

② 조선 전기에는 각 지역의 수공업자들을 '공장안'이라는 장적에 기록하여 관리하고 있었다. 이는 관영수공업이 철저히 관리되고 있음을 보여준다. 조선 후기에는 민간의 수공업이 발달하면서 관영수공업이 쇠퇴하고, 18세기 영조 때에 공장안을 폐기하였다.
④ 세종 때의 공법하에서 전분6등법, 연분9등법의 수등이척법을 실시하여 조세에 차등을 두어 징수하였다.

## 06

지눌은 명리에 집착하는 당시 불교계의 타락상을 비판하였다. 그는 송광사를 중심으로 승려 본연의 자세로 돌아가 독경과 선의 수행, 노동에 고루 힘쓰자는 개혁 운동인 수선사 결사를 제창하였다. 지눌은 선과 교학이 근본에 있어 둘이 아니라는 사상 체계인 정혜쌍수를 사상적 바탕으로 철저한 수행을 선도하였다. 또한 '내가 곧 부처'라는 깨달음을 위한 노력과 함께 꾸준한 수행으로 깨달음의 확인을 아울러 강조한 돈오점수를 주장하였다.

[오답분석]

ㄱ. 통일 신라의 의상대사에 대한 설명이다.
ㄷ. 고려의 의천대사에 대한 설명이다.

## 07

ㄴ. 4C 백제 근초고왕 → ㄹ. 5C 고구려 장수왕 → ㄱ. 6C 신라 진흥왕 → ㄷ. 7C 백제 의자왕

## 08

(가)는 화랑도, (나)는 국학이다. 화랑도는 원시 사회의 청소년 집단 수련에 기원을 두고 있다. 귀족자제 중에서 선발된 화랑을 지도자로 삼고, 이를 따르는 낭도는 귀족은 물론 평민까지 망라하였다. 국학은 신문왕 때 설립하였으며 논어, 효경 등의 유학을 가르쳤다. 또한 대사에서부터 벼슬이 없는 자까지 입학이 가능하였다.

## 09

고려 시대 사심관과 기인 제도는 중앙에서 지방 세력을 통제하기 위해 시행되었다.
(가) 고려를 건국한 태조 왕건은 지방 호족을 견제하고 중앙 집권 체제를 확립하기 위해 사심관 제도를 시행하였다. 고려에 항복한 신라의 마지막 왕인 경순왕을 경주의 사심관으로 삼고 그 지방의 자치를 감독하게 하였고, 여러 공신을 각각 출신주의 사심관으로 임명해 부호장 이하의 향직을 다스리게 하였다.
(나) 고려를 건국한 태조 왕건은 지방 호족의 자제를 일정 기간 수도에 머물게 하는 기인 제도를 실시하여 호족 세력을 견제하였다.

## 10

강감찬은 거란의 소배압이 이끄는 10만 대군에 맞서 귀주에서 대승을 거두었다(1019). 이후 고려는 개경에 나성을 쌓아 도성 주변 수비를 강화하고, 압록강에서 동해안 도련포까지 이르는 천리장성을 쌓아 거란과 여진의 침략에 대비하였다.

## 11

태조 왕건(재위 918 ~ 943)의 대표적인 업적은 결혼정책을 통한 호족 통합, 사성정책 실시, 민생 안전을 위한 세금 감면, 훈요 10조를 남긴 것 등이다. 또한 북진정책으로 고구려의 넓었던 북쪽 영토를 되찾고자 하였으며, 팔관회나 연등회 같은 불교 행사도 성대하게 열었다.

① 고려 제4대 왕인 광종(재위 949 ~ 975)의 업적이다.
② 조선 제21대 왕인 영조(재위 1724 ~ 1776)의 업적이다.
③ 조선 제7대 왕인 세조(재위 1455 ~ 1468)의 업적이다.

## 12 정답 ①

제시문은 비변사에 대한 내용이다. 비변사는 중종 때 삼포왜란(1510)을 계기로 임시기구로 설치되어, 명종 때 을묘왜변(1555)을 계기로 상설기구화되었다. 이후 선조 때 임진왜란(1592)이 발발한 후 핵심기구로 발전하였고, 이후 최고 권력 기구로 변화되었으나, 1865년 흥선대원군이 비변사를 혁파하였다.

오답분석
② 의정부 : 백관을 통솔하고 정치를 의논하던 조선 시대 최고의 행정기관이다.
③ 훈련도감 : 서울을 수비하기 위해 삼수병 체제(살수, 사수, 포수)로 이루어진 중앙 군영이다.
④ 병조 : 조선 시대 6조 중에 하나로, 군사관계 업무를 총괄하던 중추적 기관이다.

## 13 정답 ④

(가)는 고려 초기 최승로의 시무 28조이고, (나)는 고려 말 권문세족의 횡포를 비판하고 있는 조준의 토지개혁론이다. 최승로의 시무 28조는 유교 정치 이념을 확립한 것이고, 조준의 상소에서 '백성들에게 10분의 1을 세금으로 걷도록 하라.'는 것은 유교의 민본주의를 반영하고 있다.
따라서 두 자료의 공통점은 민본 이념을 바탕으로 한 유교 정치사상을 바탕에 깔고 있다는 것이다.

**오답분석**
① 연등회와 팔관회는 불교의 행사이다.
② 북진 정책은 고구려의 옛 땅을 회복하려는 것으로, 고구려 계승 의식을 바탕에 깔고 있다.
③ 지주 전호제는 토지를 소유한 지주와 이를 빌려 경작하는 전호의 관계를 설명하는 것으로, 제시된 자료와는 관계가 없다.

## 14 정답 ③

제시문은 임진왜란 이후 조선 후기 사회상에 대한 내용으로, 선혜청은 광해군 때 대동법을 관리하기 위해 설치된 관서이다. 반면 해동통보와 건원중보는 고려 시대의 금속화폐이다.

**오답분석**
① 천인도 공명첩을 사서 양인이 될 수 있었다.
② 공물 대신 쌀을 바치는 대동법이 시행되었다.
④ 시장에 내다 팔기 위한 작물인 상품 작물이 재배되었다.

## 15 정답 ④

자료는 이자겸이 자신의 정치적 기반을 유지하기 위해 금의 사대 요구를 수락하는 장면이다(1125). 당시의 왕은 인종으로, 이때는 이자겸의 난과 묘청의 서경 천도 운동 등으로 문벌귀족 사회의 모순이 드러나고 있을 무렵이다. 또한 『삼국사기』는 인종의 명에 의하여 김부식이 편찬한 역사서이다.

**오답분석**
ㄱ. 최우는 몽골과의 장기 항전을 대비하기 위하여 강화도로 천도하였다(1232).
ㄴ. 고려 광종은 노비안검법을 시행하여 호족 세력을 약화시켰고, 국가 재정을 확충하였다(956).

# 03 | 회사상식·한국사
# 기출복원문제

| 01 | 02 | 03 | 04 | 05 | 06 | 07 | 08 | 09 | 10 | 11 | 12 | 13 | 14 | 15 | 16 | 17 | 18 | 19 | 20 |
|---|---|---|---|---|---|---|---|---|---|---|---|---|---|---|---|---|---|---|---|
| ① | ① | ④ | ② | ④ | ② | ④ | ④ | ① | ① | ④ | ② | ① | ④ | ③ | ④ | ④ | ④ | ② | ② |

| 21 | 22 | 23 | 24 | 25 | 26 | 27 | 28 | 29 | 30 | | | | | | | | | | |
|---|---|---|---|---|---|---|---|---|---|---|---|---|---|---|---|---|---|---|---|
| ② | ① | ④ | ① | ② | ④ | ④ | ② | ① | ④ | | | | | | | | | | |

## 01

정답 ①

ㄱ. 한국수력원자력의 비전은 '탄소중립 청정에너지 리더'이며, 미션은 '친환경 에너지로 삶을 풍요롭게'이다.
ㄴ. 2036 탄소중립 미래상 및 로드맵에서 한국수력원자력은 신재생 설비 용량 9.8GW, 청정수소 생산량 33만 톤, 온실가스 감축 1.1억 톤을 목표로 하고 있다.

오답분석

ㄷ. 한국수력원자력의 ESG 경영 슬로건은 'Clean Energy로 지속가능한 미래를 선도하는 한국수력원자력'이다.
ㄹ. 한국수력원자력의 핵심가치는 '안전 최우선', '지속 성장', '상호 존중', '사회적 책임' 4가지이다.

## 02

정답 ①

파리 협정은 2015년 파리에서 채택된 기후 협약으로, 교토 의정서가 만료되는 2020년 이후의 기후변화 대응을 위한 새로운 기후협약이다. 파리 협정은 기존의 기후 협약과 달리 종료시점이 없고, 이산화탄소의 순 배출량 0을 목표로 모든 국가들이 자발적으로 온실가스 감축 목표(NDC)를 설정하고 이행하게 하는 협약이다. 또한 5년마다 국제사회 차원에서 종합적인 이행 상황을 점검하고 감축 목표를 강화하도록 규정하는 등 기존 교토 의정서의 한계를 극복하기 위해 발의된 협약이다.

오답분석

② 교토 의정서 : 1997년 일본 교토에서 발의된 국제 기후 협약이다. 이는 UN의 기후변화 협약의 구체적인 이행 방안을 제시하는 협약으로, 이산화탄소, 메테인, 아산화질소 등 6가지 온실가스 배출을 제한하며 선진국(Annex I)들에게 법적 구속력이 있는 감축 목표를 설정하고, 국가별로 할당된 온실가스 배출량을 거래할 수 있게 하는 협약이다.
③ 몬트리올 의정서 : 1987년 캐나다 몬트리올에서 체결된 국제 협약으로, 오존층 파괴 물질의 생산과 사용을 규제하는 협약이다. 염화불화탄소, 할론 등 100여 종류의 오존층 파괴 물질을 규제하여 국제적 협력을 통해 환경 문제를 해결할 수 있음을 보여준 사례이다.
④ 유엔 기후변화 협약 : 지구 온난화를 막기 위해 1992년 브라질 리우데자네이루에서 채택된 국제 협약이다. 이 협약의 목적은 온실 가스의 방출을 제한하고 대기 중의 온실가스 농도를 안정화시키는 것으로, 각 나라들이 온실가스 감축을 위한 국가 전략을 수립하고 시행하게 하였다.

## 03

정답 ④

**한국수력원자력의 인재상**
• 기본에 충실한 인재 : 건전한 가치관과 윤리의식을 바탕으로, 본인의 역할과 책임을 다하며, 안전문화 정착에 기여하는 인재
• 배려하는 상생 인재 : 사회에 대한 배려와 존중을 기반으로 이해관계자들과 함께 미래를 만들어가는 가능성과 사회적 가치를 더 중시하는 인재
• 글로벌 전문 인재 : 자기 직무에 있어서 세계 최고가 되겠다는 열정으로 꾸준히 실력을 배양하는 전문성을 갖춘 인재

PART 4

## 04
정답 ②

2023년 말 기준 한국수력원자력은 국내 총전력량의 약 31.56%를 생산하는 우리나라 최대의 발전회사이다.

## 05
정답 ④

한국수력원자력의 발전설비에는 원자력, 수력·소수력, 양수, 태양광, 풍력 등이 있다.

## 06
정답 ②

우리나라의 원자력발전소는 신고리, 고리, 새울, 한빛, 한울, 월성, 신월성 등이 있다.

## 07
정답 ④

수력발전은 기동과 정지, 출력조정 시간이 원자력이나 화력 등 기타 전력설비에 비해 빨라 부하변동에 대한 속응성이 우수하므로 첨두부하를 담당하여 양질의 전력공급에 기여하고 있다.

## 08
정답 ④

**한국수력원자력의 전략방향**
• 안전 기반 원전 경쟁력 확보
• 차별적 해외사업 수주
• 그린 융복합 사업 선도
• 지속성장 기반 강화

## 09
정답 ①

**발전소 설계의 3가지 원칙**
• 다중성 : 같은 기능의 설비를 여러 개 설치해 만일 한 설비의 기능이 상실되어도 다른 설비가 대신할 수 있도록 하는 것이다.
• 다양성 : 한 가지 기능을 수행하기 위해 구성이 다른 계통이나 기기를 두 종류 이상 설치하여 동시 기능 상실을 막는 것이다.
• 독립성 : 기기들이 한 가지 원인에 의해 한꺼번에 기능을 상실하지 않도록 물리적, 전기적으로 분리하여 설치하는 것으로, 각 기기를 별도 공간에 설치하고, 각기 다른 전원을 공급받도록 설계한 것이다.

## 10
정답 ①

총 26기의 원자력발전소 중 가압중수로형인 월성 2·3·4호기를 제외한 23기는 모두 가압경수로형 발전소이다.

## 11
정답 ④

**한국수력원자력의 핵심가치**
• 안전 최우선(Safety First)
• 지속 성장(Sustainable Growth)
• 상호 존중(Shared Respect)
• 사회적 책임(Social Responsibility)

## 12

한국원자력안전기술원은 원자력의 생산 및 이용에 따른 방사선 재해로부터 국민을 보호하고, 공공의 안전과 환경보전을 위해 설립되었다. 한국원자력안전기술원은 원자력 시설 안전규제, 방사선 안전규제, 방사선 비상대응, 원자력 안전규제 연구개발 및 전문화, 원자력안전 국제협력 및 국민신뢰 증진 등의 임무를 수행하고 있다.

## 13

**방사선 비상 3단계**
- 1단계 백색비상 : 방사성 물질의 밀봉상태의 손상 또는 원자력 시설의 안전상태 유지를 위한 전원공급기능에 손상이 발생하거나 발생할 우려가 있는 등의 사고로, 방사성 물질의 누출로 인한 방사선 영향이 원자력 시설의 건물 내에 국한될 것으로 예상되는 비상사태를 의미한다.
- 2단계 청색비상 : 백색비상에서 안전상태로의 복구기능의 저하로 원자력 시설의 주요 안전기능에 손상이 발생하거나 발생할 우려가 있는 등의 사고로, 방사성 물질의 누출로 인한 방사선 영향이 원자력 시설 부지 내에 국한될 것으로 예상되는 비상사태를 의미한다.
- 3단계 적색비상 : 노심의 손상 또는 용융 등으로 원자력 시설의 최후 방벽에 손상이 발생하거나 발생할 우려가 있는 사고로, 방사성 물질의 누출로 인한 방사선 영향이 원자력 시설 부지 밖으로 미칠 것으로 예상되는 비상사태를 의미한다.

## 14

양수발전이란 야간이나 전력이 풍부할 때 아래쪽 저수지의 물을 위쪽 저수지로 퍼 올렸다가 전력이 필요할 때 방수하여 발전하는 수력발전이다. 양수발전은 자연유량, 강수량에 크게 구애받지 않는다.

## 15

한국수력원자력은 한국형 원전인 APR 1400을 아랍에미리트에 총 4기 건설하였다.

## 16

고리원전 1호기는 1978년 4월에 상업운전을 시행한 우리나라 최초의 상업용 원자로이다. 2015년 6월 영구 정지가 결정돼 2017년 6월 가동이 정지되었다. 월성원전 1호기는 우리나라의 두 번째 원전이자, 국내 첫 번째 중수로원전이라는 점에서 의미가 있다.

## 17

ㄷ. 대동법은 광해군 즉위 초에 선혜법이라는 이름으로 실시되었으나, 전국적으로 시행되지는 않았고, 경기도에서 시범적으로 실시되었다(경기선혜법). 대동법이 전국적으로 확산된 시기는 효종 때로, 조익, 김육 등에 의해 보완되어 충청도에서 실시하고, 이를 바탕으로 각 도에 확대되었다.

ㄹ. 대동법은 호(戸)에 따라 세금을 부과하지 않고, 토지의 결수에 따라서 세금을 부과하는 제도이다.

[오답분석]

ㄱ. 대동법 실시 이전 조정은 지역별로 특산품을 조달받았지만, 대동법 실시 이후 주관 관청인 선혜청이 대동세를 일괄 수취하고, 조정에 필요한 물품은 공인(貢人)에게 공가(貢價)를 지급하여 조정이 필요한 물품을 상납하게 하였다. 이는 상·공업 활동을 크게 촉진시켜 여러 산업의 발달과 함께 전국적인 시장권의 형성과 도시의 발달을 이룩하게 하고, 상품·화폐 경제 체제로의 전환을 가져오게 하는 계기가 되었다.

ㄴ. 대동법은 공납의 전결세화를 목적으로 하는 조세제도이다. 대동법의 실시로 기존에 지역의 특산품을 현물로 납부하는 것을 폐지하고, 쌀, 베, 돈으로 납부하게 하였다.

## 18

정답 ④

제시문은 감은사의 만파식적 설화이다. 만파식적 설화는 신라의 신문왕이 아버지인 문무왕을 위해 감은사를 짓자 세상의 파란을 없애고, 평안하게 하는 피리를 받는다는 설화이다. 신문왕은 통일 신라의 두 번째 군주로, 대표적인 개혁군주이다. 즉위한 직후 일어난 김흠돌의 반란을 진압하여 귀족세력을 진압·숙청하여 왕권을 공고히 하였으며, 9주 5소경 체제를 통해 전제 왕권 중심의 통치 질서를 확보하였다. 또한 관리들에게 직무의 대가로 일정 지역의 수조권을 주는 녹읍을 폐지하고, 토지(문무관료전)를 지급하였다.

오답분석

① 매소성 전투는 675년 문무왕 시기에 발생한 통일 신라와 당나라의 전투이다. 신라는 당나라와 군사동맹을 맺고 백제와 고구려를 멸망시켰지만, 당나라가 663년부터 신라를 계림도독부로 두어 지배하려 하자 나당전쟁이 발생하게 된다. 매소성 전투에서 통일 신라가 승리하면서 당은 원정군의 보급문제 및 토번(티베트)의 위협으로 인해 한반도를 포기하게 된다.
② 최초의 진골출신 왕은 태종무열왕(김춘추)이다. 무열왕은 648년 나당 군사동맹을 맺고, 백제를 멸망시켜 삼국통일의 기반을 마련하였다.
③ 이차돈의 순교는 신라 법흥왕 시기에 발생한 사건이다. 왕위에 오른 법흥왕은 귀족 기반의 전통 신앙 대신 불교를 공인하여 왕권을 강화하려 하였다. 그러나 당시 귀족들의 반대에 부딪히게 되는데, 법흥왕은 이차돈의 순교를 통하여 불교를 공인하였다.

## 19

정답 ②

오답분석

①·④ 안창호의 업적이다.
③ 윤봉길의 업적이다.

## 20

정답 ②

제시문에서 북국은 발해에 해당한다. 발해의 최고 교육 기관은 주자감이다. 태학감은 신라 경덕왕 때 국학의 이름을 고친 것이다.

오답분석

① 발해의 감찰 기관은 중정대이다.
③ 발해는 당의 체제를 수용하여 3성 6부제로 중앙의 정치조직을 정비하였다.
④ 발해는 선왕 때 지방의 행정조직을 5경 15부 62주로 정비하였다.

## 21

정답 ②

조선 시대에는 고려 시대에 없던 무과가 시행됨으로써 문반과 무반이라는 양반 관료 체제가 형성되었다.

## 22

정답 ①

제시문은 조선 후기 실학자인 정약용이 저술한 『목민심서』에 대한 내용이다. 정약용은 거중기를 설계하였고, 이를 통해 화성을 축조하여 공사기간을 단축시켰다. 또한 정조 때 벼슬을 지낸 정약용은 신유박해 때 강진으로 유배 생활을 가게 되었고, 이 시기 동안 500여 권의 저술 활동을 하며 실학을 집대성하였다.

오답분석

② 인왕제색도는 조선 후기의 화가 겸재(謙齋) 정선의 대표작으로 바위산은 선으로 묘사하고, 흙산은 묵으로 묘사하는 기법을 사용하여 진경산수화의 새로운 경지를 이룩하였다.
③ 18세기 실학자인 박제가는 청에 다녀온 후 저술한 『북학의』를 통해 적극적인 청의 문물 수용을 주장하였다.
④ 18세기 초 양명학을 체계적으로 연구하여 강화학파를 형성한 인물은 정제두이다.

## 23

오답분석

① 신채호 : 대한매일신보에 「독사신론」을 발표하여 근대 민족주의 역사학의 방향을 제시하였다.
② 윤봉길 : 한인 애국단 소속으로, 훙커우 공원에서 많은 일본군 장성과 고관들을 처단하였다.
③ 백남운 : 『조선사회경제사』, 『조선봉건사회경제사』 등을 저술하여 일제의 식민사관을 비판하였다.

## 24

정답 ①

제시문은 우리 역사상 최초로 시행되었던 과거 제도로, 고려 광종 때 쌍기의 건의로 시행되었다. 광종은 공복을 제정하고 노비안검법과 과거제 등을 실시하여 왕권을 강화하였다.

오답분석

②·③·④ 고려 성종 때이다.

## 25

정답 ②

제시된 자료에서 최세진의 경우 잡과에 합격한 후 문과에 합격하여 고위 관직에 올랐고, 안중손의 경우 양인이었지만 과거에 합격하여 관직에 나가 양반이 되었음을 알 수 있다. 윤효손의 경우 서리의 자식이 과거에 합격한 것으로 보아 과거의 응시 자격은 천인이 아니면 특별한 제한이 없었음을 알 수 있다. 즉, 조선 시대에 과거는 다양한 가문에서 신분 상승의 수단으로 이용되었으며, 몇몇 특정 가문에서 이를 독점한 것은 아니었다.

## 26

정답 ④

오답분석

① 김상옥 : 의열단 소속으로, 종로 경찰서에 폭탄 투척 후 일경과 교전하였다.
② 윤봉길 : 한인 애국단 소속으로, 훙커우 공원에서 많은 일본군 장성과 고관들을 처단하였다.
③ 이회영 : 신민회, 대종교 인사 등과 함께 만주 지역에 최초의 자치기구인 경학사를 설립하였고, 한인의 이주와 정착, 경제력 향상과 항일 의식 고취 등을 목표로 활동하였으며, 신흥 강습소를 설치하였다.

## 27

정답 ④

제시문은 안중근 의사가 옥중에서 집필한 『동양평화론』에 대한 내용이다. 안중근 의사는 동양평화 실현을 위해 『동양평화론』을 집필하기 시작하였으나, 완성되기 전 사형이 집행되어 미완성의 논책으로 남아있다.

오답분석

① 이병도에 대한 설명이다.
② 사회경제사학에 대한 설명이다. 대표적 학자로는 백남운, 이청원, 박극채 등이 있다.
③ 신채호에 대한 설명이다.

## 28

정답 ②

제시문은 대조영에 대한 설명으로, 고구려 유민과 말갈족을 이끌고 지린성 돈화현 동모산에 성을 쌓고 도읍을 정하여 발해를 건국하였다. 발해는 9세기 전반 선왕 때 전성기를 맞이하였고, 이에 중국은 '바다 동쪽의 융성한 나라'라는 뜻으로 발해를 해동성국이라 불렀다.

오답분석

① 889년 신라 하대에 해당한다.
③ 고구려와 부여에서 주로 나타난 풍습으로, 형이 죽은 뒤 동생이 형을 대신해 부부생활을 계속하는 혼인풍습이다.
④ 788년 통일 신라 시기에 해당한다.

CHAPTER 03 회사상식·한국사 기출복원문제 · **67**

## 29

정답 ①

제시문은 검소는 미덕이고, 사치는 악이라고 하는 조선의 경제적 가치관을 보여 주고 있다. 따라서 농업을 본업이라 하여 중시하였고, 상품 화폐 경제가 발전할 수 있는 상공업은 국가에서 통제하였다.

## 30

정답 ④

오답분석

① 『흠흠신서』 : 정약용이 저술한 형법서이다.
② 『경세유표』 : 정약용이 저술한 제도개혁안이다.
③ 『대전회통』 : 조선 시대 최후의 통일 법전이다.

# PART 5

# 최종점검 모의고사

## 01 직업기초능력

## |01| 공통

| 01 | 02 | 03 | 04 | 05 | 06 | 07 | 08 | 09 | 10 | 11 | 12 | 13 | 14 | 15 | 16 | 17 | 18 | 19 | 20 |
|----|----|----|----|----|----|----|----|----|----|----|----|----|----|----|----|----|----|----|----|
| ② | ③ | ① | ⑤ | ① | ① | ③ | ③ | ④ | ② | ④ | ① | ④ | ① | ③ | ① | ③ | ④ | ⑤ | ① |
| 21 | 22 | 23 | 24 | 25 | 26 | 27 | 28 | 29 | 30 | 31 | 32 | 33 | 34 | 35 | 36 | 37 | 38 | 39 | 40 |
| ④ | ④ | ④ | ① | ① | ① | ② | ⑤ | ③ | ④ | ④ | ② | ② | ④ | ③ | ② | ⑤ | ① | ② | ④ |

**01** 문서 내용 이해 　　　　　　　　　　　　　　　　　　　　　　　정답 ②

사물인터넷(IoT)의 발달로 센서의 사용 또한 크게 늘고 있다.

오답분석

① 인체의 작은 움직임(주파수 2~5Hz)도 스마트폰이나 웨어러블(안경, 시계, 의복 등과 같이 신체에 착용하는 제품) 기기들의 전기 에너지원으로 사용될 수 있다.
③ 교체 및 충전식 전기 화학 배터리는 수명이 짧다는 특징을 갖고 있다.
④ 기계적 진동원은 움직이는 인체, 자동차, 진동 구조물, 물이나 공기의 흐름에 의한 진동을 모두 포함한다.
⑤ 전자기력 기반은 패러데이의 유도법칙을 이용하여 전기를 생산하며, 낮은 주파수의 기계적 에너지를 전기에너지로 변환하는 매우 효율적인 방법이다.

**02** 자료 이해 　　　　　　　　　　　　　　　　　　　　　　　정답 ③

ㄴ. $115,155 \times 2 = 230,310 > 193,832$이므로 옳은 설명이다.

ㄷ. • 2022년 : $\frac{18.2}{53.3} \times 100 ≒ 34.1\%$

　• 2023년 : $\frac{18.6}{54.0} \times 100 ≒ 34.4\%$

　• 2024년 : $\frac{19.1}{51.9} \times 100 ≒ 36.8\%$

따라서 2022 ~ 2024년 동안 석유제품 소비량 대비 전력 소비량의 비율은 매년 증가한다.

오답분석

ㄱ. 비율은 매년 증가하지만, 전체 최종에너지 소비량 추이를 알 수 없으므로 절대적인 소비량까지 증가하는지는 알 수 없다.

ㄹ. • 산업부문 : $\frac{4,750}{15,317} \times 100 ≒ 31.0\%$

　• 가정・상업부문 : $\frac{901}{4,636} \times 100 ≒ 19.4\%$

따라서 산업부문의 유연탄 소비량 대비 무연탄 소비량의 비율은 25% 이상이므로 옳지 않다.

## 03 자료 계산

(고사한 소나무 수)=(감염률)×(고사율)×(발생지역의 소나무 수)
- 거제 : $0.5×0.5×1,590=397.5$
- 경주 : $0.2×0.5×2,981=298.1$
- 제주 : $0.8×0.4×1,201=384.32$
- 청도 : $0.1×0.7×279=19.53$
- 포항 : $0.2×0.6×2,312=277.44$

따라서 고사한 소나무 수가 가장 많은 지역은 거제이다.

## 04 품목 확정

- 두 번째 조건에 따라 $1,500m^2$에 2대를 설치해야 하므로 발전기 1기당 필요면적이 $750m^2$를 초과하는 D발전기는 제외한다.
- 세 번째 조건에 따라 에너지 발전단가가 97.5원/kWh를 초과하는 C발전기는 제외한다.
- 네 번째 조건에 따라 탄소배출량이 91g/kWh로 가장 많은 B발전기는 제외한다.
- 다섯 번째 조건에 따라 발전기 1기당 중량이 3,600kg인 A발전기는 제외한다.

따라서 후보 발전기 중 설치하기 적합한 발전기는 E발전기이다.

## 05 비용 계산

[{(월세)×(12개월)}÷{(전세 보증금)−(월세 보증금)}]×100=6%가 되어야 한다.
따라서 월세를 $x$원이라고 하고, 주어진 금액을 대입하여 계산해 보면 다음과 같다.
$(x×12)÷(1억−1천만)×100=6$

$→ \dfrac{12x}{900,000}=6$

$→ x=\dfrac{900,000×6}{12}$

$∴ x=450,000$

## 06 문단 나열

제시문은 융의 실험을 통해 심리학에서의 연구 방법에 대해 다루고 있다. 따라서 (가) 대상이 되는 연구 방법의 진행 과정과 그 한계 – (마) 융이 기존의 연구 방법에 추가한 과정을 소개 – (라) 기존 연구자들이 간과했던 새로운 사실을 찾아낸 융의 실험의 의의 – (나) 융의 실험을 통해 새롭게 드러난 결과 분석 – (다) 새롭게 드러난 심리적 개념을 정의한 융의 사상 체계에서의 핵심적 요소에 대한 설명의 순으로 나열하는 것이 적절하다.

## 07 자료 이해

A국과 F국을 비교해 보면 참가선수는 A국이 더 많지만, 동메달 수는 F국이 더 많다.

## 08 응용 수리

전체 부품 생산량을 $x$개라고 하면 다음 표와 같다.

(단위 : 개)

| 구분 | A계열사 | B계열사 | 합계 |
|---|---|---|---|
| 불량 ○ | $0.006x$ | $0.021x$ | $0.027x$ |
| 불량 × | $0.294x$ | $0.679x$ | $0.973x$ |
| 합계 | $0.3x$ | $0.7x$ | $x$ |

- A계열사의 제품이 불량일 확률 : $\dfrac{3}{10} \times \dfrac{2}{100} = \dfrac{6}{1,000}$

- B계열사의 제품이 불량일 확률 : $\dfrac{7}{10} \times \dfrac{3}{100} = \dfrac{21}{1,000}$

- 불량품인 부품을 선정할 확률 : $\dfrac{6}{1,000} + \dfrac{21}{1,000} = \dfrac{27}{1,000}$

따라서 부품을 선정하여 나온 불량품이 B계열사의 불량품일 확률은 $\dfrac{21}{27} = \dfrac{7}{9}$ 이다.


## 09   자료 해석      정답 ④

A ～ E학생이 얻는 점수는 다음과 같다.
- A : 기본 점수 80점에 오탈자 33건이므로 5점 감점, 전체 글자 수 654자이므로 3점 추가, A등급 2개와 C등급 1개이므로 15점 추가하여 총 $80-5+3+15=93$점이다.
- B : 기본 점수 80점에 오탈자 7건이므로 0점 감점, 전체 글자 수 476자이므로 0점 추가, B등급 3개이므로 5점 추가하여 총 $80+5=85$점이다.
- C : 기본 점수 80점에 오탈자 28건이므로 4점 감점, 전체 글자 수 332자이므로 10점 감점, B등급 2개와 C등급 1개이므로 0점 추가하여 총 $80-4-10=66$점이다.
- D : 기본 점수 80점에 오탈자 25건이므로 4점 감점, 전체 글자 수가 572자이므로 0점 추가, A등급 3개이므로 25점 추가하여 총 $80-4+25=101$점이다.
- E : 기본 점수 80점에 오탈자 12건이므로 1점 감점, 전체 글자 수가 786자이므로 8점 추가, A등급 1개와 B등급 1개와 C등급 1개이므로 10점 추가하여 총 $80-1+8+10=97$점이다.

따라서 점수가 가장 높은 학생은 D이다.


## 10   자료 해석      정답 ②

26일은 비가 오는 날이므로 첫 번째 조건에 따라 A사원은 커피류를 마신다. 또한, 평균기온은 27℃로 26℃ 이상이므로 두 번째 조건에 따라 큰 컵으로 마시고, 세 번째 조건에 따라 카페라테를 마신다.


## 11   자료 해석      정답 ④

24일은 비가 오지 않는 화요일이며, 평균기온은 28℃이므로 A사원은 밀크티 큰 컵을 마신다. 그리고 23일은 맑은 날이고 26℃이므로, A사원은 자몽에이드 큰 컵을 마셨을 것이다. 그러므로 B사원에게 자몽에이드 큰 컵을 사 줄 것이다. 따라서 A사원이 지불할 금액은 $9,500(=4,800+4,700)$원이다.


## 12   내용 추론      정답 ①

(가) 문단에서는 인류가 바람을 에너지원으로 사용한 지 1만 년이 넘었다고 제시되어 있을 뿐이며, 풍력에너지가 인류에서 가장 오래된 에너지원인지는 추론할 수 없다.


## 13   글의 주제      정답 ④

(라) 문단에서는 비행선 등을 활용하여 고고도풍(High Altitude Wind)을 이용하는 발전기 회사의 사례를 제시하고 있지만, 그 기술의 한계에 대한 내용은 언급하고 있지 않다. 따라서 ④는 (라) 문단에 대한 주제로 적절하지 않다.

## 14   응용 수리    정답 ①

문제에 주어진 조건을 식으로 정리하면 다음과 같다.

$$\frac{25}{10} + \frac{25}{15} = \frac{25}{6} = 4\frac{1}{6}$$

따라서 총 걸린 시간이 4시간 10분이므로 현수가 할아버지댁에 오후 4시에 도착했다면 오전 11시 50분에 집에서 나왔다는 것을 알 수 있다.

## 15   자료 변환    정답 ③

연도별 영업이익과 영업이익률을 정리하면 다음과 같다.

(단위 : 억 원)

| 구분 | 2020년 | 2021년 | 2022년 | 2023년 | 2024년 |
|---|---|---|---|---|---|
| 매출액 | 1,485 | 1,630 | 1,410 | 1,860 | 2,055 |
| 매출원가 | 1,360 | 1,515 | 1,280 | 1,675 | 1,810 |
| 판관비 | 30 | 34 | 41 | 62 | 38 |
| 영업이익 | 95 | 81 | 89 | 123 | 207 |
| 영업이익률 | 6.4% | 5.0% | 6.3% | 6.6% | 10.1% |

따라서 주어진 자료를 나타낸 그래프로 옳은 것은 ③이다.

## 16   시간 계획    정답 ①

조건에 따라 자동차를 대여할 수 없는 날을 표시하면 다음과 같다.

〈2월 달력〉

| 일 | 월 | 화 | 수 | 목 | 금 | 토 |
|---|---|---|---|---|---|---|
| | 1 | 2<br>×<br>짝수 날 점검 | 3 | 4<br>×<br>짝수 날 점검 | 5 | 6<br>×<br>짝수 날 점검 |
| 7 | 8 | 9<br>×<br>업무 | 10<br>×<br>업무 | 11<br>×<br>설 연휴 | 12<br>×<br>설 연휴 | 13<br>×<br>설 연휴 |
| 14 | 15<br>×<br>출장 | 16<br>×<br>출장 | 17 | 18 | 19 | 20 |
| 21 | 22 | 23 | 24<br>×<br>C 대여 | 25<br>×<br>C 대여 | 26<br>×<br>C 대여 | 27 |
| 28 | | | | | | |

따라서 B자동차를 대여할 수 있는 날은 주말을 포함한 18 ~ 20일, 19 ~ 21일, 20 ~ 22일, 21 ~ 23일이므로 수요일(17일)은 자동차를 대여할 수 없다.

## 17 정답 ③

사장은 최소비용으로 최대인원을 채용하는 것을 목적으로 하고 있다. 가장 낮은 임금의 인원을 최우선으로 배치하되, 같은 임금의 인원은 가용한 시간 내에 분배하여 배치하는 것이 해당 목적을 달성하는 방법이다. 이를 적용하면 다음과 같이 인원을 배치할 수 있다.

| 구분 | 월요일 | | 화요일 | | 수요일 | | 목요일 | | 금요일 | |
|---|---|---|---|---|---|---|---|---|---|---|
| 08:00 | 기존 직원 | 김갑주 | 기존 직원 | 김갑주 | 기존 직원 | 김갑주 | 기존 직원 | 김갑주 | 기존 직원 | 김갑주 |
| 09:00 | | | | | | | | | | |
| 10:00 | | 한수미 | | 한수미 | | 한수미 | | 한수미 | | 한수미 |
| 11:00 | | | | | | | | | | |
| 12:00 | | 조병수 | | 조병수 | | 조병수 | | 조병수 | | 조병수 |
| 13:00 | | | | | | | | | | |
| 14:00 | | | | | | | | | | |
| 15:00 | 강을미 | | 강을미 | | 강을미 | | 강을미 | | 강을미 | |
| 16:00 | | 채미나 | | 채미나 | | 채미나 | | 채미나 | | 채미나 |
| 17:00 | | | | | | | | | | |
| 18:00 | | | | | | | | | | |
| 19:00 | | | | | | | | | | |

8시부터 근무는 김갑주가 임금이 가장 낮다. 이후 10시부터는 임금이 같은 한수미도 근무할 수 있으므로, 최대인원을 채용하는 목적에 따라 한수미가 근무한다. 그다음 중복되는 12시부터는 조병수가 임금이 더 낮으므로 조병수가 근무하며, 임금이 가장 낮은 강을미는 15시부터 20시까지 근무한다. 조병수 다음으로 중복되는 14시부터 가능한 최강현은 임금이 비싸므로 채용하지 않는다(최소비용이 최대인원보다 우선하기 때문). 그다음으로 중복되는 16시부터는 채미나가 조병수와 임금이 같으므로 채미나가 근무한다.

## 18 정답 ④

하루 지출되는 직원별 급여액은 다음과 같다.
- 기존 직원 : $8,000 \times 7 = 56,000$원
- 김갑주, 한수미 : $8,000 \times 2 = 16,000$원
- 조병수, 채미나 : $7,500 \times 4 = 30,000$원
- 강을미 : $7,000 \times 5 = 35,000$원
  → $56,000 + (16,000 \times 2) + (30,000 \times 2) + 35,000 = 183,000$원
∴ (임금) $= 183,000 \times 5 = 915,000$원

## 19 정답 ⑤

주어진 조건에 따라 자물쇠를 열 수 없는 열쇠를 정리하면 다음과 같다.

| 구분 | 1번 열쇠 | 2번 열쇠 | 3번 열쇠 | 4번 열쇠 | 5번 열쇠 | 6번 열쇠 |
|---|---|---|---|---|---|---|
| 첫 번째 자물쇠 | | | × | × | × | × |
| 두 번째 자물쇠 | | | × | | | × |
| 세 번째 자물쇠 | × | × | × | | | × |
| 네 번째 자물쇠 | | | × | × | | × |

따라서 3번 열쇠로는 어떤 자물쇠도 열지 못하는 것을 알 수 있다.

[오답분석]
① 첫 번째 자물쇠는 1번 또는 2번 열쇠로 열릴 수 있다.
② 두 번째 자물쇠가 2번 열쇠로 열리면, 세 번째 자물쇠는 4번 열쇠로 열린다.
③ 세 번째 자물쇠가 5번 열쇠로 열리면, 네 번째 자물쇠는 1번 또는 2번 열쇠로 열린다.
④ 네 번째 자물쇠가 5번 열쇠로 열리면, 두 번째 자물쇠는 1번 또는 2번 열쇠로 열린다.

## 20   어휘             정답 ①

첫 번째 빈칸에는 문장의 서술어가 '때문이다'로 되어 있으므로 이와 호응하는 '왜냐하면'이 와야 한다. 다음으로 두 번째 빈칸에는 문장의 내용이 앞 문장과 상반되는 내용이 아닌, 앞 문장을 부연하는 내용이므로 병렬 기능의 접속 부사 '그리고'가 들어가야 한다. 마지막으로 세 번째 빈칸은 내용상 결론에 해당하므로 '그러므로'가 가장 적절하다.

## 21   자료 해석          정답 ④

예산이 가장 많이 드는 B사업과 E사업은 사업기간이 3년이므로 최소 1년은 겹쳐야 한다. 이를 바탕으로 정리하면 다음과 같다.

| 연도<br>예산<br>사업명 | 1차<br>20조 원 | 2차<br>24조 원 | 3차<br>28.8조 원 | 4차<br>34.5조 원 | 5차<br>41.5조 원 |
|---|---|---|---|---|---|
| A | – | 1조 원 | 4조 원 | – | – |
| B | – | 15조 원 | 18조 원 | 21조 원 | – |
| C | – | – | – | – | 15조 원 |
| D | 15조 원 | 8조 원 | – | – | – |
| E | – | – | 6조 원 | 12조 원 | 24조 원 |
| 실질 사용 예산 합계 | 15조 원 | 24조 원 | 28조 원 | 33조 원 | 39조 원 |

따라서 D사업을 첫해에 시작해야 한다.

## 22   자료 이해          정답 ④

2024년 소포우편 분야의 2020년 대비 매출액 증가율은 $\frac{5,017-3,390}{3,390}\times100≒48.0\%$이므로 옳지 않은 설명이다.

[오답분석]

① 매년 매출액이 가장 높은 분야는 일반통상 분야인 것을 확인할 수 있다.

② 일반통상 분야의 매출액은 2021년, 2022년, 2024년에, 특수통상 분야의 매출액은 2023년, 2024년에 감소했다. 반면 소포우편 분야는 매년 매출액이 꾸준히 증가했다.

③ 2024년 1분기에 특수통상 분야의 매출액이 차지하고 있는 비율은 $\frac{1,406}{5,354}\times100≒26.3\%$이므로 20% 이상이다.

⑤ 2023년에는 일반통상 분야의 매출액이 전체의 $\frac{11,107}{21,722}\times100≒51.1\%$이므로 옳은 설명이다.

## 23   수열 규칙          정답 ④

제시된 수열은 홀수 항은 ×3+3이고, 짝수 항은 −2를 하는 수열이다.
따라서 (　)=102×3+3=309이다.

## 24   비용 계산          정답 ①

원화에서 유로화로 환전하는 경우가 2가지, 유로화에서 리라화로 환전하는 경우가 2가지이므로, 총 4가지 환전경로가 있다. 선택지를 토대로 환전경로에 따른 환전수수료를 계산하면 다음과 같다. 이때, 계산의 편의를 위해 600만 원이 아닌 1,200원을 기준으로 유불리를 비교한다.

① 국내 사설환전소(원화 → 유로화), 스페인 현지(유로화 → 리라화)
     먼저, 국내 사설환전소에서 1,200원을 1유로로 교환한다. 이때는 수수료가 없다.
     그리고 스페인 현지에서 1유로를 8리라로 환전할 수 있다.
     이때, 수수료는 8×0.05=0.40리라이다.

② 국내 사설환전소(원화 → 유로화), 터키 현지(유로화 → 리라화)

　먼저, 국내 사설환전소에서 1,200원을 1유로로 교환한다. 이때는 수수료가 없다.

　그리고 터키 현지에서 1유로를 5리라로 환전할 수 있다.

　이때, 수수료는 $5 \times 0.1 = 0.5$리라이다.

③ 스페인 현지(원화 → 유로화 → 리라화)

　스페인 현지에서 원화 1,200원을 1유로로 환전할 때의 수수료는 $1 \times 0.05 = 0.05$유로이다. 이 0.05유로를 리라화로 환산해 보면 0.05(유로)$\times$1(리라)$\div$0.125(유로)=0.40리라이다.

　또한 원화를 환전하며 수수료를 지불하고 남은 0.95유로를 리라로 환전하면 0.95(유로)$\times$1(리라)$\div$0.125(유로)=7.6리라이다. 이때 수수료는 $7.6 \times 0.05 = 0.38$리라이고, 총환전수수료는 $0.40 + 0.38 = 0.78$리라이다.

④ 스페인 현지(원화 → 유로화), 터키 현지(유로화 → 리라화)

　스페인 현지에서 원화 1,200원을 1유로로 환전할 때의 수수료는 $1 \times 0.05 = 0.05$유로이다. 이것을 리라화로 환산해 보면 0.05(유로)$\times$1(리라)$\div$0.125(유로)=0.40리라이다.

　스페인에서 바꾼 1유로 중 수수료를 내고 남은 0.95유로를 터키에서 환전하면 0.95(유로)$\times$1(리라)$\div$0.20(유로)=4.75리라이다. 이때 수수료는 $4.75 \times 0.1 = 0.475$리라이고, 총환전수수료는 $0.40 + 0.475 = 0.875$리라이다.

따라서 한화 1,200원당 가장 적은 환전수수료가 드는 경로는 국내 사설환전소에서 원화를 유로화로 환전한 후, 스페인 현지에서 리라화로 환전하는 경우인 ①이다.

## 25  비용 계산

정답 ①

24번에서 기존의 4가지 환전경로에 따른 환전수수료를 계산한 결과, 국내 사설환전소에서 원화를 유로화로 환전한 후, 스페인 현지에서 유로화를 리라화로 환전하는 경우가 가장 적은 환전수수료가 들었다. 이때의 환전수수료는 1,200원당 0.40리라였다. 주어진 환율을 토대로 국내 사설환전소에서 원화를 리라화로 환전하면 다음과 같다.

1,200(원)$\times$1(리라)$\div$250(원)=4.8리라이므로 1,200원을 4.8리라로 환전할 수 있으며, 이때의 환전수수료는 $4.8 \times 0.09 = 0.432$ 리라이다. 따라서 국내 사설환전소에서 원화를 유로화로 환전한 후, 스페인 현지에서 유로화를 리라화로 환전하는 경우에 더 적은 수수료를 지불함을 알 수 있다. 따라서 A대리는 24번에서 구한 최저 수수료를 지불하는 환전경로를 선택할 것이다.

ㄱ. 1,200원당 0.40리라를 수수료로 지불하였으므로 600만 원을 환전하는 경우, 총환전수수료는 $\dfrac{600만}{1,200} \times 0.40 = 2,000$리라이다.

　따라서 옳은 설명이다.

[오답분석]

ㄴ. A대리는 국내 사설환전소에서 원화를 유로화로 환전한 후, 스페인 현지에서 유로화를 리라화로 환전하는 방식을 선택할 것이다.

ㄷ. 총환전대상 금액에 따라 유불리가 달라지지는 않는다.

## 26  시간 계획

정답 ①

화상회의 진행 시각(한국 기준 오후 4시 ~ 오후 5시)을 각국 현지 시각으로 변환하면 다음과 같다.

- 파키스탄 지사(-4시간) : 오후 12시 ~ 오후 1시, 점심시간이므로, 회의에 참석 불가능하다.
- 불가리아 지사 (-6시간) : 오전 10시 ~ 오전 11시이므로, 회의에 참석 가능하다.
- 호주 지사(+1시간) : 오후 5시 ~ 오후 6시이므로, 회의에 참석 가능하다.
- 영국 지사(-8시간) : 오전 8시 ~ 오전 9시이므로, 회의에 참석 가능하다(시차는 -9시간이지만, 서머타임을 적용한다).
- 싱가포르 지사(-1시간) : 오후 3시 ~ 오후 4시이므로, 회의에 참석 가능하다.

따라서 파키스탄 지사는 화상회의에 참석할 수 없다.

## 27  빈칸 삽입

정답 ②

제시문에서 당분 과다로 뇌의 화학적 균형이 무너져 정신에 장애가 왔다는 주장과 정제한 당의 섭취를 원천적으로 차단한 실험 결과를 토대로 과다한 정제당 섭취가 반사회적 행동을 유발할 수 있다는 내용을 추론할 수 있다.

## 28 명제 추론

마지막 조건에 의해 대리는 1주 차에 휴가를 갈 수 없다. 따라서 2~5주 차, 즉 4주 동안 대리 2명이 휴가를 다녀와야 한다. 두 번째 조건에 의해 한 명은 2~3주 차, 다른 한 명은 4~5주 차에 휴가를 간다. 그러므로 대리는 3주 차에 휴가를 출발할 수 없다.

오답분석

①·③

| 1주 차 | 2주 차 | 3주 차 | 4주 차 | 5주 차 |
|---|---|---|---|---|
| – | 사원1 | 사원1 | 사원2 | 사원2 |
| – | 대리1 | 대리1 | 대리2 | 대리2 |
| – | 과장 | 과장 | 부장 | 부장 |

②

| 1주 차 | 2주 차 | 3주 차 | 4주 차 | 5주 차 |
|---|---|---|---|---|
| 사원1 | 사원1 | – | 사원2 | 사원2 |
| – | 대리1 | 대리1 | 대리2 | 대리2 |
| 과장 | 과장 | – | 부장 | 부장 |

④

| 1주 차 | 2주 차 | 3주 차 | 4주 차 | 5주 차 |
|---|---|---|---|---|
| 사원1 | 사원1 | 사원2 | 사원2 | – |
| – | 대리1 | 대리1 | 대리2 | 대리2 |
| 과장 | 과장 | 부장 | 부장 | – |

## 29 자료 해석

8월 8일의 날씨 예측 점수를 $x$점, 8월 16일의 날씨 예측 점수를 $y$점이라고 하자(단, $x \geq 0$, $y \geq 0$).
8월 1일부터 8월 19일까지의 날씨 예측 점수를 달력에 나타내면 다음과 같다.

| 구분 | 월요일 | 화요일 | 수요일 | 목요일 | 금요일 | 토요일 | 일요일 |
|---|---|---|---|---|---|---|---|
| 날짜 | | | 1 | 2 | 3 | 4 | 5 |
| 점수 | | | 10점 | 6점 | 4점 | 6점 | 6점 |
| 날짜 | 6 | 7 | 8 | 9 | 10 | 11 | 12 |
| 점수 | 4점 | 10점 | $x$점 | 10점 | 4점 | 2점 | 10점 |
| 날짜 | 13 | 14 | 15 | 16 | 17 | 18 | 19 |
| 점수 | 0점 | 0점 | 10점 | $y$점 | 10점 | 10점 | 2점 |

두 번째 조건에 제시된 한 주의 주중 날씨 예측 점수의 평균을 이용해 $x$와 $y$의 범위를 구하면 다음과 같다.

• 8월 둘째 주 날씨 예측 점수의 평균

$$\frac{4+10+x+10+4}{5} \geq 5 \rightarrow x+28 \geq 25 \rightarrow x \geq -3$$

$$\therefore x \geq 0 (\because x \geq 0)$$

• 8월 셋째 주 날씨 예측 점수의 평균

$$\frac{0+0+10+y+10}{5} \geq 5 \rightarrow y+20 \geq 25$$

$$\therefore y \geq 5$$

세 번째 조건의 요일별 날씨 평균을 이용하여 $x$와 $y$의 범위를 구하면 다음과 같다.

• 수요일 날씨 예측 점수의 평균

$$\frac{10+x+10}{3} \leq 7 \rightarrow x+20 \leq 21$$

$$\therefore x \leq 1$$

PART 5

• 목요일 날씨 예측 점수의 평균

$$\frac{6+10+y}{3} \geq 5 \rightarrow y+16 \geq 15 \rightarrow y \geq -1$$

$$\therefore \ y \geq 0(\because y \geq 0)$$

따라서 $x$의 범위는 $0 \leq x \leq 1$이고, $y$의 범위는 $y \geq 5$이다.

8월 8일의 예측 날씨는 맑음이고, 예측 점수의 범위는 $0 \leq x \leq 1$이므로 8월 8일의 실제 날씨는 눈・비이다. 그리고 8월 16일의 예측 날씨는 눈・비이고 예측 점수의 범위는 $y \geq 5$이므로 8월 16일의 실제 날씨는 흐림 또는 눈・비이다. 따라서 실제 날씨로 바르게 짝지은 것은 ③이다.

## 30 자료 변환    정답 ④

그래프의 제목은 'TV+스마트폰 이용자의 도시규모별 구성비'인 것에 반해 그래프의 수치들을 살펴보면, TV에 대한 도시규모별 구성비와 같은 것을 알 수 있다. 따라서 제목과 그래프의 내용이 서로 일치하지 않는다.
TV+스마트폰 이용자의 도시규모별 구성비는 다음과 같이 구할 수 있다.

| 구분 | TV | 스마트폰 |
|---|---|---|
| 사례 수 | 7,000명 | 6,000명 |
| 대도시 | 45.3% | 47.5% |
| 중소도시 | 37.5% | 39.6% |
| 군지역 | 17.2% | 12.9% |

• 대도시 : $45.3\% \times \dfrac{7,000}{13,000} + 47.5\% \times \dfrac{6,000}{13,000} \fallingdotseq 46.32\%$

• 중소도시 : $37.5\% \times \dfrac{7,000}{13,000} + 39.6\% \times \dfrac{6,000}{13,000} \fallingdotseq 38.47\%$

• 군지역 : $17.2\% \times \dfrac{7,000}{13,000} + 12.9\% \times \dfrac{6,000}{13,000} \fallingdotseq 15.22\%$

오답분석

① 연령대별 스마트폰 이용자 비율에 사례 수(조사인원)를 곱하면 이용자 수를 구할 수 있다.
② 매체별 성별 이용자 비율에 사례 수(조사인원)를 곱하면 구할 수 있다.
③ 주어진 표에서 쉽게 확인할 수 있다.
⑤ 각 사례 수(조사인원)에서 사무직에 종사하는 대상의 수를 도출한 뒤, 각 매체별 비율을 산출하여야 한다.

| 구분 | TV | 스마트폰 | PC/노트북 |
|---|---|---|---|
| 사례 수($a$) | 7,000명 | 6,000명 | 4,000명 |
| 사무직 비율($b$) | 20.1% | 25.6% | 28.2% |
| 사무직 대상수($a \times b = c$) | 1,407명 | 1,536명 | 1,128명 |
| 합계($d$) | 4,071명 | | |
| 비율($c \div d$) | 34.56% | 37.73% | 27.71% |

## 31 문서 내용 이해    정답 ④

제시문에 따르면 색채를 활용하여 먼 거리에서 더 잘 보이게 하거나 뚜렷하게 보이도록 해야 할 때가 있다. 그럴 경우에는 배경과 그 앞에 놓이는 그림의 속성 차를 크게 해야 한다.

오답분석

① 색채의 대비는 2개 이상의 색을 동시에 보거나, 계속해서 볼 때 일어나는 현상이다. 전자를 '동시대비', 후자를 '계속대비'라 한다.
② 어떤 색을 계속 응시하면, 시간의 경과에 따라 그 색의 보이는 상태가 변화한다.
③ 색채가 어떠하며, 우리 눈에 그것이 어떻게 보이고, 어떤 느낌을 주는지는 색채심리학이 다루는 연구대상 중 가장 주요한 부분이다.
⑤ 멀리서도 잘 보여야 하는 표지류 등은 대비량이 큰 색을 사용한다.

## 32 내용 추론

연두색과 노란색과 같이 색상이 다른 두 색을 동시에 나란히 놓았을 때 서로의 영향으로 색상 차가 나는 것은 색상대비로 볼 수 있다.

**오답분석**

① 명도대비에 대한 내용이다.
③ 채도대비에 대한 내용이다.
④ 보색잔상에 대한 내용이다.
⑤ 색순응에 대한 내용이다.

## 33 자료 해석

정답 ②

조건에 따라 점수를 산정하면 다음과 같다.

(단위 : 점)

| 업체명 | 프로그램 | 1차 점수 | 2차 점수 |
|---|---|---|---|
| A업체 | 집중GX | 31 | 36 |
| B업체 | 필라테스 | 32 | 39 |
| C업체 | 자율 웨이트 | 25 | – |
| D업체 | 근력운동 트레이닝 | 24 | – |
| E업체 | 스피닝 | 32 | 36 |

따라서 2차 점수가 가장 높은 B업체가 최종적으로 선정된다.

## 34 인원 선발

정답 ④

A∼E의 조건별 점수를 구하면 다음과 같다.

| 구분 | 직위 | 직종 | 근속연수 | 부양가족 수 | 주택 유무 | 합계 |
|---|---|---|---|---|---|---|
| A | 3점 | 5점 | 3점 | – | 10점 | 21점 |
| B | 1점 | 10점 | 1점 | 4점 | 10점 | 26점 |
| C | 4점 | 10점 | 4점 | 4점 | – | 22점 |
| D | 2점 | 3점 | 1점 | 6점 | 10점 | 22점 |
| E | 5점 | 5점 | 5점 | 6점 | – | 21점 |

C과장과 D주임의 경우 동점으로, 부양가족 수가 더 많은 D주임이 우선순위를 가진다. 따라서 가장 높은 점수인 B사원과 D주임이 사택을 제공받을 수 있다.

## 35 품목 확정

정답 ③

각 과제의 최종 점수를 구하기 전에 항목별로 최하위 점수가 부여된 과제는 제외하므로, 중요도에서 최하위 점수가 부여된 B, 긴급도에서 최하위 점수가 부여된 D, 적용도에서 최하위 점수가 부여된 E를 제외한다. 나머지 두 과제에 대하여 주어진 조건에 따라 최종 점수를 구해보면 다음과 같다. 가중치는 별도로 부여되므로 추가 계산한다.

• A : $(84+92+96)+(84\times0.3)+(92\times0.2)+(96\times0.1)=325.2$점
• C : $(95+85+91)+(95\times0.3)+(85\times0.2)+(91\times0.1)=325.6$점

따라서 최종 점수가 높은 C를 가장 먼저 수행해야 한다.

## 36 자료 이해

ㄴ. 2023년 대형 자동차 판매량의 전년 대비 감소율은 $\left| \dfrac{185.0-186.1}{186.1} \times 100 \right| = 0.6\%$이다.

ㄷ. SUV 자동차의 총판매량은 452.2+455.7+450.8=1,358.7천 대이고, 대형 자동차 총판매량은 186.1+185.0+177.6= 548.7천 대이다. 이때, 대형 자동차 총판매량의 2.5배는 548.7×2.5=1,371.75이므로 SUV 자동차의 총판매량보다 크다.

오답분석

ㄱ. 2022 ~ 2024년 동안 판매량이 감소하는 차종은 '대형' 1종류이다.

ㄹ. 2023년 대비 2024년 판매량이 증가한 차종은 '준중형'과 '중형'이다. 두 차종의 증가율을 비교하면 준중형은 $\dfrac{180.4-179.2}{179.2} \times$

$100 = 0.7\%$, 중형은 $\dfrac{205.7-202.5}{202.5} \times 100 = 1.6\%$로 중형이 더 높은 증가율을 나타낸다.


## 37 문서 내용 이해

네 번째 문단에 따르면 클라우지우스는 열기관의 열효율은 열기관이 고온에서 열을 흡수하고 저온에 방출할 때의 두 작동 온도에만 관계된다는 카르노의 이론을 증명하였다. 이로써 열효율에 관한 카르노의 이론은 클라우지우스의 증명으로 유지될 수 있었다.

오답분석

① 두 번째 문단에 따르면 열기관은 높은 온도의 열원에서 열을 흡수하고 낮은 온도의 대기와 같은 열기관 외부에 열을 방출하며 일을 하는 기관이다.

② 두 번째 문단에 따르면 수력 기관에서 물이 높은 곳에서 낮은 곳으로 흐르면서 일을 할 때 물의 양과 한 일의 양의 비는 높이 차이에 의해서만 좌우된다.

③ 첫 번째 문단에 따르면 칼로릭은 질량이 없는 입자들의 모임이다. 따라서 가열된 쇠구슬의 질량은 증가하지 않는다.

④ 첫 번째 문단에 따르면 칼로릭은 온도가 높은 쪽에서 낮은 쪽으로 흐르는 성질이 있다.


## 38 내용 추론

세 번째 문단에 따르면 줄(Joule)은 '열과 일이 상호 전환될 때 열과 일의 에너지를 합한 양은 일정하게 보존된다.'는 사실(에너지 보존 법칙)을 알아냈다. 그런데 네 번째 문단에 나타난 칼로릭 이론에 입각한 카르노의 열기관에 대한 설명에 따르면 열기관은 높은 온도에서 흡수한 열 전부를 낮은 온도로 방출하면서 일을 한다. 이는 열기관이 한 일을 설명할 수 없다는 오류가 있다.

오답분석

② 세 번째 문단에 따르면 화학 에너지, 전기 에너지 등은 등가성이 있으며 상호 전환될 수 있다.

③ 마지막 문단에 따르면 클라우지우스가 증명한 내용이다.

④ 네 번째 문단에 따르면 카르노의 이론에 대해 문제를 제기한 내용에 관해 증명하기 위한 가정이다.

⑤ 네 번째 문단에 따르면 카르노의 이론에 대해 클라우지우스가 증명한 내용이다.


## 39 규칙 적용

• 자 : m1
• 전 : m5C
• 거 : a5
• 1+5+5=11 → 1+1=2


## 40 규칙 적용

• 마 : g1
• 늘 : c19F
• 쭁 : n9L
• 1+19+9=29 → 2+9=11 → 1+1=2

## |02| 사무(조직이해능력)

| 41 | 42 | 43 | 44 | 45 | 46 | 47 | 48 | 49 | 50 | | | | | | | | | | |
|----|----|----|----|----|----|----|----|----|----|--|--|--|--|--|--|--|--|--|--|
| ② | ④ | ① | ③ | ⑤ | ⑤ | ③ | ② | ④ | ④ | | | | | | | | | | |

### 41 조직 구조 　　　　　　　　　　　　　정답 ②

규칙과 법을 준수하고, 관행과 안정, 문서와 형식, 명확한 책임소재 등을 강조하는 관리적 문화의 특징을 가진 문화는 (다)이다. (가)는 집단문화, (나)는 개발문화, (다)는 계층문화, (라)는 합리문화이며, 유형별 주요 특징은 다음과 같다.

| 조직문화 유형 | 주요 특징 |
|----|----|
| (가) 집단문화 | 관계지향적인 문화이며, 조직 구성원 간 인간애 또는 인간미를 중시하는 문화로, 조직내부의 통합과 유연한 인간관계를 강조한다. 따라서 조직 구성원 간 인화단결, 협동, 팀워크, 공유가치, 사기, 의사결정과정에 참여 등을 중요시하며, 개인의 능력개발에 대한 관심이 높고, 조직 구성원에 대한 인간적 배려와 가족적인 분위기를 만들어내는 특징을 가진다. |
| (나) 개발문화 | 높은 유연성과 개성을 강조하며, 외부환경에 대한 변화지향성과 신축적 대응성을 기반으로 조직 구성원의 도전의식, 모험성, 창의성, 혁신성, 자원획득 등을 중시하며, 조직의 성장과 발전에 관심이 높은 조직문화를 의미한다. 따라서 조직 구성원의 업무수행에 대한 자율성과 자유재량권 부여 여부가 핵심요인이다. |
| (다) 계층문화 | 조직내부의 통합과 안정성을 확보하고, 현상유지 차원에서 계층화되고 서열화된 조직 구조를 중요시하는 조직문화이다. 즉, 위계질서에 의한 명령과 통제, 업무처리 시 규칙과 법을 준수, 관행과 안정, 문서와 형식, 보고와 정보관리, 명확한 책임소재 등을 강조하는 관리적 문화의 특징을 나타내고 있다. |
| (라) 합리문화 | 과업지향적인 문화로, 결과지향적인 조직으로써의 업무의 완수를 강조한다. 조직의 목표를 명확하게 설정하여 합리적으로 달성하고, 주어진 과업을 효과적이고 효율적으로 수행하기 위하여 실적을 중시하고, 직무에 몰입하며, 미래를 위한 계획을 수립하는 것을 강조한다. 조직 구성원 간의 경쟁을 유도하는 문화이기 때문에 때로는 지나친 성과를 강조하게 되어 조직에 대한 조직 구성원들의 방어적인 태도와 개인주의적인 성향을 드러내는 경향을 보인다. |

### 42 업무 종류 　　　　　　　　　　　　　정답 ④

주어진 자료의 분장업무는 영리를 목적으로 하는 영업과 관련된 업무로 볼 수 있다. 따라서 영업부가 가장 적절하다.

오답분석
① 총무부 : 전체적이며 일반적인 행정 실무를 맡아보는 부서로, 분장업무로는 문서 및 직인관리, 주주총회 및 이사회개최 관련 업무, 의전 및 비서업무, 사무실 임차 및 관리, 사내외 행사 관련 업무, 복리후생 업무 등을 담당한다.
② 인사부 : 구성원들의 인사, 상벌, 승진 등의 일을 맡아보는 부서로, 분장업무로는 조직기구의 개편 및 조정, 업무분장 및 조정, 인력수급계획 및 관리, 노사관리, 상벌관리, 인사발령, 평가관리, 퇴직관리 등을 담당한다.
③ 기획부 : 조직의 업무를 계획하여 일을 맡아보는 부서로, 분장업무로는 경영계획 및 전략 수립·조정, 전사기획업무 종합 및 조정, 경영정보 조사 및 기획 보고, 종합예산수립 및 실적관리, 사업계획, 손익추정, 실적관리 및 분석 등을 담당한다.
⑤ 자재부 : 필요한 재료를 구입하고 마련하는 일을 맡아보는 부서로, 구매계획 및 구매예산의 편성, 시장조사 및 구입처 조사 검토, 견적의뢰 및 검토, 구입계약 및 발주, 재고조사 및 재고통제, 보관 및 창고관리 등의 업무를 담당한다.

### 43 경영 전략 　　　　　　　　　　　　　정답 ①

H사가 안전과 가격, 디자인 면에서 호평을 받으며 미국시장의 최강자가 될 수 있었던 요인은 OEM 방식을 활용할 수도 있었지만 내실 경영 및 자기 브랜드를 고집한 대표이사의 선택으로 개별 도매상들을 상대로 직접 물건을 판매하고 평판 좋은 도매상들과의 유대관계를 강화하는 등 단단한 유통망을 갖추었기 때문이다.

## 44 경영 전략

H사가 평판이 좋은 중소규모 도매상을 선정해 유대관계를 강화한 곳은 미국시장이었다.

오답분석

H사가 유럽시장에서 성공을 거둔 요인으로는 소비자의 특성에 맞춘 고급스러운 디자인의 고가 제품 포지셔닝, 모토그랑프리 후원 등 전략적 마케팅, 실용적인 신제품 개발 등을 들 수 있다.

## 45 경영 전략

정답 ⑤

H사는 해외 진출 시 분석을 위해 공급 능력 확보를 위한 방안, 현지 시장의 경쟁상황이나 경쟁업체에 대한 차별화 전략으로 인한 제품 가격 및 품질 향상, 시장점유율 등을 활용하였다.

## 46 업무 종류

정답 ⑤

비품은 기관의 비품이나 차량 등을 관리하는 총무지원실에 신청해야 하며, 교육 일정은 사내 직원의 교육 업무를 담당하는 인사혁신실에서 확인해야 한다.

오답분석

기획조정실은 전반적인 조직 경영과 조직문화 형성, 예산 업무, 이사회, 국회 협력 업무, 법무 관련 업무를 담당한다.

## 47 경영 전략

정답 ③

경영은 경영목적, 인적자원, 자금, 전략의 4요소로 구성된다.
ㄱ. 경영목적
ㄴ. 인적자원
ㄷ. 자금
ㅂ. 전략

오답분석
ㄷ. 마케팅
ㄹ. 회계

## 48 조직 구조

정답 ②

H사는 기존에 수행하지 않던 해외 판매 업무가 추가될 것이므로 그에 따른 해외영업팀 등의 신설 조직이 필요하게 된다. 해외에 공장 등의 조직을 보유하게 됨으로써 이를 관리하는 해외관리팀이 필요할 것이며, 물품의 수출에 따른 통관 업무를 담당하는 물류팀, 외화 대금 수취 및 해외 조직으로부터의 자금 이동 관련 업무를 담당할 외환업무팀, 국제 거래상 발생하게 될 해외 거래 계약 실무를 담당할 국제법무팀 등이 필요하게 된다. 기업회계팀은 H사의 해외 사업과 상관없이 기존 회계를 담당하는 조직이라고 볼 수 있다.

## 49 업무 종류

정답 ④

문제 발생의 원인은 회의내용을 통해 알 수 있는 내용이다.

오답분석
① 회의에 참가한 인원이 6명일 뿐 조직의 인원은 회의록에서 알 수 없다.
② 회의 참석자는 생산팀 2명, 연구팀 2명, 마케팅팀 2명으로 총 6명이다.
③ 마케팅팀에서 제품을 전격 회수하고, 연구팀에서 유해성분을 조사하기로 했다.
⑤ 연구팀에서 유해성분을 조사하기로 결정했을 뿐 결과는 알 수 없다.

회의 후 가장 먼저 해야 할 일은 '주문량이 급격히 증가한 일주일 동안 생산된 제품 파악'이다. 문제의 제품이 전부 회수돼야 포장 재질 및 인쇄된 잉크 유해성분을 조사한 뒤 적절한 조치가 가능해지기 때문이다.

| 41 | 42 | 43 | 44 | 45 | 46 | 47 | 48 | 49 | 50 | | | | | | | | | | |
|---|---|---|---|---|---|---|---|---|---|---|---|---|---|---|---|---|---|---|---|
| ② | ③ | ③ | ③ | ④ | ① | ① | ① | ① | ② | | | | | | | | | | |

## 41 엑셀 함수　　　　　　　　　　　　　　　　　　정답 ②

RIGHT 함수는 오른쪽에서부터 문자를 추출하는 함수이다. RIGHT(문자열,추출할 문자 수)이므로 「=RIGHT(A3,4)」가 옳다.

## 42 정보 이해　　　　　　　　　　　　　　　　　　정답 ③

정보화 사회의 심화로 정보의 중요성이 높아지면, 그 필요성에 따라 정보에 대한 요구가 폭증한다. 또한 방대한 지식을 토대로 정보의 생산 속도도 증가하므로 더욱 많은 정보가 생성된다. 따라서 이러한 정보들을 토대로 사회의 발전 속도는 더욱 증가하므로 정보의 변화 속도도 증가한다.

오답분석

① 개인 생활을 비롯하여 정치, 경제, 문화, 교육, 스포츠 등 거의 모든 분야의 사회생활에서 정보에 의존하는 경향이 점점 더 커지기 때문에 정보화 사회는 정보의 사회적 중요성이 가장 많이 요구된다.
② 정보화의 심화로 인해 정보 독점성이 더욱 중요한 이슈가 되어 국가 간 갈등이 발생할 수 있지만, 실물 상품뿐만 아니라 노동, 자본, 기술 등의 생산 요소와 교육과 같은 서비스의 국제 교류가 활발해져 세계화가 진전된다.
④ 정보관리주체들이 존재하지만, 정보이동 경로가 다양화되는 만큼 개인들에게는 개인정보 보안, 효율적 정보 활용 등을 위한 정보관리의 필요성이 더욱 커진다.
⑤ 정보화 사회에서는 지식정보와 관련된 산업이 부가가치를 높일 수 있는 산업으로 각광받으나, 그렇다고 해서 물질이나 에너지 산업의 부가가치 생산성이 저하되지는 않는다. 오히려 풍부한 정보와 지식을 토대로 다른 산업의 생산성이 증대될 수 있다.

## 43 프로그램 언어(코딩)　　　　　　　　　　　　　　정답 ③

i에 0을 정의해 주어야 프로그램이 정상적으로 실행된다.

## 44 프로그램 언어(코딩)　　　　　　　　　　　　　　정답 ③

i를 정수로 정의하고 프로그램을 실행하면 '0'이 출력된다.

## 45 엑셀 함수　　　　　　　　　　　　　　　　　　정답 ④

LARGE 함수는 데이터 집합에서 N번째로 큰 값을 구하는 함수이다. 따라서 「=LARGE(D2:D9,2)」를 입력하면 [D2:D9] 범위에서 두 번째로 큰 값인 20,000이 산출된다.

오답분석

① MAX 함수 : 최댓값을 구하는 함수이다.
② MIN 함수 : 최솟값을 구하는 함수이다.
③ MID 함수 : 문자열의 지정 위치에서 문자를 지정한 개수만큼 돌려주는 함수이다.
⑤ INDEX 함수 : 범위 내에서 값이나 참조 영역을 구하는 함수이다.

## 46 엑셀 함수

SUMIF 함수는 주어진 조건에 의해 지정된 셀들의 합을 구하는 함수이며, 「=SUMIF(조건 범위, 조건, 계산할 범위)」로 구성된다. 따라서 「=SUMIF(A2:A9, A2, C2:C9)」를 입력하면 계산할 범위 [C2:C9] 안에서 [A2:A9] 범위 안의 조건인 [A2](의류)로 지정된 셀들의 합인 42가 산출된다.

오답분석

② COUNTIF 함수 : 지정한 범위 내에서 조건에 맞는 셀의 개수를 구하는 함수이다.
③·④ VLOOKUP 함수 및 HLOOKUP 함수 : 배열의 첫 열/행에서 값을 검색하여 지정한 열/행의 같은 행/열에서 데이터를 돌려주는 찾기/참조함수이다.
⑤ AVERAGEIF 함수 : 주어진 조건에 따라 지정되는 셀의 평균을 구하는 함수이다.

## 47 정보 이해

정답 ①

제시문에 의하면 B회사는 사내 도서관을 관리하기 위하여 도서의 명칭과 저자, 출판일, 출판사 등의 정보를 목록화하고 있고, 이러한 관리방법은 필요한 내용을 손쉽게 검색하여 찾을 수 있다는 장점이 있다. 이는 정보관리 방법 중 '목록을 활용한 정보관리'에 해당한다.

## 48 엑셀 함수

정답 ①

SUMIFS 함수는 주어진 조건에 의해 지정된 셀들의 합을 구하는 함수로, 「=SUMIFS(합계범위, 조건범위, 조건 값)」으로 구성된다. 이때 '조건 값'으로 숫자가 아닌 텍스트를 직접 입력할 경우에는 반드시 큰따옴표를 이용해야 한다. 따라서 「=SUMIFS(F2:F9, D2:D9, "남")」로 입력해야 한다.

## 49 프로그램 언어(코딩)

정답 ①

'strlen'은 문자열의 공백을 포함한 글자 수를 출력하는 함수이고 '₩n'은 줄 바꿈 명령어이다. 이때 '₩n'은 글자 수를 출력하는 함수에 포함되지 않았다. 따라서 "hello world"의 공백을 포함한 문자 수는 11이므로, 프로그램을 실행하면 11을 출력한다.

## 50 정보 이해

정답 ②

잠금 화면은 디스플레이 설정이 아닌 개인 설정에 들어가서 설정이 가능하다.

최종점검 모의고사 • 85

# | 04 | 그 외 기술(기술능력)

| 41 | 42 | 43 | 44 | 45 | 46 | 47 | 48 | 49 | 50 | | | | | | | | | | |
|----|----|----|----|----|----|----|----|----|----|---|---|---|---|---|---|---|---|---|---|
| ② | ④ | ③ | ④ | ④ | ⑤ | ③ | ④ | ② | ④ | | | | | | | | | | |

## 41 　기술 이해 　　　　　　　　　　　　　　　　　　　　　　　　　　　　　정답 ②

제시문은 기술혁신의 예측 어려움, 즉 불확실성에 대해 설명하고 있으므로 ②가 가장 적절하다.

[오답분석]

① 기술개발로부터 이로 인한 기술혁신의 가시적인 성과가 나타나기까지는 비교적 장시간이 필요하다.

③ 인간의 지식과 경험은 빠른 속도로 축적되고 학습되는 데 반해 기술개발에 참가한 엔지니어의 지식은 문서화되기 어렵기 때문에 다른 사람들에게 쉽게 전파될 수 없고, 해당 엔지니어들이 그 기업을 떠나는 경우 기술과 지식의 손실이 크게 발생하여 기술개발을 지속할 수 없는 경우가 종종 발생한다. 이는 기술혁신의 지식 집약적 활동이라는 특성 때문이다.

④ 기술혁신은 기업의 기존 조직 운영 절차나 제품구성, 생산방식, 나아가 조직의 권력구조 자체에도 새로운 변화를 야기함으로써 조직의 이해관계자 간의 갈등을 유발하는데, 이는 기술혁신으로 인해 조직 내에서도 이익을 보는 집단과 손해를 보는 집단이 생기기 때문이다.

⑤ 기술혁신은 연구개발 부서 단독으로 수행될 수 없다. 예를 들어 새로운 제품에 관한 아이디어는 마케팅 부서를 통해 고객으로부터 수집되었을 것이며, 원재료나 설비는 구매 부서를 통해 얻어졌을 것이기 때문이다. 이처럼 기술혁신은 부서 간의 상호의존성을 갖고 있다.

## 42 　기술 이해 　　　　　　　　　　　　　　　　　　　　　　　　　　　　　정답 ④

하향식 기술선택은 중장기적인 목표를 설정하고, 이를 달성하기 위해 핵심고객층 등에 제공하는 제품 및 서비스를 결정한다.

## 43 　기술 적용 　　　　　　　　　　　　　　　　　　　　　　　　　　　　　정답 ③

가정에 있을 경우 전력수급 비상단계를 신속하게 극복하기 위해 전력기기 등의 전원을 차단하거나 사용을 중지하는 것이 필요하나, 4번 항목에 따르면 안전, 보안 등을 위한 최소한의 조명까지 소등할 필요는 없다.

[오답분석]

① 가정에 있을 경우 TV, 라디오 등을 통해 재난상황을 파악하여 대처하라고 하였으므로, 전력수급 비상단계 발생 시 대중매체를 통해 재난상황에 대한 정보를 파악할 수 있다는 것을 알 수 있다.

② 사무실에 있을 경우 즉시 사용이 필요하지 않은 사무기기의 전원을 차단하여야 한다.

④ 공장에서는 비상발전기의 가동을 점검하여 가동을 준비해야 한다.

⑤ 전력수급 비상단계가 발생할 경우, 컴퓨터, 프린터 등 긴급하지 않은 모든 사무기기의 전원을 차단하여야 하므로 한동안 사무실의 업무가 중단될 수 있다.

## 44 　기술 적용 　　　　　　　　　　　　　　　　　　　　　　　　　　　　　정답 ④

ⓛ 사무실에서의 행동요령에 따르면 본사의 중앙보안시스템은 긴급한 설비로 볼 수 있다. 따라서 3번 항목의 예외에 해당하므로 중앙보안시스템의 전원을 차단해버린 이주임의 행동은 적절하지 않다고 볼 수 있다.

ⓔ 상가에서의 행동요령에 따르면 식재료의 부패와 관련 없는 가전제품의 가동을 중지하거나 조정하도록 설명되어 있다. 하지만 최사장은 횟감을 포함한 식재료를 보관 중인 모든 냉동고의 전원을 차단하였으므로 적절하지 않다.

[오답분석]

ⓐ 가정에 있던 중 세탁기 사용을 중지하고 실내조명을 최소화한 김사원의 행동은 적절하다.

ⓒ 공장에 있던 중 공장 내부 조명 밝기를 최소화한 박주임의 행동은 적절하다.

## 45 기술 이해

벤치마킹은 비교대상에 따라 내부·경쟁적·비경쟁적·글로벌 벤치마킹으로 분류되며, 네스프레소는 뛰어난 비경쟁 기업의 유사 분야를 대상으로 벤치마킹하는 비경쟁적 벤치마킹을 하고 있다. 비경쟁적 벤치마킹은 아이디어 창출 가능성은 높으나 가공하지 않고 사용하면 실패할 가능성이 높다.

오답분석

① 경쟁적 벤치마킹에 대한 설명이다.
②·⑤ 글로벌 벤치마킹에 대한 설명이다.
③ 내부 벤치마킹에 대한 설명이다.

## 46 기술 적용

주위 온도가 높으면 냉각력이 떨어지고 전기료가 많이 나오게 된다. 따라서 냉장고 설치 주변의 온도가 높지 않은지 확인할 필요가 있다.

오답분석

① 접지단자가 없으면 구리판에 접지선을 연결한 후 땅속에 묻어야 하므로 누전차단기가 아닌 구리판과 접지선을 준비해야 한다.
② 접지할 수 없는 장소일 경우 누전차단기를 콘센트에 연결해야 하므로 구리판이 아닌 누전차단기를 준비해야 한다.
③ 냉장고는 바람이 완전히 차단되는 곳이 아닌 통풍이 잘되는 곳에 설치해야 한다.
④ 냉장고가 주위와의 간격이 좁으면 냉각력이 떨어지고 전기료가 많이 나오므로 주위에 적당한 간격을 두어 설치하여야 한다.

## 47 기술 적용

소음이 심하고 이상한 소리가 날 때는 냉장고 뒷면이 벽에 닿는지 확인하고, 주위와 적당한 간격을 둘 수 있도록 한다.

오답분석

①·②·④ 냉동, 냉장이 잘 되지 않을 때의 원인이다.
⑤ 냉장실 식품이 얼 때의 원인이다.

## 48 기술 적용

소음이 심하고 이상한 소리가 날 때는 냉장고 설치장소의 바닥이 약하거나, 불안정하게 설치되어 있는지 확인할 필요가 있다.

오답분석

① 냉동, 냉장이 전혀 되지 않을 때의 해결방법이다.
② 냉장실 식품이 얼 때의 해결방법이다.
③·⑤ 냉동, 냉장이 잘 되지 않을 때의 해결방법이다.

## 49 기술 이해

지속가능한 기술은 이용 가능한 자원과 에너지를 고려하고, 자원의 사용과 그것이 재생산되는 비율의 조화를 추구하며, 자원의 질을 생각하고, 자원이 생산적인 방식으로 사용되는가에 주의를 기울이는 기술이라고 할 수 있다. 즉, 지속가능한 기술은 되도록 태양 에너지와 같이 고갈되지 않는 자연 에너지를 활용하며, 낭비적인 소비 형태를 지양하고, 기술적 효용만이 아닌 환경효용(Eco – Efficiency)을 추구하는 것이다. ㉠·㉡·㉣은 낭비적인 소비 형태를 지양하고, 환경효용도 추구하므로 지속가능한 기술의 사례로 볼 수 있다.

오답분석

㉢·㉤ 환경효용이 아닌 생산수단의 체계를 인간에게 유용하도록 발전시키는 사례로, 기술발전에 해당한다.

ⓒ 전기장판은 저온모드로 낮춰 사용해야 고온으로 사용할 때보다 자기장이 50% 줄어든다. 고온으로 사용하다가 저온으로 낮춰 사용하는 것이 전자파를 줄일 수 있다는 내용은 가이드라인에서 확인할 수 없으므로 적절하지 않다.

ⓔ 시중에 판매하는 전자파 차단 필터는 연구 결과 아무런 효과가 없는 것으로 밝혀졌으므로 적절하지 않다.

| 51 | 52 | 53 | 54 | 55 | 56 | 57 | 58 | 59 | 60 | 61 | 62 | 63 | 64 | 65 | 66 | 67 | 68 | 69 | 70 |
|---|---|---|---|---|---|---|---|---|---|---|---|---|---|---|---|---|---|---|---|
| ① | ① | ① | ② | ③ | ④ | ③ | ① | ② | ④ | ① | ④ | ④ | ④ | ② | ④ | ② | ① | ④ | ② |

| 71 | 72 | 73 | 74 | 75 | 76 | 77 | 78 | 79 | 80 | | | | | | | | | | |
|---|---|---|---|---|---|---|---|---|---|---|---|---|---|---|---|---|---|---|---|
| ④ | ② | ④ | ① | ④ | ④ | ③ | ② | ③ | ④ | | | | | | | | | | |

## 51

정답 ①

간주는 법의 의제를 말한다. 사실 여하를 불문하고 일정한 상태를 법에 의하여 사실관계로 확정하는 것으로, 법문상 '~(으)로 본다'라고 규정한 경우가 이에 해당한다. 또한, 반증을 허용하지 않는다는 점이 특징이다.

## 52

정답 ①

오답분석
② 유치권 : 타인의 물건이나 유가증권을 점유한 자가 그 물건이나 유가증권에 관하여 생긴 채권이 변제기에 있는 경우에 그 채권을 변제받을 때까지 그 물건이나 유가증권을 유치할 수 있는 법정담보물권이다(민법 제320조).
③ 저당권 : 채권자가 채무자 또는 제3자로부터 점유를 옮기지 않고 그 채권의 담보로 제공된 부동산에 대하여 일반 채권자에 우선하여 변제를 받을 수 있는 약정담보물권이다(민법 제356조).
④ 양도담보권 : 채권담보의 목적으로 물건의 소유권을 채권자에게 이전하고 채무자가 이행하지 아니한 경우에는 채권자가 그 목적물로부터 우선변제를 받게 되지만, 채무자가 이행을 하는 경우에는 목적물을 다시 원소유자에게 반환하는 비전형담보물권이다.

## 53

정답 ①

해제조건 있는 법률행위는 조건이 성취한 때로부터 그 효력을 잃는다(민법 제147조 제2항).

오답분석
② 민법 제151조 제1항
③ 민법 제149조
④ 민법 제147조 제1항

## 54

정답 ②

법정대리의 소멸원인에는 본인의 사망, 대리인의 사망, 대리인의 성년후견의 개시 또는 파산 등이 있다(민법 제127조).

## 55

정답 ③

법규범은 자유의지가 작용하는 자유법칙으로, 당위의 법칙이다.

## 56

정답 ④

예산회계법에 따라 체결되는 계약은 사법상의 계약이라고 할 것이고, 동법 제70조의5의 입찰보증금은 낙찰자의 계약체결의무이행의 확보를 목적으로 하여 그 불이행시에 이를 국고에 귀속시켜 국가의 손해를 전보하는 사법상의 손해배상 예정으로서의 성질을 갖는 것이라고 할 것이므로, 입찰보증금의 국고귀속조치는 국가가 사법상의 재산권의 주체로서 행위하는 것이지 공권력을 행사하는 것이거나 공권력작용과 일체성을 가진 것이 아니라 할 것이므로, 이에 관한 분쟁은 행정소송이 아닌 민사소송의 대상이 될 수밖에 없다고 할 것이다(대법 1983.12.27., 81누366).

PART 5

## 57

정답 ③

개방형 인사관리는 인사권자에게 재량권을 주어 정치적 리더십을 강화하고 조직의 장악력을 높여준다.

**개방형 인사관리의 장단점**

| 장점 | 단점 |
|---|---|
| • 행정의 대응성 제고<br>• 조직의 신진대사 촉진<br>• 정치적 리더십 확립을 통한 개혁 추진<br>• 세력 형성 및 조직 장악력 강화<br>• 전문가주의적 요소 강화<br>• 권위주의적 행정문화 타파<br>• 우수인재의 유치<br>• 행정의 질적 수준 증대<br>• 공직침체 및 관료화의 방지<br>• 재직공무원의 자기개발 노력 촉진 | • 조직의 응집성 약화<br>• 직업공무원제와 충돌<br>• 정실임용의 가능성<br>• 구성원 간의 불신<br>• 공공성 저해 가능성<br>• 민·관 유착 가능성<br>• 승진기회 축소로 재직공무원의 사기 저하<br>• 빈번한 교체근무로 행정의 책임성 저하<br>• 복잡한 임용절차로 임용비용 증가 |

## 58

정답 ①

제시문은 '공유지의 비극'이 나타난 사례이다. 공유지의 비극은 개인의 합리성과 집단의 합리성 간의 갈등을 설명하는 이론이다. 공유재는 배제성을 가지고 있지 않기 때문에 무임승차 문제가 발생할 수 있지만 주된 요인은 아니다. 주어진 사례에서 공유지의 비극이 나타나는 주된 요인은 과잉소비의 문제이다.

## 59

정답 ②

규제피라미드는 규제가 또 다른 규제를 낳아 피규제자의 규제 부담이 점점 증가하는 현상이다.

오답분석

①·③·④ 규제의 역설에 대한 설명이다.

## 60

정답 ④

각국에서 채택된 정책의 상이성과 효과를 역사적으로 형성된 제도에서 찾으려는 접근방법은 역사학적 신제도주의이다.

오답분석

① 행태론은 인간을 사물과 같은 존재로 인식하기 때문에 인간의 자유와 존엄을 강조하기 보다는 인간을 수단적 존재로 인식한다.
② 자연현상과 사회현상을 동일시하여 자연과학적인 논리실증주의를 강조한 것은 행태론적 연구의 특성이다.
③ 후기 행태주의의 입장이다.

**행태론과 신제도론의 비교**

| 구분 | | 행태론 | 신제도론 |
|---|---|---|---|
| 차이점 | | 방법론적 개체주의, 미시주의 | 거시와 미시의 연계 |
| | | 제도의 종속변수성<br>(제도는 개인행태의 단순한 집합) | 제도의 독립변수성<br>(제도와 같은 집합적 선호가 개인의 선택에 영향을 줌) |
| | | 정태적 | 동태적(제도의 사회적 맥락과 영속성 강조) |
| 공통점 | | 제한된 합리성 인정, 공식적 구조(제도)에 대한 반발 | |

## 61

교통체증 완화를 위한 차량 10부제 운행은 불특정 다수의 국민이 이익을 보고 불특정 다수의 국민이 비용을 부담하는 상황에 해당하기 때문에 대중적 정치의 사례가 된다.

[오답분석]

② 기업가 정치 : 고객 정치와 반대로 환경오염규제, 소비자보호입법 등과 같이 비용은 소수의 동질적 집단에 집중되어 있으나 편익은 불특정 다수에게 넓게 확산되어 있는 경우이다. 사회적 규제가 여기에 속한다.

③ 이익집단 정치 : 정부규제로 예상되는 비용, 편익이 모두 소수의 동질적 집단에 귀속되고 그것의 크기도 각 집단의 입장에서 볼 때 대단히 크기때문에 양자가 모두 조직화와 정치화의 유인을 강하게 갖고 있고, 조직력을 바탕으로 각자의 이익확보를 위해 상호 날카롭게 대립하는 상황이다. 규제가 경쟁적 관계에 있는 강력한 두 이익집단 사이의 타협과 협상에 따라 좌우되는 특징을 보이며 일반적으로 소비자 또는 일반국민의 이익은 거의 무시된다.

④ 고객 정치 : 수혜집단은 신속히 정치조직화하며 입법화를 위해 정치적 압력을 행사하고 정책의제화가 비교적 용이하게 이루어진다. 경제적 규제가 여기에 속한다.

## 62

오염허가서는 간접적 규제의 활용 사례이다. 오염허가서란 오염물질을 배출할 수 있는 권리를 시장에서 매매가 가능하도록 하는 공해배출권 거래제도를 말한다.

[오답분석]

① 긍정적인 외부효과를 유발하는 기업에 대해서 보조금을 지급하여 최적의 생산량을 생산하도록 유도할 수 있다.

② 코우즈의 정리는 외부효과를 발생시키는 당사자들 사이에 소유권을 명확하게 하면 자발적이고 자유로운 협상에 의해 외부효과의 문제가 해결될 수 있다는 주장이다.

③ 교정적 조세(피구세)는 환경문제의 해결을 위한 정부의 적극적인 역할으로서 오염물질의 배출에 대해서 그 오염물질로 인해 발생하는 외부효과만큼 배출세를 내도록 하는 제도이다.

## 63

수직의 수요곡선이란 수요가 완전비탄력적임을 의미한다. 공급곡선은 일반적인 형태라고 하였으므로, 이 경우 조세를 소비자가 모두 부담하게 되어 부과된 조세만큼 시장가격이 상승한다.

[오답분석]

① 생산자 가격은 조세 부과 후에도 동일하다. 따라서 생산자잉여는 불변이다.

② 조세가 모두 소비자에게 귀착된다.

③ 조세 부과로 인해 공급곡선은 상방이동한다.

## 64

리카도의 대등정리는 항상소득가설 혹은 생애주기가설과 같은 미래전망적 소비이론에 근거하고 있다.

[오답분석]

① 리카도의 대등정리에 따르면 국채가 발행되더라도 정부저축이 감소하는 만큼 민간저축이 증가하므로 총저축은 변하지 않는다.

② 유동성제약에 놓여 있을 경우 현재의 가처분소득에 의해 소비가 결정되기 때문에 국채가 발행됨에 따라 조세감면이 이루어지면 사람들의 가처분소득이 증가하므로 소비가 증가하게 된다.

③ 리카도의 대등정리에 따르면 국채가 발행되더라도 경제 전체의 총저축이 변하지 않으므로 이자율과 민간투자도 변하지 않는다.

## 65

실업률은 '(실업자)÷(경제활동인구)×100'으로, 분자인 실업자 수가 증가하거나 분모인 경제활동인구가 감소하는 경우 실업률은 상승한다. 전업주부는 비경제활동인구로 분류되므로, 직장인이 전업주부가 되면 비경제활동인구가 증가하고 경제활동인구가 감소하기 때문에 실업률이 상승한다.

가. 취업준비생은 경제활동인구 중 실업자에 해당하고, 구직 포기자는 비경제활동인구에 해당한다. 따라서 취업준비생이 구직을 포기하는 경우, 실업자 수와 경제활동인구 수가 동시에 감소하여 실업률이 하락한다.
다. 취업 상태를 유지하고 있는 것이므로 실업률은 불변이다.
라. 대학생은 비경제활동인구에 해당한다. 부모님의 식당 등 가족사업장에서 주당 18시간 이상 근로하는 경우 취업자로 분류되기 때문에 분모인 경제활동인구가 증가하게 되어 실업률은 하락한다.

## 66

정답 ④

㉠은 비경합성, ㉡은 비배제성에 해당한다. 배제성이란 어떤 특정한 사람이 재화나 용역을 사용하는 것을 막을 수 있는 가능성을 말하며, 반대로 그렇지 못한 경우는 비배제성이 있다고 한다. 또한 경합성이란 재화나 용역을 한 사람이 사용하게 되면 다른 사람의 몫은 그만큼 줄어든다는 것으로, 희소성의 가치에 의해 발생하는 경제적인 성격의 문제이다. 일반적으로 접하는 모든 재화나 용역이 경합성이 있으며, 반대로 한 사람이 재화나 용역을 소비해도 다른 사람의 소비를 방해하지 않는다면 비경합성에 해당한다. 비경합성과 비배제성 모두 동시에 가지고 있는 재화나 용역에는 국방, 치안 등 공공재가 있다.

## 67

정답 ②

노동자가 10명일 때 1인당 평균생산량이 30단위이므로 총생산량은 $10 \times 30 = 300$단위이다. 노동자가 11명일 때 1인당 평균생산량이 28단위이므로 총생산량은 $11 \times 28 = 308$이다. 그러므로 11번째 노동자의 한계생산량은 8단위이다.

## 68

정답 ①

A기업이 전략적 제휴를 요청한다면 B기업은 현상유지보다 전략적 제휴를 승인하고 동시에 요청하는 것이 이익을 극대화하는 전략이다. 그러므로 제시된 상황에서 우월전략은 동시에 전략적 제휴를 요청하는 것이며, 내쉬균형에서는 상대방의 전략이 주어진 것으로 전제하므로, A기업이 전략적 제휴를 요청하면 B기업은 이를 승인하는 것을 선택해 100의 효용을 얻는다. 또한 A기업이 개별전략을 선택하면 B기업은 전략적 제휴를 요청해 70의 효용을 받는다. 따라서 내쉬균형은 2개이며, 내쉬균형에서는 상대방의 효용 손실 없이는 자신의 효용을 증가시킬 수 없기 때문에 파레토 최적을 이룬다.

## 69

정답 ④

자기자본비용($k_e$)과 타인자본비용($k_d$)이 주어졌을 때의 가중평균자본비용($WACC$) 공식을 이용한다. 제시된 부채비율이 100%이므로, 자기자본 대비 기업가치의 비율$\left(\dfrac{S}{V}\right)$과 타인자본 대비 기업가치의 비율$\left(\dfrac{B}{V}\right)$은 $\dfrac{1}{2}$임을 알 수 있다.

$$WACC = k_e \times \frac{S}{V} + k_d(1-t) \times \frac{B}{V}$$

$$\rightarrow 10\% = k_e \times \frac{1}{2} + 8\%(1-0.25) \times \frac{1}{2}$$

$$\therefore \ k_e = 14\%$$

## 70

정답 ②

명목집단법은 여러 대안을 마련하고 그중 하나를 선택하는 데 초점을 두는 구조화된 집단의사결정 기법으로, 팀원 각자의 독창적인 사고를 제한한다는 전통적인 집단의사결정 기법의 단점을 보완한다.

① 델파이 기법에 대한 설명이다.
③ 브레인스토밍 기법에 대한 설명이다.
④ 고든법에 대한 설명이다.

## 71

경쟁우위 전략에서는 원가우위 전략과 차별화 전략 중 하나만을 선택해야 하며, 두 가지 전략을 동시에 추구하면 높은 수익률을 거두지 못할 것이라고 보았다.

## 72

카르텔은 같은 종류의 상품을 생산하는 기업이 서로 가격이나 생산량, 출하량 등을 협정해서 경쟁을 피하고 이윤을 확보하려는 기업 연합이다. 대표적인 단체로 석유수출기구(OPEC)가 있다.

[오답분석]
① 트러스트(Trust)에 대한 설명이다.
③ 신디케이트(Syndicate)에 대한 설명이다.
④ 콘체른(Konzern)에 대한 설명이다.

## 73

재무제표란 기업의 재무 상태를 구성하는 자산, 부채, 자본에 대한 정보를 제공하는 회계 장표이다. 자산은 1년을 기준으로 유동자산과 비유동자산으로 분류하지만, 정상적인 영업주기 내에 판매되거나 사용되는 재고자산과 회수되는 매출채권 등은 보고기간 종료일로부터 1년 이내에 실현되지 않더라도 유동자산으로 분류한다. 이 경우 유동자산으로 분류한 금액 중 1년 이내에 실현되지 않을 금액을 주석으로 기재한다. 또한 장기미수금이나 투자자산에 속하는 매도가능증권 또는 만기보유증권 등의 비유동자산 중 1년 이내에 실현되는 부분은 유동자산으로 분류한다.

## 74

수평적 분화는 조직 내 직무나 부서의 개수를 의미하며, 전문화의 수준이 높아질수록 직무의 수가 증가하므로 수평적 분화의 정도는 높아지는 것이 일반적이다.

## 75

차량을 200만 원에 구입하여 40만 원을 지급한 상태이므로 총자산은 증가하였다고 볼 수 있다. 그리고 아직 치르지 않은 잔액 160만 원이 외상으로 존재하므로 총부채 역시 증가하였다고 볼 수 있다.

## 76

홍문관은 1463년 세조 시기 도서를 보관하기 위해 처음 설치되었으나, 성종 시기에 이르러 세조 때 폐지된 집현전이 수행하던 학술 업무 및 국왕 자문의 기능을 담당하게 되었다. 1478년 홍문관의 역할이 대폭 증가하면서 사헌부, 사간원과 함께 언론 삼사의 한 축으로 성장하여 국가의 핵심 기구가 되었다.

[오답분석]
① 『동의보감』은 조선시대 의관 허준이 조선과 중국의 의서를 집대성한 의학서로, 1596년 선조의 명으로 진행되어 1610년 완성되었다.
② 대동법은 방납의 폐단 등 공납제의 문제를 해결하기 위해 공물을 현물이 아닌 쌀로 납부하는 제도로, 광해군 즉위 이후 1608년 경기도에서 최초로 실시되었다.
③ 장용영은 1793년 정조 때 국왕 호위를 위해 설치된 군영이다. 크게 내영과 외영으로 나누어 내영은 도성을 중심으로, 외영은 수원 화성을 중심으로 편제되었다.

## 77

제시된 작품은 조선 후기의 실학자 박지원이 지은 『양반전』으로, 양반의 횡포와 허례허식을 풍자하는 내용을 담고 있다. 이 작품이 지어진 조선 후기에는 서민문화가 발전하여 판소리와 탈춤 등의 공연이 성행하였다.

[오답분석]

① 조선 전기에 대한 설명이다.
② 고려에 대한 설명이다.
④ 임진왜란 시기인 조선 중기에 대한 설명이다.

## 78

1907년 네덜란드 헤이그에서 만국 평화 회의가 개최되자 고종은 특사(이준, 이상설, 이위종)를 파견하여 을사늑약의 무효를 알리고 자 하였으나, 을사늑약으로 인해 외교권이 없던 대한제국은 회의 참석을 거부당하였다. 이 사건으로 고종이 폐위되고 순종이 즉위하 였으며, 한일 신협약의 체결로 해산된 군인들이 의병 활동을 전개하였다. 의병들은 13도 창의군을 결성하여 서울 진공 작전을 전개하였다.

## 79

APR1400은 우리나라 독자기술로 개발한 개량형 원자력발전소 모델이다.

## 80

'안심가로등 플러스' 사업은 전국 안전 취약지역을 대상으로 신재생에너지(태양광, 풍력) 안심가로등을 설치하는 사업으로, 전문가 로 구성된 심사위원단이 평가기준에 따라 서류심사(1차), 현장실태조사 및 최종심사(2차)를 통해 선정한다. 이때 취약계층 거주비 율, 재정자립도, 가로등 설치가능 환경, 시급성 등을 종합적으로 판단하여 선정한다.

# 한국수력원자력 필기시험 답안카드

| 성 명 | |
|---|---|
| 지원 분야 | |
| 문제지 형별기재란 | ( )형 Ⓐ Ⓑ |
| 수험번호 | ⓪①②③④⑤⑥⑦⑧⑨ (반복) |
| 감독위원 확인 | 인 |

## 직업기초능력

| 문번 | 1 | 2 | 3 | 4 | 5 | 문번 | 1 | 2 | 3 | 4 | 5 | 문번 | 1 | 2 | 3 | 4 | 5 |
|---|---|---|---|---|---|---|---|---|---|---|---|---|---|---|---|---|---|
| 1 | ① | ② | ③ | ④ | ⑤ | 21 | ① | ② | ③ | ④ | ⑤ | 41 | ① | ② | ③ | ④ | ⑤ |
| 2 | ① | ② | ③ | ④ | ⑤ | 22 | ① | ② | ③ | ④ | ⑤ | 42 | ① | ② | ③ | ④ | ⑤ |
| 3 | ① | ② | ③ | ④ | ⑤ | 23 | ① | ② | ③ | ④ | ⑤ | 43 | ① | ② | ③ | ④ | ⑤ |
| 4 | ① | ② | ③ | ④ | ⑤ | 24 | ① | ② | ③ | ④ | ⑤ | 44 | ① | ② | ③ | ④ | ⑤ |
| 5 | ① | ② | ③ | ④ | ⑤ | 25 | ① | ② | ③ | ④ | ⑤ | 45 | ① | ② | ③ | ④ | ⑤ |
| 6 | ① | ② | ③ | ④ | ⑤ | 26 | ① | ② | ③ | ④ | ⑤ | 46 | ① | ② | ③ | ④ | ⑤ |
| 7 | ① | ② | ③ | ④ | ⑤ | 27 | ① | ② | ③ | ④ | ⑤ | 47 | ① | ② | ③ | ④ | ⑤ |
| 8 | ① | ② | ③ | ④ | ⑤ | 28 | ① | ② | ③ | ④ | ⑤ | 48 | ① | ② | ③ | ④ | ⑤ |
| 9 | ① | ② | ③ | ④ | ⑤ | 29 | ① | ② | ③ | ④ | ⑤ | 49 | ① | ② | ③ | ④ | ⑤ |
| 10 | ① | ② | ③ | ④ | ⑤ | 30 | ① | ② | ③ | ④ | ⑤ | 50 | ① | ② | ③ | ④ | ⑤ |
| 11 | ① | ② | ③ | ④ | ⑤ | 31 | ① | ② | ③ | ④ | ⑤ | | | | | | |
| 12 | ① | ② | ③ | ④ | ⑤ | 32 | ① | ② | ③ | ④ | ⑤ | | | | | | |
| 13 | ① | ② | ③ | ④ | ⑤ | 33 | ① | ② | ③ | ④ | ⑤ | | | | | | |
| 14 | ① | ② | ③ | ④ | ⑤ | 34 | ① | ② | ③ | ④ | ⑤ | | | | | | |
| 15 | ① | ② | ③ | ④ | ⑤ | 35 | ① | ② | ③ | ④ | ⑤ | | | | | | |
| 16 | ① | ② | ③ | ④ | ⑤ | 36 | ① | ② | ③ | ④ | ⑤ | | | | | | |
| 17 | ① | ② | ③ | ④ | ⑤ | 37 | ① | ② | ③ | ④ | ⑤ | | | | | | |
| 18 | ① | ② | ③ | ④ | ⑤ | 38 | ① | ② | ③ | ④ | ⑤ | | | | | | |
| 19 | ① | ② | ③ | ④ | ⑤ | 39 | ① | ② | ③ | ④ | ⑤ | | | | | | |
| 20 | ① | ② | ③ | ④ | ⑤ | 40 | ① | ② | ③ | ④ | ⑤ | | | | | | |

## 직무수행능력

| 문번 | 1 | 2 | 3 | 4 | 문번 | 1 | 2 | 3 | 4 |
|---|---|---|---|---|---|---|---|---|---|
| 51 | ① | ② | ③ | ④ | 71 | ① | ② | ③ | ④ |
| 52 | ① | ② | ③ | ④ | 72 | ① | ② | ③ | ④ |
| 53 | ① | ② | ③ | ④ | 73 | ① | ② | ③ | ④ |
| 54 | ① | ② | ③ | ④ | 74 | ① | ② | ③ | ④ |
| 55 | ① | ② | ③ | ④ | 75 | ① | ② | ③ | ④ |
| 56 | ① | ② | ③ | ④ | 76 | ① | ② | ③ | ④ |
| 57 | ① | ② | ③ | ④ | 77 | ① | ② | ③ | ④ |
| 58 | ① | ② | ③ | ④ | 78 | ① | ② | ③ | ④ |
| 59 | ① | ② | ③ | ④ | 79 | ① | ② | ③ | ④ |
| 60 | ① | ② | ③ | ④ | 80 | ① | ② | ③ | ④ |
| 61 | ① | ② | ③ | ④ | | | | | |
| 62 | ① | ② | ③ | ④ | | | | | |
| 63 | ① | ② | ③ | ④ | | | | | |
| 64 | ① | ② | ③ | ④ | | | | | |
| 65 | ① | ② | ③ | ④ | | | | | |
| 66 | ① | ② | ③ | ④ | | | | | |
| 67 | ① | ② | ③ | ④ | | | | | |
| 68 | ① | ② | ③ | ④ | | | | | |
| 69 | ① | ② | ③ | ④ | | | | | |
| 70 | ① | ② | ③ | ④ | | | | | |

# 한국수력원자력 필기시험 답안카드

## 직업기초능력

| 문번 | 1 | 2 | 3 | 4 | 5 |
|---|---|---|---|---|---|
| 1 | ① | ② | ③ | ④ | ⑤ |
| 2 | ① | ② | ③ | ④ | ⑤ |
| 3 | ① | ② | ③ | ④ | ⑤ |
| 4 | ① | ② | ③ | ④ | ⑤ |
| 5 | ① | ② | ③ | ④ | ⑤ |
| 6 | ① | ② | ③ | ④ | ⑤ |
| 7 | ① | ② | ③ | ④ | ⑤ |
| 8 | ① | ② | ③ | ④ | ⑤ |
| 9 | ① | ② | ③ | ④ | ⑤ |
| 10 | ① | ② | ③ | ④ | ⑤ |
| 11 | ① | ② | ③ | ④ | ⑤ |
| 12 | ① | ② | ③ | ④ | ⑤ |
| 13 | ① | ② | ③ | ④ | ⑤ |
| 14 | ① | ② | ③ | ④ | ⑤ |
| 15 | ① | ② | ③ | ④ | ⑤ |
| 16 | ① | ② | ③ | ④ | ⑤ |
| 17 | ① | ② | ③ | ④ | ⑤ |
| 18 | ① | ② | ③ | ④ | ⑤ |
| 19 | ① | ② | ③ | ④ | ⑤ |
| 20 | ① | ② | ③ | ④ | ⑤ |

| 문번 | 1 | 2 | 3 | 4 | 5 |
|---|---|---|---|---|---|
| 21 | ① | ② | ③ | ④ | ⑤ |
| 22 | ① | ② | ③ | ④ | ⑤ |
| 23 | ① | ② | ③ | ④ | ⑤ |
| 24 | ① | ② | ③ | ④ | ⑤ |
| 25 | ① | ② | ③ | ④ | ⑤ |
| 26 | ① | ② | ③ | ④ | ⑤ |
| 27 | ① | ② | ③ | ④ | ⑤ |
| 28 | ① | ② | ③ | ④ | ⑤ |
| 29 | ① | ② | ③ | ④ | ⑤ |
| 30 | ① | ② | ③ | ④ | ⑤ |
| 31 | ① | ② | ③ | ④ | ⑤ |
| 32 | ① | ② | ③ | ④ | ⑤ |
| 33 | ① | ② | ③ | ④ | ⑤ |
| 34 | ① | ② | ③ | ④ | ⑤ |
| 35 | ① | ② | ③ | ④ | ⑤ |
| 36 | ① | ② | ③ | ④ | ⑤ |
| 37 | ① | ② | ③ | ④ | ⑤ |
| 38 | ① | ② | ③ | ④ | ⑤ |
| 39 | ① | ② | ③ | ④ | ⑤ |
| 40 | ① | ② | ③ | ④ | ⑤ |

| 문번 | 1 | 2 | 3 | 4 | 5 |
|---|---|---|---|---|---|
| 41 | ① | ② | ③ | ④ | ⑤ |
| 42 | ① | ② | ③ | ④ | ⑤ |
| 43 | ① | ② | ③ | ④ | ⑤ |
| 44 | ① | ② | ③ | ④ | ⑤ |
| 45 | ① | ② | ③ | ④ | ⑤ |
| 46 | ① | ② | ③ | ④ | ⑤ |
| 47 | ① | ② | ③ | ④ | ⑤ |
| 48 | ① | ② | ③ | ④ | ⑤ |
| 49 | ① | ② | ③ | ④ | ⑤ |
| 50 | ① | ② | ③ | ④ | ⑤ |

## 직무수행능력

| 문번 | 1 | 2 | 3 | 4 |
|---|---|---|---|---|
| 51 | ① | ② | ③ | ④ |
| 52 | ① | ② | ③ | ④ |
| 53 | ① | ② | ③ | ④ |
| 54 | ① | ② | ③ | ④ |
| 55 | ① | ② | ③ | ④ |
| 56 | ① | ② | ③ | ④ |
| 57 | ① | ② | ③ | ④ |
| 58 | ① | ② | ③ | ④ |
| 59 | ① | ② | ③ | ④ |
| 60 | ① | ② | ③ | ④ |
| 61 | ① | ② | ③ | ④ |
| 62 | ① | ② | ③ | ④ |
| 63 | ① | ② | ③ | ④ |
| 64 | ① | ② | ③ | ④ |
| 65 | ① | ② | ③ | ④ |
| 66 | ① | ② | ③ | ④ |
| 67 | ① | ② | ③ | ④ |
| 68 | ① | ② | ③ | ④ |
| 69 | ① | ② | ③ | ④ |
| 70 | ① | ② | ③ | ④ |

| 문번 | 1 | 2 | 3 | 4 |
|---|---|---|---|---|
| 71 | ① | ② | ③ | ④ |
| 72 | ① | ② | ③ | ④ |
| 73 | ① | ② | ③ | ④ |
| 74 | ① | ② | ③ | ④ |
| 75 | ① | ② | ③ | ④ |
| 76 | ① | ② | ③ | ④ |
| 77 | ① | ② | ③ | ④ |
| 78 | ① | ② | ③ | ④ |
| 79 | ① | ② | ③ | ④ |
| 80 | ① | ② | ③ | ④ |

성 명

지원 분야

문제지 형별기재란

Ⓐ
Ⓑ

( )형

수 험 번 호

| ⓪ | ① | ② | ③ | ④ | ⑤ | ⑥ | ⑦ | ⑧ | ⑨ |
|---|---|---|---|---|---|---|---|---|---|
| ⓪ | ① | ② | ③ | ④ | ⑤ | ⑥ | ⑦ | ⑧ | ⑨ |
| ⓪ | ① | ② | ③ | ④ | ⑤ | ⑥ | ⑦ | ⑧ | ⑨ |
| ⓪ | ① | ② | ③ | ④ | ⑤ | ⑥ | ⑦ | ⑧ | ⑨ |
| ⓪ | ① | ② | ③ | ④ | ⑤ | ⑥ | ⑦ | ⑧ | ⑨ |
| ⓪ | ① | ② | ③ | ④ | ⑤ | ⑥ | ⑦ | ⑧ | ⑨ |
| ⓪ | ① | ② | ③ | ④ | ⑤ | ⑥ | ⑦ | ⑧ | ⑨ |

감독위원 확인

(인)

# 한국수력원자력 필기시험 답안카드

성 명

지원 분야

문제지 형별기재란

( )형  Ⓐ Ⓑ

수험번호

⓪①②③④⑤⑥⑦⑧⑨ (×7 columns)

감독위원 확인

(인)

## 직업기초능력

| 문번 | 1 | 2 | 3 | 4 | 5 |
|---|---|---|---|---|---|
| 1 | ① | ② | ③ | ④ | ⑤ |
| 2 | ① | ② | ③ | ④ | ⑤ |
| 3 | ① | ② | ③ | ④ | ⑤ |
| 4 | ① | ② | ③ | ④ | ⑤ |
| 5 | ① | ② | ③ | ④ | ⑤ |
| 6 | ① | ② | ③ | ④ | ⑤ |
| 7 | ① | ② | ③ | ④ | ⑤ |
| 8 | ① | ② | ③ | ④ | ⑤ |
| 9 | ① | ② | ③ | ④ | ⑤ |
| 10 | ① | ② | ③ | ④ | ⑤ |
| 11 | ① | ② | ③ | ④ | ⑤ |
| 12 | ① | ② | ③ | ④ | ⑤ |
| 13 | ① | ② | ③ | ④ | ⑤ |
| 14 | ① | ② | ③ | ④ | ⑤ |
| 15 | ① | ② | ③ | ④ | ⑤ |
| 16 | ① | ② | ③ | ④ | ⑤ |
| 17 | ① | ② | ③ | ④ | ⑤ |
| 18 | ① | ② | ③ | ④ | ⑤ |
| 19 | ① | ② | ③ | ④ | ⑤ |
| 20 | ① | ② | ③ | ④ | ⑤ |
| 21 | ① | ② | ③ | ④ | ⑤ |
| 22 | ① | ② | ③ | ④ | ⑤ |
| 23 | ① | ② | ③ | ④ | ⑤ |
| 24 | ① | ② | ③ | ④ | ⑤ |
| 25 | ① | ② | ③ | ④ | ⑤ |
| 26 | ① | ② | ③ | ④ | ⑤ |
| 27 | ① | ② | ③ | ④ | ⑤ |
| 28 | ① | ② | ③ | ④ | ⑤ |
| 29 | ① | ② | ③ | ④ | ⑤ |
| 30 | ① | ② | ③ | ④ | ⑤ |
| 31 | ① | ② | ③ | ④ | ⑤ |
| 32 | ① | ② | ③ | ④ | ⑤ |
| 33 | ① | ② | ③ | ④ | ⑤ |
| 34 | ① | ② | ③ | ④ | ⑤ |
| 35 | ① | ② | ③ | ④ | ⑤ |
| 36 | ① | ② | ③ | ④ | ⑤ |
| 37 | ① | ② | ③ | ④ | ⑤ |
| 38 | ① | ② | ③ | ④ | ⑤ |
| 39 | ① | ② | ③ | ④ | ⑤ |
| 40 | ① | ② | ③ | ④ | ⑤ |
| 41 | ① | ② | ③ | ④ | ⑤ |
| 42 | ① | ② | ③ | ④ | ⑤ |
| 43 | ① | ② | ③ | ④ | ⑤ |
| 44 | ① | ② | ③ | ④ | ⑤ |
| 45 | ① | ② | ③ | ④ | ⑤ |
| 46 | ① | ② | ③ | ④ | ⑤ |
| 47 | ① | ② | ③ | ④ | ⑤ |
| 48 | ① | ② | ③ | ④ | ⑤ |
| 49 | ① | ② | ③ | ④ | ⑤ |
| 50 | ① | ② | ③ | ④ | ⑤ |

## 직무수행능력

| 문번 | 1 | 2 | 3 | 4 |
|---|---|---|---|---|
| 51 | ① | ② | ③ | ④ |
| 52 | ① | ② | ③ | ④ |
| 53 | ① | ② | ③ | ④ |
| 54 | ① | ② | ③ | ④ |
| 55 | ① | ② | ③ | ④ |
| 56 | ① | ② | ③ | ④ |
| 57 | ① | ② | ③ | ④ |
| 58 | ① | ② | ③ | ④ |
| 59 | ① | ② | ③ | ④ |
| 60 | ① | ② | ③ | ④ |
| 61 | ① | ② | ③ | ④ |
| 62 | ① | ② | ③ | ④ |
| 63 | ① | ② | ③ | ④ |
| 64 | ① | ② | ③ | ④ |
| 65 | ① | ② | ③ | ④ |
| 66 | ① | ② | ③ | ④ |
| 67 | ① | ② | ③ | ④ |
| 68 | ① | ② | ③ | ④ |
| 69 | ① | ② | ③ | ④ |
| 70 | ① | ② | ③ | ④ |
| 71 | ① | ② | ③ | ④ |
| 72 | ① | ② | ③ | ④ |
| 73 | ① | ② | ③ | ④ |
| 74 | ① | ② | ③ | ④ |
| 75 | ① | ② | ③ | ④ |
| 76 | ① | ② | ③ | ④ |
| 77 | ① | ② | ③ | ④ |
| 78 | ① | ② | ③ | ④ |
| 79 | ① | ② | ③ | ④ |
| 80 | ① | ② | ③ | ④ |

# 한국수력원자력 필기시험 답안카드

## 직업기초능력

| 문번 | 1 | 2 | 3 | 4 | 5 |
|---|---|---|---|---|---|
| 1 | ① | ② | ③ | ④ | ⑤ |
| 2 | ① | ② | ③ | ④ | ⑤ |
| 3 | ① | ② | ③ | ④ | ⑤ |
| 4 | ① | ② | ③ | ④ | ⑤ |
| 5 | ① | ② | ③ | ④ | ⑤ |
| 6 | ① | ② | ③ | ④ | ⑤ |
| 7 | ① | ② | ③ | ④ | ⑤ |
| 8 | ① | ② | ③ | ④ | ⑤ |
| 9 | ① | ② | ③ | ④ | ⑤ |
| 10 | ① | ② | ③ | ④ | ⑤ |
| 11 | ① | ② | ③ | ④ | ⑤ |
| 12 | ① | ② | ③ | ④ | ⑤ |
| 13 | ① | ② | ③ | ④ | ⑤ |
| 14 | ① | ② | ③ | ④ | ⑤ |
| 15 | ① | ② | ③ | ④ | ⑤ |
| 16 | ① | ② | ③ | ④ | ⑤ |
| 17 | ① | ② | ③ | ④ | ⑤ |
| 18 | ① | ② | ③ | ④ | ⑤ |
| 19 | ① | ② | ③ | ④ | ⑤ |
| 20 | ① | ② | ③ | ④ | ⑤ |

| 문번 | 1 | 2 | 3 | 4 | 5 |
|---|---|---|---|---|---|
| 21 | ① | ② | ③ | ④ | ⑤ |
| 22 | ① | ② | ③ | ④ | ⑤ |
| 23 | ① | ② | ③ | ④ | ⑤ |
| 24 | ① | ② | ③ | ④ | ⑤ |
| 25 | ① | ② | ③ | ④ | ⑤ |
| 26 | ① | ② | ③ | ④ | ⑤ |
| 27 | ① | ② | ③ | ④ | ⑤ |
| 28 | ① | ② | ③ | ④ | ⑤ |
| 29 | ① | ② | ③ | ④ | ⑤ |
| 30 | ① | ② | ③ | ④ | ⑤ |
| 31 | ① | ② | ③ | ④ | ⑤ |
| 32 | ① | ② | ③ | ④ | ⑤ |
| 33 | ① | ② | ③ | ④ | ⑤ |
| 34 | ① | ② | ③ | ④ | ⑤ |
| 35 | ① | ② | ③ | ④ | ⑤ |
| 36 | ① | ② | ③ | ④ | ⑤ |
| 37 | ① | ② | ③ | ④ | ⑤ |
| 38 | ① | ② | ③ | ④ | ⑤ |
| 39 | ① | ② | ③ | ④ | ⑤ |
| 40 | ① | ② | ③ | ④ | ⑤ |

| 문번 | 1 | 2 | 3 | 4 | 5 |
|---|---|---|---|---|---|
| 41 | ① | ② | ③ | ④ | ⑤ |
| 42 | ① | ② | ③ | ④ | ⑤ |
| 43 | ① | ② | ③ | ④ | ⑤ |
| 44 | ① | ② | ③ | ④ | ⑤ |
| 45 | ① | ② | ③ | ④ | ⑤ |
| 46 | ① | ② | ③ | ④ | ⑤ |
| 47 | ① | ② | ③ | ④ | ⑤ |
| 48 | ① | ② | ③ | ④ | ⑤ |
| 49 | ① | ② | ③ | ④ | ⑤ |
| 50 | ① | ② | ③ | ④ | ⑤ |

## 직무수행능력

| 문번 | 1 | 2 | 3 | 4 |
|---|---|---|---|---|
| 51 | ① | ② | ③ | ④ |
| 52 | ① | ② | ③ | ④ |
| 53 | ① | ② | ③ | ④ |
| 54 | ① | ② | ③ | ④ |
| 55 | ① | ② | ③ | ④ |
| 56 | ① | ② | ③ | ④ |
| 57 | ① | ② | ③ | ④ |
| 58 | ① | ② | ③ | ④ |
| 59 | ① | ② | ③ | ④ |
| 60 | ① | ② | ③ | ④ |
| 61 | ① | ② | ③ | ④ |
| 62 | ① | ② | ③ | ④ |
| 63 | ① | ② | ③ | ④ |
| 64 | ① | ② | ③ | ④ |
| 65 | ① | ② | ③ | ④ |
| 66 | ① | ② | ③ | ④ |
| 67 | ① | ② | ③ | ④ |
| 68 | ① | ② | ③ | ④ |
| 69 | ① | ② | ③ | ④ |
| 70 | ① | ② | ③ | ④ |

| 문번 | 1 | 2 | 3 | 4 |
|---|---|---|---|---|
| 71 | ① | ② | ③ | ④ |
| 72 | ① | ② | ③ | ④ |
| 73 | ① | ② | ③ | ④ |
| 74 | ① | ② | ③ | ④ |
| 75 | ① | ② | ③ | ④ |
| 76 | ① | ② | ③ | ④ |
| 77 | ① | ② | ③ | ④ |
| 78 | ① | ② | ③ | ④ |
| 79 | ① | ② | ③ | ④ |
| 80 | ① | ② | ③ | ④ |

| 성 명 | |
|---|---|

| 지원 분야 | |
|---|---|

## 문제지 형별기재란

형 ( )  Ⓐ  Ⓑ

## 수험번호

| ⓪ | ① | ② | ③ | ④ | ⑤ | ⑥ | ⑦ | ⑧ | ⑨ |
|---|---|---|---|---|---|---|---|---|---|
| ⓪ | ① | ② | ③ | ④ | ⑤ | ⑥ | ⑦ | ⑧ | ⑨ |
| ⓪ | ① | ② | ③ | ④ | ⑤ | ⑥ | ⑦ | ⑧ | ⑨ |
| ⓪ | ① | ② | ③ | ④ | ⑤ | ⑥ | ⑦ | ⑧ | ⑨ |
| ⓪ | ① | ② | ③ | ④ | ⑤ | ⑥ | ⑦ | ⑧ | ⑨ |
| ⓪ | ① | ② | ③ | ④ | ⑤ | ⑥ | ⑦ | ⑧ | ⑨ |
| ⓪ | ① | ② | ③ | ④ | ⑤ | ⑥ | ⑦ | ⑧ | ⑨ |

## 감독위원 확인

(인)

## 2025 최신판 시대에듀 한국수력원자력
## 최신기출 + NCS + 전공 + 상식 + 모의고사 4회 + 무료NCS특강

| | |
|---|---|
| 개정26판1쇄 발행 | 2025년 03월 20일 (인쇄 2025년 01월 15일) |
| 초 판 발 행 | 2013년 01월 07일 (인쇄 2012년 10월 10일) |
| 발 행 인 | 박영일 |
| 책 임 편 집 | 이해욱 |
| 편 저 | SDC(Sidae Data Center) |
| 편 집 진 행 | 김재희 · 김미진 |
| 표지디자인 | 박수영 |
| 편집디자인 | 양혜련 · 장성복 |
| 발 행 처 | (주)시대고시기획 |
| 출 판 등 록 | 제10-1521호 |
| 주 소 | 서울시 마포구 큰우물로 75 [도화동 538 성지 B/D] 9F |
| 전 화 | 1600-3600 |
| 팩 스 | 02-701-8823 |
| 홈 페 이 지 | www.sdedu.co.kr |
| I S B N | 979-11-383-8688-3 (13320) |
| 정 가 | 25,000원 |

# 한국수력원자력

한수원 최신기출＋NCS
＋전공＋상식＋모의고사 4회

## 최신 출제경향 전면 반영